A Jean-Luc Mano,
grand explorateur de la
savane socialiste.
Cordialement.

JOSPIN

DU MÊME AUTEUR

Les Enfants de Gaston, Lattès, 1989.

La Veuve, Fayard, 1994.

Monsieur Gendre, Fayard, 1995.

Lignes de fuite, Pauvert, 1999.

Serge Raffy

JOSPIN

Secrets de familles

Fayard

À M., ma lectrice préférée

Avant-propos

Tout homme politique est un leurre. Il se construit en portant, selon les circonstances, divers masques. Il traverse d'un pas égal heurs et malheurs, triomphes et fiascos, petites et grandes trahisons, douleurs extrêmes, ombres et lumières. Cuirassé, conquérant, inoxydable. En apparence. Comment lire derrière les masques ? Comment traduire une trajectoire de joueur d'échec sans brandir le glaive de l'inquisiteur ou agiter l'encensoir et ses ennuyeuses volutes ?

Lionel Jospin est un homme solidement masqué. Un jour d'avril 1965, il envoya à son maître trotskiste une carte postale représentant un masque africain. Il signait ainsi son forfait : il acceptait d'entrer dans le grand carnaval des dissimulations. Comme son maître, François Mitterrand. Et de donner alors à sa vie une dimension romanesque. « Tout homme est avant tout ce qu'il cache » disait Malraux. Que peut bien cacher Lionel Jospin ? Ce livre tente d'y répondre.

S.R.

PROLOGUE

Le contrat

Début octobre 1996, Mireille Jospin, sage-femme à la retraite, s'apprête à partir pour l'Afrique. À quatre-vingt-six ans, la perspective de courir les villages de la brousse l'inquiète quelque peu. Elle n'a pas su dire non à ses amies du GAMS, le Groupe africain contre les mutilations sexuelles. Il y a tant à faire, là-bas, pour soutenir les femmes en détresse. Tant à faire en Afrique, mais aussi en France où elle milite au sein d'une foule d'associations, d'Amnesty International à Greenpeace, d'ATD Quart Monde à l'Union pacifiste. Partout où elle peut se révéler utile, elle est disponible. Elle quitte son petit appartement HLM de la banlieue parisienne, à La-Celle-Saint-Cloud, prend le volant de sa vieille Renault 5 qu'elle ne veut changer pour rien au monde et apparaît dans les réunions, les épaules un peu voûtées par les années, le regard limpide et déterminé. Mireille Jospin est une militante. Elle n'aime pas tellement le mot : il ressemble par trop à « militaire » ; il sent la caserne, l'enfermement, la discipline, l'ordre. Mireille Jospin a l'uniforme en horreur. Dans ses toilettes, elle a accroché un dessin antimilitariste de Cabu…

Quelle drôle d'idée d'aller passer un mois au Mali ! Est-ce bien raisonnable ? Elle n'a plus vingt ans. Ses jambes ne sont plus aussi alertes. Ses artères éprouvent le poids des années. Comment va-t-elle réagir au climat subsaharien ? Et si la malaria l'emportait ? Et si son cœur lâchait ? Cette idée de mourir loin des siens la taraude. Si la mort la surprend sur un chemin d'Afrique, elle entend rester là-bas. Elle ne veut pas qu'on rapatrie son corps. Elle confie à ses amies du GAMS qu'elle ne vaut pas un tel dérangement. Elle n'a aucune envie de « voyager dans un cercueil ». Elle souhaite qu'on donne son corps aux médecins africains, ou qu'on le jette dans le fleuve Niger pour servir de pâture aux caïmans. À ces mots, on lui rit au nez : les organisateurs du voyage pensent que, décidément, cette vieille dame est une originale. On tente de changer de sujet de conversation, on lui présente un dossier sur l'excision, un autre sur les problèmes d'hygiène dans les méthodes d'accouchement. Mais Mireille Jospin insiste : ils n'ont pas compris ; elle est on ne peut plus sérieuse. Elle exige vraiment, si elle meurt, de rester là-bas. Elle ne veut pas occasionner de frais. C'est son style.

Un jour, son fils Lionel Jospin l'invite à Matignon pour fêter l'an 2000. Elle refuse :

« Je ne peux pas venir. Je n'aime pas conduire la nuit, lui répond-elle.

– Mais, maman, tu peux dormir à Matignon, ce n'est pas un problème, lui répond le Premier ministre.

– Non, il n'en est pas question. Je n'ai pas envie de salir les draps.

– C'est un jour trop important, fais-moi plaisir. Allez, viens ! »

Elle finit par céder à l'affectueuse insistance de son fils. Le soir, les huissiers de Matignon voient débarquer la mère du chef du gouvernement dans sa R5. Elle porte sous le bras un étrange balluchon : c'est son sac de couchage ! Elle n'a accepté de venir qu'à cette condition.

Ce sac de couchage, elle entend l'emporter aussi au Mali. Mais, au préalable, il lui faut régler cette affaire de mort accidentelle en « terre étrangère ». Pour que les choses soient bien claires, elle rédige de sa main un texte que ses quatre enfants devront impérativement signer. Il n'est pas question qu'ils se dérobent. Voici ce qu'elle écrit :

> « Je m'en vais au Mali ; j'ai 86 ans : un âge où ma vie peut s'arrêter là-bas ! Si c'est le cas (mais je ne le souhaite pas vraiment !), pas de rapatriement. J'ai fait don de mon corps aux facultés de médecine, et ce, depuis 1968, avec renouvellement chaque année. Soit je suis donnée à la faculté de médecine de Bamako (carte jointe signée). Soit on me met dans le Niger ou une autre rivière, pour les caïmans (le cycle de la nature). »

Mireille Jospin paraphe et ajoute son nom de jeune fille : Dandieu. Ses enfants, Agnès, Lionel, Olivier et Noëlle, n'hésitent pas une seconde : ils cosignent tous quatre l'incroyable document. Sans hésiter : oui, ils exécuteront les dernières volontés de leur mère. Si un malheur survient, Mireille Jospin risque de finir sa vie dans un fleuve. Elle l'a bien commencé sur les bords de la Garonne : pourquoi pas le Niger ?

CHAPITRE PREMIER

Une histoire de concierge

Elle le pressentait. Elle l'avait pourtant prévenu. Elle lui répétait sans cesse : « Tais-toi, mets ta langue dans ta poche ! » Elle avait tellement peur de ses excès, de son exubérance, de sa passion pour les effets d'estrade. Elle l'avait vu sillonner la France, courir de meeting en meeting, haranguer les salles inquiètes pour sauver la paix, empêcher la sale guerre, le sang répandu, la mitraille, la barbarie, les familles anéanties, les humiliations. Il portait toute cette violence en lui, ces millions de morts de 14-18 comme une plaie béante. Il était pacifiste. Viscéralement. Contre tous les fusils. Tous les uniformes. Pour les peuples, les enfants, la Liberté avec un grand « L ». Alors, quand la Gestapo a fait irruption dans l'appartement du 5, avenue de Louvois, à Meudon, ce jour de printemps 1942, Mireille Jospin a tremblé. Elle a levé les yeux au ciel en se demandant ce que son diable d'homme, son Robert, allait encore inventer pour jouer les Cyrano de Bergerac.

Accompagnés de miliciens français, les Allemands ont d'abord fouillé toute la maison, trouvé un malheureux panier de haricots secs sous le lit, dans la chambre des parents. Puis ils sont revenus dans la salle à manger et ont aperçu, accroché au mur, le portrait de Jean Jaurès, le patriarche du socialisme français, l'Albigeois épris de liberté. Jaurès et sa longue barbe biblique, observant l'étrange assemblée de son regard bienveillant. Les enfants Jospin sont là, apeurés, transis, immobiles. Agnès, l'aînée, n'a que sept ans. Lionel, le second, va sur ses cinq ans. Bien sûr, ils ne saisissent pas très bien la gravité de la situation. Mais leur père est en danger : ils le sentent.

L'officier allemand demande à Robert Jospin s'il est communiste. Mireille, tétanisée, craint le pire. Tout le monde à Meudon sait que les Allemands sont à la recherche de saboteurs, de « terroristes rouges » qui communiquent des informations aux Alliés sur la défense anti-aérienne nazie. Ces derniers ont installé à la gare de Meudon un système de DCA avec mirador pour protéger l'espace aérien au-dessus de Boulogne-Billancourt, ville voisine où sont installées les usines d'armement de la Wehrmacht sur le site de Renault. Le 3 mars 1942, soit quelques jours auparavant, un bombardement allié a touché avec une grande précision les batteries allemandes et tué de nombreux civils à Meudon et Boulogne. L'occupant recherche les complices français du raid. Or on a trouvé, avenue de Louvois, des tracts anti-allemands jonchant le sol. Des voisins ont murmuré qu'ils pourraient bien provenir du 5 de cette avenue. Et voilà que les Allemands tombent sur l'image de Jaurès, le député des mineurs de Carmaux, le paysan madré qui n'a jamais voulu choisir entre Marx et Hegel, le tribun exceptionnel, l'idole de Robert, son modèle absolu. Ils demandent des explications. Et Robert s'enflamme, il se lance dans une défense éperdue du mythe jauressien. Comment, cet homme serait communiste ? Mais jamais de la vie ! Il était socialiste, certes, mais avant tout humaniste, *et surtout pacifiste !* s'insurge-t-il. N'a-t-il pas été assassiné parce qu'il avait jeté toutes ses forces dans la balance pour empêcher la guerre de 14-18 ? Lui-même, Robert Jospin, n'a jamais fait autre chose qu'œuvrer pour la réconciliation de part et d'autre du Rhin. Il cite Jules Romains et son livre *Le Couple France-Allemagne*, et propose à l'officier de le lui prêter. Robert est en meeting, comme à son habitude. Il décrit de grands moulinets avec les bras, apostrophe ses visiteurs avec une exaltation enfiévrée. Il leur rappelle son parcours politique.

Avec ses amis pacifistes, il a été contre le traité de Versailles, humiliant pour l'Allemagne. Contre l'occupation de la Ruhr par les forces françaises. Comme l'immense majorité de ses camarades de la SFIO dont il est membre depuis 1924, de Léon Blum à Paul Faure, il estimait alors qu'on ne pouvait accabler les vaincus. Cette forme de mortification imposée au peuple germanique portait en elle les germes d'une prochaine guerre. Or, selon lui, les gouvernants français de l'époque étaient tout aussi coupables que les « Boches » du déclenchement de la guerre de 14-18. Aussi avait-il fondé, au début des années trente, la Ligue internationale des combattants de la paix, dont il était devenu le secrétaire général en 1936.

Les soldats allemands écoutent, médusés. Robert Jospin poursuit son exposé avec fougue. Son mouvement était international, donc composé de nombreux Allemands – pacifistes, bien sûr –, mais aussi d'autres nationalités, tous convaincus qu'il fallait construire l'Europe autour de l'axe franco-allemand. Il ne cite aucun nom, mais il pense à Albert Einstein, Stefan Zweig, Romain Rolland, René Dumont, tous militants actifs de la LICP. Toute une génération d'hommes et de femmes à jamais marqués par la Première Guerre mondiale et qui font leur le slogan : « Plutôt la servitude que la guerre[1] ! » Beaucoup venaient, comme lui, des milieux enseignants, du SNI. Mais ils recrutaient aussi chez les artistes. À la LICP, on aimait les réunions festives, les kermesses joyeuses animées par des vedettes de l'époque comme Édith Piaf, Marcel Pagnol ou Jacques Prévert[2]. Comment ne pas être contre la guerre ?

… Peu à peu, l'officier allemand, intrigué, presque séduit par le discours de Robert Jospin, se départit de sa raideur. Ce colosse d'un mètre quatre-vingt-dix qui se tient devant eux lui fait l'effet d'un curieux personnage. Exalté, chaleureux, et si amical envers le peuple allemand. Un vrai, un pur germanophile !

En fait, Robert Jospin interprète un numéro. Il joue la montre, fait diversion. Car il connaît parfaitement le détenteur des tracts qu'on a trouvés près de la maison. Le « terroriste » recherché n'est autre que le concierge de l'immeuble, un sympathisant communiste qui avait adopté une technique très particulière pour distribuer ses feuilles : il les déposait sur le rebord de sa fenêtre et laissait la brise les emporter ! Or, en ce début du printemps 1942, le vent, défavorable, était plutôt paresseux. C'est ainsi que, par les aléas d'une météo indolente, les tracts sont restés dispersés

1. Patrick de Villepin, *Relations internationales*, n° 53, 1988.
2. Sur ce sujet, il faut lire le très instructif ouvrage *La Mêlée des pacifistes*, de Jean-Pierre Biondi, Maisonneuve et Larose, 2000.

aux alentours de la maison des Jospin, la désignant aux pires soupçons.

Ironie du destin : Robert Jospin, anticommuniste viscéral, pour qui Staline est un diable encore pire que Hitler, couvre son voisin, « agent de Moscou ». Il accompagne même l'officier allemand au siège de la Gestapo. Objet de la promenade : la rédaction d'un rapport sur l'amitié franco-allemande. Avec une inconscience effarante, Robert Jospin rédige ce rapport sous l'œil goguenard de l'occupant. D'emblée, l'affaire aurait pu très mal tourner, car les Allemands étaient bel et bien venus l'arrêter. Il l'a échappé belle et, surtout, il n'a dénoncé personne. Quand il rentre chez lui, le soir même, au grand bonheur des siens, Mireille lui réitère les mêmes recommandations de prudence : « Tais-toi, Robert, tais-toi… »

À Meudon, la visite de Robert Jospin à la Gestapo fait jaser. On ne sait plus très bien comment le situer. Car il n'est ni collaborateur ni résistant. Il est « ailleurs ». Sur une autre planète, cette « bulle » pacifiste où l'on peut concevoir qu'un Gandhi terrasse Hitler. Un monde où la grandeur de l'esprit sort victorieuse de la puissance de feu des canons.

Les Allemands de Meudon le prennent-ils pour un doux rêveur ? Font-ils à cette occasion un rapport sur lui ? Ils savent qu'en 1938 le tribun de la LICP a failli se faire incarcérer par les autorités françaises pour incitation à l'insoumission. Qu'un de ses plus proches amis à la Ligue, Félicien Challeye, agrégé de philosophie, dont il partage les points de vue, a écrit dès décembre 1933 un texte provocateur et inquiétant, « Pour la paix désarmée même en face de Hitler ». C'est sans doute un discours analogue que Robert Jospin a délivré à son visiteur de mars 1942 :

« Même si Hitler nous attaquait, écrit Félicien Challeye, le pacifiste intégral devrait maintenir l'affirmation que la guerre, que toute guerre entre peuples est une stupidité, un crime, le pire des maux, le mal absolu. La guerre, toute guerre cause plus de souffrances, de ruines, d'injustices qu'elle n'en évite. Selon la magnifique formule du grand savant et philosophe Bertrand Russell : "pas un seul des maux qu'on prétend éviter par la guerre n'est un mal aussi grand que la guerre elle-même". Si douloureuse qu'elle puisse être, l'occupation étrangère serait un moindre mal que la guerre [...].

Il ne s'agit certes pas de s'incliner devant la tyrannie et de tendre le cou, comme de vaillants publicistes reprochent aux pacifistes de le conseiller. Dans une ville soumise à la domination d'un Hitler pourrait se préparer, contre lui, la révolte, mieux que parmi les cadavres et les ruines d'une cité qu'auraient anéantie ses hypothétiques canons [...]. Hitler nous propose de renvoyer son dernier soldat, de briser sa dernière mitrailleuse si nous en faisons autant. Prenons-le au mot. C'est la seule façon de sauver notre peuple, notre patrie, et les autres peuples, et l'humanité, du pire cataclysme, peut-être de la destruction totale. »

Avec Félicien Challeye et la très grande majorité des membres de la SFIO[1], Robert Jospin consacre toute son énergie à éviter le « cataclysme ». Jusqu'à la déclaration de guerre, le 3 septembre 1939, il court les préaux de France pour porter la bonne parole du pacifisme intégral. Il écrit dans *Le Barrage*, *La Patrie humaine*, tous les journaux qui veulent bien l'accueillir. Que peut-il encore faire maintenant que le conflit armé est inéluctable ? Sa situation politique devient de plus en plus inconfortable. Face aux

1. Cf. Denis Lefebvre, secrétaire général de l'OURS, auteur d'une biographie de Guy Mollet, *Guy Mollet, le mal aimé*, Plon,1992.

bellicistes qui gagnent du terrain, il a besoin de se faire oublier. Et puis, il y a les enfants, Agnès et Lionel. Dans la crainte d'une invasion nazie, il faut les mettre en sécurité. Mais où aller ?

Par chance, des amis de la LICP, Jean et Odette Flourens, lui écrivent. Ils demeurent à La Magistère, dans le Tarn-et-Garonne, à vingt kilomètres au sud d'Agen. Ils sont négociants en vin et peuvent leur prêter une maison au bord de la Garonne. Les enfants y seront mieux. L'école maternelle est de qualité et, surtout, Robert pourra même exercer son métier d'instituteur, car un poste s'est libéré à Donzac, petite commune viticole située sur les coteaux, à trois kilomètres de La Magistère. L'enseignant en poste, Maurice Vedel, a été mobilisé. La place est libre. Mireille, qui est sage-femme libérale à Meudon, peut prendre des dispositions pour s'absenter quelque temps. Elle a une telle réputation sur le secteur de Meudon-Sèvres qu'elle ne risque pas de perdre sa clientèle. Et puis, la guerre ne durera que quelques semaines, les Jospin en sont convaincus. Tout rentrera dans l'ordre rapidement. Ils seront de retour à Paris pour Noël…

Début septembre 1939, la famille se retrouve sur la route nationale Paris-Bordeaux à bord d'une Prima 4 pétaradante, en direction de La Magistère. À leur arrivée, ils découvrent un paysage enchanteur et des hôtes chaleureux et bienveillants. Les Flourens les ont côtoyés lors des congrès de la LICP. Ils sont devenus de vrais amis. Jean Flourens accepte d'être le parrain d'Agnès. Là, sur les bords de la Garonne, les Jospin réapprennent les plaisirs de la vie simple de province ; les parties de canoë sur le canal du Midi qui serpente à quelques roues de bicyclette ; les après-midi de pêche à l'Escanpadou, sur les bords de la

Barguelone, petit affluent de la Garonne. Loin des frontières du Nord et de l'Est, la famille vit soudée. Mireille est totalement disponible pour les enfants. Robert est là tous les jours, raconte des histoires à Agnès et Lionel, et, quand il les a sous la main, aux grandes personnes. Les élèves de l'école de Donzac s'attachent à cet « instit' parigot », très « Troisième République », qui manie la taloche sans états d'âme, mais qui raconte l'Histoire mieux que les livres.

Dans ce havre paisible, la vie reprend son cours. La Garonne, avec sa langueur si particulière, apaise les âmes. En quelques jours, Robert Jospin s'acoquine avec tout le village. Il est partout : au bistrot, chez le boulanger, chez le fabricant d'embarcations au nom prédestiné, puisqu'il se nomme Guy Canoët… Robert Jospin n'a aucune attirance pour le bateau, car, fait rarissime chez un humain, il a le mal de mer même sur un cours d'eau régulier comme le canal du Midi ! En revanche, il aime bien venir discuter avec cet homme qui a… deux femmes. Le père Canoët est l'attraction de La Magistère. Il travaille le bois d'acajou comme personne. C'est surtout un inventeur très imaginatif. Sa plus belle création : un sous-marin indétectable. Robert Jospin, qui n'a pas mené une existence linéaire, apprécie cet homme qui semble vivre sa vie amoureuse en toute liberté, sans souci du qu'en-dira-t-on. Robert, lui, a d'abord beaucoup souffert des commérages. Jusqu'au jour où il a rencontré Mireille, son grand amour.

CHAPITRE 2

Scandale au temple

Elle a quatorze ans. Elle est menue, brune, avec le regard intense des Méditerranéennes. Elle chante à tue-tête aux côtés de ses camarades de la chorale du temple de Boulogne-sur-Seine. Mireille Dandieu est une adolescente pieuse qui consacre son énergie à sa communauté, l'Église réformée.

Nous sommes en 1924. Mireille est radieuse. Ce jour-là est un grand jour. Car la chef de sa chorale, Marie-Louise Massat, se marie. La promise, considérée par tous comme une sainte laïque, paraît bien frêle à côté du marié : un géant. Beau, élégant, sûr de lui, Robert Jospin a vingt-cinq ans. Chez les protestants de la banlieue sud de Paris, on ne sait que peu de choses sur lui. Il est né le 9 juin 1899 à Saint-Quentin, dans l'Aisne, au sein d'une famille protestante et socialiste. Tous les soirs, son père, Georges, prédicateur, lisait et commentait la Bible ; les enfants priaient à genoux. Robert est incollable sur les Évangiles. D'autant plus que ses parents, trop pauvres pour lui payer de longues études, l'ont inscrit à la faculté de théologie de Paris, dès 1918, pour devenir pasteur. Il bénéficie d'une bourse de l'Église réformée. Voilà en tout cas pour la version officielle.

En fait, Robert Jospin ne dit pas tout à ses amis parisiens. Il oublie de raconter l'incroyable odyssée qui a fait basculer sa vie et qui pèsera lourd sur sa destinée. En 1915, il est déporté par l'armée allemande qui occupe Saint-Quentin depuis plusieurs mois. Il n'a que seize ans. Toute la population est appelée à évacuer la cité. Officiellement, les Allemands annoncent aux habitants qu'ils les déplacent pour les protéger de l'invasion imminente des forces alliées. Transporté dans des wagons réquisitionnés, le petit peuple du Nord part vers une destination inconnue. Toute une ville vidée en quelques jours ! Un monde familier qui s'écroule comme un château de cartes. Arraché aux siens, Robert Jospin, tout juste sorti de l'adolescence, se retrouve en Allemagne dans un camp de travail où il apprend à parler allemand. Il y reste plus d'un an. À son retour, il découvre pour de bon les horreurs de la guerre. À dix-sept ans, brancardier, il charrie des cadavres par dizaines. En deux ans, il a vécu l'horreur : la déportation, l'isolement, la peur, la folie meurtrière des hommes. Sa foi est ébranlée. Les notions de Bien et de Mal lui paraissent désormais bien floues. Il se met à fréquenter des voyous. Il est même soupçonné de vol. Dans la communauté protestante de la ville, on prétend qu'il va avec des filles de mauvaise vie.

Le fils du prédicateur sent le soufre ? Son père décide de lui faire changer d'air et surtout de l'éloigner de ses mauvaises fréquentations. Il l'envoie à Paris passer son baccalauréat au lycée Louis-le-Grand sous la vigilance pesante des frères de la Maison pastorale de Saint-Germain-en-Laye, où il est pensionnaire. Objectif de Georges Jospin :

ramener son fils dans le droit chemin et en faire un pasteur travailleur et dévoué.

Bien vite, Robert s'aperçoit que le rôle ne lui convient pas. Le costume est trop étroit pour lui. Certes, il porte en lui les valeurs froides et austères de son père, l'homme du Nord, mais il a aussi un tempérament volcanique, théâtral, qui lui vient de sa mère, Élisabeth Cazelli, d'origine italienne. Les ancêtres de « Mère » sont de riches armateurs génois qui, à la suite d'une faillite monumentale, ont fui la péninsule pour échapper aux foudres du fisc. Ils cherchaient une ville frontière proche de la Belgique, loin, très loin de l'Italie. Les Cazelli s'installèrent à Saint-Quentin. Est-ce de cette mère que lui vient un goût immodéré pour les planches ? Comment comprendre autrement que ce nordiste confonde si souvent la vie avec une pièce de la *commedia dell'arte* ?

À l'historien Nicolas Offenstadt[1] il racontera qu'il est entré en politique presque par hasard. La scène est révélatrice du personnage : au début des années vingt, alors qu'il se promène dans le quartier de la rue Picpus où il réside, il se rend place de la Bastille et reste interloqué à la vue d'un homme qui harangue la foule. L'orateur s'appelle Roger Moncla. C'est un pacifiste intégral. Il a surtout l'art de captiver son auditoire. Spontanément, Robert Jospin lui donne la réplique, à l'instar d'un vieux tribun. Il comprend ce jour-là qu'il a un don, la passion de la rhétorique. L'art de la prédication que lui ont enseigné les pasteurs ne lui sera pas inutile. Les amis de Roger Moncla remarquent

1. Nicolas Offenstadt a écrit *Les Fusillés de la Grande Guerre*, Odile Jacob, 1999.

l'impétrant et lui proposent d'emblée de faire partie de leur groupe. Quelques jours plus tard, il devient membre du comité de rédaction de *La Patrie humaine*, le journal du pacifisme, sa nouvelle famille.

Grâce à l'influence de Marie-Louise, sa femme, il reste dans le giron de la communauté protestante. Il devient secrétaire général adjoint des Unions chrétiennes de jeunes gens, organise des camps de vacances, participe aux kermesses, multiplie les prêches au temple. Virevoltant, drôle, chaleureux, Robert Jospin est partout à la fois. Sauf dans son foyer. Là, c'est un autre homme. Méticuleux, autoritaire, obsédé par le rangement. Dans la famille, on le surnomme le « gardien de musée ». Marie-Louise commence à lui reprocher ses absences répétées. À la maison, elle a trois enfants à charge : Mowgli, l'aîné, Nils, le second, Hélène, la petite dernière. Marie-Louise est d'autant moins disposée à laisser Robert courir les meetings qu'elle a elle-même de nombreuses activités. Elle dirige les Maisons du Secours national, organisme caritatif protestant. Elle crée en 1929 la première colonie de vacances en France, l'Œuvre des trois semaines, à Courseulles-sur-Mer. Elle n'a pas l'âme d'une Pénélope. Elle le lui dit.

Marie-Louise est une féministe des années trente. Robert Jospin n'est pas un militant forcené du partage des tâches. Leurs liens se distendent. Un malheur va rompre ce fragile équilibre. En 1931, alors qu'il n'a que six ans, Nils tombe malade. Les médecins diagnostiquent une simple otite. L'état de l'enfant s'aggrave. Rentrant chez lui, Robert Jospin découvre son fils quasi agonisant. Il se précipite à l'hôpital, son enfant dans les bras, vitupérant le médecin de famille. Mais il est trop tard : Nils succombe quelques jours plus tard à une pneumonie. Folle de chagrin, Marie-Louise se retourne contre son mari. Dans un moment d'égarement, elle le traite d'assassin. Robert lui reproche d'être une mauvaise mère. Elle lui renvoie ses absences répétées. Les mots creusent un fossé qu'ils ne parviendront plus à combler. Le couple vole en éclats. Ils décident de divorcer en bonne intelligence, convaincus qu'ils ne sont pas faits l'un pour l'autre.

Après les jours de tourmente vient le temps de l'apaisement. Ils s'accordent pour sortir dignement de ce malheur. Ils feront tout pour protéger les enfants et ne pas leur faire payer leur propre échec. Hélas, en 1932, le divorce est encore considéré comme un très grave péché par les Églises. Dans la petite communauté protestante de Boulogne et de Clamart, l'affaire Jospin a un goût de scandale. On demande à Robert de prendre ses distances avec les Unions chrétiennes de jeunes gens. Un père divorcé ne saurait décemment transmettre des valeurs chrétiennes aux enfants. Au surplus, ses prises de position pacifistes trop radicales, ses liens marqués avec des mouvements libertaires, voire anarchistes, ne sont pas appréciés des notables protestants, davantage portés au calme et à la pondération. Ce Jospin pourrait mettre en péril leur si bonne réputation. Enfin, il y a son passé saint-quentinois, ses frasques, ses amitiés douteuses. Les bigots de Boulogne ne badinent pas avec la morale : il ne faut pas confondre libre arbitre et libertinage.

Il faut surtout être irréprochable. Pour ne pas voir resurgir çà et là le spectre de l'antiprotestantisme. Ils n'oublient pas qu'au début du siècle la France catholique les considérait encore comme des agents de l'étranger, suppôts de l'Allemagne ou de l'Angleterre. Depuis le pacte laïque de 1905, la paix religieuse est sans doute revenue. Mais, dans les temples, l'atmosphère est encore à la méfiance. La mémoire huguenote garde gravées au plus profond d'elle-même les traces de la Saint-Barthélemy, de la révocation de l'édit de Nantes, des dragonnades, des persécutions. Au début du siècle, l'antiprotestantisme était presque aussi féroce que l'antisémitisme. Robert Jospin le sait. L'histoire de sa propre famille porte encore les stigmates de cette « haine oubliée[1] ». Surtout celle qu'essuya son grand-père Jules.

Dans l'arbre généalogique des Jospin, Jules fait figure de grand chef de la famille. Pour suivre ses pas, il convient de revenir presque un siècle en arrière. Et de remonter un peu vers l'Europe du Nord, jusqu'à Montignies-lès-Roc, en Belgique, petite commune d'élevage de moutons, près de Mons.

Un décor : la Wallonie. Une dynastie : les Jospin, vieille famille de tisserands installés là depuis le XVIIe siècle, tout près des frontières française et allemande. Sans doute viennent-ils même d'une région située encore plus au nord : de la Frise, en Hollande. La famille travaille la laine depuis des générations. Elle est de religion catholique. Les Jospin exercent tous les métiers liées à l'élevage du mouton : bergers, cardeurs, fileurs, tisserands, teinturiers, mulquiniers… La première filature connue de Montignies-lès-Roc date de 1686 : elle appartint d'abord à un certain Jean-Joseph Jospin, puis à Louis Jospin, mort en 1793. La famille habite au 9, rue de l'Église, où elle posséde deux métiers à tisser

1. Cf. *La Haine oubliée*, de Jean Baubérot et Valentine Zuber, Albin Michel, 2000.

qui nécessitent une main-d'œuvre de quinze cardeurs. Les textiles se fabriquent dans une pièce quasi souterraine de la maison qu'on appelle la *cave*.

Voilà pour la lignée. Suit un scénario digne des *Rougon-Macquart* d'Émile Zola. On pourrait l'intituler : « Jules Jospin, bâtard de Dieu ».

Au début du XIXe siècle, les Jospin quittent la Belgique pour s'installer du côté français, à Bertry. Une des filles, Marie-Josèphe, tombe follement amoureuse d'un homme marié, un certain Antoine Wanecq, marchand ambulant de son état. Malgré les suppliques de la famille, Marie-Josèphe se met en ménage avec son Antoine, lequel abandonne femme et enfants. L'idylle, en pleine Restauration, provoque des remous au sein de la communauté catholique. Marie-Josèphe est montrée du doigt. Elle est la voleuse d'homme, la pécheresse, la fornicatrice. Elle ne peut même pas épouser Antoine dont la femme n'entend pas divorcer. Le scandale est retentissant. Mais le couple ne cède pas à la pression du milieu. Il tient contre vents et marées, faisant fi des préjugés de l'époque. Ils vivent dans le péché et s'aiment tendrement. De leur union naissent trois enfants.

Dernier volet de cette saga amoureuse : à la mort de sa femme légitime, Antoine pourrait enfin épouser Marie-Josèphe. Mais est-ce vraiment nécessaire, au bout de tant d'années ? pensent-ils. Ils ont dépassé tous deux la soixantaine, et puis les enfants ont été baptisés sous le nom de Jospin. Pourquoi changer ? Antoine est néanmoins résolu : il veut que ses enfants portent son nom. Tous ses enfants ? Non, car il a un problème avec Jules, le cadet : il est persuadé qu'il n'en est pas le père. Selon lui, Marie-Josèphe aurait fauté alors qu'il se trouvait en voyage. Il en est sûr : Jules n'est pas de son sang. Jules ne portera donc pas son nom.

C'est ainsi que Jules Jospin, bâtard hypothétique, arrière-grand-père de Lionel Jospin, a reçu comme patronyme le nom de sa mère. Le nom de la lignée a donc été transmis par une femme. Et ce nom maudit, cette « pustule », Jules décide de le porter comme un étendard, non comme une marque d'infamie. Ses ancêtres travaillaient la laine ? Il sera tisserand. À Bertry, ce grand gaillard séduit la plus jolie fille du village, Dina Poulain. Seul problème : celle-ci est protestante. Son père est même l'un des piliers du temple de Bertry, et aussi l'un de ses principaux mécènes. Pour épouser Dina, Jules Jospin est prié de se convertir. Il le fait sans hésiter. Après tout, la communauté catholique a rejeté sa mère comme une pestiférée. Les huguenots, eux, lui offrent un asile. Et une leçon de tolérance. Il saura s'en montrer digne. Mieux : il devient même le plus fidèle, le plus assidu des protestants. Le plus rigoureux, aussi, pour ne pas dire rigoriste. Avec lui, il le jure, les Jospin seront sans tache. Il le promet devant Dieu. Et il fait vingt et un enfants à Dina, dont quinze survivront. Parmi eux, Georges, le père de Robert.

Avec un tel ancêtre, Robert Jospin connaît donc le prix de l'intolérance. Mais, en cette année 1932, ironie du destin, c'est lui qui est victime des préjugés de ceux de son clan, cette nouvelle bourgeoisie protestante dans laquelle il ne se reconnaît pas et qui le repousse comme un galeux. Divorcé, en voilà un crime ! La mort de son fils Nils n'est-elle pas assez douloureuse ? Meurtri par ces regards qui se détournent sur son passage, Robert Jospin n'est plus que l'ombre de lui-même. Abandonné, brisé, il pourrait retourner à ses vieux démons, ceux des bars louches et des ruelles sombres de Saint-Quentin. Mais un ange gardien veille sur lui : sa sœur, Madeleine, vient d'épouser René Dandieu, pacifiste comme lui, objecteur de conscience et qui est le… propre frère de Mireille. Cette petite Mireille qui chantait dans la chorale, le jour de son mariage avec Marie-Louise. La petite adolescente a bien changé : énergique, rayonnante, enthousiaste, elle a vingt-deux ans et étudie à la maternité de Port-Royal pour devenir sage-femme.

Quand il rend visite à sa sœur, Robert, qui peu à peu sort de sa mélancolie, croise souvent Mireille. Il remarque cette force vitale en elle. Cette fille est incroyable ! Toujours joyeuse, elle lit quotidiennement la Bible. Elle a le regard droit et franc des gens qui ne trichent pas. La mauvaise réputation de Robert lui est totalement indifférente. Robert vient de perdre un fils et il tombe sur cette femme qui aspire à donner le jour à des centaines d'enfants et à en faire elle-même une tripotée. Elle s'appelle Dandieu, un vrai nom de chrétienne ! Sa famille est protestante depuis la nuit des temps. Tonneins, sa ville natale, dans le Lot-et-Garonne, est un fief huguenot, un bastion de la Réforme. Une secrète lumière émane d'elle, comme si rien ne pouvait l'atteindre. Pourtant, elle pourrait pleurer sur son sort, raconter que son père, passionné de rugby, a brutalement quitté le Sud-Ouest pour tenter, en vain, de faire fortune dans la limonade à Paris, rue du Cherche-Midi. Il a perdu dans cette affaire le peu d'économies qu'il avait. Ruiné, il a fini par trouver une place d'ouvrier chaudronnier aux usines Renault de Boulogne-Billancourt. Plus tard, en 1923, alors qu'elle n'avait que treize ans, la jeune Mireille a perdu sa mère, emportée par un cancer. Cette mère adorée, pianiste, qui lui avait appris le chant, les cantiques. C'est pour elle qu'elle est devenue choriste au temple ; pour elle qu'elle a chanté avec ferveur, le jour du mariage de Robert et Marie-Louise, en 1924.

Dix ans plus tard, en 1934, elle épouse ce même homme. Le mariage est célébré en toute discrétion. Pour adresser un bras d'honneur à la hiérarchie protestante, Robert Jospin fait appel pour les unir à un prélat anarchiste, le pasteur Henri Roser. Quaker, libertaire, le marieur est un pacifiste militant. Il sera emprisonné en 1939 pour avoir signé, après la déclaration de guerre, le tract « Paix immédiate », considéré par les autorités françaises comme un appel à la désertion. Henri Roser est un colosse de près de deux mètres. Mireille paraît bien menue, entre ces deux costauds. Robert Jospin a son visage des bons jours. Cet homme qui tient de Jean Jaurès, de Don Quichotte et de Raimu va lui donner beaucoup. D'abord quatre superbes enfants. Beaucoup de bonheur, de grands éclats de rire. Et aussi quelques soucis.

CHAPITRE 3

Le secret

Descendre le plus vite possible. Courir. Ne pas s'arrêter. Filer sous le tunnel du Bas-Meudon pour se protéger des bombardements. Au premier mugissement de la sirène, il doit détaler avec sa sœur Agnès pour se blottir dans cet abri naturel où viennent s'entasser tous les habitants du quartier, au bas de la colline. À chaque alerte, le jeu recommence : Le vacarme des avions, le déferlement des bombes, la peur sur les visages. L'espoir que le hasard ou la maladresse des bombardiers épargnera la ville. Ou sa propre maison.

À cinq ans, comme les autres enfants de son âge, Lionel Jospin est confronté à de drôles de jeux. Bien sûr, quand tout est calme, il gambade dans les bois, joue à Tarzan, au *Livre de la Jungle*. C'est un garnement un peu dissipé, un peu casse-cou, qui adore sauter d'arbre en arbre dans le bois de Meudon, qui joue à la bagarre avec son père Robert et sa sœur Agnès dans l'appartement du 14 de l'avenue de Louvois où ils viennent de s'installer, au rez-de-chaussée d'une belle maison de deux étages. Bien sûr, il adore partir le dimanche matin, chaussé de galoches à semelles de bois, à l'école du dimanche[1], à Clamart. Agnès lui tient la main. Ils ont quatre kilomètres à parcourir à pied pour rejoindre le temple. Mireille leur a préparé un plat de pâtes dans une gamelle pour la journée. Ils s'arrêtent quelquefois, en chemin, chez la grand-mère Marguerite qui confectionne les meilleurs pets-de-nonne[2] de tout l'Ouest parisien…

Il y a ces moments de douceur, assurément, mais il y a surtout la terreur de la guerre. Meudon où Henri IV aimait jadis chasser, où l'on a photographié pour la première fois au monde, depuis l'Observatoire, une comète (1881), où fut créée la SFIO (1858), Meudon a des allures de camp retranché. Les Allemands ont installé un peu partout des blockhaus, ainsi que des plates-formes de DCA à la gare, sur les hauteurs de la ville. C'est ce paysage d'épouvante que les Jospin ont retrouvé quand ils sont rentrés de La Magistère en 1940.

Quel souvenir privilégié le garçonnet gardera-t-il d'une telle période ? Les bombardements ? Le feu tombé du ciel ? Les pets-de-nonne de mémé Marguerite ? Le 3 mars 1942, les Anglais attaquent la zone de Meudon-Boulogne. Une vaste offensive destinée à anéantir les usines Renault. Autre cible : le viaduc de Meudon et sa ligne de chemin de fer. Objectif : couper Paris de tout approvisionnement venant de l'ouest. Dans la commune voisine, Boulogne, le bilan est lourd : 349 morts et 20 immeubles rasés. À Meudon, la municipalité dénombre 6 morts et 200 sinistrés. Un an plus tard, le 5 avril 1943, un autre bombardement tue 20 personnes et détruit l'école maternelle du Bas-Meudon.

1. Équivalent protestant du catéchisme catholique.
2. Beignets.

Par bonheur, celle que fréquentent Lionel et Agnès n'est pas touchée. Mais, à chaque fois, les enfants vivent les alertes, courent à perdre haleine, tremblent de peur. Peut-on jouer aux gendarmes et aux voleurs entre les pluies de bombes et les descentes de SS ?

À la maison, les parents Jospin tentent de rendre la vie moins sombre en dépit des restrictions. Mireille exerce son métier de sage-femme dans des conditions quasi héroïques. Malgré le couvre-feu, les dangers bien réels, elle part souvent la nuit accoucher ses patientes. Le jour, elle consulte dans une pièce qui, le soir venu, est transformée en chambre à coucher pour Agnès et Lionel. Elle se déplace à moto, possède un laissez-passer qui lui évite de subir les tracasseries des patrouilles allemandes. Sa trousse d'intervention contient une matraque pour se défendre en cas de besoin.

Robert Jospin, lui, est instituteur à Paris, à l'école de la rue Las Cases, dans le 7e arrondissement. Il voit moins ses amis pacifistes. Il lit régulièrement *L'Œuvre*, le journal de Marcel Déat, dans lequel on peut trouver des éditoriaux pétainistes, mais aussi connaître les jours de distribution de beurre et de margarine pour la population. Durant cette période, Robert évite de s'engager trop ouvertement. Pourtant, ses idées sont toujours les mêmes : la guerre n'aurait jamais eu lieu, pense-t-il, si l'on avait écouté les pacifistes. Il suffisait de renégocier le traité de Versailles avec l'Allemagne, de poursuivre dans le sens des accords de Munich, et le sang n'aurait pas coulé. L'Europe aurait pu se construire en toute sérénité autour de l'axe Paris-Berlin.

Robert Jospin est violemment anticommuniste et tout à fait opposé au général de Gaulle, l'homme des Anglais et des banquiers. Tous n'ont qu'un but : radicaliser l'affrontement. Faire couler le sang, encore et toujours. L'ancien secrétaire général de la LICP a, plus que jamais, la fibre militante. Mais pourquoi reste-t-il si discret ? Parce qu'il a un petit secret. Sa propre famille n'est pas dans la confidence. Il est franc-maçon. Ou du moins, il l'était.

Par un de ses amis de Saint-Quentin, Marcel Capiomont, assureur de profession, qui deviendra le parrain du petit frère de Lionel, Olivier, né en 1943, Robert a été initié à la Grande Loge de France, de rite écossais, en 1938[1]. Frère de la loge Babeuf et Condorcet, il a en fait participé, dès 1936, en tant que responsable de la LICP, à des conférences organisées par la Grande Loge de France ou le Grand Orient. Il s'est peu à peu laissé convaincre. Dans la famille, on aura du mal à croire à cet engagement : chez les francs-maçons, il faut savoir se taire ; or ce n'est pas la principale qualité du chef de la tribu Jospin. A-t-il agi par conviction, par ambition politique ? Une chose est sûre : Robert Jospin ne reste pas franc-maçon très longtemps. En effet, le régime de Vichy leur livre une guerre impitoyable. Avant même d'édicter les lois antijuives d'octobre 1940, le gouvernement du Maréchal a entamé la traque des sociétés secrètes par la loi du 13 août 1940. « Un juif, déclarera Pétain, n'est jamais responsable de ses origines ; un franc-maçon l'est toujours de son choix [...] Ce n'était pas par cléricalisme, mais par souci d'hygiène civique que nous souhaitions porter des coups à l'hydre à deux têtes. » Ainsi, selon l'article 5 de cette loi, les fonctionnaires doivent faire une déclaration écrite sur l'honneur « soit de n'avoir jamais appartenu à une des organisations définies à l'article premier, soit d'avoir

1. Voir cahier d'illustrations, p. 7.

rompu toute attache avec elle et de ne jamais adhérer à une telle organisation au cas où elle viendrait à se reconstituer »[1]. Robert Jospin, instituteur, fonctionnaire, n'échappe pas à la règle. Il doit se soumettre à cette obligation. Montrer patte blanche sous peine de révocation. Et récuser ses propres engagements. D'autant plus qu'au sommet de l'État nouveau, on se méfie terriblement de la corporation des maîtres d'école, « résidus de l'ancien Front populaire », ces instituteurs rouges et sans patrie. En ce début de règne du Maréchal, Robert Jospin figure forcément sur les listes noires de Vichy. Sa carte de visite ne lui est pas favorable : candidat du Front populaire aux élections législatives en 1936 dans l'Indre, franc-maçon, divorcé, puis remarié, il ne correspond pas vraiment au modèle du parfait citoyen de la France pétainiste. Il n'a donc aucun intérêt à se faire remarquer au début des années quarante.

Perdre son emploi dans une période aussi noire serait catastrophique pour la famille. Robert ne dispose d'aucune fortune personnelle. Il n'a pour vivre que son maigre salaire d'instituteur. Mireille, accaparée par ses enfants en bas âge, travaille à présent beaucoup moins. Les temps sont durs. Il faut faire face à la pénurie, aux restrictions. Sur le chemin de l'école, Lionel découvre des affiches appelant à la collecte des métaux de récupération (cuivre, bronze, laiton, tombac, maillechort), sur lesquelles il peut lire : « Il sera remis à chaque déposant, par 200 grammes de métal, un timbre lui donnant droit gratuitement à un litre de vin. » Il croise aussi des soldats allemands en patrouille. Il ne sait pas que le maire de la ville, Henry Dalsème, qui occupait le

1. Cf. Marc Olivier Baruch, *Servir l'État français*, Fayard, 1997.

poste depuis 1936, a été révoqué dès octobre 1940 parce que juif. Le jeune Lionel ignore de même que plusieurs familles juives meudonnaises ont été arrêtées par la police française (14 personnes, dont plusieurs enfants de son âge, les Ostrowsky et les Brodzinski, en 1942 et 1943), puis livrées aux Allemands qui les ont expédiées en camp d'extermination[1]. Il sait seulement que ses parents ne sont pas antisémites. Ils dissimulent même pendant plusieurs jours le docteur Maurice Mayer, obstétricien de la clinique de Port-Royal. Mireille Jospin lui trouve une cache discrète à Meudon.

Au fil des mois de guerre, les enfants sentent que la vie à Meudon devient de plus en plus difficile. Le caractère de leur père s'assombrit. Tendu, inquiet, il lui arrive même d'être violent. Ils ont la nostalgie de la vie à La Magistère, de la pêche au kalikoba, ce poisson argenté qui faisait rêver le petit Lionel, des promenades en canoë sur la Garonne, des soirées paisibles loin des bombardements. À Paris, Mireille le devine, Robert ne pourra pas se contenir très longtemps. L'activité politique lui manque. Et l'odeur des estrades. Il aspire à renouer avec ses amis pacifistes. Depuis l'arrivée au pouvoir de Pierre Laval, ces derniers redressent la tête. Le régime quasi monarchique des premières années du pétainisme ne convenait pas à ces socialistes convaincus. Désormais, ils sont persuadés qu'une vraie collaboration de gauche, antisoviétique, peut voir le jour et pourrait bénéficier aux ouvriers français, mais aussi au peuple allemand. En d'autres termes, en 1942, le temps est venu pour les vrais « révolutionnaires » – les partisans de la

1. Une plaque a été apposée à leur mémoire rue des Sablons, à Meudon.

Révolution nationale – d'infléchir le régime de Pétain et, pourquoi pas, de « dénazifier » l'État allemand. Idée folle, extravagante ? Les pacifistes y croient sincèrement.

Ainsi, malgré les objurgations de son épouse, Robert Jospin rejoint René Chateau et sa Ligue de la pensée française qui défend cette ligne politique. Grand admirateur du philosophe Alain, Chateau édite un journal collaborationniste, *La France socialiste*. Dans cette galaxie incertaine composée de quelques illuminés, de soldats perdus de la SFIO, de libertaires égarés, on retrouve pratiquement tous les militants de la LICP, les proches de Robert Jospin. Comme René Gérin, rédacteur en chef de l'hebdomadaire pacifiste *Le Barrage*. Dans ce même journal, on retrouve encore son ami Félicien Challaye, agrégé de philosophie, anticolonialiste, pour qui la guerre n'est qu'une « boucherie organisée par des trusts militaro-industriels ».

Pour convaincre sa femme de la justesse de sa cause, Robert peut compter sur une alliée de taille : la propre sœur de Mireille, Yvette, son aînée. Yvette Dandieu est quaker et profondément pacifiste. Adhérente à la section de Meudon de la LICP, c'est une militante active qui a effectué le « voyage en Allemagne » en août 1938. Elle raconte son périple dans le n° 133 du *Barrage* (daté du jeudi 22 septembre 1938) sur un ton révélateur des sentiments des pacifistes de l'époque :

> « J'ai vécu un mois dans ce pays et mon séjour parmi les Allemands, alors que j'essayais de comprendre les pensées secrètes d'hommes et de femmes vivant dans un territoire d'où la liberté est bannie, a été pour moi particulièrement intéressant, bien que souvent attristé par la vision des cruautés dont sont victimes les Juifs. »

Avec une candeur désarmante, Yvette Dandieu poursuit ainsi son récit :

> « Quels sont leurs sentiments à l'égard de la France ? De la haine ? Je ne le crois nullement. Française, voyageant en Allemagne par ces jours de crise, je n'ai rencontré qu'hospitalité cordiale, courtoisie, désir de m'aider et de m'être agréable. De combien d'attentions délicates ai-je été l'objet ? Jamais je n'ai rencontré de réflexion violente ou haineuse à l'égard de notre pays. Par contre, on peut sentir chez les hitlériens une sorte de “mépris” pour cette nation “bolchevisée, dégénérée, livrée aux juifs”. C'est avec un sourire railleur qu'ils contemplent nos luttes intestines… »

Enfin, Yvette Dandieu évoque en ces termes les risques de guerre :

> « Alors que, sur le vapeur descendant le cours du Rhin, j'admirais les pittoresques coteaux bordés de vignobles et couronnés de vieux *burgs* en ruine, je puis m'entretenir avec des nationaux-socialistes cent pour cent. Ils me disaient : “Les Français et les Anglais sont des chauvins. Nous autres, nous désirons vivre en paix.” Et de rire lorsque je leur dis que les Français craignaient une attaque de l'Allemagne. »

D'autres proches de la famille vont partir à leur tour en Allemagne, en particulier René Dumont, futur père fondateur du mouvement écologiste en France, astre militant de la LICP. Il rend compte de son voyage outre-Rhin dans *La Paix de Montargis* (n° 23, août 1939). On retrouve sous sa plume la même tonalité rassurante sur l'Allemagne hitlérienne. Les persécutions antijuives ? Les pacifistes les condamnent fermement. Buchenwald a ouvert ses portes en juillet 1937 ? Dachau et Oranienburg, dès mars 1933 ? Les « jusqu'au-boutistes de la paix » regrettent assurément. Mais ils acceptent sans frémir le principe de la déportation des Juifs vers la Palestine ou d'autres pays susceptibles de les accueillir « avec leurs capitaux ».

Dans ce même numéro de *La Paix de Montargis*, on peut lire, à côté d'un article de Charles Léger, ami de la famille Jospin, un texte, « La question juive », signé par un certain docteur Castelbon, qui révèle l'étrange conception du pacifisme que l'on peut se faire dans le journal de René Dumont :

> « Les ressources de la Palestine biblique comme refuge pour les Juifs sont les suivantes : la Palestine proprement dite, qui a la superficie de la Belgique, a une densité de population de 51,8 habitants par km^2 (la Belgique, 252) ; le Vaad Leonne (Parlement juif de Palestine) et l'Agence juive sont prêts à accueillir 100 000 réfugiés au cours du premier semestre. Il y a la Transjordanie, dont la densité est de 3,3 habitants au km^2. Son Premier ministre, en relations étroites avec un membre de notre comité, lui a répété à plus d'une reprise qu'il ne demande qu'à voir les colons et capitaux juifs affluer sur la rive gauche du Jourdain pour faire de ce pays sauvage un État moderne. Enfin, il y a le Néguev, où ne vivent que 1 000 Bédouins. Certes, c'est un désert. Mais c'était le cas de bien des régions de Palestine aujourd'hui transformées en jardins. [...] Enfin, les cartes de l'état-major anglais d'après-guerre y signalent 52 puits ensevelis qui pourraient être remis en état d'activité. Mais il faut que les portes s'ouvrent... »

Ainsi, pour avoir la paix, il suffit d'accepter la logique nazie et d'organiser l'exil des Juifs vers de nouvelles terres, « dans le respect des droits de l'homme ». On sait où ces raisonnements ont conduit les amis de Robert Jospin. Dans l'esprit de ces pacifistes, l'exil des Juifs fait partie de la punition que doivent subir les Alliés. C'est un véritable acte de contrition qu'ils profèrent à longueur de colonnes sur ce leitmotiv : si l'Allemagne en est là, haineuse et revancharde, c'est la faute de la France qui n'a pas su être un vainqueur magnanime en 1918. Conséquence : nous sommes punis ; il faut payer !

Ce débat si intense et primordial autour du thème de la repentance, ô combien important dans la religion protestante, les enfants Jospin sont trop jeunes pour l'entendre. Le soir, ils bénissent le repas, font leur prière, remercient le Très-Haut. Quand le père parle, on se tait. Quand il écoute la radio, on se tait encore. L'homme qui raconte si bien les blagues est en train de s'engager sur des chemins dangereux.

Ils ignorent que la première femme de Robert, Marie-Louise, a fait part à plusieurs reprises à Mireille, qu'elle rencontre au temple, de son profond désaccord avec les positions de son ex-mari. Elle-même consacre une partie de son temps à faire fuir des Juifs aux États-Unis. Elle évoque le philo-germanisme extrême de Robert pour justifier ses « délires ». N'ont-ils pas eu, au cours de leurs premières années de mariage, une femme de ménage allemande qui ne comprenait pas la langue française ? Eux-mêmes, Robert et Marie-Louise, ne conversaient-ils pas régulièrement dans la langue de Goethe pour le plaisir ? Et Robert n'a-t-il pas permis à son premier fils Mowgli d'échapper au STO (Service du travail obligatoire) par une filière de pacifistes allemands qui l'ont dirigé vers la Hongrie en passant par Stuttgart ?

En ce début d'avril 1944, au 55 avenue des Champs-Élysées, ils sont encore une poignée à croire à leurs chimères. Des irréductibles, disciples dévoués d'une cause absurde. Tous sont des compagnons de route de Robert Jospin. Il y a là Claude Jamet, Félicien Challaye, Paul Rives, Marcelle Capy. Les tout derniers fidèles du pacifisme intégral. Inconscients, idéalistes, naïfs, sectaires, aveuglés par leur « haine de la guerre ». Ils n'ont pas tourné casaque au dernier moment. Ils ne se sont pas acheté de justesse un brevet de résistance. Le débarquement allié est imminent. Et pourtant, eux persistent. Mieux, ils lancent un nouvel hebdomadaire, *Germinal*, financé directement par la *Propagandschtafel*. Dans le même immeuble se trouve la rédaction d'un mensuel à la ligne politique voisine, *Notre combat pour la Nouvelle France socialiste*, dirigé par André Chaumet, proche de l'équipe de Claude Jamet et également contrôlé par les Allemands. Dans un premier temps, Robert Jospin donne son accord de principe pour collaborer à *Germinal*, mais, finalement, renonce. Le 17 avril 1944, il écrit à Claude Jamet :

> « Cher ami Jamet [...]. J'ai tenté hier et fort honnêtement [...] de travailler pour vous. Vraiment, je renonce à poursuivre cet effort parce que je me refuse, compte tenu de nos erreurs – pour ne pas dire de nos crimes – à ne dire qu'une partie, fût-elle essentielle, de la vérité. Vous me comprenez à demi-mot puisque, téléphoniquement, je vous ai entretenu de mes scrupules. Je regrette de ne pouvoir rendre à l'ami, au vieux compagnon de lutte, le service sollicité. C'est ma seule peine. Croyez, cher ami Jamet, à mes sentiments de persistante amitié. »

À cette date, Robert Jospin prend-il conscience, comme il l'écrit, de l'absurdité de ses positions durant la guerre ? Est-il en train de se réveiller en évoquant des crimes dont il se sent coresponsable ? On pourrait alors l'imaginer se repliant sur Meudon, rentrant chez lui, faisant le mort, accomplissant quelque bravade du côté de la Résistance pour ménager l'avenir. Mais l'homme est aussi imprévisible qu'irrationnel. La veille, le 16 avril 1944, il a été nommé conseiller municipal de Meudon par le préfet de l'Oise. *Nommé* par Vichy[1] ! Robert Jospin entre à la mairie le 29 juin, soit plus de trois semaines après le débarquement. N'importe quel homme sensé ou calculateur aurait décliné ce poste. Pas lui. Officiellement, il est chargé de la commission de la voirie, des bâtiments communaux, des fêtes, du sport, des sapeurs-pompiers, de la défense passive et de l'office des HBM (habitats bon marché), ancêtres des HLM. Une charge lourde pour un homme qui n'a aucune expérience de la gestion municipale. Grâce à quel mystérieux soutien Robert Jospin a-t-il « bénéficié » d'une telle fonction, fort exposée au demeurant ? Est-ce pour se consacrer à cette nouvelle tâche qu'il refuse de collaborer à *Germinal* ? Est-ce son vieil ami Marcel Déat, devenu ministre du Travail depuis mars, qu'il continue de voir[2], qui lui a conseillé de prendre ces responsabilités à la mairie ? Ou bien est-ce plus simplement parce que le militant pacifiste qu'il est entend se consacrer à la défense passive de sa commune, c'est-à-dire sauver des vies contre les raids aériens alliés ?

Le 24 août 1944, Meudon est libérée. La veille, des voisins affolés sont venus chez lui demander de ses

1. À la fin de la guerre, les préfets pouvaient nommer des fonctionnaires à des postes municipaux sans leur demander leur avis. Ce fut peut-être le cas de Robert Jospin qui n'a jamais manifesté d'intérêt pour la gestion municipale. Certains « nommés d'office » refusaient de siéger dans les instances où ils avaient été propulsés. D'autres démissionnaient.

2. Dans son *Journal*, Marcel Déat évoque ses rencontres avec Robert Jospin sous l'Occupation.

nouvelles. Ils alertent Mireille ; Robert, en pleine sieste, est prié de se montrer. Il est bel et bien là, encore tout bouffi de sommeil. Ils lui lancent, soulagés : « Ah, tu es là ! Heureusement. Les gens de Meudon disent que tu es dans la forêt en train de te battre contre la Résistance avec les Boches ! » Paniqué, Robert Jospin prend la mesure du danger qu'il court. Il peut être arrêté à tout moment. Il décide de partir se faire oublier quelques jours à Paris. Certains voisins prétendent qu'il s'est tout simplement caché dans son école de la rue Las Cases, fermée pour cause de vacances scolaires. Ainsi, grâce à son faible pour la sieste, Robert Jospin échappe aux arrestations lancées par le comité de libération de Meudon contre tous les conseillers municipaux désignés par Vichy. La plupart de ses amis pacifistes intégraux sont arrêtés, jugés, emprisonnés. Parmi eux, Claude Jamet est condamné à huit ans de travaux forcés, puis acquitté au bout de quelques mois de prison. Un demi-siècle plus tard, son fils Dominique raconte dans un livre splendide et bouleversant[1] le déchirement qu'un fils peut éprouver face à cette tache indélébile : la faute du père. Malgré les non-dits, les tentatives d'oubli, il avouera son impuissance à comprendre l'aveuglement de son géniteur et, à travers lui, la dérive d'hommes et de femmes de bien qui basculèrent dans une idéologie délirante. Cinquante ans après, il l'interpelle en ces termes poignants :

> « Mais lui, comment a-t-il pu voir partir pour les prisons, les camps, le poteau, des condisciples de Charlemagne, des voisins du Sentier, des camarades de promotion de Normale, des compagnons du Front populaire, des amis

1. Dominique Jamet, *Un Petit Parisien,* Flammarion, 2000.

d'enfance, de jeunesse, de parti, sans s'en émouvoir, sans s'en indigner, sans être pris d'une de ces salutaires nausées qu'on baptise très justement des haut-le-cœur ? Comment, socialiste, antifasciste, est-il resté sans voix, sans cri, sans révolte devant Guéhenno rétrogradé, Rivet et Langevin révoqués, Mauriac silencieux, Malraux interdit, Blum enfermé puis déporté, Georges Politzer, Jacques Dufour fusillés, Max Dormoy assigné à résidence puis assassiné, Georges Mandel, Jean Zay incarcérés puis assassinés ? Comment, antiraciste, internationaliste, a-t-il pu supporter l'abrogation de la loi Marchandeau, l'annulation des naturalisations postérieures à 1927, les interdictions professionnelles, le couvre-feu, le statut, les rafles, et l'étoile jaune cousue sur les poitrines ? Comment a-t-il pu fermer les yeux sur les affiches immondes qui dénonçaient la perversion des milieux du spectacle par les juifs, sur les expositions ignobles qui prétendaient fonder l'antisémitisme sur la biologie et la morale, sur les affiches odieuses qui assimilaient la Résistance et la "pourriture cosmopolite" ? Comment, pacifiste et ennemi de la violence, a-t-il pu faire fût-ce un bout de chemin aux côtés d'Aryens bottés, vils adorateurs de la force ? »

CHAPITRE 4

Sale chenapan !

Le livre était là, égaré au milieu d'ouvrages pour adolescents, entre *Moby Dick* et *Les Trois Mousquetaires*, un livre-lumière totalement nouveau pour lui, une *terra incognita* à explorer sur-le-champ : les *Mémoires* de Casanova l'attendaient sur le rayon français de la bibliothèque de Finchley, dans la banlieue est de Londres. Quand Lionel tombe sur les « écrits intimes » du beau Giacomo Casanova de Seingalt, il est tout d'abord intrigué. Jamais personne ne lui a parlé de cet auteur. À quatorze ans, il a été envoyé dans une famille anglaise pour se familiariser avec la langue de Shakespeare. Les McCarthy sont des gens modestes, ultracatholiques. Atteint d'une grippe au début de son séjour, il est enchanté par la délicatesse de son hôtesse, Mrs McCarthy, qui vient jusque dans sa chambre lui verser de l'eau bénite sur le visage pour hâter sa guérison. Ce premier contact avec la religion romaine l'émeut. Et puis, les enfants – Paddy, le garçon, et Bridie, la jeune fille – sont tous les deux adorables.

À la bibliothèque, le jeune Lionel foule la terre d'un Nouveau Monde. Il tombe en extase devant la vague de sensualité qui déferle sous ses yeux. Pour lui, Casanova est une révélation. Il lit :

> « J'ai aimé les mets au haut goût : le pâté de macaroni fait par un bon cuisinier napolitain, l'Ogliapotrida, la morue de Terre-Neuve bien gluante, le gibier au fumet qui confine, et les fromages dont la perfection se manifeste quand les petits êtres qui les habitent commencent à se rendre visibles. Pour ce qui regarde les femmes, j'ai toujours trouvé que celle que j'aimais sentait bon, et plus sa transpiration était forte, plus elle me semblait suave. »

Cet hymne à la vie, à la chair et à la bonne chère, transporte le jeune adolescent. Il emprunte le livre et rentre chez les McCarthy, subjugué et radieux. Là, surprise : Mrs McCarthy intercepte l'ouvrage et, horrifiée, lui demande instamment de rapporter cet objet maléfique loin de chez elle. Son hôtesse vient-elle de rencontrer le diable ? Lionel, confus, s'exécute. Mais, le lendemain, il n'a qu'une envie : retourner à la bibliothèque et y reprendre sa lecture. Ainsi, tous les jours, jusqu'à la fin des vacances, dans un recoin de la salle de lecture, allongé à même le sol, il reste plongé dans l'inventaire des turpitudes de Giacomo le Vénitien.

Lionel a déjà vécu ce genre de mésaventures. À dix ans, il a été victime des foudres des gardiens de la morale. L'affaire a fait grand bruit dans la famille. Alors qu'il est élève en sixième au collège de Sceaux, il passe en conseil de discipline. Sa faute : avoir expliqué à ses petits camarades, d'une manière toute scientifique, l'art de faire les enfants. La veille, Mireille Jospin a dispensé une leçon de biologie à sa petite famille. Lionel s'est empressé de transmettre l'information à ses camarades. Sans la moindre malice, mais avec la fierté d'un pédagogue. Après des ricanements, suivis d'un gros chahut, le jeune « émancipé » est convoqué par le professeur principal, Mme Goupil. Le petit Jospin n'en croit pas ses oreilles : il apprend que le collège n'est pas un lieu de débauche et qu'il est renvoyé. Dans sa grande mansuétude, la direction de l'établissement l'autorise à terminer son année scolaire. Le père, Robert Jospin, sera lui-même convoqué pour s'expliquer sur la conduite de son rejeton.

Cette exclusion ridicule traumatise le gamin. Ainsi donc, il y aurait deux mondes : celui de la famille, au sein duquel la parole s'exprime librement, où rien n'est tabou, où les enfants sont respectés comme des adultes : c'est la tribu Jospin ; et l'autre monde, l'extérieur, l'école, la rue, où la règle est moins nette, fluctuante, hypocrite ? À l'avenir, le petit Lionel en tiendra compte. Il ne parlera plus à tort et à travers. Mieux : il va apprendre très tôt la retenue. Une forme de réserve proche de la pudeur. Son père a trop parlé, trop gesticulé, trop paradé. Après la guerre, Lionel l'a vu humilié, rejeté par ses amis qui l'ont exclu de la SFIO[1]. Il a compris qu'il n'appartient vraiment pas à une famille ordinaire. Cinquante ans avant que cette situation soit devenue banale, il est l'enfant d'une famille « recomposée », en miettes, comme on dit. À l'époque, on le perçoit comme une incongruité. À moins que ce ne soit comme un exploit.

Dès sa naissance, on l'a hissé sur les épaules de l'Histoire. Ce jour-là, 12 juillet 1937, sa mère accouche sur un divan parce que l'aînée, Agnès, atteinte d'une rougeole, occupe la chambre des parents. Le divan est trop bas.

1. Robert Jospin a été exclu de la SFIO en 1945, pour « attitude trouble » pendant l'Occupation.

Comment le surélever ? En toute hâte, on rassemble une dizaine de volumes des œuvres complètes de Voltaire. Signe du destin ? Lionel Jospin voit le jour grâce à l'aide du philosophe des Lumières[1].

Autre anecdote singulière : la fiche d'état civil remplie à la mairie de Meudon sous le contrôle de Robert Jospin indique : « Le 12 juillet 1937, 23 h 10, est *née* 5, avenue de Louvois, Lionel, Robert, de sexe masculin. » L'employé de mairie a involontairement féminisé le nouveau-né...

En 1945, pour ses premières vacances d'après-guerre, ses parents étant trop occupés, il part en Allemagne avec sa sœur Agnès dans un camp d'enfants protestants en Forêt-Noire, près de Baden-Baden. Qui se charge de lui ? Marie-Louise Massat, la première femme de Robert, et Mowgli, son demi-frère, âgé à présent de vingt-quatre ans. Mowgli est chef-moniteur et musicien. Il accompagne les enfants à la guitare ou au piano pour les cantiques. Tous les soirs, on fait sa prière et on lit la Bible. À Paris, Marie-Louise vient parfois déjeuner dans la seconde famille Jospin. Elle s'entend bien avec Mireille à qui elle déclare : « Tu t'occupes beaucoup mieux de lui que moi ; c'est mieux ainsi. » Ses propres enfants, Mowgli et Hélène, se prennent d'affection pour leur belle-mère qu'ils surnomment « petite mère ». Ils adorent leurs « frères et sœurs », Agnès, Lionel, suivis d'Olivier et Noëlle, nés respectivement en 1943 et 1944. La fratrie se retrouve régulièrement pour les vacances au bord de la Manche, à Villers-sur-Mer où Robert et Mireille ont acheté une petite

1. L'anecdote est racontée dans *Lionel Jospin. L'héritier rebelle*, de Florence Muracciole et Gérard Leclerc, Lattès, 1996.

maison grâce à un prêt de deux amis pacifistes, René Dumont et Charles Léger, fidèles militants de la LICP.

Quand il doit expliquer à ses camarades d'école l'histoire et la configuration de sa famille, Lionel sent qu'ils ont du mal à comprendre. Surtout quand il évoque l'amitié et le respect mutuels qui existent entre les deux « belles-mères ». Elles sont solidaires, courageuses. Elles affrontent la réalité. Au fond, elles sont terriblement modernes. Bien sûr, il y a des anicroches, des jalousies entre enfants, des blessures pas totalement cicatrisées. Mais elles préfèrent les gommer. Le petit Lionel n'oubliera jamais cette leçon de vie donnée par ces deux femmes nées au début du XXe siècle.

En 1948, les Jospin s'installent boulevard Richard-Lenoir, à Paris, dans le 11e arrondissement. Après des mois d'hésitation, ils ont enfin pu quitter Meudon et les fantômes de la guerre. Robert a changé de métier. Il n'est plus dans l'enseignement, il dirige un centre de jeunes en difficulté, rue de Rome. Ironie du destin : lui qui avait failli mal tourner dans sa prime jeunesse s'occupe aujourd'hui de prédélinquants. Mireille est restée au foyer. Lionel est élève au lycée Charlemagne, sans grande conviction. Il est tête en l'air, bagarreur, parfois renfrogné. Il n'aime que le sport : le foot, le basket. Le soir, sur la route du retour, il traverse la place des Vosges où il traîne plus que de raison. Mireille s'inquiète pour ce garnement si adorable à la maison mais qui revient un jour sur deux avec ses vêtements en lambeaux. Elle a de plus en plus de mal à lui faire suivre l'enseignement religieux. La famille fréquente pourtant régulièrement une paroisse proche, le Foyer de l'âme, à la Bastille, afin de se ressourcer et de garder la foi. Lionel, louveteau unioniste, fait sa communion au temple, en dilettante, pour faire plaisir à ses parents et pour mériter le cadeau d'usage : une montre rutilante qui lui donne la sensation d'être enfin maître de son destin.

Cette montre, il la porte encore à la bibliothèque de Finchley, East London, où il lit Casanova dont le maître à penser fut un certain François-Marie Arouet, dit Voltaire. Entre les deux époques, une enfance s'est écoulée. Lionel n'est plus l'insouciant bambin qui jouait à Tarzan et construisait des cabanes avec ses frères et sœurs dans le bois de Meudon. Comme tous les adolescents, il supporte de moins en moins bien sa famille. Son père, surtout, qui a tendance à occuper tout l'espace, partout où il est. Comment prendre pour soi un peu de lumière à l'ombre d'un géant ? Dans les réunions de famille, Robert fait l'effet d'une tornade. Il chante, raconte des blagues scrupuleusement consignées dans un carnet, a toujours un conte en réserve pour les plus petits. Il est l'attraction, le boute-en-train incontournable. Il ne peut s'empêcher de s'arroger le premier rôle. Mowgli raconte que Robert, dans les années trente, l'accompagnait au cabaret les Deux Baudets pour aller écouter les chansonniers. « Au bout de dix minutes, dit-il, papa apostrophait le type sur scène et l'obligeait à débattre avec lui. Et le spectacle passait dans la salle. C'était lui la vedette. Moi, j'avais honte. Je ne savais plus où me mettre... » Comme son frère, Lionel se retrouve parfois dans ce genre de situation. Au restaurant ou dans n'importe quel lieu public, partout son paternel fait dans l'épate. Lionel baisse la tête et attend que l'orage passe. Cette « nature » volcanique qui l'agace tant fait les délices de sa mère, Mireille, qui pardonne tout à « son » Robert parce qu'il la fait rire. Même quand il lance à la cantonade :

« Je ne sais pas comment nous avons pu faire quatre enfants, ma femme et moi. J'ai été beaucoup absent, savez-vous. Nous nous sommes donc beaucoup croisés, Mireille et moi. Peut-être dans les escaliers… » Elle s'esclaffe de bon cœur, fataliste, sous le charme du bon mot.

Face à cet « ogre », il faut pourtant exister. Au lycée Charlemagne, à la fin de la quatrième, Lionel n'est pas surpris par la décision du conseil de classe : il doit redoubler. Ses notes sont médiocres, surtout en mathématiques. En grec, il aurait pu mieux faire. Le dictionnaire Bailly, que Mowgli lui a offert et que lui-même détenait de leur père du temps qu'il étudiait la théologie protestante, n'y a rien fait. Il a la tête ailleurs. Il se cherche. Ses parents sont inquiets. Il ne semble pas aimer l'école. Il n'aime pas la religion. Il n'aime pas la musique. Pourtant, ils l'avaient inscrit à un cours de violon pendant qu'Agnès apprenait le piano. Mais Lionel suivait les leçons avec une telle désinvolture que son père, excédé, a fini par lui briser sur les fesses un archet transformé à l'occasion en martinet. Au cours de cette année de quatrième, le « chenapan », le « drôle de numéro », comme on le surnomme, a reçu quelques cinglantes corrections paternelles. Motif officiel : il a tendance à contredire son géniteur. À la dernière « rouste », il a serré les dents, n'a pas pleuré. Tout le monde le dit : il a du caractère. Il se tait et part dans sa chambre lire Michel Zevaco ou Alexandre Dumas. Chez le père de d'Artagnan, les héros ne sont pas des intellectuels, mais des hommes d'action qui se battent pour la justice. Un jour, lui aussi…

En attendant, il n'a qu'une envie : s'enfuir. Loin du boulevard Richard-Lenoir, pour exister enfin.

Chapitre 5

Le bonheur à Chamigny

Ce dimanche matin est ensoleillé. C'est l'automne dans la campagne de Seine-et-Marne. Dans le camion qui la conduit à Mennecy, au cœur de la Brie, entre champs de maïs et champs de betteraves, l'équipe de basket de La Ferté-sous-Jouarre chante à tue-tête. Sous les applaudissements, Lionel Jospin imite Darry Cowl, comique des années soixante connu pour son bégaiement, vedette du film *Le Triporteur*. Ses copains éclatent de rire. L'ambiance est chaleureuse et détendue. Inconfortable, aussi, car le camion que l'entreprise les Moulins de Condez a bien voulu prêter à l'entraîneur, Émile Leroy, transporte habituellement de la farine. Mais les joueurs s'en moquent. Ils ne portent pas tous le même maillot bleu marine, ils jouent avec un ballon en cuir cousu à la main, sur des terrains cabossés, parfois légèrement pentus. Peu leur importe ! Tous les dimanches, dès l'aube, ils courent la région et ne rentrent que le soir, fourbus et heureux.

Lionel joue ailier droit. Rapide, très agressif, il ne lâche pas un point. Un modèle de combativité. Son coup favori est le tir de loin avec double rebond sur le panneau puis sur l'arceau. Depuis que ses parents ont quitté Paris pour venir s'installer à l'Ange gardien, à Chamigny, sur une colline qui surplombe la vallée de la Marne, il respire de nouveau à pleins poumons. Interne au lycée Moissans, à Meaux, il ne rentre dans sa famille que pour le week-end. Une vraie chance !

En 1950, son père a obtenu un poste de directeur du centre de perfectionnement pour enfants difficiles, à Chamigny. Le cadre est idyllique : un parc boisé d'une dizaine d'hectares, des bâtisses victoriennes où sont dispensés les cours généraux, et des préfabriqués pour les ateliers. Une maison de neuf pièces pour la famille, avec terrasse donnant sur la vallée. Dans ce décor bucolique, Lionel s'émancipe de la tutelle familiale. Avec elle il trouve en tout cas la bonne distance et reprend plaisir à étudier. L'ambiance au lycée n'y est pas étrangère. En ce début des années cinquante, l'établissement de Meaux est l'un des tout premiers lycées mixtes en France. Ce n'est certes pas encore l'esprit de Mai 68 : les dortoirs sont séparés et, pour les récréations, la cour est coupée par un terre-plein qui délimite les territoires respectifs des garçons et des filles. Mais, en classe, la mixité est bien une réalité.

Et puis, Lionel rencontre deux garçons qui deviennent ses amis, Claude Leplaideur et Michel Flament, deux élèves brillants qui l'entraînent dans leur sillage. Après avoir redoublé sa quatrième, l'adolescent tourmenté et anxieux du lycée Charlemagne retrouve son équilibre. Ses notes remontent lentement mais sûrement. Avec ses deux amis, il sillonne les routes des bords de Marne à vélo. L'été, ils se baignent dans le fleuve à La Ferté-sous-Jouarre, commencent à regarder les filles. Lionel fait entrer Claude

Leplaideur dans l'équipe de basket : l'Association sportive municipale fertoise. L'ami Leplaideur mesure 1,85 m et joue arrière droit. Flegmatique, ce fils de médecin a l'élégance naturelle des gens bien nés. Il porte le numéro 4 ; Lionel, qui mesure 1,83 m, porte le numéro 9. Le tandem brille sur l'aile droite. Les deux garçons sont on ne peut plus complémentaires : Jospin est teigneux, très « chaud au contact », impulsif, compétiteur mais loyal et bon perdant ; Leplaideur est fluide, nonchalant, doué, adepte du beau geste.

À Chamigny, la vie a radicalement changé pour tous. La mort dans l'âme, Mireille a abandonné son métier de sage-femme pour occuper le poste d'infirmière du centre. Robert, lui, règne sur une équipe d'une trentaine d'éducateurs et de professeurs, et doit gérer plus de deux cents enfants considérés comme prédélinquants. Seul maître à bord, ses talents d'éducateur s'épanouissent en toute liberté. Lionel, qui n'a plus à subir en permanence le poids de sa personnalité, le regarde différemment. L'homme, pur produit de la Troisième République, porte haut les valeurs de Jules Ferry, mais aussi celles de Jaurès et de Proudhon. Il a une maxime : « Élever, instruire, éduquer ». Cette fois, le jeune Lionel le voit mettre ses idées en pratique. Quand la famille est arrivée, l'établissement fonctionnait sur un mode semi-disciplinaire, avec uniforme bleu obligatoire, sorties interdites, appel quotidien en rangs serrés. Robert Jospin assouplit de but en blanc les règles de vie et impose les siennes. Désormais, les adolescents sont responsables de leurs actes, ils s'habillent en civil, ont le droit de sortir au village et débattent de leurs activités sous le contrôle et l'autorité de Robert Jospin qui va devenir, au fil des ans, leur père à tous. Avec son grand chapeau noir, sa lavallière, il a l'allure d'un prêcheur anglican. De fait, il est à la fois le patron, le bon pasteur, le père supérieur. Certaines mauvaises langues de La Ferté le surnomment « le Patriarche de Chamigny ».

Dans ce lieu de vie considéré par l'Éducation nationale et le ministère de la Justice comme un établissement pilote, isolé en pleine campagne, l'atmosphère est au phalanstère. Il y a la cantine, la lingerie, le ciné-club du vendredi soir, la ferme-école, l'infirmerie, l'économat, les appartements des enseignants et des éducateurs, la maison du directeur et de sa famille. Et même les ruches de madame la directrice… Car Mireille s'est lancée dans l'apiculture ! Sur cette communauté qui vit en vase clos souffle l'esprit libertaire de Robert. On y marie la règle et le libre arbitre. Mireille, elle, n'accouche plus, ne court plus la banlieue avec sa mallette médicale, elle soigne les grippes, les angines et les gros chagrins. Elle console les plus malheureux. Elle aussi devient la maman de substitution de ces « sans famille ». Un jour, pour aider l'un d'eux et lui permettre de régler un problème administratif, le couple décide même de… l'adopter ! Le soir, ils informent leurs enfants de leur décision comme si cet acte était la chose la plus naturelle du monde.

Vingt ans plus tard, Olivier Jospin rencontrera, par hasard ce « frère de papier » dans une manifestation politique. L'homme lui glissera : « Tu te souviens de moi ? Tes parents m'avaient adopté pour me donner un coup de main. » Olivier tombe des nues : il l'avait totalement oublié. L'ancien pensionnaire n'a donné aucun signe de vie après son départ du centre. Et il n'en avait plus jamais entendu parler.

Par contre, un autre frère ne se fait pas du tout oublier et vient régulièrement à Chamigny. C'est Mowgli, le fils de Marie-Louise. Chacune de ses visites est comme un ouragan. Il débarque en voiture de sport en compagnie de copains musiciens. Il embarque Lionel, ravi, à bord de sa Lagonda décapotable, raconte ses exploits de musicien de jazz, ses tournées à travers le monde, son voyage prochain à New York. Joyeux, il mène la belle vie, aime les filles, le dit, choque « petite mère » avec ses fréquentations du quartier de Saint-Germain-des-Prés où il tient une boîte de nuit, le Riverboat. Mowgli, dont le prénom a été choisi par son père en hommage à l'enfant du *Livre de la Jungle*, élevé loin des hommes, sans conformisme ni pression sociale, a suivi ce message à la lettre. Dans cette famille encore marquée par la rigueur protestante, il fait figure de Martien. Il est aussi critique de jazz au *Figaro* sous le pseudonyme de Pierre Barrault, tient la chronique de nautisme à *L'Équipe*, adore les voiliers. Il veut construire lui-même un douze-mètres qu'il appellera *Éros*. Dans ses excès, son exubérance, Mowgli, le frère aîné, ressemble beaucoup à son père. Seule différence : le fils n'a plus aucune entrave. Échappé du clan, il vit en roue libre. Le jeune Lionel est fasciné par ce demi-frère fantaisiste, grand amateur de Rabelais et de John Coltrane, qui dérange tant et qui parle trop, sauf quand il joue de la clarinette, du trombone ou du piano. Mowgli, l'homme-orchestre…

Dans ce havre de la libre pensée, cette « Cecilia » rousseauiste, deux enfants vivent en toute liberté : Olivier et Noëlle, les deux petits derniers de la famille Jospin. Ils suivent les cours de l'école primaire avec les autres enfants du personnel dans une salle de classe spécialement aménagée à cet usage dans la ferme, dite de Sabaroy. Ils y apprennent l'instruction civique, l'orthographe, l'algèbre, mais aussi l'anatomie. Pour les travaux pratiques, ils se rendent directement à l'étable où ils assistent à la naissance des petits veaux, à la mort du cochon, à la traite des vaches, au dépiautage des lapins. Le reste du temps, ils courent les champs, jouent avec les pensionnaires de l'Ange gardien. Ils rient du patronyme du professeur de gymnastique qui s'appelle Piedplat. Le vendredi soir, ils ont parfois l'autorisation d'aller au ciné-club, accompagnés de Lionel et d'Agnès, les aînés qui viennent juste de rentrer du pensionnat par le train.

À l'internat de Meaux, Lionel Jospin apprécie son éloignement. Il apprend la vie hors du clan : bagarres dans les dortoirs, heures de colle, privations de sortie certains dimanches, balades lugubres dans les champs de betteraves, premiers émois parmi les filles du lycée. Mais ce qu'il aime par-dessus tout, c'est le basket. Il s'y consacre totalement, échappant ainsi aux repas dominicaux où son père trône au milieu de la tribu, entonnant en fin de repas des chants antimilitaristes ou révolutionnaires. Lionel n'est pas franchement hostile à ces rhétoriques digestives, mais il préfère les copains et le basket-ball. Surtout quand il participe à des tournois loin de Chamigny. On part dans des voitures de bénévoles. Les filles de l'équipe féminine suivent pour faire la claque et on campe dans la nature. En 1956, pour la Pentecôte, il faut organiser le convoyage de l'équipe en vue d'un tournoi à Damery, près d'Épernay. Un de ses coéquipiers, Claude Lefèvre, possède un superbe Cabriolet 202 Peugeot, mais n'a pas son permis de conduire. Jospin, qui vient juste de décrocher le sien, propose ses services. Les passagers n'oublieront pas la virée : Jospin pilote comme un kamikaze, à fond de train, la décapotable remplie de filles. Il joue *La Fureur de vivre* sur les départementales du pays du fromage mou.

Un jour, pour la finale du championnat de Seine-et-Marne, La Ferté contre Mennecy, Robert Jospin fait une surprise à son fiston. « Le match avait lieu à La Ferté, se souvient Émile Leroy. Tout à coup, le père Jospin a surgi, accompagné des 200 adolescents de l'Ange gardien. Dans le village, ce fut un événement. On avait des supporters turbulents, mais efficaces. Grâce à leur soutien, nous avons gagné. Ensuite, le père de Jospin a payé le champagne à tout le monde au bistrot le Bec fin. »

Après plusieurs années passées à La Ferté, Lionel Jospin part jouer dans un club plus prestigieux, le club sportif meldoix. Cette fois, l'affaire devient sérieuse. Le club de Meaux concourt au championnat d'Île-de-France. Les adversaires sont autrement plus coriaces : il y a les Cheminots de Vaires, Chartres, Dammarie-les-Lys et quelques gros clubs de troisième division. On s'entraîne le jeudi après-midi. Claude Leplaideur est lui aussi « transféré » à Meaux. Le cinq majeur de l'équipe est composé de : Bernard Martin, pivot (1,95 m), qui deviendra banquier ; Marc Combi, dit Marco, le meneur, le plus petit (1,75 m) ; Gérard Riquet, arrière (1,90 m) ; Claude Leplaideur, arrière (1,85 m) ; et Lionel Jospin, ailier (1,83 m). Face aux gros calibres du championnat, les joueurs disposent d'un atout : la vitesse de jeu. Ils anticipent et accélèrent à chaque occasion pour perturber l'adversaire, ne jamais le laisser imposer son jeu. Autre caractéristique du basketteur Jospin : il déteste l'arrogance de l'adversaire.

Quand il tombe sur une équipe de ce genre, il donne l'impression de jouer sa vie. Au cours d'un match particulièrement serré contre les Cheminots de Vaires, il pique ainsi une terrible colère contre l'arbitre qui a tendance à avantager l'adversaire parce qu'il est en tête du championnat. « Ce type d'injustice le rendait dingue, témoigne Marc Combi, son ex-coéquipier. Quand il estimait que les choses n'étaient pas "réglo", il le disait brutalement. Résultat : il lui arrivait de se faire suspendre. »

Pour Lionel Jospin, le sport constitue un formidable exutoire. Il y investit toute son énergie. Au lycée, il n'est pas le même que sur un terrain. Ses camarades de Meaux se souviennent d'un type sympathique, ouvert, intelligent sans être une « tête d'œuf », toujours disposé au débat. Il rentre chez lui ou part à l'entraînement dès qu'on lui propose une sortie. En première, alors que toute sa classe assiste à un récital de Jacques Brel à Meaux, il n'y vient pas, au vif désappointement de quelques filles amoureuses de lui. Quand on l'invite à des surprises-parties, il déclare qu'il ne peut pas, qu'il est pris ailleurs. Serait-il timide ? Non, il ne rougit pas en présence des demoiselles. Affable, de compagnie agréable, il n'est ni arrogant ni prétentieux. Mais il y a en lui quelque chose d'insaisissable. Il ne se livre pas, il est toujours sur la réserve.

CHAPITRE 6

Un marxiste à scooter

C'est un de ces moments terribles que la mémoire garde imprimés pour toujours. L'homme insulté, humilié, victime d'une poignée d'élèves déchaînés. Le petit professeur communiste brandit un texte, une forme de manifeste contre la répression en Algérie. Dans un chahut indescriptible, d'une voix blanche, il lit aussi les Mémoires du général Bugeaud qui, au XIXe siècle, a colonisé l'Algérie au sabre et au canon : un Hernán Cortés lâché dans la Mitidja. Il raconte les tueries, l'avancée des troupes, les villages rasés. Ces phrases sont d'une brutalité insoutenable. L'officier compare les Algériens à des insectes. La colonisation et sa mission civilisatrice ? Une campagne de dératisation ! L'enseignant tente de contenir son émotion. Face à lui, une classe de terminale philo du lycée Janson-de-Sailly, à Neuilly. Les élèves manient contre lui l'invective et le mépris. Depuis le début, il savait qu'un jour ou l'autre ces fils de la grande bourgeoisie lui feraient payer son appartenance à l'autre monde, celui des fortifications, des banlieues ouvrières. À l'Académie, des amis de l'Inspection générale l'avaient prévenu : « Ils t'envoient à Janson pour te tester, te pousser à la faute, te faire craquer… » Grand intellectuel du Parti communiste français, professeur à l'Université nouvelle, Maurice Caveing a réussi jusque-là à dispenser les cours liés au programme du baccalauréat – Descartes, Rousseau, Kant, Leibniz… – en veillant à ne pas « déraper ». À ne pas faire de vagues. Mission impossible ?

Début novembre 1954, la France découvre le drame algérien. L'armée envoie son aviation bombarder des villages pour réprimer la Toussaint sanglante, une série de soixante-dix attentats organisés par le FLN qui vient de se constituer. La presse révèle que les forces aériennes françaises auraient déversé du napalm sur les *mechtas*, les villages, après avoir regroupé les vieillards, les femmes et les enfants hors des zones dangereuses. Maurice Caveing n'a pas pu y résister : il a voulu impliquer ses élèves. À tort. Car eux ne se sentent pas concernés. L'Algérie, pour ces enfants des quartiers chics ? Un problème de maintien de l'ordre. Rien de plus.

Au fond de la classe, blanc de colère, un jeune homme serre les poings. Lionel Jospin vient de choisir son camp : celui du « petit prof de gauche » qui n'aime pas la guerre. Il savait qu'en venant à Janson, il allait souffrir, qu'il n'avait rien à voir avec ces gosses de riches. Il ne supporte ni leur arrogance ni leurs manières trop lisses. Non, il ne sera jamais comme eux. Il regrette presque d'être là. Mais ses parents ont tant insisté…

Ils ne souhaitaient pas lui voir passer le baccalauréat au lycée Moisans. À Meaux, la classe de terminale avait mauvaise réputation à cause du professeur de philosophie. Il était aveugle et rencontrait d'énormes problèmes de discipline. Et puis, la demi-sœur de Lionel, Hélène, étudiante en droit à la faculté de la rue d'Assas, a convaincu la famille qu'il fallait l'envoyer dans un bon lycée parisien. Son avis compte, car elle prépare l'ENA, c'est la bonne élève du clan. Elle conseille à Robert et Mireille de « sortir le petit des terrains de basket », car il y a danger, pense-t-elle : Lionel ne pense qu'à courir les stades, frapper dans un ballon, marquer des paniers. En catastrophe, avant la rentrée, les Jospin ont cherché un établissement parisien doté d'un internat. Janson-de-Sailly était le seul où il restait des lits disponibles.

Au début, Lionel Jospin vit la pension comme un exil. Il découvre une autre vie, surtout un autre milieu, où la compétition intellectuelle est féroce. Il se sent comme un immigré, « un peu plouc », à côté de ses condisciples trop bien peignés. Il prend conscience de ses « origines de classe ». Par chance, un de ses voisins, Jacques Valier, ne ressemble pas tout à fait aux autres. Les deux adolescents sympathisent. Jacques Valier est juif, issu d'une famille d'émigrés russo-polonais. Son père, Max Kagan, a été déporté à Auschwitz en 1943. Rescapé des camps, il est rentré à Paris et a travaillé comme garçon de courses à la Bourse. Il a fini par faire fortune, mais est resté profondément marqué par l'Holocauste. Il n'a pas l'âme d'un parvenu. Son fils non plus : comme Lionel Jospin, Jacques Valier est sorti troublé du cours de Maurice Caveing. Pas plus que son ami il n'a d'affinités avec le reste de la classe. En compagnie d'un troisième élève, Patrick Sussel, ils décident d'aller trouver le professeur et lui font part de leur soutien, de leur indignation et de leurs sentiments anticolonialistes. Touché par ce geste, Maurice Caveing leur propose de leur dispenser un cours, à la fin de l'année scolaire, chez un camarade du 16e arrondissement. Hors du lycée, cela va de soi.

Le trio se retrouve dans un appartement bourgeois décoré de portraits de Lénine et de Staline. Là, Maurice Caveing leur apprend en plusieurs leçons les rudiments du marxisme. Leur livre de chevet est de Georges Politzer, *Introduction au matérialisme historique*, guide initiatique du parfait petit communiste publié aux Éditions sociales, la filiale du PCF. Ainsi le basketteur de La Ferté-sous-Jouarre n'ignore bientôt plus rien du « stade de développement des forces productives », des « superstructures » et des « infrastructures », de la « dictature du prolétariat ».

Avec Jacques Valier, il se passionne pour l'écrivain américain socialiste Jack London, auteur de romans comme *Martin Eden*, *Le Talon de fer*, *La Ruée vers l'or*, *Le Peuple de l'abîme*. Les héros y sont positifs, courageux, animés d'un esprit à la Robin des Bois. Ils défendent les pauvres tout en aimant bien la bagarre. Ils racontent surtout l'épopée de l'Amérique, ses pionniers, ses rêves, ses marginaux. Parmi ces romans de London, il en est un qui le marque particulièrement : *Le Bureau des assassinats*[1] : c'est l'histoire d'un homme qui veut faire régner la justice sur terre en créant ses propres lois ; il manipule des mercenaires qui kidnappent des hommes d'affaires véreux, des capitalistes corrompus ; il les juge, les condamne à mort et fait exécuter la sentence. Un jour, il fait tuer un innocent. Pris de remords, il décide de s'appliquer la sentence à lui-même et envoie un tueur à gages, qu'il paie très cher, sur ses

1. Les œuvres de Jack London sont publiées dans la collection « Bouquins », aux éditions Robert Laffont, sous la direction de Francis Lacassin.

propres traces. Morale de l'histoire : la loi du talion est une voie sans issue, un crime rajouté à un autre crime.

Lionel Jospin adhère à cette position. Deviendrait-il pacifiste, comme son père? Sûrement pas ! Il persiste à penser que les théories paternelles sont séduisantes, mais totalement irréalistes, pour ne pas dire fantaisistes. Il a même de violents accrochages avec lui, à Chamigny, au cours de débats épiques, notamment sur la guerre d'Algérie. À dix-huit ans, le colosse ne lui fait plus peur. Il l'a même battu au cours d'une historique partie de bras de fer qui a marqué comme un passage de relais. Parfois, des éducateurs viennent se mêler aux joutes oratoires du père et du fils. Ainsi Michel Lautrec, lointain cousin du peintre, trotskiste, militant de l'OCI, ou Hervé de Ponthieu, militant du PCF. Comme toujours, Robert Jospin surprend son monde. En l'espèce, à la surprise générale, il soutient la position de Guy Mollet, président du Conseil, patron de la SFIO. Que dit-il ? Qu'il n'y a pas de guerre coloniale en Algérie, mais une simple opération de « pacification », selon la formule gouvernementale. Effet de langage : un pacifiste est forcément pour… la pacification ! Encore une fois, Lionel Jospin se trouve confronté aux loufoqueries politiques de son père. Robert, devenu apparatchik de la SFIO, ne s'indigne pas contre la répression qui frappe aux quatre coins de l'Algérie. Il endosse le costume du colonialiste, du « missionnaire qui ne peut abandonner ces peuples à eux-mêmes », à l'islam, à la barbarie. Le fils s'insurge, se fâche et finit par convaincre le père que son point de vue est intenable. Qu'il est en train de renier toutes ses convictions pacifistes. Encore une fois, Mireille intervient pour calmer le jeu. Encore une fois, elle prie son mari de ne pas se laisser emporter par ses effets de manche : « Tais-toi , Robert, tais-toi… »

À l'Ange gardien, entre une partie de basket et un cours de mécanique, l'atmosphère devient tendue. De nombreux éducateurs, farouches partisans du FLN de Ferhat Abbas ou du MNA de Messali Hadj, se plaignent des positions jugées colonialistes du « gourou de Chamigny ». Ils veulent « tuer le père », eux aussi. Le centre est en ébullition. Il n'échappe pas au débat qui divise la France entière. Mireille rappelle à tous qu'il s'agit bel et bien d'une guerre. Sa sœur Yvette vit en Algérie, à Bône. La famille dispose donc d'informations de première main. L'ancienne militante pacifiste est horrifiée par ce qu'elle voit dans les deux camps : les massacres dans les fermes, les exécutions de « traîtres » par les tueurs du FLN, la torture, les disparitions… Elle dit que le FLN ne veut plus d'Européens sur le sol algérien et qu'il leur faudra partir un jour.

Sur sa Lambretta bleu ciel, il roule vers Paris, crinière au vent. Il se sent libre, heureux de pouvoir, sans rompre tout à fait le lien, croiser le fer avec ce père qu'il craignait tant. Apaisé, il part rejoindre Jacques Valier qui s'est lui aussi acheté un scooter, une Vespa. Ils iront sur les Champs-Élysées ou sur les bords de la Seine. Ils tenteront d'oublier la guerre. Cet été, Lionel Jospin partira pour un camp d'adolescents, dans les Alpes. Il vient de passer son diplôme de moniteur des CEMEA (centres d'entraînement aux méthodes d'éducation active) après un stage de dix jours. Les CEMEA dépendent de l'enseignement public et sont en général gérés par des instituteurs. Comme tous les étudiants d'origine modeste, Lionel Jospin peut ainsi passer des vacances loin de chez lui tout en gagnant un peu d'argent. Et poursuivre son expérience de la vie en collectivité. Adolescent, il a déjà participé à des camps d'Éclaireurs protestants. Il portait un surnom qu'il détestait : « Langue agile ». À ses biographes Florence Muracciole et Gérard Leclerc, il dira : « Je m'attendais à ce qu'on me baptise "Léopard bondissant", "Lynx rusé" ou "Lion courageux"[1]. » En 1952, dans un de ces camps de l'Église réformée, dans le Jura, il a croisé un certain « Hamster érudit », plus connu sous le nom de Michel Rocard. En 1953, il a participé une dernière fois à ce genre d'activités dans le Briançonnais. C'est également là qu'on l'a vu offrir une bible à des enfants du camp. La dernière…

Sur sa Lambretta, il lui arrive de rejoindre ses parents en vacances dans le Sud avec ses potes de La Ferté, Claude Leplaideur et Michel Flament (ce dernier s'est équipé d'une moto, une Peugeot 125). Tous les étés, Mireille et Robert, accompagnés d'Olivier et Noëlle, partent faire un tour de France au volant de leur Frégate, une grosse cylindrée pour famille nombreuse. Leurs lieux de villégiature : les villes-étapes du GCU, le Groupement des campeurs universitaires, où l'on passe des vacances en autogestion. Dans ces campings anarcho-libertaires où se retrouvent pacifistes, militants de l'École émancipée de Célestin Freinet, on nomme les responsables aux poubelles, aux activités de loisir, à la sécurité du camp. Bien sûr, Robert Jospin veut être partout le chef. C'est seulement après avoir procédé aux votes qu'on se sent vraiment en vacances. On peut alors

1. *Lionel Jospin. L'héritier rebelle,* op. cit.

chanter des chants antimilitaristes ou anarchistes. Le soir à la veillée, on fredonne *Le Déserteur* de Boris Vian, on organise des débats sur l'éducation des enfants. Dans ces camps du bonheur autogéré, l'arrivée des Jospin est toujours très attendue. Derrière leur Frégate, ils tractent une curiosité technique : une caravane aux dimensions hors normes, fabriquée sur mesure, si l'on peut dire, par les pensionnaires de Chamigny. Ces derniers se sont vu proposer comme sujet de travaux pratiques : « construction d'une caravane pour Monsieur le Directeur ». Résultat : la caravane est là, beaucoup plus haute que le format standard, surélevée pour laisser entrer la « grande carcasse » de Robert. Les matériaux robustes sont aussi plus lourds, pour la même raison. Ainsi, régulièrement, à Neuvic d'Ussel, dans le Massif central, ou à Luchon, dans les Hautes-Pyrénées, les « anarcho-touristes » voient surgir de la brume une machine qui n'est ni un tank ni un sous-marin, mais « la Chamignole », nom donné par les Jospin à cette œuvre d'art qui leur tient lieu de mobile-home.

Lionel, lui, n'a fait qu'observer d'un œil amusé cette étrange roulotte que ses parents aiment par-dessus tout. Il n'y a pratiquement jamais dormi. L'été 1956, après avoir fini hypokhâgne à Janson-de-Sailly et s'être inscrit à l'Institut d'études politiques de Paris, rue Saint-Guillaume, il n'a pas suivi sa remuante famille. Les CEMEA lui ont proposé un poste de moniteur dans un centre de vacances pour enfants difficiles à Crotenay, dans le Jura. Il adore ce « job » : tenir un groupe, étudier les comportements d'adolescents violents et peu maniables, jauger les leaders, ceux qu'il faut séduire, ceux à qui il faut imposer un rapport de forces physique, ceux qu'il faut soutenir contre le caïdat.

Avec, au bout de deux mois, le plaisir d'avoir redressé la barre pour certains. Oui, l'enseignement lui plaît. Il baigne en permanence dans cette ambiance « pédago ». Ces prédélinquants, il les connaît bien. Il en côtoie d'autres à Chamigny tout au long de l'année. Il joue au basket avec eux. Il n'a pas peur de la « castagne ». Dans le Jura, il pourra même leur apprendre à survivre en pleine nature et à se retrouver face à soi-même, l'espace d'un été.

Il aurait pu s'orienter définitivement dans cette direction. Mais, à Crotenay, dans la forêt jurassienne, le lecteur de Jack London a rendez-vous avec l'Histoire. Avec ou sans Lambretta, le destin emprunte parfois d'étranges détours.

CHAPITRE 7

Sid, Mohamed, Habib et les autres

Enfin un été tranquille, seul dans un lieu enchanteur. Tout près du camp, il y a un lac. À une dizaine de kilomètres, à Champagnole, une jolie bourgade jurassienne où l'on sert du vin jaune, spécialité locale, il peut faire de belles virées. Il y a aussi l'immense forêt de conifères à travers laquelle il s'échappe régulièrement. Ces heures de solitude, ces longues promenades, Lionel Jospin en a pris l'habitude à Chamigny. Dans le bocage autour de l'Ange gardien, chaque fois qu'il le peut, il va chasser en solitaire. Il a obtenu son permis et s'est acheté un fusil. Il lui arrive aussi de partir avec son père avec qui il a désormais de franches discussions. Mais il préfère les vraies escapades, les longues journées à sillonner seul les labours, à guetter derrière une haie ou à la lisière d'un bois. Il peut suivre les méandres de la Marne, humer l'odeur de l'humus, observer un vol de perdreaux. Dans ces moments-là, il est l'homme de la terre, le descendant des « éleveurs de moutons » venus des plaines de Flandres ; il est aussi Martin Eden, l'intellectuel-fermier de Jack London, le héros qui entend faire de sa vie un roman. À cette occasion, il découvre qu'un bon chasseur ne saurait se passer d'un chien. Or il n'en a pas. Résultat : il rentre souvent bredouille.

À Crotenay, dans le camp d'enfants « difficiles », il retrouve ces sensations de la vie en plein air. Il n'oublie pas le basket et s'entraîne dur chaque fois qu'il le peut. Son frère Olivier l'a rejoint dans le club du CS Meaux. Olivier est un surdoué du basket. Il joue pivot : il est un peu la tour de contrôle de l'équipe. Immense, il dépasse le mètre quatre-vingt-dix ; mais il est en même temps « fluide » et d'une adresse insolente. Il est l'un des premiers joueurs à « smasher » dans le panier, à l'américaine. Les sélectionneurs de l'équipe de France juniors l'ont déjà repéré. Quand les deux frères jouent ensemble, il y a très souvent des étincelles. Ils se chamaillent, se bousculent, ne se font aucun cadeau. À tel point que leur entraîneur, pour le « mental » de l'équipe, évite de les faire jouer ensemble quand il sent que les deux Jospin vont « disjoncter ». Lionel adore ce petit frère de plus en plus grand, mais il n'aime pas se voir dépassé sur le terrain. Alors il travaille encore plus sa technique. Il fait des heures supplémentaires, s'entraîne seul : lancers francs, bras roulés, récupération, relance, blocage, et ainsi de suite…

À l'autre bout du terrain, un jeune homme observe ce sportif à la haute silhouette, à la chevelure moutonnante, torse nu, qui fait des gammes ininterrompues autour du panneau. Sid Ahmed Ghozali[1] a vingt ans. Comme Lionel Jospin, il a trouvé ce job d'été pour payer ses études. Comme lui il est boursier. Cependant, l'aide dont il bénéficie

1. Sid Ahmed Ghozali sera Premier ministre de la République algérienne de juin 1991 à juillet 1992.

ne vient pas de l'État français, mais du FLN (Front de libération nationale), l'organisation indépendantiste qui a déclenché l'insurrection algérienne en novembre 1954. Sid Ahmed Ghozali est un matheux. Il est inscrit à Paris en maths spé et se prépare à passer le concours des Ponts et Chaussées. Le FLN voulait l'envoyer en Suisse, à Zurich, préparer l'admission à l'École polytechnique, mais le jeune étudiant algérien a préféré la France malgré la guerre. Bien sûr, son appartenance à l'organisation est totalement secrète. Ici, à Crotenay, Sid Ahmed est un étudiant comme les autres. Souriant, affable, toujours prêt pour l'aventure. Les deux hommes ont tôt fait de sympathiser. Lionel Jospin est heureux de cette rencontre. Il a tant de choses à dire sur cette guerre d'Algérie, sur cette France coloniale qu'il rejette. Toutes les semaines, il se précipite sur *France-Observateur*, il lit la revue *Les Temps modernes* qui a pris explicitement position pour l'indépendance algérienne. Il étudie avec passion les prises de position de cette « nouvelle gauche » non molletiste composée de Claude Bourdet, Gilles Martinet, André Mandouze, Robert Barrat, et de tous ceux qui souhaitent la « fin de la colonisation », donc la « fin de la guerre ».

Par contre, il est désemparé devant une autre violence, celle que se livrent les deux courants des indépendantistes algériens, le MNA et le FLN. La première organisation, le Mouvement nationaliste algérien, dirigée par le leader historique Messali Hadj, est très implantée dans la communauté algérienne installée en France, celle des travailleurs de Renault ou des métallos du Nord. Messali Hadj, disciple de Trotski, veut à tout prix conserver un caractère « ouvrier » à la lutte de libération nationale.

Surtout, il refuse d'être « lié par l'étranger », en particulier par les pays arabes plus ou moins contrôlés par Moscou. Les dirigeants du FLN, eux, estiment que la lutte armée constitue une priorité absolue. Les soutiens étrangers – Moscou, Le Caire ou Pékin – sont vitaux pour peser dans la bataille diplomatique menée aux Nations unies. Messali Hadj, lui, considère le FLN comme une organisation « extérieure » pilotée depuis Le Caire. Pour ses dirigeants Messali est un despote « aux mains des Français ».

Comment prendre position dans un tel conflit ? Lionel Jospin parle à Sid Ahmed Ghozali du choc qu'a représenté pour lui le massacre de Melouza, le 29 mai 1957. Ce jour-là, le FLN commet un acte de véritable barbarie qui résume à lui seul l'atrocité du drame algérien. Sur ordre de leur direction, des militants assassinent froidement, méthodiquement 374 habitants de ce village, soupçonné d'être favorable à Messali Hadj. Cette tuerie l'a bouleversé : jusque-là, il pouvait admettre la division entre les deux organisations multipliant sans répit les exécutions d'une rare férocité. Bien sûr, l'enjeu était l'hégémonie sur le mouvement révolutionnaire et le contrôle de l'appareil clandestin. Mais la tuerie de Melouza, c'est autre chose : n'est-on pas en train de reproduire les mêmes horreurs que les colonisateurs, mais cette fois sans eux[1] ? La fin justifie-t-elle tous les moyens ? Le FLN n'est-il pas en train de devenir une organisation stalinienne et, par conséquent, de pervertir la Révolution ?

Sid Ahmed Ghozali se trouve dans une position délicate. Il ne peut faire état de son appartenance au FLN. Face à ce

1. Écœuré par cette tuerie, Mohamed Bellounis, chef militaire du MNA, s'allie alors à l'armée française pour se venger du FLN. La révélation de cet accord dans la presse algérienne discrédite totalement Messali Hadj dans l'opinion maghrébine.

jeune Français aux sentiments si ardents pour la cause algérienne, il ne peut que lui renvoyer les horreurs commises par ses congénères depuis 1830, date du début de la colonisation. Mais la violence doit-elle systématiquement répondre à la violence ? Lionel Jospin repense alors à Maurice Caveing, son professeur de philosophie, et au sinistre récit du général Bugeaud. Il se met à douter de tout.

Le soir, à Crotenay, Sid Ahmed Ghozali aime à faire la fête. La nuit tombée, il part à mobylette au bal de Champagnole, courir les filles. À plusieurs reprises, il propose à Lionel de l'accompagner. En vain. Le copain français n'aime pas traîner sur les parquets des dancings. Il n'est ni rock, ni paso doble…

À la fin des vacances, les deux amis apprennent une bonne nouvelle : ils vont loger au même endroit pour la rentrée universitaire, à la résidence Jean-Zay, la cité universitaire d'Antony, dans la banlieue sud de Paris. Ils vont donc pouvoir continuer à se voir. Lionel Jospin est inscrit en première année de sciences politiques, rue Saint-Guillaume, où il retrouve Jacques Valier et Patrick Sussel. Les trois amis s'inscrivent à l'UNEF, le syndicat étudiant qui vient de s'engager radicalement dans le conflit algérien. L'UNEF multiplie les actions de solidarité en faveur des insurgés, et travaille en étroite collaboration avec l'UGEMA[1], le syndicat des étudiants algériens. Dans ce bouillonnement politique, Lionel Jospin ressent les premiers frissons de l'action, de l'engagement. Il n'est pas encore atteint par le virus, mais il est déjà séduit. On le

1. Union générale des étudiants musulmans algériens.

voit dans tous les meetings, il participe aux comités d'action réclamant la libération de militantes algériennes comme Djamila Boubakeur. Il n'hésite pas à faire le coup de poing contre les « fachos » de la faculté de droit. Les rixes, Lionel aime ça. Comme le rugby qu'il pratique quelques semaines au poste de troisième ligne. Dans ce sport, il peut donner libre cours à son agressivité. Mais, pour des problèmes d'emploi du temps, il est obligé d'arrêter l'entraînement.

Son agenda n'est pas extensible. Il y a le basket en Seine-et-Marne et dans l'équipe de Sciences Po, les cours rue Saint-Guillaume, la vie à la cité d'Antony.

La résidence Jean-Zay, qui accueille plus de 3 000 étudiants, est l'un des bastions de l'UNEF et aussi de l'UGEMA. Le secrétaire général de cette organisation, Mohamed Khemisti, a élu domicile sur ce campus à la réputation tiers-mondiste. Il n'est plus vraiment étudiant. Âgé d'une trentaine d'années, il a déjà une solide réputation de « héros de la Résistance ». Emprisonné à plusieurs reprises, il est surveillé de près par la police française. Officiellement, Mohamed Khemisti n'exerce aucune activité politique en faveur du FLN. En fait, il est chargé par la direction du mouvement d'organiser les étudiants algériens afin qu'ils diffusent la propagande des « frontistes » dans les usines. De nombreuses réunions clandestines du FLN ont lieu à Antony, dans des chambres d'étudiants. Le soir, à la cafétéria de la résidence, Mohamed Khemisti dîne souvent avec Sid Ahmed Ghozali et fait alors la connaissance de Lionel Jospin.

La carte de visite du jeune étudiant s'est étoffée. Il est désormais secrétaire de la section sports de l'UNEF. Il n'a pas l'âme d'un leader, mais les circonstances historiques lui sont incroyablement favorables. Il en est conscient. Son amitié avec Sid Ahmed Ghozali, la rencontre avec Khemisti le plongent au cœur de la grande Histoire. Il n'est pas seulement un militant parmi d'autres, il a la chance de vivre avec eux. Il suit la guerre d'Algérie « presque de l'intérieur ». Sid Ahmed Ghozali se souvient :

> « Nous prenions pratiquement tous les jours notre petit déjeuner ensemble. Nous nous levions très tôt pour prendre le train pour Paris, la ligne de Sceaux. Nous prenions le café à 6 h 30. Nous partions ensemble. Le soir, nous nous retrouvions et nous allions au ciné-club de la résidence. Nous allions aussi au cinéma à Paris, ou voir des spectacles d'Yves Montand ou de Juliette Greco. C'était beaucoup plus que des relations politiques. Nous étions amis. Khemisti était un peu comme un grand frère que nous admirions[1]. »

Mohamed n'est pas seulement brillant, il est aussi beau gosse. Sa compagne, Aurore, est une rousse au charme botticellien, dont Lionel Jospin est secrètement amoureux. Il n'est pas le seul. Parmi les membres de la bande d'Antony, il y a aussi Yves Berger, un étudiant natif d'Orange qui prépare son agrégation d'anglais. Il a une spécialité extra-universitaire qui plaît beaucoup dans les chambrées : il dessine des dessous féminins, avec un penchant pour les porte-jarretelles. Il pige surtout pour l'écrivain Jean Paulhan, patron de la *NRF*, pour lequel il effectue un travail sur un écrivain russe encore inconnu,

1. Mohamed Khemisti deviendra Premier ministre des Affaires étrangères de l'Algérie indépendante sous la présidence de Ben Bella. Il sera assassiné par des inconnus, le 11 avril 1963. Ses amis soupçonneront la direction du FLN de l'avoir éliminé, dans le plus pur style des purges staliniennes.

Boris Pasternak. Régulièrement, Yves Berger casse les pieds aux copains avec ce « type génial ». Il ne s'est pas trompé : l'auteur du *Docteur Jivago* va être sacré prix Nobel. Du coup, Berger, seul « spécialiste » français disponible sur le marché, est propulsé dans le milieu de l'édition et ne passera jamais son agrégation d'anglais. Autre membre du clan de Jean Zay : Habib Thiam, jeune étudiant sénégalais anticolonialiste[1]. Et enfin celui qui va devenir le grand ami et confident de Lionel Jospin, Claude Allègre, étudiant en sciences.

L'homme, originaire de l'Hérault, est un feu follet : sur un terrain de basket, il surprend par sa vitesse de démarrage, ses changements de rythme, ses coups de génie ; dans la vie, il apparaît curieux de tout, émerveillé, enthousiaste, exubérant, excessif. Lui aussi a adhéré à l'UNEF pour s'engager dans la lutte contre la guerre d'Algérie. Mais il n'a pas de formation marxiste, comme Lionel Jospin. Ce dernier lui confie qu'après les cours particuliers dispensés par son prof de philo de Janson-de-Sailly, il a failli adhérer au Parti communiste malgré les préventions paternelles – ou peut-être à cause d'elles. Il s'est même mis à lire le quotidien *L'Humanité*. Il commençait à penser que le PC était « réformable ». Un événement tragique va définitivement le vacciner contre ce type de tentation : la répression menée par les troupes soviétiques contre le régime hongrois, à Budapest, à l'automne 1956. Pour lui, c'est clair et net : le stalinisme est une dictature. Sur ce point au moins, son père avait raison. Et puis, le PCF n'a-t-il pas, en avril 1956, voté les pouvoirs spéciaux à Guy Mollet, secrétaire général de la

1. Habib Thiam deviendra Premier ministre du Sénégal en 1981.

SFIO, qui, pour le FLN, est un parti dont « les dirigeants sont depuis longtemps déjà les fidèles gardes champêtres du colonialisme moribond[1] » ?

Comment s'engager, dans une période aussi compliquée, quand les deux grands partis de gauche qui dominent le paysage sont prisonniers de leur histoire ? C'est la question que se pose Lionel Jospin. Quand Claude Bourdet, Gilles Martinet et quelques dissidents de la SFIO créent l'UGS (Union pour la gauche socialiste), un parti qui se veut résolument anticolonialiste et antistalinien, le militant de l'UNEF d'Antony n'hésite pas : il adhère. Le parti ne possède pas de gros moyens et surtout ne compte que quelques milliers d'adhérents. Ce n'est pas un groupuscule, mais il est très loin de pouvoir prétendre au rang de parti de gouvernement. En fait, l'UGS est un parti de circonstance, totalement lié au conflit algérien. La plupart de ses adhérents y viennent pour ses positions anticolonialistes. C'est à cette époque que les groupuscules trotskistes décident d'infiltrer ces nouveaux partis. Gilles Martinet, secrétaire général de l'UGS, se souvient :

> « De nombreux militants d'extrême gauche, surtout des trotskistes, venaient à l'UGS pour se faire un nid dans une organisation social-démocrate naissante. Nous le savions, et cela ne nous gênait absolument pas, puisqu'ils étaient globalement en accord avec nous. »

Le plus connu des sous-marins trotskistes est Claude Bernard, *alias* Raoul, trotskiste flamboyant qui eut pour maîtresse Rita Hayworth, et membre du PCI (Parti

1. Benjamin Stora, *Ils venaient d'Algérie : l'immigration algérienne en France (1912-1922)*, Fayard, 1992, p. 198.

communiste internationaliste). À cette époque, Lionel Jospin participe à des meetings où se retrouvent de nombreux intellectuels français inscrits dans une kyrielle de comités d'action : Comité pour la libération immédiate de Messali Hadj, Comité de lutte contre la répression colonialiste, comités pour la libération de nombreux prisonniers politiques, Comité d'action des intellectuels contre la poursuite de la guerre en Afrique du Nord, Comité pour l'amnistie aux condamnés politiques d'outre-mer, etc. Dans ce foisonnement militant, Lionel Jospin se montre très actif, mais ne semble pas chercher à se mettre en avant. Il ne se départit jamais de sa réserve. À une exception près : lors d'un meeting du PC animé par Roger Garaudy, boulevard Saint-Germain, auquel il se rend avec Jacques Valier. Là, il pique une colère et demande la parole. Alors que le sang coule en Algérie, le PCF ne s'intéresse donc qu'au désarmement de... l'Allemagne ! D'une voix tremblante, Lionel Jospin fait sa première intervention publique. Il critique l'envoi du contingent en Algérie : « Vous voulez désarmer l'Allemagne et vous envoyez de jeunes Français se faire massacrer en Algérie ! » Le ton est un tantinet pacifiste, mais l'homme ne l'est pas. Il n'est ni objecteur de conscience, comme son oncle René ou comme la plupart des amis de ses parents, ni anarchiste. Il fera son service militaire, et, s'il est appelé en Algérie, il ira. Il ne désertera pas. Mais il sent bien que cette guerre que son père comprend si mal échappe aux analyses classiques. Durant cette période, il se sent proche des idées de la revue *Socialisme ou Barbarie*, animée par Cornélius Castoriadis et Claude Lefort ; le petit groupe réuni autour d'elle est composé d'anciens trotskistes de la

IVe Internationale[1]. Que disent-ils ? Ils prophétisent une mauvaise paix, car « l'évolution de la situation interne du nationalisme algérien sera essentiellement déterminée par celle des maquis ». Le danger ? La prise du pouvoir, dans l'Algérie indépendante, par une bureaucratie exclusivement militaire, donc antidémocratique. C'est malheureusement ce qui se produira. Messali Hadj a politiquement raison, mais sera balayé sur le terrain. Terrible leçon de réalisme politique ! Une des premières victimes de la bureaucratie militaire installée au pouvoir après l'indépendance sera Mohamed Khemisti. L'ami, le confident de Lionel Jospin est assassiné alors qu'il occupait, au gouvernement, le poste de ministre des Affaires étrangères.

> « C'est pour moi une terrible blessure, témoigne Lionel Jospin. D'abord personnelle, mais aussi politique. Tous les combats que nous avions menés étaient réduits à cette mort absurde, après tant d'autres. Et à ce constat : toutes les bureaucraties du monde produisent toujours les mêmes effets : la privation des libertés, la suppression des droits fondamentaux des citoyens. »

Dans sa chambre du pavillon A de la résidence Jean-Zay, à Antony, le jeune étudiant de la rue Saint-Guillaume délaisse Jack London et ses héros positifs. Il ne voit plus le monde comme avant. Il dévore Faulkner, souffre devant la noirceur abyssale des âmes sudistes, s'attarde sur Sartre, Merleau-Ponty, Raymond Aron. Il lit régulièrement la revue *Esprit*, s'abonne à *France-Observateur* qui lui procure une de ses plus grandes rencontres littéraires. Un article de

1. La IVe Internationale fut constituée après la Seconde Guerre mondiale en vue de regrouper les organisations trotskistes dispersées et divisées.

l'hebdomadaire de Gilles Martinet et Claude Bourdet vante l'œuvre d'un écrivain autrichien, Robert Musil, *L'Homme sans qualités*. En découvrant les premières lignes de ce gros roman, Lionel Jospin a un choc. L'action se passe peu avant la Première Guerre mondiale. Musil écrit :

> « On signalait une dépression au-dessus de l'Atlantique [...]. Les isothermes et les isothères remplissaient leurs obligations [...]. Autrement dit, si l'on ne craint pas de recourir à une formule démodée, mais parfaitement judicieuse : c'était une belle journée d'août 1913. »

L'étudiant passionné d'histoire, qui ne rêve que d'action, de mouvement, tombe en arrêt devant ce texte qui lui ouvre les portes d'un univers nouveau. Celui d'une littérature hors de l'histoire, apparemment sans objet et pourtant au cœur de l'humanité. À cent lieues des problématiques marxistes. Et puis, le héros, Ulrich, est lui aussi à la tête d'un comité : son père lui a confié la mission d'organiser le soixante-dixième anniversaire de l'avènement de l'empereur François-Joseph. Ce comité a pour tâche de dresser le bilan d'un empire. Mais, tout comme Ulrich, le petit comité patauge dans un monde en perdition.

> « Musil m'a fait découvrir que le monde n'était pas fait que de raison, se rappelle Lionel Jospin, qu'on pouvait aussi comprendre sa beauté ou sa monstruosité par des vibrations, des espaces, des formes qui ne sont pas quantifiables, qu'on ne peut pas mettre en fiches. J'ai compris qu'il y avait aussi de la liberté dans ce monde-là, même si je ne le comprenais pas totalement. »

Durant sa première année à Antony, Lionel Jospin découvre aussi l'architecture. Son « cothurne », un certain Stoppa, avec qui il partage la douche commune, est étudiant en cette matière et l'initie à l'académisme. L'année suivante, Stoppa s'en va et laisse sa chambre à un étudiant de Sciences Po. C'est un très bon joueur de tennis. Séduisant, élégant, il milite à l'UNEF, mais sans excès, et se destine à la carrière préfectorale. Les deux étudiants s'apprécient, dînent ensemble de temps à autre. Ce nouvel ami de Lionel Jospin, rencontré en 1958, s'appelle Claude Érignac !

CHAPITRE 8

Le sous-marin vert

Nu comme un ver, il tient dans sa main droite une éprouvette. Comme ses camarades, une bonne trentaine, eux aussi totalement dévêtus, il attend dans une grande salle de la caserne de Trèves, en Allemagne. Comme eux, il s'impatiente. Pourquoi donc les médecins ont-ils déclenché une visite médicale aussi soudaine et surtout imprévue ? Les toubibs leur ont demandé de souffler en tenue d'Adam dans des spiromètres, puis leur ont donné ordre d'uriner dans des éprouvettes « larges d'un centimètre ». Pourquoi cette humiliation ? Lionel Jospin n'aime vraiment pas ce genre de situation. En venant ici, il n'ignorait pas qu'il aurait du mal à supporter cette culture de corps de garde, et la veille de son départ il a pris une cuite monumentale avec son frère Olivier… Soudain, à l'autre bout de la salle, on entend de grands éclats de rire. Une porte coulissante s'ouvre. Des officiers en grande tenue, hilares, ravis de leur mise en scène, tendent des coupes de champagne aux victimes de ce bizutage. La petite comédie a été montée pour fêter l'arrivée des élèves officiers de réserve au centre de la cavalerie blindée. Dans leur uniforme kaki clair, les galonnés se bidonnent. On tape dans le dos des bizuths, on les fait se rhabiller et on trinque un bon coup.

Lionel Jospin joue le jeu. Il sourit à la bonne blague. Il ne faut pas craquer. Toute son enfance, il a entonné des chants antimilitaristes avec ses parents, ses oncles, ses tantes, ses cousins objecteurs de conscience. Il a baigné en permanence dans un milieu où l'armée était exécrée. Mais il le dit et le répète, il n'est pas pacifiste. La preuve : il souhaite devenir officier de réserve. Il n'est pas pour autant fasciné par la Grande Muette. Il est résolument patriote, mais garde ses distances avec cette armée qui aurait bien pu basculer dans le camp des généraux putschistes en 1961. Il a lu *La Question* d'Henri Alleg, parue aux Éditions de Minuit, interdite par la censure, qui raconte la torture pratiquée au cours d'interrogatoires par certains officiers français avec l'assentiment de leur hiérarchie. Il a manifesté contre eux. Il a aussi manifesté contre l'arrivée de De Gaulle au pouvoir en 1958. Un général qui, malgré son passé héroïque, aurait très bien pu installer, pense-t-il alors, une dictature militaire en France. Et il se retrouve en Rhénanie, début 1962, prêt à partir faire la guerre en Algérie si le même général venait à lui en donner l'ordre. À Trèves, ses compagnons ne pensent qu'à ça : la feuille de route pour Alger, la peur d'être envoyé dans les zones des combats les plus durs et de se retrouver confronté au choix ultime – tuer ou être tué. Ou encore de tomber sur des officiers d'extrême droite, des descendants du général Bugeaud qui continuent à considérer les habitants du Maghreb comme des « insectes ». Le soir, dans les quartiers, cette angoisse du départ rôde comme un chacal.

Lionel Jospin s'interroge lui aussi. Où sont ses amis Khemisti et Ghozali ? Ont-ils rejoint les maquis quelque part dans les Aurès ? Que ferait-il s'il se retrouvait face à eux ? Pour s'abstraire de ce dilemme, le futur sous-lieutenant se grise dans le sport et les performances physiques sous le regard d'un instructeur, futur entraîneur de l'AJ Auxerre, Guy Roux. Au parcours du combattant, il termine généralement en tête, histoire de prouver aux officiers qu'il n'est pas qu'un intellectuel. Il est volontaire pour tous les exercices. Il fait le pitre dans le car avec les joueurs de l'équipe de basket de la cavalerie blindée, se met aux chants paillards, commet des blagues de potache. Mais, comme tous ses camarades, il tremble. Le service, en temps de guerre, a été porté à trente-six mois. Il peut être envoyé là-bas n'importe quand. Un jour, pourtant, la bonne nouvelle si attendue est annoncée : le 18 mars 1962, la France et le FLN signent les accords d'Évian qui déboucheront sur l'indépendance de l'Algérie. La guerre est finie. Les bidasses de Trèves sautent de joie. Ils ne partiront pas dans le djebel. Lionel Jospin pousse lui aussi un soupir de soulagement. Au bout de ses quatre mois de classes, il peut rejoindre l'école des officiers de réserve de Saumur où il est censé passer six mois, le cœur plus serein. Il apprend que Mohamed Khemisti vient d'être nommé ministre du premier gouvernement algérien, que Sid Ahmed Ghozali a été bombardé à un poste on ne peut plus stratégique au sommet du nouvel État algérien : il est directeur de l'administration des pétroles. Quelques mois plus tôt, ils étaient encore avec lui à Paris, au cinéma, à une projection d'un film de Raoul Walsh ou de Howard Hawks. Quel destin ! Et lui, que va-t-il devenir ?

La France sort de huit longues années de conflit, meurtrie et désemparée. Ce n'est plus un empire colonial. Elle n'est plus la superpuissance qu'elle croyait être. La gauche sort en lambeaux de ses années « molletistes ». Peu à peu, la machine gaulliste a pris en main tous les centres de décision de l'État. L'armée est sous le choc de ce qu'elle vit comme une cruelle défaite. Pas toute l'armée : à Saumur, l'atmosphère est beaucoup plus détendue. Lionel Jospin s'y fait de nombreux amis. Il y a Josselin de Rohan, un aristocrate breton qu'il a connu à Sciences Po, un gaulliste pur et dur ; Jean-Bernard Mérimée, futur chef du protocole à l'Élysée sous Valéry Giscard d'Estaing, qui se destine à la diplomatie ; Jean Vidal, futur conseiller diplomatique de Lionel Jospin à Matignon, qui vient de la résidence d'Antony, et Jean-Loup Dabadie[1], un jeune écrivain, grand reporter à *France-Soir*. Autour de ce dernier, le groupe se réunit régulièrement.

Dabadie, à la différence de la plupart des élèves officiers, n'est pas énarque. Il est drôle, volubile, insouciant et, en même temps, il est le meilleur manieur de fusil du régiment. Surdoué de l'écriture, il a déjà publié à vingt et un ans deux romans aux éditions du Seuil : *Les Yeux secs* et *Les Dieux du foyer*. Chez son éditeur, il croise régulièrement Philippe Sollers, la jeune vedette maison, auteur d'ouvrages encensés par la critique et salués par Mauriac et Aragon, comme *Le Défi*, publié dans la collection « Écrire » dirigée par Jean Cayrol. Les deux hommes discutent du service militaire. Question : un écrivain doit-il perdre son temps en treillis ? Ils ont chacun leur réponse. Sollers se fait réformer pour problème de santé. Dabadie file chez les paras. Avant

1. Jean-Loup Dabadie deviendra l'un des meilleurs paroliers français, scénariste, dialoguiste de cinéma et auteur de théâtre.

d'être incorporé, il a réalisé un dernier reportage à Oran pour son journal, puis il fait ses classes à Tarbes dans un régiment plutôt rude. À la question : « Peut-on continuer d'écrire sous les drapeaux ? », Dabadie répond en concoctant des sketches comiques. À Tarbes, entre deux marches de nuit, il écrit le fameux et indémodable « Bonne fête, Paulette », qu'il envoie par la poste à Guy Bedos. Il écrit aussi « Le boxeur », que le public rebaptisera très vite « M'sieur Ramirez »...

À Saumur, Jean-Loup Dabadie fait participer ses copains à ses jeux créatifs :

> « Tous les jours, se souvient-il, nous avions une présentation des pelotons. Nous avions à peu près une demi-heure à attendre avant le grand rassemblement. Pour tuer le temps, nous avons inventé une espèce de feuilleton dans lequel on inventait des vies abracadabrantes à nos supérieurs, mais aussi à chacun d'entre nous. Il fallait broder. Au départ, on est partis de l'enlèvement d'un brigadier-chef, et après, il fallait romancer. C'était très amusant. »

Dans ce feuilleton quotidien loufoque, Lionel Jospin a un rôle étrange. Il s'appelle « Layonel J. », par référence au musicien de jazz Lionel Hampton et à Mowgli Jospin, célèbre pour ses chroniques de jazz dans *Le Figaro*. Dans le feuilleton de Saumur, « Layonel J. » est un personnage qui occupe des fonctions secrètes et très importantes dans des continents lointains. Il est intouchable, énigmatique, secret. Il est un « sous-marin vert » dont on ignore la provenance aussi bien que la destination. Le vrai Jospin, celui qui joue au soldat exemplaire, si jovial, si facile d'abord, et qui, dans le même temps, paraît insaisissable, presque fuyant, est-il si éloigné de son double romanesque campé par un écrivain en treillis ? C'est en tout cas le message que lui font passer ses camarades de garnison : « Qui es-tu vraiment, Lionel ? » Celui qui termine premier de la marche de nuit de quinze kilomètres, avec fusil et casque lourd, battant l'ensemble de l'escadron, soit 150 hommes, avec la hargne d'un forcené ? Ou bien le jeune marxiste qui explique à quelques confidents de dortoir que la « praxis » est indispensable chez un intellectuel et qu'il y a un déterminisme de classe en toute chose ?

Un jour, au cours d'une parade, un général et plusieurs officiers à cheval passent les troupes en revue. Dans les rangs, Lionel Jospin murmure : « On est mal, il y a un cheval qui n'est pas au garde-à-vous ! » Tout le peloton s'esclaffe de rire. Les petits comiques sont convoqués les uns après les autres chez le capitaine pour dénoncer le fauteur de trouble. L'enquête ne donnera rien : les copains n'ont pas cédé devant l'officier qui avait une formule pour résumer ses rapports avec les soldats : « La perm', vous viendrez la chercher au bout de mes bottes ! »

À l'automne 1962, l'élève officier Jospin, devenu sous-lieutenant, retourne en Allemagne et réintègre la cavalerie blindée à Trèves. Cette fois, il commande un peloton de vingt-huit hommes. Comme tous les sous-lieutenants du régiment, il dispose d'une moto, une BMW 250 cm^3. Un engin tout terrain, très nerveux. Avec Jean Vidal et d'autres jeunes officiers, il sillonne la région à fond de train.

> « On allait faire du *trial*, du moto-cross sur un terrain qui s'appelait le Marianhof, se souvient Jean Vidal. On s'entraînait un peu comme les gendarmes motorisés, avec des exercices d'adresse. Il fallait se mettre debout sur la

selle, attraper une bouteille d'une main en pleine vitesse sur une table et la déposer sur une autre, ou passer sous un fil à toute allure. C'était un peu risqué... »

L'hiver, les casse-cou sortent de la caserne, malgré la neige et la glace, et poussent leurs engins à travers la campagne rhénane. Leur jeu favori ? Tenter de gravir une pente quasi verticale, au risque de faire exploser le moteur. À ce « jeu de la mort », Lionel Jospin est toujours le premier.

De l'autre côté du Rhin, le kamikaze tombe amoureux pour la seconde fois de sa vie. Elle est allemande, elle vit à Trèves. Comment l'a-t-il rencontrée ? Avec d'autres sous-lieutenants appelés, il a dû abandonner son lit à des officiers d'active revenus d'Algérie. On l'a logé chez l'habitant, en ville. La meilleure façon de s'imprégner des mœurs locales. Ses copains trop curieux n'en sauront pas plus. Il ne s'exhibe pas. Il n'étale pas ses conquêtes. Il n'est ni un chasseur, ni un fanfaron. Il est plutôt fleur bleue, sentimental, « cœur d'artichaut », disent ses proches.

Quand il rentre à Paris, son service militaire enfin terminé, en 1963, Lionel Jospin a du vague à l'âme. La faute à la belle Rhénane ? Pas vraiment. Il va entrer dans la plus prestigieuse école du pays, l'École nationale d'administration, sans enthousiasme. Il n'est pas du tout sûr d'avoir envie de finir dans la peau d'un fonctionnaire, fût-il sur les plus hautes marches. Ses parents, eux, sont fous de joie : Lionel n'incarne-t-il pas l'exemple parfait de la réussite d'un fils de la République ? Le père instituteur, la mère sage-femme, les sacrifices consentis... À sa sortie de Sciences Po, il avait très envie de s'orienter vers le professorat d'histoire pour approfondir ses connaissances, mais aussi en vue de faire de la politique. Sa demi-sœur, Hélène, professeur de lycée, avait raté l'ENA quelques années auparavant, à une époque où l'établissement n'était pas très accueillant pour les femmes. Au cours d'une réunion familiale à Chamigny, elle lance à son frère : « Il faut qu'un Jospin fasse l'ENA ! » Pour l'honneur du clan, pour « venger sa sœur », le petit frère tente donc le concours. Il croit être recalé. Il est persuadé d'avoir raté les épreuves écrites à cause de l'exercice d'anglais, et ne se déplace même pas pour consulter le panneau où sont affichés les résultats. Désinvolture, manque de motivation, acte délibéré ? Il ne se présente pas à l'oral. Erreur fatale : il avait été reçu...

Sur les conseils de sa sœur Hélène, pour ne plus être pénalisé par l'anglais, il prend des cours intensifs d'italien, langue pour laquelle il se passionne. N'a-t-il pas dans les veines du sang italien par sa grand-mère paternelle, Elsa Caselli ? L'année suivante, il tentera derechef sa chance. Cet échec, au fond, l'arrange : il lui permet de gagner du temps, car, au cours de cette année 1961, une seule chose compte pour lui : la politique. Le jeune militant de l'UGS est un mordu.

Un événement le passionne alors et occupe le plus clair de son temps. Son parti, créé en 1957 pour rivaliser avec la SFIO, malgré la cote d'amour dont il bénéficie dans les journaux, a échoué : l'OPA des modernes de l'UGS sur la vieille formation de la cité Malesherbes[1] n'a pas bousculé les équilibres. Réalistes, Gilles Martinet et Claude Bourdet, les deux leaders du mouvement, sont prêts à le saborder et

1. Siège de la SFIO.

appellent à la création d'un grand parti non communiste, anticolonialiste, qui se démarquerait nettement du vieux parti de Guy Mollet, empêtré dans la guerre d'Algérie. Le PSU, Parti socialiste unifié, d'Alain Savary, lui aussi trop minoritaire pour peser, répond présent, ainsi que le mouvement groupusculaire de Jean Poperen, Tribune communiste, constitué de dissidents du Parti communiste. Le PSU naît de cette fusion de « petits » en 1960. On y retrouve Daniel Mayer, Édouard Depreux, Alain Savary, et, à la base, un certain Michel Rocard. Mais le premier vrai congrès militant du PSU a lieu à Issy-les-Moulineaux, dans la banlieue parisienne, en 1961. Lionel Jospin en est.

Il a le sentiment d'être enfin monté dans le train de l'Histoire. Avec Claude Allègre, qui a adhéré lui aussi au PSU, il crée un comité antifasciste, après le putsch des généraux à Alger. Toute une partie de la jeunesse militante se reconnaît dans cette organisation plus moderne, plus exigeante en matière de morale politique. Un vent nouveau souffle sur la gauche. Pour gagner sa vie, Lionel Jospin devient surveillant à l'ENSEP, l'École Normale supérieure d'éducation physique, basée à Vincennes. Avec Sid Ahmed Ghozali, en partance pour l'Algérie, il participe à Paris à la manifestation de protestation après la sanglante répression du 17 octobre 1961. Ce jour-là, la police, sur ordre du préfet Maurice Papon, fait tirer sur la foule de manifestants algériens venus par milliers défiler pacifiquement pour l'indépendance de leur pays. Leur faute ? Ils ont bravé l'interdiction de manifester et le couvre-feu. Bilan de la nuit : près de 200 morts, plus de 2 000 blessés. Des cadavres sont repêchés dans la Seine. Une vague massive d'arrestations est lancée. Officiellement, on compte plus de

11 000 personnes interpellées. Le stade de Coubertin et le palais des Sports sont réquisitionnés pour parquer les détenus. Ces camps improvisés provoquent une véritable tempête dans la presse française. Ils rappellent de très mauvais souvenirs. Lionel Jospin soutient le combat des martyrs de la « guerre d'indépendance ». Il est au cœur de l'action et n'entend plus la quitter.

CHAPITRE 9

Lettre d'Afrique

C'est l'histoire d'un homme qui a traversé le siècle comme une météorite et qui a gardé un sourire d'enfant. Un révolté pur. Un apatride. Un Juif russe né dans le corridor de Dantzig en 1921, réfugié en Suisse pour fuir le nazisme. À Bâle où il est étudiant, il devient trotskiste dans un camp… sioniste. Il s'appelle Boris Fraenkel. Un nom de héros de roman. Après la guerre, il décide de venir vivre en France. À la frontière, il est immédiatement pris en main par la DST qui le place en résidence surveillée, à Grenoble. Les services de renseignement français le soupçonnent d'être, ironie du sort, un agent soviétique ! Sans le moindre document officiel lui permettant de rester sur le territoire, il parvient tout de même à s'installer dans la région parisienne. Il trouve même un petit boulot en banlieue comme instructeur de moniteurs de colonies de vacances. Son lieu de travail ? Les CEMEA, les centres d'entraînement aux méthodes d'éducation active, où il croise de nombreux instituteurs proches de l'École émancipée de Célestin Freinet. Parmi eux, une belle jeune femme au regard franc, militante communiste, Denise Salomon, dont il tombe amoureux. À cause de son nom, Denise, qui est protestante, a failli être déportée. Dans les années cinquante, elle enseigne au collège Colonel-Fabien, à Montreuil. La directrice de l'établissement s'appelle Hélène Jospin. Très vite, Denise quitte le PC qui « l'oblige à apprécier des peintres qu'elle déteste » :

> « On me contraignait à dire que Fougeron était un grand artiste alors que je le trouvais médiocre, se souvient-elle. Je ne pouvais pas rester dans un endroit pareil ! »

Boris et Denise s'installent dans un petit pavillon à Montreuil. À deux pas, juste en face, il y a un bistrot ouvrier où ils organisent régulièrement des réunions avec des amis enseignants. Boris fascine tous ceux qui l'abordent. Il a une culture encyclopédique, connaît la révolution d'Octobre, les philosophes grecs, Casanova, Heidegger, Wilhelm Reich. Il se définit alors comme un marxiste « tendance reichienne ». En d'autres termes, il pense que la vraie Révolution, celle qui verra l'« homme nouveau », passera aussi par une révolution sexuelle. Lénine + Freud + le *Kama-sutra* ! Plein de charme et de charisme, avec ses yeux rieurs, sa façon de regarder le monde avec désinvolture, il séduit ses interlocuteurs.

En 1958, quand de Gaulle prend le pouvoir, il craint que celui-ci impose très vite une dictature militaire pour régler le problème algérien. Il décide alors de s'engager politiquement. Il adhère à l'OCI (Organisation communiste internationaliste), un groupuscule trotskiste en déshérence alors composé d'une poignée de militants pour la plupart instituteurs. Le leader de ce mouvement miniature est Pierre Boussel, dit Pierre Lambert. Née d'une scission de la

IVe Internationale[1], l'organisation trotskiste fonctionne selon les principes de la Résistance : structure clandestine, secret permanent, surveillance des militants, contrôle de la pureté de la pensée, financement en liquide, nom de guerre pour chaque militant ; on n'y pénètre qu'après de longs mois d'initiation.

En 1958, l'OCI a deux principaux soucis : 1) infiltrer tous les mouvements de gauche susceptibles d'infléchir la politique du gouvernement en Algérie afin d'empêcher un putsch de l'armée ; 2) soutenir le MNA de Messali Hadj dans sa lutte contre le FLN, jugé d'inspiration stalinienne.

A priori, Boris se méfie de ce genre de structure pyramidale, trop centralisée, conçue selon le principe de la ruche dans laquelle chaque abeille, enfermée dans son alvéole, ignore ce que fait sa voisine. Mais quelques amis finissent par le convaincre. Bien vite, Pierre Lambert comprend tout le profit qu'il peut tirer d'une telle personnalité. Les CEMEA constituent un formidable vivier. Des centaines de garçons de dix-sept à vingt-cinq ans y sont formés chaque année au monitorat. Leur stage dure dix jours : période idéale pour repérer d'éventuels futurs militants. Boris, dont le nom de guerre est « Maurice », est donc chargé de recruter des « apprentis révolutionnaires » et de les former.

À l'OCI, petite famille austère et pudibonde, on a du mal à se faire au style de Boris Fraenkel. Il prône la liberté sexuelle comme arme fatale du Grand Soir. Malgré son amour pour Denise, il revendique une homosexualité

1. Cf. *Les Lambertistes*, de Philippe Campinchi, Balland, 2000 ; et *Cet étrange monsieur Blondel*, de Christophe Bourseiller, Bartillat, 1997.

débridée, sans complexes. Mais son efficacité de « sergent recruteur » est redoutable. Les jeunes l'adorent et il adore les jeunes. Parmi les militants « repérés » et formés par Boris Fraenkel, ils sont nombreux à fréquenter à Vincennes l'ENSEP, l'école des futurs professeurs de gymnastique : ainsi Jean-Marie Brohm, Georges Vigarello, Guy Bonhomme, Jean-Pierre Famose, le frère de la championne de ski Annie Famose.

> « À l'époque, la vie à l'ENSEP était très dure, raconte Boris Fraenkel. Les parents n'avaient pas le droit de venir voir leurs enfants. Pour mieux comprendre leur vie, j'ai demandé à vivre sur place pendant quinze jours. Avec les professeurs et les surveillants. C'était au début des années soixante. Je n'aimais pas la discipline qui régnait alors. Je n'ai jamais aimé la discipline ! »

Boris le franc-tireur, le révolutionnaire ludique, le rêveur qui croyait qu'on pouvait marier érotisme et dictature du prolétariat, se prend de passion au début des années soixante pour Herbert Marcuse, dont il tente de propager les idées. Il écrit le premier article publié en France sur le philosophe californien dans le numéro 2 de la revue *Partisans*, éditée par François Maspero.

Autre tâche du ludion trotskiste : il est chargé de recruter au sein des écoles normales de la région parisienne, à Versailles et Auteuil. Avec sa femme Denise, il croise Gaby Cohn-Bendit à l'École émancipée, puis son frère Dany. Boris est un activiste virevoltant et infatigable.

Un jour, un ami instituteur, Robert Lacondemine, originaire du Beaujolais, militant de l'OCI, lui parle d'un étudiant qui paraît avoir toutes les qualités requises pour rejoindre le mouvement. Il est à l'ENA, possède déjà une bonne formation marxiste, ses parents sont des sympathisants du mouvement Freinet ; le meilleur ami de son père, René Dumont, l'agronome, est un proche de Pierre Lambert, puisqu'ils militent ensemble au syndicat Force ouvrière, et surtout Dumont est de tous les comités organisés par l'OCI. Dès 1945, l'agronome tiers-mondiste a animé avec Boussel, *alias* Lambert, un journal, *Front ouvrier*. Avec de telles références, le jeune homme est presque « de la famille » avant même d'y être entré. Seul problème : il faut être d'une discrétion absolue. Une recrue pareille constitue une perle rare. Il faut donc le ménager, le mettre à l'abri des bavardages. Il sera « traité » dans le plus grand secret et en solo par Boris Fraenkel.

Quand, en ce début d'année 1965, il gravit le petit escalier du pavillon du 130 boulevard Henri-Barbusse, à Montreuil, il ne s'en faut que de quelques mois pour que Lionel Jospin en ait terminé avec son cycle d'études à l'ENA. Cette école si prestigieuse l'a sérieusement ennuyé. L'administration n'est pas son fort. Dans sa promotion Stendhal, il a bien sympathisé avec des garçons comme Jean-Pierre Chevènement, Alain Gomez, Jean Vidal ou Ernest-Antoine Seillière, mais l'idée de se cantonner au rôle de serviteur de l'État, de préfet aux ordres, de bureaucrate galonné, ne lui convient guère. Son stage dans le Cher, à Bourges, ne l'a pas vraiment enthousiasmé. Il a été beaucoup plus passionné par les deux mois de formation qu'il a effectués en 1963 aux Houillères du Nord et du Pas-de-Calais. Et surtout par ses quinze jours « au fond », dans le « 9 de Liévin ». À son frère Olivier, à ses amis intimes comme Jacques Valier il en parle avec exaltation :

> « Là, tu ressens la fraternité, la solidarité. Personne ne peut tricher, car il y a la peur. Quand tu descends par paliers à mille mètres de fond, que tu as enfilé la combinaison, le casque avec la petite loupiote et que tu vas au front de taille, oui, tu as l'impression que tu pars à la guerre. »

Le jeune énarque retrouve là les sensations qu'il aime : le risque, le combat, l'amitié virile. Il taille le charbon comme les autres et vit pour la première fois la « violence des rapports de classes » dans ces couloirs de la mort noire, imprégnés de sueur et de peur où le grisou risque de frapper à tout instant. Il découvre la dureté des porions, ces contremaîtres du fond dont certains traitent les mineurs comme du bétail. La discipline est stricte, quasi militaire, à cause du danger extrême. Quinze jours après son départ, un coup de grisou tue 20 mineurs.

En pénétrant dans la petite maison de Montreuil, Lionel Jospin est tout de même intrigué. Des copains de l'ENSEP lui ont parlé de Boris Fraenkel, de son parcours mythique, de sa culture exceptionnelle, de ses frasques aussi. À ses côtés, ce jour-là, il y a Denise, douce et tranquille, solide. Tout le contraire de Boris qu'on sait volubile, esthète, rêveur, théoricien. Denise milite elle aussi à l'OCI. Elle est même chargée des finances du parti. Le couple est ouvert, chaleureux, hospitalier. Tout de même, quelle drôle d'idée de se rendre jusque dans ce petit pavillon de banlieue quand on se destine à embrasser les plus hautes fonctions de l'État ! Mais comment se couper complètement de ses racines ? Au fond de la mine, Lionel Jospin a retrouvé une partie de lui-même. Celle qu'incarne le militant formé par Maurice Caveing à Janson-de-Sailly, ce professeur qu'il a, hasard de la vie, retrouvé à l'ENSEP en 1961. Celle du type qui a fait le « coup de poing contre les fachos » au quartier Latin. Cette partie-là, pour rien au monde il ne veut la voir disparaître.

Boris Fraenkel et Denise Salomon s'attachent à lui. Le jeune homme n'a rien d'un énarque grisâtre et prétentieux. Curieux, ouvert, il est, il faut bien le dire, fasciné par ce couple singulier. Boris le forme donc au trotskisme en six séances plutôt rudes. Des séances au cours desquelles le futur haut fonctionnaire doit préparer des exposés politiques, des « topos ». La méthode, même individualisée, correspond à la formation classique d'un candidat à l'admission à l'OCI. On appelle ce cursus le GER (Groupe d'études révolutionnaires). Généralement, il est pratiqué par équipes de trois ou quatre militants. Mais, pour un énarque, le régime est différent. L'impétrant doit plancher en solitaire. Les thèmes abordés sont ceux de l'actualité. Il y a l'incontournable question coloniale : un bilan de la guerre d'Algérie, puis de l'évolution dictatoriale du régime algérien. Il y a la situation de la gauche, avec l'éventuelle candidature à l'élection présidentielle de 1965 de François Mitterrand, ancien ministre de l'Intérieur, puis garde des Sceaux de Guy Mollet, auteur de cette formule malheureuse sur toute perspective de dialogue avec le FLN : « La seule négociation, c'est la guerre. » Et puis le thème incontournable : la situation internationale, Staline, les procès de Moscou, le rôle du trotskisme, etc.

L'après-midi, après les cours, Boris et Lionel partent souvent en balade.

> « Je lui parlais des théories de Reich, mais aussi nous riions beaucoup, se souvient Boris Fraenkel. Je garde un souvenir ému de notre rencontre. Il plaisait aussi beaucoup à Denise. »

Certains soirs, après de trop longues discussions, Lionel reste dormir à Montreuil. Au printemps, ils discutent au crépuscule dans le jardinet. Boris y a planté quelques arbres qui encadrent et couvrent de leurs frondaisons l'entrée de la maison, comme une charmille donnant une impression de passage secret. Un autre jour, ils se rendent ensemble, sur les grands boulevards parisiens, au Printemps ; provocateur, Boris fait l'emplette d'un pantalon rose au rayon « hommes ».

À la mi-avril, Lionel Jospin part pour l'Afrique. Afin de sceller la fin des études, la promotion Stendhal est envoyée quinze jours en Côte d'Ivoire par la direction de l'ENA. Là-bas, malgré l'éloignement, il n'oublie pas ses amis Denise et Boris. Il leur envoie une carte postale en couleur datée du 18 avril 1965, qui représente un masque bamiléké multicolore, doté d'immenses oreilles, d'un nez et d'une bouche rouge vermillon[1]. La teneur de la missive adressée au couple relève quasiment du message codé :

> « Cher B. et chère Denise, Ne trouvez-vous pas que ce masque évoque un peu les coqs portugais ? Il est vrai qu'on pourrait poursuivre l'analogie sur un plan plus vaste. L'exotisme a beau être une invention européenne sans contenu réel, il n'est pas sans charme de se livrer à son illusion (avec un œil en coin bien sûr). Je me charge en sensations comme introduction à un certain topo. Amitiés. Lionel. »

Pour les amateurs d'énigmes, cette missive africaine est une aubaine. Comment la décrypter ? D'abord, Lionel Jospin l'adresse à Denise Salomon à Montreuil, et pas à Boris

1. Voir cahier d'illustrations p. 9.

Fraenkel, son instructeur. Pourquoi ? Parce qu'il n'ignore pas que Boris Fraenkel se trouve en situation irrégulière : il n'a pas la nationalité française. Il faut donc se montrer prudent. Pour cette raison, il n'écrit que l'initiale du prénom : « cher B. », alors qu'il cite Denise sans difficulté. Il y a aussi le « topo » dont parle Lionel Jospin. À qui est-il destiné ? À Boris, bien sûr, car cette expression est un tic de langage que celui-ci utilise à tout bout de champ. Là-dessus, Lionel le taquine un peu. Jean-Marie Brohm, qui fut recruté à l'ENSEP par Boris, en 1961 se souvient fort bien des petites manies du gourou de Montreuil :

> « Il disait toujours *prognose* pour prévision, et *topo* pour texte. En fait, Boris a toujours eu l'angoisse d'écrire. Conséquence : il dictait ses "topos" à ses recrues. C'était un être exceptionnel… »

Boris Fraenkel a-t-il dicté de ses « topos » à la recrue Jospin ? Sans doute. Enfin, il y a la photo elle-même, comme un clin d'œil à une certaine forme de dissimulation. Qui se cache derrière le masque africain ? Là encore, l'énarque Jospin s'amuse. Il évoque une analogie entre ce masque et les coqs portugais. Or le coq portugais n'est pas un animal ordinaire. Il a une légende qui date du XIVe siècle. Un pèlerin, condamné à la pendaison pour avoir volé un aubergiste, hurle son innocence devant le juge : « Juge, je ne suis pas un menteur, j'ai dit la vérité. Si je mens, le coq que vous vous apprêtez à manger ne bougera pas. Si je dis la vérité, il se lèvera et il chantera ! » Et le coq chante pour prouver que le pèlerin n'est pas un menteur…

Rentrant de Côte d'Ivoire, Lionel Jospin s'en retourne à Montreuil avec le même plaisir. Dans quelques semaines, en juin, à la sortie de l'ENA, il va devoir choisir une affectation en fonction de son classement. Il hésite. Boris Fraenkel lui conseille de s'orienter vers le ministère des Affaires étrangères. « Personne ne pensera qu'un trotskiste est venu se perdre chez les diplomates », lui dit-il. En outre, il lui remontre que le Quai d'Orsay est un lieu idéal pour se constituer un carnet d'adresses international. Quel que soit le secteur où il sera affecté, il ne pourra qu'aider le « mouvement ».

Lionel Jospin n'est pas totalement convaincu. Il aimerait devenir professeur d'histoire et nourrit le projet de préparer une thèse de doctorat sur l'histoire du mouvement ouvrier américain. Parfois aussi, il a plutôt envie de s'orienter vers la Caisse des dépôts où il pourrait agir dans le domaine de l'action sociale et de l'aménagement du territoire. Il veut se rendre utile. Dans ses atermoiements, il est au moins sûr d'une chose : il ne choisira pas la préfectorale. Le rôle de « gouverneur de province » l'a toujours rebuté. Ses copains de l'ENA, Jean-Bernard Mérimée et Jean Vidal, le poussent eux aussi vers la diplomatie. Quelle voie emprunter ?

En juin, il sort de sa promotion 23e sur 90. Une position honorable, mais qui ne lui permet pas de prétendre aux grands corps. Pour lui, ce n'est pas un drame. Il est ravi de quitter cette maison sans âme, fabrique de bureaucrates, et, après réflexion, il opte finalement pour le Quai d'Orsay. Il entre à la direction des Affaires économiques, dans le service de la coopération et de l'aide au développement. N'est-ce pas idéal pour un militant internationaliste ?

Ses parents, eux, sont fous de joie. Ils voient déjà leur fils ambassadeur à l'ONU, représentant dans quelque grande institution internationale où il pourra défendre la paix et la cause des petits peuples. Lui-même sait qu'il va désormais beaucoup voyager, sortir du pré carré européen qu'il a à peine quitté.

Avant ce grand saut, il trouve le temps d'accompagner Boris Fraenkel à une conférence d'Herbert Marcuse venu en France faire la promotion de son livre *Éros et Civilisation*. Marcuse, le philosophe de l'émancipation, de la critique du marxisme orthodoxe, précurseur des valeurs de Mai 68, intellectuel idolâtré par toute une nouvelle génération d'universitaires. Boris Fraenkel, *alias* « Maurice », est aux anges. Son poulain n'a plus besoin de lui. Il peut voler de ses propres ailes. Mission accomplie : Lionel Jospin est devenu un militant de l'OCI.

Est-il adhérent de l'organisation ? Non, bien sûr, puisqu'il n'y a pas d'adhésion, pas de carte de membre – pas de traces. L'OCI n'est pas un club sportif ni une loge maçonnique. On n'y délivre ni bristol, ni certificat, ni diplôme. C'est une société ultrasecrète que les policiers des Renseignements généraux ont les plus grandes difficultés à infiltrer. Un mouvement imperméable, étanche comme un sous-marin, composé de soldats-scaphandriers. Ironie du sort : le grand-père maternel de Lionel a été scaphandrier durant son service militaire, au début du siècle. Le masque africain adressé à Boris pourrait bien, après tout, évoquer un genre de scaphandrier « exotique ». Quant au nom de guerre du camarade Jospin, son pseudonyme de militant, son « blaze », comme disent les trotskistes ? Fraenkel ne s'en souvient pas.

Dans l'euphorie de cette nouvelle vie survient un événement irrationnel et imprévisible, qui donne des ailes au jeune énarque. Il y a quelques mois, au restaurant universitaire, il a rencontré une fille au regard clair, à la peau diaphane, fine comme une liane, fragile comme de la porcelaine. Il en est amoureux. Elle s'appelle Élisabeth. Heureuse coïncidence : elle aime beaucoup Marcuse. Et Rosa Luxemburg.

CHAPITRE 10

Love story au quartier Latin

D'abord il regarde, presque en état de choc, cette fille d'une beauté à couper le souffle. Pas du genre volcanique, ni pulpeux. Plutôt Jean Seberg qu'Ava Gardner. Elle a des yeux bleus translucides, parcourus d'une lumière voilée. De fines attaches, la peau claire, de longues mains de pianiste. Au restaurant universitaire de la faculté de médecine, rue des Saints-Pères, elle converse avec des amis, présence volubile et irréelle. Dans un état second, il finit par lui adresser la parole.

Il apprend qu'elle est hôtesse de l'air sur les moyens courriers. Elle travaille souvent sur la ligne Paris-Berlin, ou encore sur Paris-Rome. Elle n'éprouve pas une passion débordante pour son métier. Elle regrette un peu d'avoir interrompu ses études. Elle a vingt-deux ans et a dû passer trois fois son baccalauréat avant de l'obtenir. Motif : trop rebelle. Elle ne supporte pas les cadres. Ni les lignes droites. Elle s'appelle Élisabeth Dannenmüller. En fait, dès la classe de terminale, elle n'a eu qu'une envie : courir le monde, et surtout fuir sa famille. En 1964, en pleine période yéyé, année mythique où Beatles et Rolling Stones déferlent sur la

France, où Sartre publie *Les Mots*, où la *beat generation* crache sur les « vieux cons », la jeune Parisienne se révolte contre la « loi du père ». Élisabeth n'échappe pas à l'air du temps : elle s'oppose violemment à des parents catholiques qui l'ont inscrite depuis son plus jeune âge dans une école religieuse rigoriste, rue des Petits-Champs, dans le Ier arrondissement. Le cursus classique pour devenir une jeune fille rangée, parfaite épouse, parfaite mère de famille, sachant coudre, repasser et lire les Évangiles. Mais Élisabeth n'est pas de la trempe des filles dociles. Radicalement féministe, vaguement hippie, furieusement révolutionnaire, elle est soixante-huitarde avant Mai 68. Son credo ? À bas la famille, à bas l'Église, à bas l'école, à bas l'armée ! À bas John Wayne, aussi, prototype du macho qui a dit : « Une femme, à quoi ça sert ? À faire du café. Alors, autant qu'il soit bon… »

Lionel Jospin, qui a déjà vingt-sept ans, est impressionné par la force qui émane d'Élisabeth. Une forme d'impétuosité, de détermination qui lui donne des airs de *pasionaria*. En même temps, elle paraît si fragile !

Très vite, le couple se revoit et finit par s'installer rue Tournefort, dans le 5e arrondissement de la capitale, dans le quartier bohème de l'époque, près de la place de la Contrescarpe. Lionel Jospin la présente à sa famille. Un soir de Noël, il débarque à Chamigny avec sa compagne (le mot « fiancée » est proscrit). Elle plaît d'emblée à Mireille qui a un faible pour les femmes insoumises. Robert, lui, connaît de réputation le père d'Élisabeth, Jean Dannenmüller. Ce dernier a milité avant-guerre au Sillon, le mouvement social-chrétien de Marc Sangnier, dont il était l'un des proches. Journaliste au quotidien *L'Aube*, où il débuta comme coursier, il fut un résistant de la première heure, tout comme sa femme, Paulette, qui cachait des faux papiers d'identité dans la poussette des enfants. Secrétaire de Georges Bidault, Jean, auréolé du statut de grand résistant, est entré après-guerre au service étranger du quotidien d'Émilien Amaury, *Le Parisien*. Plus tard, au début des années soixante, le patron de presse lui a confié la direction d'un titre qu'il considère un peu comme sa danseuse, *Carrefour*, magazine xénophobe et furieusement Algérie française. Élisabeth en veut terriblement à son père d'avoir cédé à Émilien Amaury, lui, le héros de la Résistance, déporté à Dachau, et d'accepter de se trouver compromis dans ce « torchon d'extrême droite ». Elle ne lui parle plus. Ni à sa mère, d'ailleurs. Ou si peu !

La « révolution culturelle » dans laquelle elle a plongé l'a propulsée à des années-lumière de ses parents, et pourtant elle ne peut échapper à ses racines. Régulièrement, on lui pose cette question qui l'agace au plus haut point : « Êtes-vous d'origine allemande ou d'origine alsacienne ? » Comment répondre ? Oui, sa grand-mère est allemande, elle s'appelle Élisabeth Pruck, elle est originaire de la Forêt-Noire, de Yach, près de Fribourg. Oui, elle parle couramment l'allemand, car sa mère, Paulette, l'emmenait tous les étés dans la famille, outre-Rhin, avec son frère Jean-Paul et sa petite sœur Corinne, pour maîtriser l'idiome de ses ancêtres, et surtout, comme dit sa mère, pour « préparer l'Europe ». Oui, elle est alsacienne, mais sa famille est installée dans la région parisienne depuis la guerre de 1870. Non, elle n'est pas protestante, elle est athée, de parents catholiques. Elle vit surtout dans l'exaltation des nouvelles valeurs qui « vont jeter bas le vieux monde ». Le seul lien qui la rattache à la patrie de Kant est Rosa Luxemburg à qui elle voue une passion sans réserve. Rosa, l'héroïne de la révolution allemande, du mouvement spartakiste, assassinée en 1919 par les « contre-révolutionnaires ». Rosa, la femme guerrière, la Jeanne d'Arc du mouvement ouvrier !

Dans leur deux-pièces de la rue Tournefort, Élisabeth et Lionel reçoivent en permanence. Des amis intellectuels, des militants. Olivier vient de temps en temps, ainsi que Noëlle, la petite sœur pour qui Lionel éprouve une profonde tendresse.

Noëlle vit une histoire d'amour qui a provoqué un certain séisme dans la famille. La *love story* de la petite « princesse de Chamigny » écraserait les meilleurs scénarii de *sit-coms* ! L'affaire commence au début des années soixante. Noëlle Jospin, qui a passé toutes ses années de lycée dans des pensionnats de jeunes filles, annonce à ses parents, médusés, qu'elle veut arrêter ses études pour se lancer dans le théâtre. Elle leur explique qu'elle ne supporte plus l'internat. Elle en a assez de vivre exclusivement avec des filles. Elle veut voir des garçons. Elle est décidée à tout plaquer. Les parents, affolés, lui disent : « Passe ton bac d'abord. » Mais comment faire, en plein milieu d'année scolaire, pour trouver un établissement mixte qui voudra bien l'accueillir ? À Enghien, la sœur aînée, Hélène, la fille de Marie-Louise, enseigne le français dans un lycée mixte. Elle parvient à inscrire « la petite » *in extremis*. Mais où la loger ? Marie-Louise, la « belle-mère », qui habite tout près, à Soisy-sous-Montmorency, l'accueille à bras ouverts. Au début des années soixante, la famille Jospin, on l'a dit, est une famille recomposée étonnamment moderne, ouverte et tolérante. Là, l'incroyable se produit : Noëlle tombe folle amoureuse de son professeur de philosophie. Il s'appelle François Châtelet. Il a trente-neuf ans, elle en a dix-huit. Il est marié. Coiffée à la garçonne, l'allure d'un androgyne, Noëlle ressent un formidable appétit de vivre. Pendant des mois, elle cache sa passion pour cet homme au front immense, à la longue chevelure coiffée en arrière et retombant sur les épaules. Un jour, après les examens d'hypokhâgne, le professeur organise pour ses étudiants une soirée à son domicile, rue Louis-Murat, dans le 8e arrondissement. Entre deux conversations sur *Le Mépris*, le nouveau film de Jean-Luc Godard, et sur l'éclosion d'un jeune écrivain, Jean-Marie Le Clézio, qui vient de publier chez Gallimard *Le Procès-verbal*, François Châtelet parvient à s'isoler avec Noëlle Jospin. Il lui déclare sa propre flamme et lui dit : « Je ne suis pas un homme pour vous. Il faut que vous sachiez que je vais mourir jeune. Je bois trop. Je fume trop. Mais je ne veux pas changer ma manière de vivre. » Bouleversée, Noëlle Jospin lui lance alors comme un défi : « Pas de problème. Je prends ! » Tout près du couple, un homme, le meilleur ami de François Châtelet, devise avec des étudiants. Il est grec, il s'appelle Kostas Axelos. Lui aussi est philosophe. Il a publié aux Éditions de Minuit *Marx, penseur de la technique*.

Emportée par la passion, Noëlle n'ose pas révéler à ses parents sa sulfureuse liaison. Elle en parle en revanche à ses frères Olivier et Lionel, au cours d'une balade en 2 CV. Ils sont catégoriques : cet homme-là n'est pas fait pour elle. Elle va souffrir. Il boit, il fume, il fait la fête. « Tu devrais te trouver un type sain, de ton âge, lui recommande Lionel. Un gars du genre prof de gym. »

Mais la petite n'écoute pas les grands et décide d'affronter les foudres paternelles. À Chamigny, c'est la consternation. Assommé par la nouvelle, Robert Jospin est littéralement pétrifié. Il ne veut plus parler à sa fille. Pendant plus d'un an, Noëlle est mise en quarantaine par son père. La paria se réfugie alors chez son frère, rue Tournefort. Elle se sent d'autant moins seule que Lionel Jospin ne tarde pas à se lier d'amitié avec François Châtelet, brillant philosophe mais surtout esprit d'une grande tolérance. Il rencontre aussi régulièrement Kostas Axelos.

Un an plus tard, Noëlle Jospin reçoit un coup de téléphone de sa mère, Mireille : « Ton père est prêt à recevoir François. Je lui ai dit que, s'il ne se décidait pas à te revoir, je le quittais. » Comme toujours, Mireille a eu la bonne attitude. Quelque temps plus tard, Robert Jospin et François Châtelet se rencontrent. Ils tombent presque dans les bras l'un de l'autre. Châtelet est un bon vivant, remarquable cuisinier, amateur de vins fins. Il adore les longues discussions de fin de banquet. Il n'a rien du philosophe austère et rabougri. Ce professeur n'est pas un donneur de leçons. Tonitruant, joyeux, chaleureux, il ressemble terriblement… à Robert Jospin !

Pour Mireille, c'est un grand moment de bonheur. Son ultimatum est couronné de succès. La famille, si difficile à rassembler, est de nouveau réunie. Contre vents et marées, le clan Jospin a tenu bon. Agnès, l'aînée, est mariée à un « type bien », professeur de gymnastique, Jean Volvey, et a deux filles. Lionel a trouvé l'âme sœur et s'apprête à entamer une brillante carrière de diplomate. Olivier est éducateur spécialisé et semble prendre le chemin de son père, celui de la formation des jeunes en difficulté. Noëlle est rayonnante avec son épicurien quadragénaire ; elle se lance dans des études de lettres et s'installe définitivement, avec François Châtelet, rue de Vaugirard, à Paris. Chez eux, Lionel vient fréquemment regarder les matches de rugby et de football à la télévision. Il s'y rend généralement seul, car Élisabeth, qui a repris des études d'histoire à la Sorbonne, a du mal à se situer parmi cette tribu brillante et turbulente. Elle préfère se concentrer sur ses cours. À la Sorbonne, elle côtoie des militants de l'OCI comme Claude Chisserey ou François Chesnais. Mais cette galaxie ne l'attire pas. Elle se sent plus proche de ceux qu'on appelle les « luxemburgistes », noyau d'intellectuels assez isolés qui estiment que les « masses populaires » ont un sens inné de la révolution et n'ont pas besoin d'un parti d'avant-garde pour leur indiquer la voie à suivre. On les appelle aussi les « conseillistes ». Leur doctrine est donc : « Ni Lénine, ni Trotski ! »

Une ombre au tableau, donc : le couple Jospin-Dannenmüller est en désaccord idéologique. Le premier croit à la nécessité d'un parti d'avant-garde sur le modèle léniniste, c'est-à-dire une organisation pure, fermée, protégée de tous les virus de l'idéologie capitaliste, qui pourrait, à l'heure de la Révolution, noyauter les organisations de masse et conduire vaillamment le peuple à la victoire. Thèse léniniste classique de l'avant-garde révolutionnaire guidant le prolétariat... Élisabeth, elle, n'aime pas les « guides ». Elle se rapproche de plus en plus des situationnistes, des thèses de Guy Debord ou celles de Raoul Vaneighem dans son *Traité de savoir-vivre à l'usage des jeunes générations*. À la Sorbonne, elle se sent plus proche des courants spontanéistes ou anarchistes que des communistes ou des trotskistes. Toujours pour les mêmes raisons : elle se méfie des encadrements, de tout ce qui est susceptible d'enrégimenter la pensée. Lionel Jospin a beau tenter de lui faire comprendre le sens de son engagement à l'OCI, elle ne le suit pas sur ce terrain. Au contraire : elle refuse le principe du double jeu dans lequel, pense-t-elle, on est condamné à se perdre. D'un côté, Jospin n° 1 joue le parfait diplomate, travailleur, efficace, réservé, dans un milieu totalement acquis au gaullisme, rédigeant des rapports sérieux sur l'aide au tiers-monde, buvant le thé avec ses collègues à 5 heures de l'après-midi ; de l'autre, Jospin n° 2 est l'homme d'action trotskiste qui attend son heure, tapi dans l'ombre. Un jour ou l'autre, il ne pourra plus faire cohabiter les deux personnages.

Au cours des années 1966-67, le haut fonctionnaire du Quai voyage beaucoup. Il se rend à Genève, New York, Washington, au Pérou, en Égypte, au Nigeria, au Maroc. Ses absences répétées provoquent une fêlure dans son couple. Certains de ses amis l'avertissent : pour faire carrière dans la diplomatie, il faut jouer le jeu du protocole, accepter le rituel du petit four, faire des ronds de jambe avec, à son bras, une épouse souriante et distinguée. Or Élisabeth déteste le conformisme, les conventions, les mondanités. Au fond, n'est-ce pas mieux de se séparer bons amis ?

À regret, Lionel Jospin accepte cette séparation. Il retrouve alors régulièrement son ami Jacques Valier à qui il rend visite, dans le quartier d'Alésia, à Paris. Il lui confie sa détresse. Il ne se résout pas à cette rupture. Il éprouve pour cette femme un amour sincère et profond. Mais la vie quotidienne avec elle n'est pas simple. La faute à l'époque ? Comme de nombreuses femmes des années soixante, Élisabeth se révolte contre toute manifestation de « machisme » – le mot vient d'être importé d'Amérique latine avec celui de « guérillero ». Lionel, en théorie, est d'accord avec elle. Mais, dans la pratique, les choses sont souvent plus compliquées. Elle revendique le partage des tâches domestiques tout en refusant la vie de famille. Dure époque où la dialectique va se nicher jusque dans le torchon de vaisselle. Et puis, le fils de la tribu Jospin ne comprend pas toujours la relation d'Élisabeth avec sa famille. Elle ne lui a toujours pas présenté ses parents, avec qui elle est encore fâchée. Le père n'est pas de gauche : est-ce un crime ?

Quand survient Mai 68, chacun vit de son côté. Lionel Jospin vient de rentrer d'un voyage de deux mois en Inde et au Népal, au cours duquel il a participé à un congrès de la CNUCED[1]. Il en a profité pour visiter l'Inde profonde de New Delhi à Calcutta en passant par Bombay. Il s'y est imprégné d'une autre culture, puissante et intemporelle, qui l'a quelque peu éloigné des préoccupations françaises. Il a acheté une superbe étole en fil d'argent à l'intention de sa mère. À son retour, encore grisé par ce qu'il a vu et respiré sur les rives du Gange, il retrouve une France en ébullition. Le quartier Latin est devenu une petite Commune de Paris. Il apprend qu'Élisabeth est impliquée corps et âme dans le mouvement. À la Sorbonne, on multiplie les comités, les AG, les meetings, les *sit-in*. On cite Marcuse, Reich, Marx, Rosa Luxemburg. On veut faire de l'Histoire en marche un grand recueil de poésie, on réclame l'amour libre, on chante Dylan. Dans cette révolte désordonnée et jubilatoire,

1. Commission des Nations unies pour le commerce et le développement.

Élisabeth évolue en première ligne. Quand la situation dégénère, que les nuits deviennent plus chaudes, que les premières barricades s'érigent rue Gay-Lussac ou en travers du boulevard Saint-Michel, elle est toujours là. Lors de la fameuse « nuit des barricades », le 10 mai, elle affronte les charges de CRS dans la fièvre et l'enthousiasme. La jeune fille de bonne famille joue les Gavroche. Les Dannenmüller, qui habitent à deux pas, dans le quartier Saint-Sulpice, sont persuadés que Paris est au bord de la guerre civile. Terrorisés, ils fuient à la campagne dans l'attente de la fin de l'insurrection.

Lionel Jospin, lui, reste circonspect. Est-ce donc la Révolution, ce Grand Soir que les trotskistes attendent depuis trente ans ? N'est-ce qu'un simple monôme étudiant à vocation festive ? Au tout début du mouvement, son organisation, l'OCI, hésite à prendre clairement position. À la Sorbonne, le petit groupe réuni autour de François Chesnais et Claude Chisserey sent bien que la situation n'a rien à voir avec une fête foraine. Des leaders syndicaux comme Alain Geismar, du Snesup, et Jacques Sauvageot, de l'UNEF, se joignent au mouvement dont la figure de proue est Dany Cohn-Bendit. Et puis il y a aussi les comités d'action lycéens, le Mouvement du 22 mars, venu de Nanterre, l'UEC, avec Serge July, la JCR, avec Alain Krivine, des organisations maoïstes, les anars… Comment passer à côté de cette effervescence ? Pourquoi rester au bord du chemin ?

Mais Lionel Jospin est tenu par le « devoir de réserve » inhérent à son statut. Il est comme bâillonné. Le haut fonctionnaire du Quai d'Orsay piaffe devant l'Histoire en pleine accélération. D'autant que, le 20 mai, son beau-frère,

François Châtelet, participe en tant qu'invité, avec Kostas Axelos, au grand meeting de la Sorbonne au cours duquel Jean-Paul Sartre dénonce : « La dictature du prolétariat, cela veut souvent dire la dictature sur le prolétariat ! » Dans la salle bondée, Élisabeth est encore là. À la faculté de Vincennes où il enseigne, François Châtelet donne des cours sauvages. Gilles Deleuze, Félix Guattari, Jacques Lacan viennent se joindre à lui. Vincennes est un laboratoire gauchiste tendance *flower power*. Un espace de liberté unique et bourdonnant. Noëlle Jospin, qui vient de mettre au monde un petit Antoine, le 23 mars 1968, participe entre deux tétées aux manifestations du quartier Latin en compagnie de son frère Olivier. Son bébé, Antoine, porte le nom de sa mère, Jospin, car son père n'a pas encore divorcé. Avec humour, François Châtelet dit à sa compagne : « Nous avons inversé le rapport bourgeois. »

Dans ce tourbillon, Lionel est un spectateur malheureux, coincé entre ses obligations professionnelles et son appartenance à un groupe politique d'un autre âge. En vieux léniniste imperméable à la modernité, Pierre Lambert choisit bientôt le camp de la prudence et appelle ses troupes à quitter les barricades. Les militants chargés de transmettre la consigne sont hués par les « insurgés ». L'OCI n'a rien compris. Dans les rues, les slogans fusent de toutes parts. Il y a le fameux « Sous les pavés, la plage ! », mais aussi : « Cours, camarade, le vieux monde est derrière toi ! » Comment Lambert pourrait-il comprendre quelque chose à Mai 68, lui qui a exclu un an auparavant Boris Fraenkel pour avoir constitué une « clique sexualo-sectaire » au sein du parti ? Dans le plus pur style stalinien, au cours d'un procès devant la commission centrale de contrôle, on a accusé Boris d'avoir mis le parti en danger en faisant circuler la traduction d'un ouvrage de Wilhelm Reich, *La Lutte sexuelle des jeunes*, dans les écoles normales et les auberges de jeunesse. La diffusion de ce texte, interdit de publication par les ayants-droit américains de Reich, est donc illégale sur le territoire français. En faisant la promotion de ce livre censuré, Boris Fraenkel a trahi la confiance de ses dirigeants. Précurseur de Mai 68, traducteur de Reich, ami d'Herbert Marcuse, Fraenkel n'a pas été écouté par ceux qui prétendaient incarner l'avant-garde de la révolution. Il se rapproche alors de ses amis de l'École émancipée, dont Gaby Cohn-Bendit. Parmi les « renégats » membres de cette clique reichienne, Jean-Marie Brohm, tout jeune membre de l'OCI, comme Lionel Jospin, échappe à l'exclusion. Pierre Lambert lui accorde un sursis, à une condition : qu'il accepte une période de « rééducation » dans la cellule même du patron, celle qui se réunit toutes les semaines au premier étage d'un restaurant de la rue Rambuteau, à Paris. Il raconte :

> « En Mai 68, j'ai quitté l'OCI dès que la direction a demandé aux insurgés d'abandonner les barricades. Pour moi, l'homme qui portait toutes les idées de cette époque en France était Boris Fraenkel, et ils l'avaient viré comme un chien. Ils n'avaient rien vu venir ! »

Humilié, méprisé, oublié, Boris Fraenkel s'implique à son tour dans le mouvement de Mai. Il est très vite repéré par la police et reconduit avec quelques étudiants allemands à la frontière. Mais, à Forbach, les autorités françaises découvrent qu'aucun pays européen ne veut de lui. En désespoir de cause, le gouvernement décide de l'assigner à résidence à

Lodève, dans l'Hérault, dans un couvent de religieuses. Son éditeur, François Maspero, vient lui rendre visite avec Denise Salomon pour tenter de le faire rentrer à Paris. En vain : les autorités sont formelles, il ne doit pas quitter le couvent. Boris le proscrit, le banni, en profite pour faire découvrir *L'Homme unidimensionnel*, de Herbert Marcuse, à la mère supérieure…

À Paris, Lionel Jospin, qui a suivi les mésaventures de son professeur de trotskisme dans la presse, n'ose se manifester. Il est en désaccord avec son chef, Pierre Lambert, mais ne dit rien publiquement.

> « J'étais à mon bureau du matin au soir, se souvient-il. Je reconnais que le côté festif du mouvement ne me laissait pas du tout indifférent. C'était un grand mouvement de libération des mœurs, mais je n'aimais pas trop les Katangais qui traînaient à la Sorbonne. Un soir, après la "nuit des barricades", je suis allé me promener seul vers la rue Gay-Lussac, au quartier Latin. Il devait être aux alentours de 22 heures. Devant les jardins du Luxembourg, je suis tombé sur Jean-Pierre Chevènement qui faisait la même chose que moi : il venait renifler le vent de l'Histoire. Nous avons eu la même sensation, lui et moi, d'être passés à côté de quelque chose d'important. »

CHAPITRE 11

Léon, Michel, Olivier et les lancers-francs

Ils étaient pour l'union libre, l'amour sans entraves, l'égalité des sexes, ils croyaient qu'on pouvait concilier idéologie et sentiment, ranger les incendies du cœur au rayon des vieilleries petites-bougeoises. Puis la vie les a rattrapés. Ils ont vécu près de deux ans chacun de son côté. Elle a cédé au charme d'un jeune écrivain soixante-huitard. Il a partagé la vie d'une jeune Sud-Américaine, puis d'une fleuriste. Élisabeth et Lionel se sont revus. Ils ne s'étaient pas oubliés ; ils s'aimaient toujours. Ce sont François et Noëlle Châtelet qui les ont réconciliés en les invitant tous deux à dîner à leur domicile. Ce 29 mars 1973, à la mairie de Sceaux, dans la banlieue sud de Paris, ils font ce qu'on appelle un mariage à la sauvette. Pas de demoiselles d'honneur, pas d'invités, pas de photos. Un mariage d'époque, sans rituel : une simple formalité juridique. Comme une inscription à la Sécu. À trente ans, Élisabeth est enceinte de quelques semaines. Seuls les témoins des mariés sont présents, les amis d'enfance : il y a Jacques Valier et sa femme, Françoise ; Jacques Thiaudière, vieux copain du lycée de Meaux, et son épouse, tous deux handicapés, se déplaçant en fauteuil roulant. Les deux Jacques sont des amis de vingt ans, presque des frères pour le marié. Ceux à qui l'on peut tout dire. Ceux vers qui il se tourne quand tout va mal.

Et les familles ? Oubliées ! Élisabeth n'ayant pas fait la paix avec ses parents, Lionel ne pouvait décemment inviter toute sa tribu. Imaginez Mowgli et son *big-band* ravageur ; Robert Jospin et ses oraisons interminables sur le martyre de Sacco et Vanzetti, les cœurs purs, les derniers des justes ; Noëlle et ses frasques au festival de Cannes où elle a descendu les marches, en 1972, sous les sifflets pour s'être montrée fort dénudée dans un film d'art et d'essai : une œuvre intitulée *Les Autres*, d'un certain Hugo Santiago. À l'époque, la Croisette gardait un zeste de pudibonderie. Noëlle Châtelet a bravé les photographes devant le palais des Festivals en simulant un strip-tease, au grand bonheur de son mari, François, toujours prêt à se gausser de la « société du spectacle » tout en admirant sa femme qui a déjà tenu un des rôles principaux aux côtés de Romy Schneider dans *La Banquière*… Inviter un seul des deux clans n'aurait pas été « juste ». Élisabeth et Lionel ont choisi l'intimité, au risque de se fâcher avec les leurs.

Le soir, les trois couples se retrouvent au restaurant du parc Montsouris, près de la cité universitaire, dans le 14e arrondissement. Décor bucolique pour noce intimiste. Lionel Jospin est rayonnant. Il pense au chemin parcouru, aux choix qu'il a faits, si douloureux qu'ils aient parfois pu être. Ainsi son départ du Quai d'Orsay, malgré un patron qui, pour le garder, l'envoie deux mois à Harvard suivre des cours dispensés par Henry Kissinger. En vain. La longue lettre qu'il a envoyée à ses parents, désemparés par la décision de leur fils. Leur rêve s'effondre : il ne sera jamais le grand défenseur de la paix aux Nations unies. Il repense à ses doutes politiques quand, contacté en 1969 par Pierre Joxe, il avait refusé de le rejoindre à la Convention des institutions républicaines autour de François Mitterrand. Motif : Mitterrand n'était pas sa « tasse de thé ». Il avait pris alors tous les risques pour pouvoir militer, refusant tout emploi à temps plein. Il avait besoin d'avoir les mains libres pour le parti lambertiste.

Il se retrouve seul dans une chambre de bonne, près du boulevard des Italiens. L'énarque en chute libre n'en a cure. Il a voulu faire de la politique ? Il en fait. Il vit à deux pas du siège de l'OCI, au 87 rue du Faubourg-Saint-Denis, dans le 10ᵉ arrondissement, mais il ne s'y rend pratiquement jamais. L'organisation, comme tant d'autres, a été dissoute en 1968 par le ministre de l'Intérieur, Raymond Marcellin, et n'a pas d'existence légale. Il faut donc redoubler de prudence. Comment maintenir le contact en toute discrétion, participer au mouvement dans l'ombre ? En utilisant un homme de liaison, un relais sûr. Par chance, Lionel Jospin connaît on ne peut mieux un tout nouveau membre de l'OCI, qu'il peut rencontrer en toute tranquillité, sans se cacher : son propre frère, Olivier, le champion de basket, devenu éducateur et professeur de gymnastique. En 1969, Olivier Jospin vient d'être exclu de la CGT pour « gauchisme » et a adhéré au parti de Pierre Lambert. Comme son frère, il a souvent entendu son « paternel », Robert Jospin, dire : « Mon fils, les trotskistes, ils sèment et ce sont les autres qui récoltent ! » Il a écouté les amis de Robert, comme René Dumont, défendre les positions des disciples du camarade

Léon T. Comme son frère, il est imprégné de l'antistalinisme du père et des idées libertaires qui circulaient à Chamigny. Comme Lionel, il a débattu pendant des heures avec Michel Lautrec, l'éducateur lambertiste qu'il fréquente depuis plus de dix ans. Comme lui, il baigne dans la culture trotskiste depuis son plus jeune âge. Par amitié pour Lautrec, Lionel Jospin décide de prendre « Michel » comme nom de guerre. Olivier, lui, opte pour « Camus », non par référence à l'écrivain, mais à la mémoire d'un des neveux de l'auteur de *L'Étranger*, un copain du lycée de Meaux qui porte le même nom et s'est suicidé en se noyant dans la Marne.

Ainsi, à l'orée de la nouvelle décennie, les deux frères dressent le bilan politique des années soixante. Les journées de Mai 68 ont prouvé que la Révolution n'était pas une utopie, que cet événement considérable pouvait bien être le prélude à une nouvelle flambée sociale plus favorable encore, tout comme 1905 avait précédé en Russie février et octobre 1917. Ce qu'il manquait aux insurgés ? Un grand parti révolutionnaire déterminé, capable de mobiliser la classe ouvrière. Il faut donc le construire. En tenant compte des erreurs passées. Cette fois, Lionel Jospin ne restera pas sur la touche.

Avec les « camarades de l'OCI », il analyse l'évolution de leur parti : il faut changer de braquet, être plus ambitieux, plus efficace, moins « gauchiste ». Les étudiants et les lycéens se sont ouverts à la politique. Mai 68 les a en quelque sorte « déniaisés ». Trotski n'est plus un pestiféré, et ses adeptes ne sont pas condamnés perpétuellement à la marginalité. Pierre Lambert comprend qu'il doit sortir des filières classiques de recrutement de l'OCI, les écoles normales chères à Boris Fraenkel, jugées un tantinet archaïques. Il faut investir sans crainte tout le milieu étudiant, se détourner de la nostalgie. La direction de l'OCI crée l'Alliance des jeunes pour le socialisme et un journal, *Jeune Révolutionnaire*, dont les principaux rédacteurs sont Charles Stobnicer, Jean-Jacques Marie et Michel Sérac. L'AJS « surfe » sur les espoirs déçus de Mai 68, sur le rejet des petits notaires du gaullisme pompidolien, sur l'écrasement du printemps de Prague par les blindés moscovites. À la surprise de ses dirigeants, le mouvement des jeunes lambertistes prend rapidement de l'ampleur. Des intellectuels le rejoignent. Ceux que l'on regardait auparavant comme une secte quasi militarisée attirent des artistes, des comédiens comme le metteur en scène Bernard Murat, le réalisateur Alain Corneau, les comédiens Pierre Arditi, Didier Sandre, Alex Métayer. Une telle ferveur soudaine pour ce groupuscule étonne.

Au cours de l'année universitaire 1969-70, Lionel Jospin enseigne à l'Institut d'études politiques de Grenoble. Il encadre des groupes de préparation à l'ENA. Il est ce qu'on appelle un *just professor*, expression qui se transformera au fil du temps, avec le TGV, en « turbo-prof ». Il vit entre Paris et Grenoble. Chichement, car il n'a que deux demi-journées de cours par semaine. Ce maigre salaire ne lui permettant pas de vivre, il obtient, grâce à un ancien élève de François Châtelet, Philippe Guillaume, un cours sur l'aide au développement dans une école privée, l'European Business School. Il ne roule pas sur l'or ; en revanche, il a énormément de temps libre. Il peut continuer à lire, et à parfaire sa culture sur le mouvement ouvrier. Cette année « en roue libre » , il la savoure pleinement. Jusqu'alors, il a suivi des pistes bien balisées : Janson, Sciences Po, ENA, service militaire, Quai d'Orsay. Cette fois, à trente-deux ans, c'est lui et lui seul qui décide de son destin. Après les figures imposées, les figures libres. En bifurquant brutalement, il s'est mis en danger, certes, mais il sait en toute certitude qu'il a une vocation, une « mission » : faire de la politique.

Or, le paysage est favorable à l'entrée en scène d'une nouvelle génération. Il sent que le Parti communiste français s'engage inexorablement sur la voie du déclin. À l'Est, le bloc du pacte de Varsovie n'est plus aussi monolithique qu'après-guerre. Des brèches vont forcément s'ouvrir là-bas. Les dissidents soviétiques se font de plus en plus entendre. En Pologne, la grogne commence à gagner les chantiers navals. Le titisme, en Yougoslavie, redonne espoir aux trotskistes du monde entier, mais aussi à tous ceux qui, à gauche, en particulier au Parti socialiste français, se passionnent pour l'autogestion. Ces idées peuvent un jour parvenir au pouvoir : pourquoi pas ?

Durant cette période, « Michel » est envoyé en train à Szczecin pour soutenir le comité de grève du chantier naval et son secrétaire, Edmund Baluka. Sa mission est dangereuse, car il transporte du matériel de propagande, des tracts rédigés en polonais. Cette fois il est dans l'action, c'est ce qu'il aime par-dessus tout. Pendant ce voyage en train, il échappe de peu à un contrôle policier en RDA. « Michel » doit redoubler de prudence.

À Grenoble, il côtoie régulièrement Pierre Broué, professeur à Sciences Po, éminent dirigeant de l'OCI, connu comme un des meilleurs spécialistes contemporains du trotskisme, sans jamais lui révéler son appartenance au même parti. Broué raconte :

« Je l'ai rencontré quelquefois. Je me souviens de lui avoir conseillé de regrouper ses cours et de garder du temps pour recevoir ses étudiants en dehors des horaires officiels. Il l'a fait avec un très grand sérieux. Il ne jouait pas au Parisien pressé qui négligeait ses élèves. Cette attitude m'avait beaucoup plu, car elle était rare. Il ne m'a jamais dit qu'il était trotskiste ni lambertiste. Il n'a jamais émis le moindre signal. »

Normal : « Michel » est un sous-marin fiable. Pour passer des messages, il y a Olivier, le frangin. Leur lieu de rencontre ? Les terrains de basket. Chaque dimanche, ils se retrouvent tous deux à La Ferté-sous-Jouarre où ils ont repris leur licence de la Fédération française de basket-ball[1]. Dix ans après avoir joué ensemble, les « Jospin Brothers » reviennent en championnat de Seine-et-Marne. Olivier et Lionel reconstituent le tandem des jeunes années, mais, cette fois, ils ne se disputent plus sur le terrain. Le président du club, Émile Leroy, n'a plus besoin de les séparer comme naguère. Oubliée, leur rivalité adolescente ! Moins bagarreurs, moins teigneux, Olivier et Lionel ont mûri. La défaite n'est plus une catastrophe pour eux. Cette sagesse inattendue est-elle un effet de l'âge ? En fait, les deux hommes ont d'autres victoires en tête, qui ne se limitent plus au simple « panier ». Chaque dimanche, ils peuvent faire le point, échanger des « topos », évoquer l'évolution de la situation politique française, lire *Informations ouvrières*, le journal de l'OCI. « Michel » n'a nul besoin de voir Pierre Lambert pour connaître les positions de la direction du parti. Il a sous la main Olivier, membre du Comité central. Ainsi activité politique et basket-ball

1. Voir cahier d'illustrations, p. 6.

sont-ils chez lui indissolublement liés. Lui, l'ailier droit, le tacticien des petits côtés, sait que, pour marquer deux points, il faut tôt ou tard tirer au milieu du cercle. Cette leçon élémentaire, le militant politique l'appliquera tout au long de sa carrière. En politique comme au basket, on gagne au centre…

Dans la fièvre de ses nouvelles activités, Lionel Jospin ne néglige pas sa situation professionnelle. Il lui faut trouver un travail stable dans l'enseignement. Au début de l'année 1970, il reçoit un appel d'une femme, une certaine Alice Saunier-Seïté, géographe, ex-doyen de l'université de Brest, qui, devenue secrétaire d'État aux Universités de Valéry Giscard d'Estaing, fera descendre dans la rue toute la jeunesse étudiante, lors des grandes grèves de 1976. Elle a entendu parler de lui par M. Mounier, ancien directeur des études à l'ENA. Cette femme au tempérament de feu a un projet novateur : créer un IUT de gestion et commerce pour l'ensemble de la région parisienne à Sceaux, dans la banlieue sud. Une école de formation de cadres en marketing et de comptables d'entreprise. L'établissement a pour but de donner accès à l'université à des jeunes d'origine modeste. Proche d'Edgar Faure, elle défend avec enthousiasme son dossier :

> « Je lui ai dit qu'il fallait arrêter de fabriquer des chômeurs, que les IUT étaient la bonne manière de trouver des emplois aux fils d'ouvriers. Or, à cette époque, les IUT, qui venaient de démarrer, avaient du mal à trouver des professeurs de qualité, car ceux-ci jugeaient déshonorant de venir y enseigner. J'étais furieuse contre ces préjugés. Lors de notre première rencontre, nous avons tout de suite sympathisé. Il était sur la même longueur d'onde que moi.

Je sentais chez lui une forte vocation pédagogique et, bien sûr, une grande intelligence. »

Il écoute, interloqué, cette *pasionaria* du savoir qui semble vouloir sauver la France du chômage. Le pays vient juste de dépasser le million de demandeurs d'emploi. La restructuration industrielle est déjà engagée sous la pression de la crise de la sidérurgie et de la métallurgie. Pour Lionel Jospin, cette proposition tombe du ciel. Alice Saunier-Seïté souhaite lui confier la direction du département « Administration des collectivités publiques et des entreprises ». Il ne peut rêver mieux. Sa formation d'énarque correspond au poste. En outre, il va pouvoir mettre en pratique ses idées politiques dans un établissement qui propose d'ouvrir un peu plus les portes de la connaissance aux plus défavorisés. Lui, l'ancien boursier, qui ne s'est jamais vraiment senti tout à fait à l'aise à Janson-de-Sailly ou à l'ENA, a l'impression de se trouver enfin à sa place.

Pendant des mois, il travaille d'arrache-pied avec Alice Saunier-Seïté. Ils refont ensemble les plans du bâtiment, conçus « en dépit du bon sens » par les architectes du ministère, des « technocrates idiots » ; ils font abattre des cloisons, inventent des espaces de convivialité pour les étudiants. À la rentrée 1970, il est installé dans sa nouvelle vie. L'IUT est une véritable ruche où les enseignants ont le sentiment de participer à une grande aventure pédagogique. Il donne des cours d'économie et d'histoire de la pensée économique dans un amphi flambant neuf de cent cinquante places. Les élèves s'y précipitent. Clair, concis, le jeune professeur a l'air vaguement de gauche, sans plus. Dans les réunions d'enseignants, il met en pratique ses principes démocratiques : écoute, échange, prise de décision collective.

> « Il est devenu très vite secrétaire de la section du Snesup, se souvient Mathilde Bertholier, enseignante en techniques de communication. Dans les réunions, il était d'une grande tolérance, toujours respectueux de l'opinion des autres. Il ne s'adonnait jamais à la manipulation. C'était une époque extraordinaire, car nous avions tous l'impression d'être des pionniers, d'être porteurs de nouvelles idées. Nous avions à notre disposition les premiers laboratoires de langue. Nous avions les premiers enseignants en informatique, et des cours de psycho. Nous étions dans la modernité. »

Tous les enseignants qui croisent le jeune directeur du département ont le même sentiment : un patron modèle, rigoureux, ouvert, disponible. Et toujours prêt à faire la fête. Car la grande patronne, Alice Saunier-Seïté, sabre le champagne à la moindre occasion. Le duo Saunier-Seïté-Jospin fonctionne à merveille : elle est tenace, exubérante, excessive, parfois coléreuse ; il est méthodique, précis, organisé, respectueux, d'humeur égale. Elle est jalouse, aussi : elle râle quand de jeunes enseignantes débarquent en bottes et mini-jupes, dans le plus pur style des *seventies*. Lionel, lui, apprécie beaucoup. Les femmes le sentent ; il les aime :

> « Il avait quelque chose de très séduisant et en même temps de très fraternel dans le regard, se souvient une enseignante. Il avait toujours le mot efficace pour nous dire que nous avions une jolie robe, que notre nouvelle coiffure nous allait bien, et, en même temps, il n'y avait jamais la moindre ambiguïté. C'était très agréable… »

De nombreuses étudiantes ont gardé en mémoire ce tout jeune directeur à l'allure sportive, à la chevelure « frisée comme un mouton », qui les traitait d'égal à égales sans jamais jouer de son pouvoir « pour draguer ». Un anti-macho ? « J'ai rarement rencontré autant de présence attentive, de sensibilité chez un homme. Contrairement à ce qu'on raconte, il a un grand sens de l'amitié », confirme Alice Saunier-Seïté qui lui voue une reconnaissance éternelle pour l'avoir soutenue dans des moments douloureux, en particulier à la mort de son mari, fin 1972 :

> « Il est venu chez moi et m'a aidée à trier ses affaires, j'en étais incapable, pour les donner aux enfants de son premier mariage. Ensuite il m'a accompagné chez Franck et Fils pour m'aider à choisir les vêtements pour l'enterrement en Corse. Moi, quand on me parle de lui, je dis que c'est mon petit frère. »

À Sceaux, en raison des problèmes de santé de son époux, Alice Saunier-Seïté a laissé son appartement de fonction à Lionel Jospin. Un duplex moderne à deux pas de son bureau. C'est là, après leurs retrouvailles, qu'il s'installe avec Élisabeth. Ils vont enfin pouvoir se « poser » un peu. Elle invite ses parents à dîner afin qu'il puisse enfin les rencontrer. Quelques jours après leur mariage intime, ils se décident à convier leurs amis à une grande fête. Lionel Jospin retrouve un peu d'harmonie dans sa vie sentimentale. Élisabeth travaille depuis un an à l'IUT comme bibliothécaire. Noëlle Châtelet y vient enseigner les techniques de communication. Ce soir-là, dans le duplex de Sceaux, on fait la nouba. Lionel est heureux. Et « Michel » ?

CHAPITRE 12

Le chef de rayon

La politique, c'est comme le basket. Pour gagner, il faut un cinq majeur : un meneur, le tacticien, le cerveau de l'équipe ; un pivot, le récupérateur, celui qui dégage le terrain, qui défend le territoire, le périmètre de survie ; un ou deux ailiers, les sprinters toujours prêts à prendre l'adversaire à revers ; un ou deux arrières, les hommes du front, ceux qui vont au contact et contrecarrent les offensives ennemies. Lionel Jospin, militant-basketteur, applique ce principe avec rigueur. Le dimanche, il court les stades. En semaine, le jeudi soir après 20 heures, il dirige une autre équipe : la cellule de l'OCI du 45 de la rue Saint-Blaise, dans le 20e arrondissement de Paris.

Dans l'organisation trotskiste, une cellule, ou « amic' » (diminutif d'amicale), est donc généralement composée de… cinq membres. Le lieu de réunion : tout près de la station de métro Gambetta, un ancien atelier transformé en loft, décoré de tableaux surréalistes et d'affiches de galeries, situé au fond d'une cour pavée, auquel on accède par un escalier en colimaçon. Il appartient à l'ex-chef de cellule, Pascal Colard, un fou de peinture qui souhaite souffler un peu et a demandé à Pierre Lambert de lui trouver un remplaçant. Le patron de l'OCI propose le poste à Lionel Jospin en septembre 1970. Cette proposition n'est-elle pas périlleuse, pour un « clandestin » ? Non, car le 29 juin 1970, un arrêté du Conseil d'État a annulé l'interdiction de l'OCI prononcée en 1968. Le mouvement est désormais légal. « Michel » peut sortir de l'ombre. Mais de là à diriger une cellule…

Il hésite : il vient d'entamer l'année universitaire à l'IUT de Sceaux et doit assumer de lourdes responsabilités. Non seulement il lui faut préparer ses cours magistraux, mais il a un tout nouveau département à gérer. Enfin, il y a le problème des déplacements. Géographiquement, son rayon d'action est plutôt situé au sud de Paris ; il habite, dans le 15e arrondissement, rue des Favorites, et son lieu de travail est en banlieue sud. Or, la rue Saint-Blaise est située au nord-est de la capitale. Malgré cet inconvénient, il finit par accepter. Sa mission : manager un « cinq majeur » d'intellectuels « protégés », c'est-à-dire clandestins, qui ne peuvent revendiquer publiquement leur appartenance à l'OCI. Les règles de cette cellule sont strictes : il est interdit de connaître la véritable identité des autres membres de l'amic' ; il est recommandé de laisser ses convictions politiques au vestiaire sur son lieu de travail, il est conseillé de ne vendre *Informations ouvrières* qu'à des personnes « fiables », etc.

Pour tous, rue Saint-Blaise, Lionel Jospin est « Michel ». Il ne connaît lui-même ses « équipiers » que par leur pseudonyme. Il y a « Tanguy », Pascal Colard, l'hôte ; « Charlotte », Ginette Rault, technicienne ; « Dornac », Philippe Bouyries, ingénieur ; et « Cordier », Yvan Berrebi, un jeune intellectuel israélien. Chaque semaine, « Michel » fait un « topo » politique structuré, d'une grande clarté. Le débat est très ouvert au sein de l'amic'. Chacun livre ses opinions sans réticence, car le chef de cellule aime les débats, même si son ton parfois trop professoral, son implacable ponctualité « agacent les camarades ». Un type rigoureux, pas du tout exalté, qui collecte la *phalange* – une « taxe révolutionnaire » de 10 % du salaire de chaque militant – avec une méticulosité digne d'un expert-comptable. Au cours de ces rencontres hebdomadaires, on examine à la loupe l'actualité internationale, mais aussi la situation politique française. À l'automne 1970, la gauche est en pleine reconstruction. Après la déroute du 30 juin 1968, qui a vu un raz de marée d'élus gaullistes à l'Assemblée nationale ; après la très lourde défaite de Gaston Defferre à l'élection présidentielle de 1969 (il n'obtient, face à Georges Pompidou, qu'un médiocre 5 % des voix contre 21,5 % au candidat communiste, Jacques Duclos), la SFIO est en lambeaux. La débâcle du parti de Guy Mollet offre de nouvelles perspectives : la gauche non communiste doit vite réagir pour ne pas laisser tout le champ libre au PCF.

Dans ce champ de ruines, quelqu'un fait entendre sa voix. Un homme honni par les trotskistes : François Mitterrand. Depuis de longs mois, l'ancien candidat à l'élection présidentielle de 1965, « celui qui a dit non à de Gaulle », parcourt la France et prêche inlassablement pour l'Union de la gauche. Ses slogans déconcertent même les plus blasés : autogestion, front de classe, rupture avec le capitalisme. L'ancien ministre de la très louvoyante Quatrième République ne mâche pas ses mots. Il vient d'écrire *Ma part de vérité*, un livre très personnel, comme un journal intime, dans lequel il évoque sa « conversion » au marxisme. Pour beaucoup, surtout pour Lionel Jospin, c'est un choc : le député de la Nièvre se prononce sans ambiguïté en faveur de « l'appropriation collective des grands moyens de production », et propose la nationalisation des banques d'affaires, de l'énergie, de l'armement, de l'industrie spatiale, de l'informatique, des aciers spéciaux, des produits pharmaceutiques. Bien sûr, comme tous les autres membres de sa cellule, « Michel » croit à un subterfuge, à une nouvelle rouerie de politicien. Mitterrand se serait-il converti au trotskisme ? Les thèses qu'il défend, même s'il n'en croit pas un traître mot, ne sont pas si éloignées des positions de l'OCI qui prône, elle aussi, l'Union de la gauche et le « front de classe ». Attention, méfiance : après les déclarations d'intentions, les trotskistes attendent des actes. Ils vont en avoir.

Le 8 novembre 1970, Mitterrand propose la fusion de son mouvement, la Convention des institutions républicaines, avec le Parti socialiste. Ce premier pas n'est pas anodin.

Mitterrand n'en fait pas mystère : il veut construire un parti antistalinien fort, représentant des salariés, employés, fonctionnaires, enseignants, mais aussi ouvriers, afin de réduire l'influence du PCF pour le pousser à l'Union. Cette perspective ne peut que séduire « Michel » et les amis de Pierre Lambert. Mais, pour réussir la prise de la cité Malesherbes, siège de la SFIO, Mitterrand doit éliminer Guy Mollet qui incarne l'archaïsme, les compromissions, Suez, l'Algérie, et son dauphin, Alain Savary, un premier secrétaire discret et peu manœuvrier. Or, Pierre Lambert, qui n'est pas le chef de secte froid et calculateur que l'on dépeint parfois, a quelques fidélités en amitié. Il est lié à Guy Mollet par les réseaux de la franc-maçonnerie, mais aussi par son avocat et ami Yves Dechezelle. Ce membre éminent du barreau de Paris, qui fut l'avocat de Messali Hadj, leader du MNA, pendant près de vingt ans, a été le proche collaborateur de Guy Mollet à la SFIO en 1946. Quant à Alain Savary, Pierre Lambert le respecte car, à la fin des années cinquante, il a abrité de nombreux trotskistes au sein de son mouvement, le PSA (Parti socialiste autonome). En politique, la mémoire des services rendus vaut promesse de services à venir.

Mitterrand, lui, n'a pas les faveurs du « Vieux » – surnom donné à Pierre Lambert –, ni de Lionel Jospin qui a maintes fois entendu son père Robert le traiter de tous les noms. Consigne est diffusée par la direction de l'OCI de donner, le moment venu, un coup de main aux amis en mobilisant les taupes infiltrées au Parti socialiste en faveur de Guy Mollet.

Rue Saint-Blaise, le cas Mitterrand n'occupe pas les esprits en permanence. « Michel », lui, est très attentif au développement de son organisation. En 1958, elle ne comptait encore qu'une soixantaine de membres. En 1970, elle peut avancer le chiffre de 3 000 militants, en comptant les organisations de jeunes. Cet essor brutal est dû en grande partie à l'activisme de l'AJS dans les lycées et les universités. Les jeunes trotskistes ont le vent en poupe. En 1969, ils reçoivent le soutien public de René Dumont qui s'exprime dans *Informations ouvrières*. Est-ce son lien personnel, quasi familial avec Lionel Jospin qui l'a poussé à cette étonnante prise de position ?

Les militants de l'AJS sont remarquablement organisés, ils militent à l'UNEF et gagnent chaque jour en influence.

Face à eux, les jeunes de l'Union des étudiants communistes, mouvement inféodé au PCF, tentent d'endiguer les assauts de leurs rivaux. La cohabitation entre les deux tendances politiques au sein du syndicat estudiantin prend des allures de bataille rangée. Le dimanche 10 janvier 1971, les deux clans se retrouvent face à face dans un amphithéâtre au sous-sol de la Sorbonne. On annonce du grabuge. « Michel », prévenu dans la matinée, récupère « Tanguy », Pascal Colard, pour venir prêter main-forte aux jeunes de l'AJS. Mais ils arrivent un peu tard : la réunion a dégénéré en bagarre générale. Les chaises et les coups ont volé bas. À la Sorbonne, on a rejoué Trotski contre Staline. La scission est inévitable : les communistes de l'UNEF-Renouveau abandonnent les locaux du 15, rue Soufflot, près du Panthéon, persuadés que l'ennemi trotskiste qui contrôle la tendance UNEF-Unité syndicale va disparaître et s'en retourner dans la marginalité qu'il n'aurait jamais dû quitter.

Erreur : les stratèges de la place du Colonel-Fabien ont une bien mauvaise intuition. Les militants de l'AJS s'installent sans complexes rue Soufflot, changent les serrures, mettent les archives en lieu sûr et occupent les lieux jour et nuit. Ils sont prêts à en découdre. Olivier Jospin, membre du service d'ordre, est de ceux-là. Dans *Le Monde* du 11 mars 1971, Frédéric Gaussen, spécialiste du milieu universitaire, note cette résurrection des enfants de Trotski dans le monde étudiant :

> « Pour les trotskistes, éternels minoritaires, ce n'est pas sans satisfaction que, pour la première fois en France, ils prennent le contrôle d'une organisation syndicale sur le plan national, même s'ils deviennent les maîtres d'une maison

> soudainement abandonnée par tous ses occupants. Ils peuvent mesurer le chemin parcouru depuis cinq ans, lorsque leurs forces se limitaient à quelques dizaines de militants groupés à la Sorbonne… »

Cette occupation du 15 de la rue Soufflot provoque la fureur des étudiants communistes. Dans les facultés, à Tolbiac, Nanterre, Censier, les rixes entre « trots » et « stals » se multiplient. Mais la défaite change de camp : car l'AJS compte désormais un service d'ordre qui en impose. Des « durs » formés aux arts martiaux, qui s'entraînent de longues heures chaque semaine dans des salles prêtées par des municipalités socialistes. Dans les manifestations, ils impressionnent. Vêtus de cuir, casqués, disciplinés, ils manient la matraque sans états d'âme. Ils ont l'esprit commando.

« Michel », qui, au début des années soixante, a participé à quelques « bastons » contre l'extrême droite, aimerait lui aussi en découdre. La « castagne » ne lui fait pas peur. Mais il doit éviter de se retrouver en première ligne. Il suit néanmoins de très près cette affaire de l'UNEF, car l'enjeu est de taille : le contrôle de l'immense majorité des étudiants français. Dans la fièvre des événements, il ne se cache plus. Ou moins…

Il doit certes maintenir une cloison étanche entre sa vie professionnelle et sa vie militante, mais il suit certaines réunions avec un peu moins de prudence. L'objectif prioritaire, l'urgence absolue est de combattre l'hégémonie communiste. Il faut donc renforcer l'UNEF-Unité syndicale, ne pas céder au triomphalisme, construire un « syndicat de masse ». Car l'Histoire semble s'accélérer. Le 18 mars 1971, il se précipite, enthousiaste, chez « Cordier », Yvan Berrebi, dans le 11e arrondissement, et lui annonce que la réunion de cellule est annulée pour cause de meeting. « C'est une soirée historique, dit-il, nous allons sortir de l'ombre ! » À la Mutualité, l'OCI participe à une réunion unitaire de la gauche non communiste à l'occasion du centenaire de la Commune de Paris. Pour la première fois, l'organisation est associée au plus haut niveau à un meeting d'envergure. Mieux, c'est elle qui est chargée de la sécurité : elle prête son service d'ordre dont la réputation n'est plus à faire. Pierre Lambert a négocié discrètement avec un lieutenant d'Alain Savary, Pierre Bérégovoy, qu'il connaît bien puisqu'ils militent tous deux au syndicat Force ouvrière ; les deux hommes se croisent régulièrement au siège de FO, avenue du Maine.

Tous les ténors sont là : François Mitterrand pour la Convention des institutions républicaines ; Alain Savary pour la SFIO ; André Bergeron pour Force ouvrière ; James Marangé pour la FEN ; et la CFDT, le Grand Orient de France, la Fédération anarchiste… Sans oublier Pierre Lambert, resté dans la salle au milieu de ses troupes, venues en masse. Le vieux leader trotskiste savoure ce moment historique. « Michel », perché au premier étage à gauche avec son camarade « Cordier », peut contempler la salle archicomble, joyeuse, électrique. Lui aussi apprécie l'événement. Ce « front de classe » tant attendu est peut-être en train de naître sous ses yeux. Certes, l'un des orateurs n'est pas son champion, loin de là ! Dans le numéro 512 d'*Informations ouvrières* daté du 17 au 24 mars 1971, l'éditorial consacré à l'événement prévient les militants :

> « Rappelons que la présence du politicien bourgeois F. Mitterrand à la tribune a amené le Comité central de l'OCI à déclarer que “l'OCI ne saurait être organisatrice

d'un meeting portant sur la Commune de Paris, où participerait Mitterrand". »

Malgré les réticences des « lambertistes », la présence du « diable » Mitterrand a été maintenue. Et, comme la plupart de ses camarades présents, Lionel Jospin peut vivre cette soirée comme une « sortie de cachot ». Quand François Mitterrand prend la parole, la claque de Pierre Lambert, disséminée dans la salle, scande : « Versaillais ! Versaillais ! ». À l'étage, « Michel », lui, ne hurle pas. En plein brouhaha, il donne un cours d'histoire à « Cordier », citant Thiers, évoquant l'importance de la Commune dans l'histoire du mouvement ouvrier et dans l'essor de l'idéologie marxiste.

Au rez-de-chaussée, debout à la tribune, Mitterrand, un peu crispé, attend patiemment la fin du chahut. Il en a vu d'autres. Quand la salle se calme, il prononce, exalté, un discours quasi révolutionnaire : si on l'en croit, la prise du palais d'Hiver est imminente ! Dans trois mois, il a rendez-vous avec son destin.

Lionel Jospin est seulement fier d'être là en simple militant d'une organisation qui, trois ans plus tôt, était encore interdite. Il va suivre de près l'offensive du tribun Mitterrand sur le parti dans lequel son propre père a milité pendant plus de vingt-cinq ans. Quand le congrès de la SFIO s'ouvre à Épinay-sur-Seine, le 11 juin 1971, personne ou presque ne croit aux chances de l'avocat charentais. Pour devenir premier secrétaire, il lui faudrait des talents de magicien, de tacticien hors pair. Il n'a même pas encore sa carte du parti. À la stupéfaction générale, à la fin du congrès, il devance son concurrent, Alain Savary, de plus de 2 000 mandats (43 926 contre 41 757). Comment a-t-il réussi ce tour de force ? En fait, depuis deux mois, Mitterrand a consulté dans l'ombre pour gagner à sa cause tous les antimolletistes. Sa thèse est sobre et limpide : « Vous voulez envoyer Guy Mollet à la retraite ? Alors, il faut faire tomber son candidat, Alain Savary ! » Résultat : hétéroclite, un attelage « pro-Mitterrand » se constitue, en apparence de bric et de broc, avec Pierre Mauroy, Gaston Defferre et le dirigeant du CERES, Jean-Pierre Chevènement. Cette coalition improbable lui assure la victoire. Le 16 juin, il devient le nouveau patron du Parti socialiste. Il a tout à faire : construire un nouveau parti, recruter des cadres, poser une charpente idéologique sur la « nouvelle maison » pour ne plus se laisser impressionner par les théoriciens du PC. Il l'avouera officiellement au lendemain de la signature du Programme commun avec le PC et les radicaux de gauche, lors du congrès de l'Internationale socialiste réuni à Vienne, le 28 juin 1972 :

> « Notre objectif fondamental, c'est de refaire un grand Parti socialiste sur le terrain occupé par le PC lui-même, afin de faire la démonstration que, sur les cinq millions d'électeurs communistes, trois millions peuvent voter socialiste. »

Dans la remarquable biographie que Franz-Olivier Giesbert a consacrée à François Mitterrand[1], le journaliste écrit à propos de l'après-Épinay :

> « C'est qu'il faut continuer de ravaler la façade, bien branlante, du vieux Parti socialiste. C'est qu'il faut lui donner une charpente idéologique – et c'est un programme d'inspiration autogestionnaire [...] qui aurait pu, à quelques nuances près, être signé par la CFDT. »

1. Franz-Olivier Giesbert, *François Mitterrand. Une vie*, Seuil, 1997.

Traduction : dès l'automne 1971, François Mitterrand recherche de jeunes idéologues marxistes antistaliniens. Il y a bien sûr Pierre Joxe, fils du ministre gaulliste Louis Joxe, considéré comme le plus marxiste de la jeune garde mitterrandienne. Il y a aussi Jean-Pierre Chevènement, mais ce dernier est jugé « crypto-communiste » par les proches du premier secrétaire. François Mitterrand charge son ami intime Georges Dayan de jouer les chasseurs de têtes. Pierre Joxe repense alors au fonctionnaire atypique du Quai d'Orsay qu'il a croisé dès 1967, quand il était à la direction de la Coopération technique, en détachement de la Cour des comptes. Il se souvient du garçon brillant, à l'allure d'éternel étudiant, toujours en chemise à carreaux. Un des rares énarques du Quai à penser à gauche. En 1969, il a refusé sa proposition de venir le rejoindre à la Convention ? Aujourd'hui, la situation a changé. Mitterrand a viré à gauche de la gauche. Quelles que soient ses arrière-pensées, c'est une nouvelle donne politique. Il faudra prendre contact avec Jospin à l'automne. Après les vacances…

CHAPITRE 13

Profession idéologue

Il en agace plus d'un au parti. Avec ses attitudes de mauvais élève, raillant les uns et les autres à la moindre occasion, on dit de lui : « Ce n'est pas un bon camarade[1]. » Il a trente-cinq ans et donne l'impression d'être tout juste sorti du service militaire. Mais il est tellement sûr de lui ! Derrière des lunettes austères et des sourcils broussailleux, Pierre Joxe, l'homme de confiance de François Mitterrand, a déjà l'aplomb d'un vieux grognard. Il peut être féroce, désinvolte, roublard. Dans l'entourage du nouveau leader socialiste, ses méthodes dérangent. Mais on ne dit rien, puisqu'il est le favori du patron qui le couve de son regard de doge vénitien.

Pierre Joxe n'est pas n'importe qui. Fils de Louis Joxe, grand résistant, signataire des accords d'Évian[2], ministre d'État du général de Gaulle, il peut se prévaloir d'un *curriculum vitae* en béton. Énarque, il a adhéré à la

1. *Au parti des socialistes*, de Jean-François Bizot, Léon Mercadet et Patrice Van Eersel, Grasset, 1976.

2. Accords de cessez-le-feu entre la France et le gouvernement provisoire algérien, signés le 18 mars 1962.

Convention des institutions républicaines en 1965. Il est donc du premier cercle des fidèles. Le jeune a de l'ancienneté. Marxiste résolu, ce fils de la grande bourgeoisie protestante parisienne – qui n'a pas peur de dire : « C'est vrai, je suis bien né, ce qui me donne au moins l'avantage d'être incorruptible. Je n'ai pas besoin d'argent ! » – est militant à la CGT. Il voue à la centrale syndicale de Benoît Frachon puis de Georges Séguy une admiration sans bornes : « Ce sont des professionnels. Le PS doit faire comme eux. Nous devons rassembler un noyau de 30 000 militants aguerris, formés au moule marxiste le plus rigoureux : ce travail nécessitera dix bonnes années. » Pour Lionel Jospin, la présence aux côtés de Mitterrand de ce bretteur, tacticien redoutable, résolument à gauche, est un gage de sécurité.

En cet été 1971, le chef de la cellule Saint-Blaise prend un peu de repos sur la Côte basque et retrouve son vieil ami Jacques Valier qui a adhéré en 1968 à la Ligue communiste révolutionnaire ; ce dernier, qui milite aussi dans les comités Vietnam, ne croit pas aux grands jeux d'appareil ; en fait, ce n'est pas un homme de pouvoir, mais un intellectuel. Professeur d'économie à Vincennes, il dirige une revue théorique, *Critique de l'économie politique*. Mais ce n'est pas non plus un militant vert-de-gris. Il aime rire et prendre du bon temps. Avec lui, Lionel Jospin peut « décompresser ». Jacques ne se sent pas obligé de parler politique. Il lui rappelle qu'à la rentrée il a un rendez-vous bien plus important : un match de football avec l'équipe qu'il a créée, l'Internationale métèque, sur un terrain caillouteux du bois de Vincennes. Lionel vient de temps à autre jouer le gardien de but ; plutôt mal. Les Métèques jouent en championnat « corpo ». Comme leur nom l'indique, ils sont en majorité étrangers : Algériens, Sud-Américains, Marocains. Les Français se comptent sur les doigts d'une main. Parmi eux il y a Gilbert Mitterrand, le fils du nouveau patron du PS. Dans ces matches, le score ne compte pas, la victoire n'est pas obligatoire. On joue seulement pour le plaisir.

Ce même été, en Corse, Olivier Jospin fait du camping entre Propriano et Ajaccio, où quelques militants de l'OCI se retrouvent en vacances. Il y a là Patrick Diérich, dit « Blum », qui a rejoint la cellule de Lionel Jospin et a organisé, en juillet, quelques réunions dans son propre appartement, à Orsay, en présence de « Michel ». Il y a aussi Claude Chisserey, l'ancien de la Sorbonne ; et Sonia Ulrich, surnommée « la louve », enseignante et fille de Maurice Ulrich, futur conseiller de Jacques Chirac. Diérich revient d'un grand meeting international en Allemagne, à Essen, dans la Ruhr. Il y a accompagné Pierre Lambert. Ils ont fait le voyage ensemble à bord d'une DS verte au toit blanc. En bon disciple de Léon Trotski, Lambert perçoit l'urgence de placer quelques militants de choix dans le nouveau Parti socialiste. Les perspectives de Mitterrand – « plumer la volaille communiste » – l'incitent à faire vite. De nombreux cadres de l'OCI sont conviés à aller « nicher » chez les socialistes. À l'OCI, on préfère la métaphore du « coucou » à celle de la « taupe », aux connotations trop policières. On peut dire aussi « soum », pour « sous-marin ».

Début septembre, prêt pour le grand saut chez les « sociaux-démocrates », Lionel Jospin téléphone à Pierre Joxe. Il lui annonce qu'il est disposé à rejoindre le PS. « En 1969, je n'étais pas encore convaincu, lui dit-il. Mais, cette fois, c'est différent. La perspective d'un Programme commun avec le PC est une bonne chose. Je suis partant. J'habite dans le 15e arrondissement. À qui dois-je m'adresser ? » Joxe n'est pas vraiment surpris par cet appel. Il téléphone immédiatement à Maurice Benassayag : « J'ai donné ton nom à un énarque. Il va te téléphoner pour adhérer au PS. Vois dans quelles conditions… »

Quelques jours plus tard, Benassayag invite Lionel Jospin à dîner à son domicile, près de la porte de Versailles. « À cette époque, nous n'avions pratiquement pas d'énarques, rappelle-t-il. Quand on en ferrait un, on ne le lâchait plus ! » Au cours du dîner, Maurice Benassayag fait à l'intention de son hôte une radiographie du PS. Il le guide dans le labyrinthe des courants : celui du CERES, de Chevènement ; ceux de Pierre Mauroy, de Jean Poperen ; puis, à l'affût, les amis d'Alain Savary, les derniers fidèles de Guy Mollet, désormais dans l'antichambre de la retraite. Une galerie des glaces dans laquelle les non-initiés se perdent aisément.

Coïncidence : Guy Mollet, l'homme du Nord, proche de Robert Jospin, dont l'évocation a provoqué quelques frictions entre le père et son fils Lionel, disparaît de la scène politique quand le jeune Jospin y fait son entrée. D'abord par la petite porte : Maurice Benassayag lui désigne son point de chute, la section « Convention », jugée « savaryste ». Elle est dirigée par un ancien de la SFIO, Lucien Nahon, père du journaliste Paul Nahon. Cette section a une particularité : elle abrite la direction clandestine du Parti socialiste espagnol[1]. Lionel Jospin n'y voit aucun inconvénient, au

1. Le PSOE, Parti socialiste ouvrier espagnol, interdit par le général Franco.

contraire. Le militant internationaliste est ravi de retrouver des camarades ibériques.

Début 1972, après plusieurs semaines de réflexion et de conciliabules, « Michel » adhère au PS. Il fait partie de la génération des « sabras », ces poulains de Mitterrand, pas encore quadragénaires, élégants, modernes, actifs et politiquement neufs. Parmi eux, les Bretons Louis Le Pensec et Charles Josselin, ainsi que Jean-Pierre Cot. Pierre Joxe, pratiquement de la même génération qu'eux – il est né en 1935 –, fait figure pour le grand public de leader de ce groupe. Secrétaire national à la formation, poste clé aux yeux de Mitterrand, il a pour mission d'inventer les « nouvelles Tables de la Loi » du PS, le bréviaire idéologique qui servira de référence aux nouveaux militants. Pour ce faire, il a besoin de cerveaux. Il propose alors au camarade Jospin de rédiger des rapports (au PS on ne dit pas « topos »). Les travaux du professeur d'économie de Sceaux sont tirés au cordeau, d'une limpidité et d'une rigueur sans faille. « Michel » le trotskiste n'a pas à camoufler ses convictions, car, à quelques nuances près, il ne fait qu'épouser la nouvelle ligne de François Mitterrand. Ce n'est pas Lionel Jospin qui devient « réformiste », c'est Mitterrand qui est devenu « révolutionnaire ». Par un étrange phénomène de commutativité politique, « Michel » ne se considère pas comme un « sous-marin ». Il n'a pas à tricher, à travestir sa pensée.

Pierre Joxe, le protestant, est intrigué par ce garçon qu'il suit depuis plus de cinq ans comme un entraîneur à la recherche d'un avant-centre. Ce Jospin est tout de même étrange : discret, efficace, sérieux, presque austère, voire timide, il est en même temps déterminé et sûr de lui. Son propre père, Louis Joxe, lui a parlé de ses relations lointaines et amicales avec un cousin de Lionel Jospin, un pasteur réputé du Nord, Marc Jospin, installé aux Pays-Bas. Ce détail ne les rapproche pas vraiment, car Lionel Jospin reste sur ses gardes, peu désireux d'évoquer ses racines huguenotes. Marxiste pur et dur, il se méfie du « philocégétisme » de Joxe : il ne comprend pas la fascination qu'exerce la CGT sur son ancien collègue du Quai d'Orsay. Curieux tandem que ces deux « parpaillots » qui se ressemblent tant physiquement. Grands, élancés, chevelure frisée, ils portent tous deux des lunettes, passent de la décontraction à la raideur avec une fulgurance inquiétante. Certains militants évoquent à leur propos les « frères jumeaux ».

Pierre Joxe présente son « double » à François Mitterrand à l'issue d'une réunion dans le quartier de Saint-Germain. Le premier contact est courtois mais fugace. Le premier secrétaire paraît à peine le voir. Il lui tend une main distraite, presque flottante. En fait, Pierre Joxe lui a déjà fait l'article sur son « poulain ». Quelques jours plus tard, Jospin revoit Mitterrand. Cette fois, le vainqueur d'Épinay se montre plus cordial. Au détour de la conversation, il lâche dans un murmure : « On me dit que vous connaissez bien les questions internationales. Voulez-vous participer au groupe des experts sur les questions Est-Ouest, le désarmement, l'Alliance atlantique[1] ? » L'ancien haut fonctionnaire du Quai d'Orsay n'en croit pas ses oreilles. Quelques mois seulement après son entrée au PS, le voici bombardé dans le groupe des experts dirigé par Albert Gazier. Il est entré dans le saint des saints, au cœur de la machine. Pourquoi une si soudaine

1. Cité dans *Lionel Jospin. L'héritier rebelle, op. cit.*

ascension ? Tout simplement parce que Mitterrand doit agir vite. Les échéances électorales n'attendent pas. Le 27 juin 1972 à 5 heures du matin, après deux jours et une nuit de palabres serrées, socialistes, communistes et radicaux de gauche signent le Programme commun de gouvernement dans la perspective des élections de mars 1973. Pierre Joxe, l'un des négociateurs avec Mitterrand, Mauroy, Estier et Defferre, est désormais sur orbite. Il est intégré dans le « cinq majeur » du PS. Son poulain, Jospin, lui, reste encore dans l'ombre. Il poursuit son apprentissage tout en peaufinant son carnet d'adresses. François Mitterrand l'invite à participer à la réunion de l'Internationale socialiste à Vienne, les 13 et 14 janvier 1973. À peine un an après son adhésion, « Michel » se retrouve dans l'ombre de Bruno Kreisky, Willy Brandt et Felipe Gonzalez. Deux mois plus tard, il peut apprécier la justesse de la stratégie mitterrandienne : le 12 mars, le Parti socialiste obtient 19,3 % des voix aux élections législatives. Mieux que la SFIO de Léon Blum en 1936 ! Malgré une courte victoire, le PC n'est plus hégémonique. La tactique de l'« étouffement du boa » appliquée par Mitterrand s'est révélée payante. C'est le début du déclin historique du parti de Georges Marchais.

Avec toute une vague de nouveaux élus socialistes, Pierre Joxe entre à l'Assemblée nationale comme député de Saône-et-Loire. Pour fêter son élection, il organise un déjeuner à l'Assemblée, auquel il convie plusieurs de ses collaborateurs. Parmi eux, Lionel Jospin. Joxe, euphorique, lui fait une proposition : « En 1974, si Mitterrand est élu président de la République, je serai sans doute ministre de l'Agriculture. Je te propose le poste de directeur de cabinet. » Interloqué, Jospin ne sait que répondre. Il est flatté, car c'est une grande marque de confiance ; mais il refuse net : « Vois-tu, Pierre, je préfère faire de la politique dans le parti. » Il a répondu de sa voix haut perchée, sur un ton mécanique, presque scolaire, pour ne pas vexer son « parrain ».

En fait, Lionel Jospin n'a aucune envie de passer sa vie dans le sillage de Pierre Joxe, d'être la doublure d'un homme qui lui ressemble trop. Pour exister, il faut qu'il trouve sa propre place. Quitte à choisir un gourou, il subit déjà le charme de l'homme de la Nièvre. Au cours de son voyage en Autriche, il a pu mesurer l'étendue des talents du « patron ». « Michel », qui voit régulièrement Pierre Lambert, son chef trotskiste, surnommé par certains militants « le Pif » pour son intuition politique, compare les deux hommes. Au fond, tous deux cultivent un certain goût du secret, du cloisonnement, des cercles d'amis que l'on peut activer au gré des circonstances. Ils maîtrisent tous deux la gestion des rapports de forces. Mitterrand veut le pouvoir suprême, au grand jour ; Lambert a l'âme d'un trappiste, obsédé par le pouvoir occulte. Confronté à deux hommes, deux logiques, pour l'heure « Michel » n'a pas à choisir. Mais il pressent déjà pour qui il penchera le moment venu. Bluffé par l'érudition de Mitterrand, sa connaissance encyclopédique de l'histoire de France et de la carte électorale, il a au fond la même passion que lui : la politique. Claude Estier se souvient :

> « Mitterrand nous l'a présenté dès 1972 en nous expliquant qu'il allait avoir un rôle très important dans le parti. Au début, nous étions un peu surpris. D'abord parce qu'il était totalement inconnu, mais aussi par son *look* : cette coiffure afro, *baba cool*, quoi… »

Un autre homme est surpris par la nouvelle « tocade » de Mitterrand : Georges Dayan, l'un des rares à pouvoir se considérer comme un ami intime du leader socialiste. Dayan s'inquiète de la réputation « pro-palestinienne » de Jospin. Il prévient Mitterrand et lui conseille de se méfier de ces « Angela Davis en pantalons à pattes d'éléphant ! » Amusé, Mitterrand lui répond que « les jeunes gens de Mai 68 ont toute leur place dans le nouveau Parti socialiste ». Sait-il alors que l'OCI réclame dans sa presse la disparition de l'État d'Israël ?

En cette année 1973, le camarade Jospin bénéficie une nouvelle fois d'un coup de pouce de Pierre Joxe. Ce dernier, désireux de s'implanter dans sa circonscription rurale, souhaite quitter le secrétariat à la Formation. Joxe, l'intellectuel parisien, désire courir marchés et champs de foire. Le grand bourgeois entend « plonger les pieds dans la glaise ». Il en parle à François Mitterrand et avance le nom de Lionel Jospin pour le remplacer. Comme à son habitude, le premier secrétaire esquisse une moue dubitative. En fait, lui qui choisit ses collaborateurs avec la méticulosité d'un enlumineur franciscain connaît déjà tout de la vie du jeune Jospin. Sa plus proche collaboratrice, Marie-Jo Pontillon, épouse de Robert Pontillon, secrétaire national aux Relations internationales, lui a communiqué le « CV » du camarade Jospin. Marie-Jo Pontillon est installée, cité Malesherbes, au siège du PS, juste à côté du « patron ». Toutes les informations passent par elle. Les Pontillon connaissent parfaitement l'OCI, puisque leur fils, Thierry, en est un militant actif. Certes, ces jeunes trotskistes sont quelque peu turbulents, ils pensent raide, mais sont « atlantistes », comme Mitterrand. Ils l'ont un peu chahuté en mars 1971 ? Rien de bien méchant.

Quelques jours plus tard, il téléphone à Jospin et lui demande de venir le récupérer chez son beau-frère, Roger Hanin. Dans le taxi, Mitterrand lui glisse : « Vous êtes enseignant, vous avez donc un peu de temps ; vous êtes pédagogue et vous possédez, me semble-t-il, une culture politique. Il vous faudra donner, disons, une pensée commune aux militants de ce parti rajeuni. » Mission exaltante : ainsi adoubé, Lionel Jospin est propulsé membre du Bureau exécutif du PS et secrétaire national à la formation au congrès de Grenoble.

Au Comité directeur, il occupe la place n° 40.

Par les hasards de l'ordre alphabétique, Pierre Joxe se retrouve à la place n° 41. Celui qui n'était au départ qu'une « doublure » est passé devant lui d'un cheveu. Le passage de témoin entre les deux « jumeaux » s'est opéré en douceur, dans la confiance. En apparence, du moins. En fait, l'année 1973 marque le début d'une longue et sourde rivalité entre Joxe et Jospin. Mitterrand s'en amuse. Mais son objectif prioritaire consiste à donner des gages à tous ceux qui pensent que sa stratégie d'alliance avec le PC relève de l'aventurisme, d'un coup de poker à hauts risques. En plaçant au sommet du parti un jeune militant de trente-six ans, viscéralement antistalinien, il émet un signal on ne peut plus clair. Dans quelle direction ? Certains, dans son entourage, prétendent qu'il entend rassurer les Américains. Il est vrai que le nouvel idéologue du parti non seulement exècre le régime soviétique, mais a une idole, un certain Abraham Lincoln…

CHAPITRE 14

La saga d'Abraham Lincoln

Il est né le 12 février 1809 dans une cabane en bois, dans le Kentucky. Son ancêtre, Samuel, était apprenti tisserand. Il n'aimait pas son père, un pionnier de l'Ouest profond, à demi analphabète. Il allait de temps à autre apprendre à lire dans une hutte faisant office d'école. Abraham Lincoln, surnommé « Abe », a passé son enfance sur une terre hostile à puiser de l'eau, ramasser le bois, cueillir des baies sauvages. Une histoire à la Jack London, comme les aime Lionel Jospin. Une histoire d'homme rude au destin exceptionnel.

Fasciné par la vie du président des États-Unis, le professeur d'économie à Sceaux participe, en 1978, à la rédaction d'une biographie du chantre de l'anti-esclavagisme[1]. Cette production « jospinienne » est curieusement passée inaperçue.

> « La guerre de Sécession m'a passionné, précise-t-il, car c'est la seule guerre qui se soit produite sur le territoire américain. C'était un conflit entre deux systèmes, le Sud aristocratique, esclavagiste, lyrique, et le Nord industriel ;

1. « Abraham Lincoln », in *Les Grands Révolutionnaires, Anticolonialistes et Anti-esclavagistes*, d'Aline Alquier et Lionel Jospin, Martinsart, 1978.

une rencontre entre deux siècles, et Lincoln était à la croisée de tous ces chemins. »

Pourquoi donc le « sabra » de Mitterrand s'intéresse-t-il tant à Lincoln ? Il y voit bien sûr des similitudes avec sa propre histoire : des ascendants tisserands, une famille pauvre, protestante, une jeunesse « consacrée aux activités physiques », la découverte de la lecture, puis de la politique. Dans ce texte étonnamment romanesque, Lionel Jospin semble se raconter à travers un autre. Lui, si pudique, si réservé, a trouvé un subterfuge pour se livrer un peu. Le jeune dirigeant socialiste français a rencontré son « modèle ».

Comme les ancêtres Jospin, la famille Lincoln élève des moutons qu'elle « dispute aux ours ». Comme celui qu'à Meudon on surnommait « Tarzan » pour ses aptitudes physiques, le jeune « Abe » est un costaud, un bagarreur qui aurait pu aussi bien jouer au basket. À New Salem, le garçon est provoqué par un chef de bande du nom de Jack Amstrong :

> « Abraham lui fit toucher rapidement le sol des épaules et lança un défi à tous ceux qui se mettraient sur les rangs, à la lutte ou à la course, ensemble ou séparément. Il fut dès lors considéré comme un chef, et, désormais, l'amitié de ces fiers-à-bras lui fut précieuse. »

Lincoln avait le goût du combat physique ; Lionel Jospin aussi. L'analogie va même se loger dans les moindres gestes de la vie quotidienne. Jospin aime à rédiger ses discours ou même simplement des notes sur des bouts de papier qu'il est le seul à pouvoir décrypter. Et Lincoln ?

> « Il griffonnait partout, notamment au charbon sur les murs de la cabane. Sur un cahier, du temps de ses quinze ans, il a rédigé ce singulier quatrain : *"Abraham Lincoln/ Sa*

main et sa plume/ Il réussira, mais/ Dieu sait quand." Était-ce l'aveu naïf et maladroit d'une ambition sûre d'elle-même, mais doublée de cette patience raisonnée des hommes hors série, qui se savent désignés par le destin et qui sont convaincus que leur heure viendra fatalement ? »

Lionel Jospin se croit-il lui aussi désigné par le destin ? A-t-il gardé en mémoire cette prophétie du cuisinier de Chamigny qui, lorsqu'il était adolescent, lui avait lancé : « Celui-là, il sera président de la République ! » C'est vrai que le destin lui a été jusqu'ici particulièrement favorable. Depuis qu'il s'est installé dans le sillage de François Mitterrand, sa vie a profondément changé. D'abord en stabilité. Côté privé, Élisabeth lui a donné deux beaux enfants, Hugo et Éva. Ils habitent désormais à deux pas des jardins du Luxembourg, dans un bel immeuble bourgeois, rue Servandoni, que Jean Dannenmüller, son beau-père, a acheté en viager à une cousine. Un an plus tôt, après avoir quitté l'appartement de fonction de l'IUT de Sceaux, les Jospin ont vécu dans une tour du quartier de Montparnasse, avec vue sur les quais de la gare. C'est François Mitterrand lui-même, par l'intermédiaire de son homme de confiance, André Rousselet, qui leur a dégotté ce pied-à-terre provisoire. Un signe révélateur de l'intérêt que lui porte le patron du PS. « À l'époque, Jospin était le chouchou, c'est incontestable, se souvient Paulette Decraene, la fidèle assistante de Mitterrand. Le patron était un peu aux petits soins avec lui. Et, bien sûr, cela suscitait quelques jalousies. »

Parmi ceux qui lorgnent d'un œil suspicieux l'ascension fulgurante du jeune énarque, il y a Pierre Bérégovoy et Jean Poperen, qui connaissent sans doute le mieux les jeux complexes des organisations trotskistes au sein du PS. Est-ce pour autant qu'ils connaissent la « double vie » de Lionel Jospin ? On imagine mal le contraire. En fait, les deux compères estiment que le « patron » en fait un peu trop avec Jospin, et va trop vite.

Pierre Bérégovoy connaît parfaitement Pierre Lambert. Ils se voient régulièrement depuis près de dix ans. Ils ont noué des relations de confiance. Mieux, ils collaborent sur le terrain : quand un élu socialiste a besoin de gardes du corps, on fait appel au service d'ordre de l'OCI. Ainsi Gaston Defferre, Charles Hernu, Roger Fajardie et bien d'autres ont pu bénéficier des services des « gros bras » de l'organisation trotskiste. Pour la plupart des manifestations communes avec le PCF, quand le PS a besoin de se faire respecter, l'OCI « prête » ses troupes de choc. Quelle contrepartie les socialistes apportent-ils ?

En 1974, les relations entre le Parti socialiste et la petite organisation trotskiste sont plus qu'amicales. L'OCI appelle à voter Mitterrand contre Giscard dès le premier tour. Elle protège plusieurs meetings du candidat de la gauche. L'OCI est devenue un prestataire de services, un quasi-satellite du PS. Ce compagnonnage ne plaît pas à tous. Ni dans un camp ni dans l'autre. Grincheux et puristes hurlent au loup. À l'OCI, on accuse Lambert de « se vautrer dans le lit de la social-démocratie ». Au PS, on traite Mitterrand d'« apprenti sorcier ».

Quant à Jean Poperen, l'ancien professeur d'histoire de Janson-de-Sailly, il n'ignore rien de la galaxie trotskiste. Avant le congrès d'Épinay, il a accepté de rencontrer Pierre Lambert pour faire avec lui un petit tour d'horizon politique et surtout connaître l'attitude des « taupes » trotskistes installées au sein du PS. Qui défendront-elles : Savary, Mitterrand ou lui-même ?

Le flagrant délit de cousinage de la direction socialiste est bel et bien établi. Elle loue des « gros bras », pourquoi n'utiliserait-elle pas aussi un énarque? Le scénario est plus que plausible : ainsi « Michel » aurait été « prêté » au Parti socialiste un peu comme les clubs de football se cèdent des joueurs.

Prenons un exemple : l'équipe de Calais prête son avant-centre au Paris-Saint-Germain pour une saison. Là, surprise : le joueur se révèle brillant et, logiquement, est convoité par le PSG. On lui demande de rester. Mais le petit club auquel il voue un attachement familial – il y compte de nombreux amis, il y a toutes ses racines – n'entend pas le céder. Finalement, après d'âpres négociations, le PSG propose un arrangement avec le petit club. Il lui suggère une manière de parrainage : on vous répare les vestiaires, on vous achète un nouveau jeu de maillots et vous nous laissez votre joueur encore quelque temps. Combien d'années : une, deux, trois ? En fait, le prêt de « Michel » a tout d'une forme de *leasing*, d'une location-vente !

Coïncidence : de 1973 à 1979, époque faste des relations entre le PS et l'OCI, le Petit Poucet trotskiste loue chaque été un château, à Bierre-lès-Semur, en Côte-d'Or, pour former ses militants au cours de stages théoriques et sportifs. Durant la même période, l'organisation, formidablement active, multiplie les interventions dans le secteur international. Des militants créent des comités de soutien aux dissidents soviétiques, aux opposants chiliens et argentins, aux colonels portugais de la « révolution des Œillets », aux démocrates espagnols. Dans ces comités de défense se croisent des socialistes et des trotskistes sans que quiconque hurle au complot ou à la conspiration.

Ainsi, en 1975, le mathématicien ukrainien Leonid Pliouchtch est envoyé en hôpital psychiatrique. Un comité de mathématiciens se met aussitôt en place à Paris. Il est dirigé par Laurent Schwartz et Michel Broué, lui-même mathématicien de renommée mondiale. Fils de Pierre Broué, ce dernier est un lambertiste connu. Cela n'empêche pas des personnalités comme Simone Signoret, Yves Montand, Simone de Beauvoir, Jean-Paul Sartre, Louis Leprince-Ringuet, Jacques Delors et Laurent Terzieff de soutenir son action. Lionel Jospin s'investit également dans le comité.

Durant cette période bouillonnante sur le plan international, il s'attelle à une tâche hautement stratégique. Il est chargé par François Mitterrand de rédiger le rapport qu'il doit présenter au parti sur l'état des relations entre le PS et le PC à la convention des 3 et 4 mai 1975. Pour lui prêter main-forte, on lui propose de faire équipe avec un ancien militant communiste, Jean Pronteau, qui dirige l'Institut socialiste d'études et de recherches, lieu de réflexion théorique chargé d'attirer les intellectuels au PS. Entre les deux hommes le courant passe aussitôt. Jean Pronteau est un homme impressionnant. Ancien responsable de l'Armée secrète pendant la guerre sous le nom de « lieutenant-colonel Cévennes », héros de la Résistance, théoricien du marxisme, il a été exclu du PC en 1971 pour avoir critiqué l'intervention soviétique en Tchécoslovaquie. Il a adhéré au PS en 1973. Entre eux, c'est le début d'une grande amitié. Fait assez rare : Lionel Jospin ne cache pas l'admiration qu'il lui porte :

> « Avec lui, c'est vrai, il y a eu une forte relation. C'était un homme libre. J'aime les relations égalitaires avec les gens, quand le problème de la supériorité de l'un sur l'autre n'existe pas. Avec Jean, j'avais un rapport d'échange. Il m'apportait son expérience, sa formation marxiste. Il était comme un maître, je l'admirais. Lui, la période la plus intense de sa vie était derrière lui. Il était comme un grand frère pour moi. »

Régulièrement, les familles se retrouvent dans l'appartement des Pronteau, rue Boulard, dans le 14e arrondissement de Paris. On y refait le monde en trinquant sec et en ripaillant. Jean Pronteau appellera son deuxième fils Lionel et demandera à son camarade socialiste d'en être le parrain. L'ancien stalinien et le jeune trotskiste sont sur la même longueur d'onde : tous deux pensent que le régime soviétique est à bout de souffle, qu'un peu partout dans le monde montent les exigences démocratiques des peuples. Le phénomène est irréversible.

Les deux hommes ne sont pas tendres pour le partenaire communiste. Le rapport constitue une analyse glacée des errements du PCF. Jamais aucun socialiste n'avait osé utiliser un pareil ton pour critiquer les communistes. À tel point qu'André Chambraud, dans l'hebdomadaire *Le Point*[1], s'interroge sur l'auteur du texte :

> « Est-ce un maoïste enragé ou un maniaque de l'anticommunisme ? Pas du tout : c'est un rapport de seize pages rédigé par un des secrétaires nationaux du PS, Lionel Jospin, qui accompagne ces jours-ci François Mitterrand dans son voyage en Union soviétique. »

1. *Le Point*, n° 136, 28 avril 1975.

En fait, Jospin et Pronteau ont écrit un texte offensif en prévision des jours de tempête. Ils s'attendent à ce que le PC revienne sur son alliance avec les socialistes. En effet, à la direction du PC, certains s'inquiètent : l'Union de la gauche ne semble servir les intérêts que du seul Parti socialiste. Après la victoire de Valéry Giscard d'Estaing en 1974, le PC connaît une lente et inéluctable érosion. Le 29 novembre, à la suite d'une série de six élections législatives partielles, tous les candidats communistes perdent pratiquement des suffrages. La faute à l'Union ? C'est l'avis du directeur de *L'Humanité*, Roland Leroy. À compter de ce jour, la direction du PC déclenche la canonnade contre le PS, redevenu brutalement à ses yeux un parti petit-bourgeois. Malgré la surenchère des amis de Georges Marchais sur les nationalisations, François Mitterrand ne répond pas. Il fait l'autruche et surtout joue la montre pour tenir son attelage jusqu'aux élections municipales de 1977.

Le 20 mars, le leader socialiste exulte : la gauche gagne 58 villes de plus de 30 000 habitants et devient majoritaire dans le pays. Curieusement, le PC ne participe pas à l'euphorie générale. En fait, sa nouvelle ligne politique est déjà mise en œuvre : le 1er avril, Georges Marchais réclame dans « les plus brefs délais et au plus haut niveau une réactualisation du Programme commun ». Il appelle ses partenaires de l'Union à un sommet des partis de gauche. Le ton doucereux de 1974 fait place à un style cassant, agressif. Marchais-la-menace éjecte Marchais-la-tendresse. En quelques mois, le lent travail de mise en confiance entre les signataires du Programme commun est réduit à néant. Les relations entre Georges Marchais et François Mitterrand se détériorent passablement. Les deux hommes ne se sont jamais beaucoup aimés. Entre l'apparatchik banlieusard et l'avocat charentais, le fossé culturel confine à l'abîme. Durant cette période, Marchais confie à des proches qu'il a invités à dîner dans son pavillon de Champigny : « Chaque fois que je vois Mitterrand, j'ai envie de lui mettre la main sur la gueule. »

Face aux attaques, le premier secrétaire du PS ne peut plus jouer l'esquive. Il doit réagir. À ses côtés, Lionel Jospin et Jean Pronteau optent pour la tactique du boomerang : chaque coup donné doit être rendu. Ils estiment qu'il ne faut pas céder aux injonctions du PC. Les 12 et 19 mars 1978, la gauche désunie perd les élections législatives et conforte Giscard dans son rôle de président moderne. Au PS, Michel Rocard, qui attend son heure depuis son adhésion en 1974, tire ses premières salves : Mitterrand est trop vieux, Mitterrand est ringard. On commence à critiquer son pouvoir par trop personnel. Le « despote éclairé » gouvernerait en fait en solitaire et serait un *has been*. En bon grognard, Lionel Jospin fait front et défend son patron. Il est viscéralement opposé aux thèses de Rocard, jugées d'inspiration social-chrétienne et technocratique. Face à l'offensive rocardienne, il devient férocement mitterrandiste. Après avoir été nommé secrétaire national au tiers-monde en 1975 au congrès de Pau, il se retrouve, en 1977, secrétaire national aux relations internationales. Il est désormais l'un des plus importants dirigeants du parti.

Pendant toute cette période, il voyage beaucoup aux côtés de Mitterrand, lequel confie volontiers sous le sceau du secret que « le Frisé a de grandes chances » de lui succéder. En d'autres termes, il le forme, durant les heures d'avion passées ensemble, au poste de premier secrétaire au cas où la lassitude viendrait à le gagner. Il l'a déjà nommé directeur politique adjoint de *La Nouvelle Revue socialiste*, l'organe théorique du parti, lui-même en conservant le poste de directeur. Le tandem Mitterrand-Jospin paraît bien en place, paré pour supporter les turbulences, même si certains amis du premier secrétaire remarquent que celui-ci a aussi un faible pour son nouveau directeur de cabinet, un certain Laurent Fabius. Personne n'y prend garde, car les directeurs de cabinet, pour les hommes politiques, ne sont que des techniciens, rarement appelés à jouer un rôle par la suite.

Le 15 septembre 1978, l'Union de la gauche vole en éclats sous les coups de boutoir du Parti communiste. Michel Rocard croit alors le PS en miettes et qu'il est à ramasser. Il conclut une alliance avec Pierre Mauroy, le maire de Lille. Trop tôt, trop vite. Trop pressé, trop agité, Rocard a laissé à Mitterrand tout loisir de constituer contre lui un front avec Lionel Jospin, Laurent Fabius, Pierre Joxe et Paul Quilès, ceux qu'on appellera un temps « les Trois Mousquetaires ». Sans oublier l'incontournable patron du CERES, Jean-Pierre Chevènement. Au congrès de Metz, Mitterrand lâche ses fauves sur le pauvre Michel Rocard, quasiment lynché par ces « lions déguisés en costume trois pièces ».

À Metz, Lionel Jospin gagne ses galons de numéro deux du PS. Dans les travées du congrès, il vient s'excuser auprès du perdant : « J'aurais préféré que nous utilisions d'autres méthodes. Je n'ai jamais été favorable au lynchage », lâche-t-il à un Rocard défait.

Abraham Lincoln était lui aussi un farouche adversaire du lynchage. Dans sa grande sagesse de fils de l'Ouest sauvage, il disait que les haches sont faites pour tailler du bois, non pour couper les têtes.

CHAPITRE 15

Battling Lionel

Surtout ne pas se dégonfler. Bien respirer. Ne pas baisser la garde. Le pousser dans les cordes. Ne pas répondre à la provocation. Ce 20 avril 1980, Lionel Jospin affronte un poids lourd de la politique : Georges Marchais, star de la télévision, l'homme des formules à l'emporte-pièce, des coups de gueule, de la gouaille « parigote ». La « terreur des médias » est au sommet de sa forme. Il ne fera qu'une bouchée de ce « freluquet » un peu tremblant dans les studios de la rue Cognacq-Jay. Certes, l'émission « Les Dossiers de l'écran », qui célèbre les soixante ans du congrès de Tours[1], ne vaut pas un journal de 20 heures, mais on y assiste parfois à de belles rixes. Or le secrétaire général du PC aime la castagne. Quelle formule trouvera-t-il ce soir ? Après « Liliane, fais les valises ! », ou encore « Mais vous voulez ma chemise ? », apostrophe lancée à Mitterrand en pleine négociation du Programme commun, ou encore le

1. Le congrès de Tours marque la scission du mouvement socialiste entre la SFIO de Léon Blum et le PC de Marcel Cachin.

« Taisez-vous, Elkabbach ! », que peut-il bien inventer pour renvoyer ce petit énarque ambitieux aux vestiaires ?

Georges Marchais est sûr de lui. Ce Jospin l'agace prodigieusement, avec son air d'étudiant appliqué qui ne lève jamais la tête de ses dossiers. Il donne l'impression de ne pas vraiment vous regarder. En fait, Georges Marchais ne sait pas grand-chose de son adversaire d'un soir. Il ignore que celui-ci s'est préparé à ce combat comme un champion de boxe. Son staff ? Jean Pronteau, l'entraîneur, l'homme qui sait tout des réflexes de Marchais, de ses tics, de ses faiblesses ; un *coach* qui lui a indiqué toutes les parades, toutes les contre-attaques. Il connaît le PC de l'intérieur, puisqu'il y a passé plus de vingt ans de sa vie. Ami de Fidel Castro, il a même été professeur à l'école des cadres du Parti à Moscou. Ensuite Alain Davezac, son collaborateur au Parti socialiste, un ancien maoïste, professeur au Centre de formation des journalistes, qui l'a poussé à s'entraîner en studio de télévision : un exploit, car Lionel Jospin est allergique aux caméras : au cours d'un voyage en Israël avec François Mitterrand, à Jérusalem, devant le mur des Lamentations, il s'apprête à se couvrir de la kippa pour honorer le lieu quand il remarque deux photographes qui le guettent : il ôte aussitôt le couvre-chef. Jospin, c'est l'anti-star. Il déteste la politique-spectacle. Pendant un mois, chaque soir, malgré les réticences du « Frisé », Alain Davezac lui a imposé une séance de préparation aux « Dossiers de l'écran ». Enfin il y a Marie Lavarini, l'incontournable collaboratrice : à la fois assistante, conseillère politique, secrétaire, attachée de presse. Elle connaît son Lionel par cœur, peut anticiper la moindre de ses réactions. Son obsession : en faire un champion.

Très concentré, Lionel Jospin sait qu'il est à la croisée des chemins. Il a en face de lui la parfaite incarnation du « monstre stalinien », presque une caricature. Depuis plus de vingt ans, chez les trotskistes comme au PS, il a une idée fixe : se « faire les cocos ». Ses parents sont devant le petit écran. Son père, évidemment, qui lui a inoculé l'antistalinisme en lui parlant de l'enfer stalinien dès l'adolescence. Son frère, Olivier, responsable de l'OCI, est un téléspectateur particulièrement attentif. Pour lui, c'est le « combat du siècle », l'heure de vérité. C'est sans nul doute ce qu'ignore Georges Marchais en pénétrant comme une diva sur le plateau : il n'a pas un seul adversaire, mais deux, Lionel Jospin *et* « Michel ». Dès le début, il est surpris par la détermination de son interlocuteur qui ne lâche rien et l'empêche d'accaparer l'héritage de Jean Jaurès. Pis, Jospin brandit sans cesse des textes de Maurice Thorez pour démontrer les errements du PCF. Désarçonné, le leader communiste, pour mieux souligner la pureté de classe de son parti, lance avec son accent de gosse des fortifs :

« Au Parti socialiste, vous n'avez pas un seul ouvrier !

– Moi, Georges Marchais, aujourd'hui j'ai donné des cours. Vous, ça fait trente ans que vous n'avez pas été en usine. »

La réponse de Jospin a claqué comme un coup de fouet. Marchais, groggy, bafouille une malheureuse réponse. Il est dans les cordes. « Michel » vient de lui assener une droite terrible. Pour la première fois de sa carrière, le leader communiste ne sort pas vainqueur d'un duel télévisé.

À la sortie de l'émission, les équipes des deux hommes dînent dans le même restaurant à quelques mètres l'une de l'autre. À la table de Lionel Jospin, Élisabeth, son épouse, est radieuse. Il y a également Jean Pronteau, sa femme Caroline, Alain Davezac, Marie Lavarini, Pierre Schapira, Yves Lebas et Bertrand Delanoë. Jean Pronteau, euphorique, nargue ouvertement Marchais et les siens. Pour rien au monde il n'aurait voulu rater cet instant. Pendant que ce dernier était au STO[1] en Allemagne, lui-même, en 1942, commandait une « armée des ombres » de sept cents hommes. L'ancien résistant, le héros, l'aventurier se moque ouvertement de l'apparatchik borné. Belle revanche ! Encore une fois, l'intuition de Mitterrand s'est confirmée. N'avait-il pas dit de Jospin : « Celui-là, c'est le seul qui ne se couche pas sous la table quand les communistes tapent dessus » ? Lionel ne s'est pas couché.

Au siège de l'OCI, a-t-on fêté de même cette victoire ? Pierre Lambert voit-il d'un bon œil l'irrésistible ascension de « Michel », qui pèse désormais infiniment plus lourd que lui ? On ne sait. La presse, en revanche, s'enthousiasme pour la performance du tombeur de Marchais. « *Battling* Lionel » entre dans la catégorie des stars du petit écran. On le croyait ennuyeux comme un prédicateur quaker, on découvre un puncheur de première catégorie. En fait, tous ses proches le disent : Jospin aime les grandes batailles ; son œil s'éclaire au moment des chocs frontaux, quand les coups commencent à pleuvoir. Avant la « guerre », il peut paraître emprunté, hésitant, timide, voire pusillanime. Ensuite il se métamorphose. Autrement dit, ce type est un gladiateur ; il ne se donne qu'une fois dans l'arène. Cette

1. Service du travail obligatoire, instauré par les autorités d'occupation, qui imposait aux jeunes Français une période de travail outre-Rhin pour soutenir l'appareil industriel nazi ; de nombreux jeunes préférèrent passer à la Résistance plutôt que de répondre à cette obligation ; pas Georges Marchais.

révélation rassure ceux qui ont misé sur lui. En particulier François Mitterrand avec qui il a désormais une relation quasi filiale.

En ce début des années quatre-vingt, le duo Mitterrand-Jospin surprend par son efficacité. Il y a même une forme de complicité entre le fils de chef de gare charentais, de religion catholique, et le rejeton d'un instituteur venu du Nord, marqué par la culture protestante. Dans le complexe jeu de miroirs des relations politiques, ils se comprennent à demi-mot, comme si « l'hémisphère de l'un avait une connexion directe avec l'hémisphère de l'autre ». Sans doute parce que le « disciple favori », selon la formule d'Alain Duhamel, est un bon « chien de berger », comme le surnomme pour sa part la journaliste Christine Clerc. Jospin obéit au moindre coup de sifflet de son maître, tape sur Rocard, menace Chevènement, embroche Marchais, certes, mais il est le seul à pouvoir dire à Mitterrand, en pleine réunion du Bureau exécutif : « Je pense que vous avez tort », sans que la terre s'effondre sous ses pieds.

Jospin est un soldat, pas un courtisan. Il n'aime pas courber l'échine ni attendre une caresse. Ce n'est pas un habitué de la rue de Bièvre où Mitterrand reçoit ses fidèles. Lui-même ne l'a jamais invité chez lui, rue Servandoni :

> « Mitterrand ajustait sa relation, le ton qu'il employait, en fonction de la personnalité de son interlocuteur. Avec moi, c'était : "Puisque tu veux rester à distance, je te garde à distance." Cela me convenait. Ainsi, je n'avais pas à subir les caprices de la possession. Nous étions politiquement très proches, mais à aucun moment cela n'a été plus loin. Il fallait, pour moi, une forme d'accommodation, mais je savais que cela me protégerait. Certains de ses collaborateurs

ont subi ce genre de caprices. Moi, jamais. Il pouvait être ironique à mon égard, se moquer un peu de mon côté protestant rigide. Il en jouait souvent, mais c'était un jeu. Il m'a profondément respecté en tant que personne. Et c'est ce qui m'importait. »

Il faut se méfier des apparences. Selon de nombreux observateurs, Mitterrand, le faux dilettante, l'homme des fugues chez les bouquinistes, le Florentin à l'œil langoureux, capable de toutes les fidélités mais aussi de toutes les désinvoltures, aurait une personnalité aux antipodes de celle de Jospin. En fait, les points communs entre les deux hommes sont plus nombreux qu'on ne le croit. Mitterrand est un grand timide ; Jospin aussi. Mitterrand peut parfois se laisser aller au sentimentalisme ; Jospin également. Mitterrand est un anxieux ; de même Jospin. Mitterrand aime cloisonner ses cercles d'amis ; Jospin pareillement.

Il y a bien sûr la famille, Élisabeth et les enfants, Hugo et Éva. Élisabeth Jospin entame alors une carrière de psycho-sociologue. Elle a obtenu un DESS de psychoclinique et se passionne pour la psychanalyse. Elle en suit une elle-même. Elle travaille comme assistante de recherche au Laboratoire de psychologie sociale de l'École des hautes études en sciences sociales, dirigé par Serge Moscovici, dans un hôtel particulier de la rue de Tournon, à deux pas de la rue Servandoni. Elle participe à l'élaboration d'un rapport de trois cent cinquante-quatre pages intitulé, *Systèmes de représentation du corps et groupes sociaux*, sous la direction de Denise Jodelet : une remarquable étude d'inspiration « bourdieusienne » sur le regard qu'on peut porter sur son propre corps selon la classe sociale à laquelle on appartient. Élisabeth n'est plus la *pasionaria* de la « nuit des barricades », mais elle garde une sensibilité à fleur de peau. Elle n'a rien de la bourgeoise installée, épouse du numéro deux du plus grand parti de France. Revêche à la « société du spectacle », elle n'a aucun goût pour les mondanités. Il lui arrive tout de même de faire des concessions et de se rendre par exemple à l'Olympia, à un spectacle d'Yves Montand, l'idole de son mari. Elle commence aussi à s'intéresser à la photographie. Quand, par exception, elle se rend à une fête du Parti socialiste, elle fait se tourner les têtes, car elle n'a rien perdu de sa beauté. Mais l'ambiance de franche camaraderie des pique-niques socialistes la laisse indifférente. Non, le PS n'est pas sa famille.

Lionel Jospin s'en accommode. Il fait partie de cette génération d'hommes pour qui la femme n'est pas un « pot de fleurs » qu'on exhibe dans des cérémonies officielles, pour la photo. Son vieux maître Boris Fraenkel ne lui a-t-il pas appris que la Révolution se fait aussi et d'abord dans les têtes ? En décembre 1972, dans *Le Poing et la Rose*, le journal du PS, n'a-t-il pas participé à la campagne « Décolonisez-vous ! Souscrivez pour la libération de la femme » ? Chez les Jospin, on applique les idées de Mai 68 : Lionel fait la vaisselle, accompagne les enfants à l'école. Résultat : l'appartement du quatrième étage de la rue Servandoni ressemble à un loft de jeunes étudiants. Les amis y débarquent sans crier gare. On improvise des repas sur le pouce, dans une ambiance bohème, anticonformiste. Le numéro deux du PS porte le tablier et cuisine au débotté des omelettes.

Parmi les invités les plus réguliers, Françoise Castro, la future femme de Laurent Fabius, qui travaille avec Jean Pronteau à l'ISER[1]. Inconditionnelle de Lionel Jospin, elle

1. Institut socialiste d'études et de recherches.

est devenue une amie intime d'Élisabeth. Il y a aussi l'inoxydable Jacques Valier avec qui Lionel joue toutes les semaines au tennis sur les courts du Sénat, dans les jardins du Luxembourg. Et puis ceux qu'on surnomme la « bande du 18e » : un groupe de potes, fidèles entre les fidèles, qu'il a constitué à l'occasion des élections municipales de 1977, mais surtout des législatives de mars 1978, quand François Mitterrand lui a fait comprendre qu'il était temps pour lui de se trouver enfin un fief électoral. Jospin est en effet rétif à jouer les laboureurs de circonscription. Il a bien tenté un parachutage douteux en Dordogne, quelques années plus tôt, mais le candidat local, heureusement pour lui, n'a pas cédé sa place : avec deux enfants en bas âge, Élisabeth n'avait aucune envie de faire la navette entre Paris et Bergerac. Lui-même, toujours directeur du département « gestion » de l'IUT de Sceaux, ne peut être non plus sur tous les fronts. Enfin et surtout, il est profondément parisien. Aussi, quand une ouverture se présente dans la capitale, n'hésite-t-il pas un seul instant. D'autant moins que la mission que lui confie Mitterrand ne consiste pas simplement à gagner un siège de député pour lui-même, mais à constituer une équipe mitterrandiste qui réduise l'hégémonie du CERES dans le nord de la capitale. Ainsi, dans le 18e arrondissement, la section socialiste est jugée chevènementiste : il faut normaliser ! Jospin n'a rien contre. Quand il débarque dans cet arrondissement qui fleure bon le Paris d'avant-guerre, avec ses quartiers aux noms de chansons – Ménilmontant, la Goutte d'Or, La Chapelle, Clignancourt, les Grandes Carrières, Montmartre… –, il ignore qu'il va y trouver ses futurs « grognards », ses plus indéfectibles soutiens : Daniel Vaillant, Bertrand Delanoë, Pierre Schapira, Claude Estier.

Lui qui a toujours refusé de créer son clan pour ne jamais verser dans la guerre des courants va constituer un « club de copains ». Avec Claude Estier, le plus mitterrandiste des mitterrandistes, fidèle de la Convention des institutions républicaines, le doyen du groupe, ravi de voir du sang frais envahir son territoire. Avec Daniel Vaillant, qui a démarré comme colleur d'affiches en 1967, le plus fin connaisseur du corps électoral de la section : infirmier à domicile, il a « piqué le cul de tous les électeurs et de toutes les électrices du quartier » ; l'homme est jovial et enjoué ; il ne craint pas de traîner près des zincs pour gagner quelques voix. Avec Bertrand Delanoë, jeune et fringant secrétaire de section, né à Bizerte, qui, à vingt-sept ans, arbore toujours une tête de premier communiant ; c'est le provincial de l'équipe. Il vient de Rodez, ce qui, allez savoir pourquoi, fait rire tout le monde. Enfin, avec Pierre Schapira, un dentiste natif de Boufari, ville algérienne où a été créée la boisson Orangina, sa grande fierté. Toujours disponible, ce dernier soigne autant le mal du pays que la rage de dents. Ces « mousquetaires » séduisent littéralement Jospin. Ils sont drôles, volubiles, ils aiment faire la fête et ont la fibre populaire. Ils ont une vision jubilatoire de la politique. Avec eux Jospin sillonne le Paris éternel, celui de Jean Renoir, mais aussi le Paris de la spéculation immobilière, des sans-logis, du chômage. Avec eux, il « fait » les cages d'escalier, participe au collage d'affiches, visite les épiciers de quartier, les artisans, les immigrés. Sa pudeur naturelle est mise à rude épreuve car, quoi qu'il dise, il reste un « intello ». La bande du 18e n'est pas dupe. On s'y moque un peu de lui, de sa retenue, du rouge qui éclaire ses joues quand une commerçante peu farouche lui « claque la bise ». L'idéologue est dans la rue. Il apprend.

CHAPITRE 16

L'ami américain

C'est un homme qui sourit tout le temps. De petite taille, toujours en mouvement, cet incorrigible optimiste tient en permanence dans sa main droite une boule de caoutchouc qu'il malaxe avec la régularité d'un métronome. Un gri-gri antistress. Ce New-Yorkais, né dans le Bronx en 1911 dans une famille ouvrière, est un personnage de John Le Carré. Tous les services spéciaux européens connaissent sa silhouette râblée, sa faconde légendaire, son goût pour les cigares et les plats en sauce. Irving Brown est le représentant en Europe de la toute-puissante centrale syndicale américaine AFL-CIO (American Federation of Labor-Committee for Industrial Organization) : 15 millions d'adhérents.

Sa carte de visite en dit long sur ses activités : à vingt ans, représentant syndical de l'industrie automobile, il négocie clandestinement, à Chicago, avec la Mafia, le « flingue » sur la table. Membre des services de renseignements de l'armée américaine durant la Seconde Guerre mondiale, il a pour mission de soutenir les syndicats européens dans la lutte contre le nazisme. Après l'armistice, en mai 1945, il se prétend trotskiste et poursuit sa tâche en Europe, mais, cette fois, l'ennemi est à Moscou ; les stratèges de Langley, siège de la CIA, ont découvert l'arme fatale contre le communisme, plus efficace que tous les honorables correspondants : l'action syndicale. En France, c'est Irving Brown qui a financé la création du syndicat Force ouvrière en 1948. Pendant la guerre d'Algérie, il soutient l'UGTA (Union générale des travailleurs algériens), proche du FLN, pour ne pas la laisser tomber entre les mains du Kominform. En 1955, il est interdit de séjour au Maroc par le secrétaire général du protectorat, un certain Maurice Papon[1]. Plus tard, il participera au financement du syndicat Solidarnosc en Pologne. Partout où il peut réduire l'influence communiste, Irving Brown surgit avec son large sourire, ses liasses de dollars et sa parfaite connaissance de l'histoire du mouvement ouvrier.

À la fin de 1981, ce bon vieil Irving, qui va fêter ses soixante-dix ans, se fait des cheveux blancs. Malgré son âge, il est toujours en service et vit à Paris, boulevard Arago. La situation politique française lui donne des cauchemars. Le 10 mai, François Mitterrand vient d'être élu président de la République avec 51,76 % des voix. Il met fin à vingt ans de règne gaulliste. Cette victoire inquiète outre-Atlantique. Que va faire le nouveau Président avec le PCF ? Certes, au premier tour, le Parti communiste n'a remporté que 15,5 % des voix : son plus mauvais score depuis le congrès de Tours. « La France a changé de peau : le PC n'est déjà plus qu'une réminiscence fantomatique et nostalgique, analyse Franz-Olivier Giesbert[2]. Il a cessé de faire peur, subitement. Il sent trop la tombe… » Certes, le

1. Cf. *Éminences grises*, de Roger Faligot et Rémi Kauffer, Fayard, 1992.
2. *Op. cit.*

candidat Mitterrand avait régulièrement émis des signaux en direction des Américains par l'intermédiaire de Roger Fajardie : « Je ne serai pas Salvador Allende, jamais je ne serai l'otage du PC ! » a-t-il assené. Irving Brown veut bien le croire, même si quatre ministres communistes : Charles Fiterman (Transports), Anicet Le Pors (Fonction publique), Jack Ralite (Santé), Marcel Rigout (Formation professionnelle) font leur entrée au gouvernement. Mais ce qui l'inquiète par-dessus tout, c'est la véhémence des nouveaux barons socialistes. Irving Brown suit avec effarement le congrès de Valence, du 23 au 25 octobre 1981. Il avait déjà craint le pire en lisant le projet « Pour la France socialiste des années quatre-vingt », présenté par Jean-Pierre Chevènement à la convention d'Alfortville, le 13 janvier 1980. Un pensum bolchevique approuvé chaleureusement par François Mitterrand. Irving Brown avait bien compris que ce texte « groucho-marxiste » n'était qu'une habile manœuvre pour isoler Michel Rocard de la base socialiste et l'éliminer, à terme, de la course à la candidature. Ce qui est fait à l'automne 1980. Et, à Valence, Rocard est au tapis. Ses partisans sont laminés. Il a obtenu un humiliant poste de ministre du Plan. Malgré cela, les lieutenants de Mitterrand jouent les procureurs léninistes, veulent « couper des têtes », purger le pays de ses fonctionnaires idéologiquement impurs…

Paul Quilès, qui a dirigé la campagne présidentielle, se montre le plus virulent, ce qui lui vaudra le surnom de « Robespaul » :

> « La naïveté serait de laisser en place des gens qui sont déterminés à saboter la politique voulue par les Français (recteurs, préfets, dirigeants d'entreprises nationales, hauts

fonctionnaires, etc.). Il ne faut pas dire : “Des têtes vont tomber”, comme Robespierre à la Convention, mais il faut dire lesquelles, et le dire rapidement ! »

Même le nouveau président de l’Assemblée nationale, Louis Mermaz, réputé pour son sens de la mesure et du compromis, y va de son couplet :

> « La droite est toujours présente au niveau du monde des affaires et des rouages de l’État. Cette droite, il faut la débusquer et la chasser des pouvoirs qu’elle exerce indûment ! »

Les dirigeants socialistes rejouent la révolution de 1917. Ils voient partout des complots à la chilienne, des putschs de généraux qui se profilent, des grèves de camionneurs sur le point de bloquer le pays. Ils s’imaginent à Santiago du temps de Salvador Allende. L’atmosphère, au PS, sent la poudre. Seuls Pierre Mauroy, le Premier ministre, et Jacques Delors, ministre des Finances, semblent avoir gardé leur sang-froid. Ils tentent de convaincre Mitterrand de freiner le programme des nationalisations et surtout de calmer les ardeurs de certains proches : Pierre Bérégovoy, secrétaire général de l’Élysée, Jacques Attali, conseiller spécial, et Laurent Fabius, ministre du Budget. Ces trois-là, qui n’ont pourtant aucun brevet de révolutionnaires, prônent la radicalisation. Marginalisé, Michel Rocard ne peut rien contre cette vague « rouge ». Il ne peut que constater que ses troupes ont été les premières victimes de la chasse aux sorcières. « Mes amis portent l’étoile jaune », lâche-t-il amèrement.

En dévorant les comptes rendus du congrès de Valence dans la presse, Irving Brown s’arrache les cheveux. Sont-ils devenus fous ? Les socialistes français jouent à se faire peur. Pourquoi Lionel Jospin, que Mitterrand a placé à la tête du parti, le 24 janvier 1981, au congrès de Créteil, ne bouge-t-il pas ? Le tout nouveau premier secrétaire serait-il dépassé par les événements ?

Au lendemain du congrès de Valence, on l'a entendu timidement prononcer cette étrange petite phrase : « Il faut être doux et utiliser sans défaillance la démocratie. » Il n'a donc pas hurlé avec les loups. En fait, Jospin paraît un peu dépassé par les événements. Après l'euphorie des premiers mois de pouvoir, les envolées lyriques, l'état de grâce, l'automne, comme chaque année, est revenu. Le « chien de berger » est à la tête du premier parti de France, mais c'est un parti déserté par ses cadres. Le PS a subi une véritable hémorragie de matière grise. Experts, économistes, scientifiques, les cerveaux de la « vague rose » ont investi les ministères. 500 d'entre eux ont déserté la maison mère. Lionel Jospin dirige une coquille vide.

Le « général de l'armée morte » s'est installé, rue de Solférino, dans le bureau de François Mitterrand. Il y évolue sur la pointe des pieds, sans oser toucher le moindre objet. Il a l'impression d'avoir pris ses quartiers dans un musée. Précautionneux ou superstitieux, il n'a même pas apporté une photo des siens. Grisé et comme tétanisé, lui aussi, par l'ampleur de l'événement, il peine à sortir de son rôle de gardien du temple. Comment se positionner entre l'Élysée et Matignon, entre un Mitterrand tout-puissant, quasi béatifié, et Pierre Mauroy, le socialiste bonhomme, qui s'inquiète déjà des dérives du pouvoir personnel ? Ce dernier s'est plaint auprès du chef de l'État d'étranges demandes d'écoutes téléphoniques venues de l'Élysée, que le Premier ministre doit avaliser. Selon Mauroy, elles n'ont strictement rien à voir avec la sécurité de l'État, mais violent la sphère privée. Quelques années plus tard, Edwy Plenel[1], dans *Le Monde*, révélera le scandale.

En ce début de septennat, Jospin cherche ses marques. « Ou bien François Mitterrand siffle, et j'accours, s'insurge-t-il ; ou bien je tonne, et Pierre Mauroy s'empresse. » Dans ce tohu-bohu, le premier secrétaire du PS adopte la stratégie du hérisson : il fait le gros dos et attend la fin de l'orage. Il se méfie des « barons » mitterrandiens qui n'ont toujours pas digéré sa nomination à la tête du PS. Notamment Pierre Joxe, l'homme qui l'a parrainé et qui le lui fait sentir à la moindre occasion. Avec Louis Mermaz et quelques autres, celui-ci est convaincu que Jospin n'est qu'un « intérimaire » choisi par François Mitterrand pour « son art d'obéir au doigt et à l'œil ». Mais il n'est pas l'héritier. Il n'est pas un « conventionnel » comme lui. Le député de Saône-et-Loire est devenu le tout-puissant président du groupe socialiste à l'Assemblée nationale, qui compte pas moins de 285 députés. Ses amis sont omniprésents dans la presse, et, au fond, il pèse bien plus lourd, au sein d'un parti d'élus, que Jospin, son « clone », qui se laisse enfermer dans un rôle d'apparatchik grisâtre. Le siège du parti ou le piège du « bunker » : Lionel Jospin sent immédiatement le danger. « Je ne serai pas un secrétaire administratif, menace-t-il. Si c'est ce qu'ils veulent, ils se trompent ! »

Irrité par ces ténors du PS qui veulent déjà l'« embaumer » rue de Solférino, il décide de poursuivre sa tâche de rénovation du parti. En militant consciencieux, le bon élève se remet à sa copie. N'est-ce pas la mission que

1. Cf. *La Part d'ombre*, Stock, 1992.

lui a confiée Mitterrand au congrès de Metz, en 1979 ? Il se répète les préceptes appris depuis l'adolescence : être « réglo », ne pas céder à la passion, rester au centre du centre, toujours ! On cherche à l'enfermer au siège du PS ? Il en ouvre grand les fenêtres. Il recrute une nouvelle équipe de conseillers autour d'Yves Lebas, son directeur de cabinet : universitaires, sociologues, économistes, comme Jean-François Dubos, Jean-Michel Charpin, Wenceslas Baudrillard, Jean-Martin Cohen-Solal, Dominique Strauss-Kahn. C'est Jean Pronteau qui présente ce dernier à Jospin. Le personnage est singulier : contrairement à tous ses congénères bardés de diplômes, il n'aspire à aucun poste dans les ministères. Son but : « œuvrer » pour le parti, qu'il faut moderniser au triple galop. Un peu ébahi, le premier secrétaire tombe sous le charme. « DSK » est passé par l'UEC avant d'adhérer au PS en 1976, mais il a le meilleur des sésames : l'onction de Pronteau. Cette filiation comptera beaucoup dans la relation de confiance entre les deux hommes.

Pour moderniser l'appareil, Jospin fait venir la joyeuse « bande du 18e » : Bertrand Delanoë, secrétaire aux fédérations, qui, pour faire « branché », communique avec les secrétaires fédéraux par vidéo-conférences ; Daniel Vaillant, Pierre Schapira, Alain Davezac et, un nouveau venu, Henri Pradeaux, qui occupe le poste de chef de cabinet. Enfin ses deux assistantes, Marie Lavarini et Nicole Baldet. Le « staff Jospin » est né. Même si le premier secrétaire pique une colère quand on lui parle de « clan », cette fois, c'est fait : il a une garde rapprochée qui ne le quittera plus.

Washington, 14 avril 1982. Installé à l'arrière d'une interminable Cadillac noire, sanglé dans un imperméable vert façon Chaban-Delmas, Lionel Jospin est visiblement ravi d'être là. Dans quelques minutes, il va pénétrer dans le luxueux building de l'AFL-CIO, en face de la Maison-Blanche. Le mastodonte syndical américain l'a invité pour un séjour de soixante-douze heures. C'est une grande première dans l'histoire du PS français : jamais aucun dirigeant socialiste français n'a été reçu dans cet immeuble géant, temple du mouvement ouvrier US, barré ce jour-là d'une immense banderole rouge et blanc en signe de soutien aux syndicalistes libres polonais. Irving Brown peut se frotter les mains : c'est lui qui, en toute discrétion, a organisé ce voyage et la rencontre au sommet entre Lionel Jospin et le président de l'AFL-CIO, Lane Kirkland, paniqué par la métamorphose du PS français. Le jeu de Mitterrand, la fameuse « stratégie du boa » destinée à étouffer le PC tout en le cajolant, lui paraît hautement dangereux. Lionel Jospin est donc là pour le rassurer.

Est-ce vraiment au titre de premier secrétaire du PS qu'on l'a convié à cet échange de vues exceptionnel entre le chef du syndicat américain et un homme politique français ? Ou bien n'est-ce pas en sa qualité de proche collaborateur de Pierre Lambert, ami intime d'Irving Brown ?

Lambert et Brown ? De vieilles connaissances. Ils ne dédaignent pas de partager leurs repas dans de grands restaurants parisiens, Chez Pierre ou Taillevent. Dans les milieux d'extrême gauche, le parrainage de l'OCI par les syndicalistes américains est un secret de polichinelle. En 1980, Pierre Broué, historien et trotskiste, est à Montréal pour un voyage d'études. Il souhaite ensuite se rendre à

Harvard, la célèbre université américaine, mais se voit refuser son visa. Voulant en avoir le cœur net, il se rend au consulat américain de Montréal où le consul lui présente alors son « dossier ». Cette liasse de documents, énorme, passe au crible toute sa vie. La CIA a suivi régulièrement l'activité du militant de l'OCI. Patrick Diérich confirme lui aussi avoir été « débriefé » par un agent des services spéciaux américains à l'ambassade des États-Unis à Paris. On lui a montré un dossier d'une extraordinaire précision sur ses activités en France. Ainsi, de nombreux militants de l'OCI eurent le sentiment d'être, sans le savoir, des indicateurs de la CIA dans la lutte acharnée qu'elle a menée parallèlement contre le communisme. Quant à Irving Brown, non seulement il soutient financièrement les lambertistes, mais il connaît l'organisation trotskiste sur le bout des doigts. Il suit les militants prometteurs. Comme le président de l'UNEF-Indépendante, Jean-Christophe Cambadelis, membre du Bureau politique de l'OCI, considéré comme le dauphin de Lambert, qu'il invitera à déjeuner dans un restaurant de Vincennes en 1983. Le jeune homme, dont le « blaze » est « Kostas », en hommage au philosophe Kostas Axelos, est séduit par le rire ravageur et la culture politique d'Irving Brown. Ils se reverront souvent.

Irving Brown a voulu tester l'antistalinisme du leader étudiant pour l'intégrer dans ses « fiches ». Que dit celle de « Kostas » ? Qu'en novembre 1980 le jeune homme a participé à un déjeuner confidentiel dans une arrière-salle du restaurant le Petit Riche, avec Pierre Lambert et Pierre Bérégovoy, émissaire de Mitterrand. Au menu de cette rencontre clandestine : le soutien du mouvement étudiant au candidat de la gauche unie. Entre la poire et le fromage,

Bérégovoy propose même à Jean-Christophe Cambadelis de lui faire des suggestions concernant les nécessaires réformes de l'enseignement supérieur. Elles seront reprises intégralement, presque mot pour mot, par le candidat dans son programme. Ainsi le jeune « Kostas » a servi de pigiste clandestin à François Mitterrand. Ce qui ne choque ni Pierre Bérégovoy ni Pierre Lambert : les deux hommes se rendent des services depuis plus de dix ans. Ils se tutoient et s'apprécient. Ce jour-là, Bérégovoy propose même à Lambert un poste de conseiller de François Mitterrand :

« Maintenant que ton groupe est puissant, pourquoi ne viendrais-tu pas au PS ? Tu rentrerais tout de suite au Comité directeur...

– Tu sais, Pierre, que je n'ai jamais prisé l'action parlementaire. Pour moi, le PS est un parti d'élus. Non, ce n'est pas mon truc...

– Réfléchis, car cette fois, nous avons de grandes chances de gagner. »

Pierre Lambert décline donc l'offre. Il préfère rester chef de bande dans son quartier que « valet de chambre chez le tsar ». Pour l'heure, cette position de « satellite » de la social-démocratie lui convient parfaitement. À la fin du repas, après avoir pris congé de Bérégovoy, il glisse à Cambadelis :

« Nous allons faire un rapport succinct au Bureau politique. Pas la peine d'être trop précis : les copains ne comprendraient pas... »

Quinze jours plus tard, Bérégovoy rappelle, affolé. Il veut voir Lambert de toute urgence. Ce dernier, flatté de tant d'attentions, hésite et finit par envoyer Marc Gaucquelin, dit « Lacaze », et Cambadelis au deuxième rendez-vous avec « Béré », dans un restaurant chinois situé derrière la rue de Solférino et où l'on mange, selon le collaborateur de Mitterrand, les meilleurs crevettes de Paris. Là, les camarades trotskistes sont abasourdis : « Béré » leur annonce l'imminence d'une intervention russe en Pologne. À gauche, c'est la panique : si les chars soviétiques entrent dans Varsovie, patatras, l'Union de la gauche s'effondrera comme un château de cartes. Il demande très sérieusement :

« Dans cette hypothèse, allez-vous déclencher là-bas un processus du type de la guerre d'Espagne ? »

En d'autres termes, Pierre Bérégovoy pose au leader trotskiste la question : allez-vous envoyer des Brigades internationales à Varsovie pour y défendre la liberté ?

L'émissaire de Mitterrand est inquiet. À l'Élysée, on craint même un coup d'État à la chilienne : une grande grève des transporteurs, la pénurie générale organisée, puis une intervention de l'armée pour remettre le pays en marche. Ce scénario est bel et bien envisagé. C'est dans ce climat que se tient le congrès de Valence. Certains dirigeants du parti pensent alors qu'il faut montrer sa détermination, faire preuve d'autorité, ne pas avoir peur de jouer les Robespierre. Des commentateurs de l'opposition en sont à parler de la « Terreur de Valence ». Lionel Jospin, lui, a laissé vociférer les Saint-Just. À ses proches qui ne sont pas encore des « partisans », il répète comme un leitmotiv : « Pas de passion, pas d'affect… » Il ne faut surtout pas retomber dans les pratiques de la SFIO : dans les congrès de la vieille maison socialiste, les orateurs se prenaient pour Lénine au cours d'interminables envolées lyriques, puis rentraient dans leur circonscription enfiler leur costume de bon notable…

À Lane Kirkland, dans le grand bureau qui fait face à la Maison-Blanche, en ce jour de printemps 1982, Jospin ne dit rien d'autre. Il rassure son hôte. Le congrès de Valence n'a été qu'une inoffensive poussée de fièvre. Il ne faut pas se fier aux effets de tribune. Les réformes se feront « à l'intérieur du cadre capitaliste ». Dans un anglais impeccable, il conclut : *« Don't worry, it's a special kind of socialism... »*

CHAPITRE 17

La stratégie du cavalier

« La griserie est terminée et, avec elle, une certaine naïveté, voire une certaine fanfaronnade. » Le 30 mars 1982, devant le groupe socialiste, à l'Assemblée nationale, Lionel Jospin vient de siffler la fin de la récréation. On le croyait timoré, simple godillot du Président, « majordome » de la maison socialiste ? Il bat le rappel des troupes avec la détermination d'un chef de guerre. Le premier secrétaire n'est pas une potiche, il tient à le faire savoir à tous ceux qui le traitent encore d'« intérimaire ». La preuve ? Bien avant que les conseillers de Mitterrand optent pour une politique de rigueur économique, c'est lui qui tire la sonnette d'alarme et exhorte les camarades à ne plus rêver. Après une première année de pouvoir trop « dépensière », il propose déjà une « voie moyenne », le « juste milieu » – des mots que les socialistes n'ont plus entendus depuis des lustres.

La raison de ce revirement : durant les premiers mois de 1982, les indicateurs économiques sont passés au rouge. Le chômage et l'inflation ne sont pas maîtrisés, comme l'espéraient les défenseurs de la relance par la consommation populaire. De leur côté, Pierre Mauroy, Premier ministre, et Jacques Delors, ministre de l'Économie et des Finances, font le siège de François Mitterrand pour qu'il évolue dans le sens d'une politique plus libérale. Ancien professeur d'économie – il a quitté l'IUT de Sceaux dès sa désignation à la tête du PS –, le premier secrétaire penche plutôt dans leur sens, mais il a une obsession : éviter les turbulences au sein du parti et tenir le cap jusqu'aux élections municipales de mars 1983. Celles-ci s'annoncent difficiles pour la gauche. Les sondages ne lui sont pas favorables. Il faut absolument rassurer l'opinion. Après sa déroute, la droite sort doucement du coma et redevient combative, voire agressive. Les thèmes de la sécurité et de l'émigration sont exploités par elle à la moindre occasion. Les policiers viennent manifester place Vendôme sous les fenêtres du ministre de la Justice, Robert Badinter, père de l'abolition de la peine de mort. Face à cette opposition requinquée, Lionel Jospin doit impérativement galvaniser ses troupes, les remettre en mouvement. Attitude politique, mais aussi calcul personnel : il joue là son fauteuil de premier secrétaire. Pas question pour lui de végéter dans le rôle. Pour durer à ce poste, il doit ne pas donner de prise à ses adversaires, secrets ou déclarés.

Les premières salves viennent de Matignon : Pierre Mauroy, persuadé que son temps rue de Varenne est compté, ne cache pas son intention de reprendre les rênes du parti dans la perspective de la présidentielle de 1988, déjà ! Autre prétendant au poste : Michel Rocard. Comme la droite, le maire de Conflans recouvre des forces. Il réorganise son courant et laisse un de ses lieutenants, Alain Richard, monter au front. Rocard s'est mis « en réserve » du parti. Il fait le chat, persuadé que la « révolutionnite » des mitterrandistes les conduit tout droit au précipice. Enfin, dans la catégorie des « ennemis sournois », il y a Pierre Joxe : devenu arrogant, un peu amer, il multiplie les démonstrations de force à la tête du groupe socialiste. Il se permet même de mener la première fronde contre Mitterrand dans l'affaire de l'amnistie des généraux félons d'Algérie. Il raconte :

> « J'étais à New York. Un mardi, Courrière, le secrétaire d'État aux Anciens Combattants, débarque à l'Assemblée et présente son projet de loi d'amnistie. Jospin n'est pas d'accord, il le fait savoir, mais, finalement, les députés adoptent le texte avec un petit malaise. Quand je rentre la semaine suivante, tout est acté, je suis piégé. Mais, à la réunion du groupe, je fais part de ma fureur. Je prends rendez-vous avec Mitterrand, je lui annonce que je ne voterai pas la loi et que je vais quitter le Parlement. Je voulais démissionner. Mon père m'en a empêché. Vous vous rendez compte : les types qu'on amnistiait avaient tenté d'assassiner mon propre père ! Je ne pouvais pas l'accepter. »

Lionel Jospin, en souvenir de Mohamed Khemisti et de tant d'autres, a lui aussi tenté de s'opposer à la manœuvre du Président, mais mollement. Il faut parfois savoir remiser ses convictions au fond de sa poche. Après tout, Joxe ne l'a-t-il pas tenu éloigné du groupe socialiste ? Qu'il se débrouille ! En fait, le premier secrétaire n'est pas fâché de voir le député de Saône-et-Loire défier en première ligne le locataire de l'Élysée.

Jospin-Joxe : la rivalité entre les deux « jumeaux » est désormais patente. Pierre Joxe n'est plus le gentil parrain. On dit qu'il constitue lui aussi son réseau dans l'appareil socialiste et ambitionne les plus hautes responsabilités. En tout cas, il bat froid à Lionel Jospin : il le considère en somme comme un usurpateur. Il n'a pas digéré la petite phrase de Mitterrand dans son livre *Ici et Maintenant*[1], à propos de son éventuel successeur à l'Élysée à l'issue de son propre septennat : « Lionel Jospin ? Il est en situation. » Joxe n'en finit pas de regretter le moment où il a offert son poste de secrétaire national à la formation, en 1973, au « freluquet trotskisant ». Dix ans plus tard, la « doublure » l'a doublé. Pas une fois Lionel Jospin ne l'a remercié. « Il n'aime pas devoir, confie l'un de ses proches. Encore moins qu'on le lui fasse sentir. » Ce qui agace Joxe par-dessus tout, c'est la méthode Jospin : il anticipe les événements sans en avoir l'air. Ainsi de la rigueur : sans jamais affronter le Président, il a déjà préparé les cadres du parti à ce qu'on va appeler, en 1983, la « parenthèse ».

Dès le 22 mai 1982, à la conférence nationale des sections d'entreprise du PS, il annonce à mots feutrés la nécessité d'un « infléchissement » de la hausse des salaires. Il faut donner aux patrons des signes prouvant que la gauche n'est pas tout à fait irresponsable. À doses homéopathiques, il fait avaler la pilule du « virage à droite », prépare le terrain, sonde l'électorat. Il joue sa partition en parfaite harmonie avec François Mitterrand qu'il voit au moins deux fois par semaine : le mardi matin, au cours d'un petit déjeuner en tête à tête, et le jeudi, dans le cadre de la réunion hebdomadaire avec les « éléphants » (les chefs de courant) du PS. Et chaque fois qu'il est nécessaire, quand une

1. *Ici et Maintenant*, conversations avec Guy Claisse, directeur de la rédaction du *Matin de Paris*, publié chez Fayard à l'automne 1980, donc avant la présidentielle de mai 1981.

décision pose problème par rapport à la ligne du parti, le Président le consulte par téléphone. Il déclare ainsi à Pierre Bérégovoy, secrétaire général de l'Élysée : « Surtout, prévenez Jospin. Celui-là, avec son caractère… »

Ah, le caractère de Lionel ! Orgueilleux et tenace, blagueur ou soupe au lait, renfrogné ou « déconneur », jovial ou glacial, janséniste ou libertaire : ses humeurs varient au gré des circonstances. Un match de tennis perdu contre Jacques Valier ou Pierre Schapira, et le premier secrétaire sera tout bougon pour la journée. Un dossier mal ficelé par un de ses collaborateurs ? Le voilà tendu pendant des heures jusqu'à l'explosion.

> « C'est un homme qui veut être toujours maître de ses réactions, souligne Yves Lebas, son collaborateur et ami. Il est dans le contrôle. Il veut avoir la maîtrise de sa vie. Et, en même temps, sa culture protestante lui dit qu'il faut faire ce qu'on doit, là où on est[1]. »

En fait, derrière le masque du petit prof pète-sec se cache un grand affectif. En 1979, au cours d'un voyage à Madrid où il participe à une conférence sur les problèmes de sécurité, au cours d'une soirée dans un *tablao*, un bar flamenco, ses collaborateurs, abasourdis et gênés, remarquent un Jospin en larmes. Il a littéralement craqué au spectacle d'une gitane dont la voix plaintive et rocailleuse semblait sortir des entrailles de la terre. Dans l'obscurité, croyant ne pas être remarqué, il s'est laissé aller à son émotion. Fait rarissime.

6 mars 1983, vers 21 heures : dans la vénérable salle de la section socialiste du 18e arrondissement, rue de Trétaigne,

---

1. Entretien avec l'auteur.

dont les murs rappellent furieusement la vieille SFIO, les visages sont consternés. Daniel Vaillant, le manieur de seringues devenu militant, a sa tête des mauvais jours. Pour lui et toute la bande du 18ᵉ, ces élections municipales constituaient un bon test pour s'assurer de la popularité du « patron ». Dans cet arrondissement populaire, Lionel Jospin affrontait le bras droit de Jacques Chirac, Alain Juppé. Il est battu. Daniel Vaillant en est d'autant plus surpris qu'il a le sentiment que l'équipe a fait une bonne campagne. Lionel, en grande forme, s'est dépensé sans compter. À la Chapelle ou à la Goutte d'Or, à Pigalle ou à Montmartre, on s'est familiarisé avec la silhouette dégingandée du leader socialiste, avec son style simple mais distant. Il n'a pas la tape dans le dos facile, ne trinque pas à tout bout de champ, ne s'esclaffe pas à la moindre boutade du boucher ou de la crémière. Mais il est respectueux, attentif. Il ne promet pas la lune. Il n'est ni paternaliste ni clientéliste. Jospin, c'est l'anti-Chirac. En 1981, il a été élu député grâce au retrait de Daniel Vaillant qui avait été pressenti par la section : le genre de geste qui ne s'oublie pas dans une carrière politique. Le « piqueur de fesses » lui a ouvert toutes les portes, toutes les cages d'escalier. Cette fois, il espérait bien empêcher le maire de Paris de faire le « Grand Chelem ». Mais les électeurs en ont décidé autrement : Jacques Chirac est réélu et ses têtes de liste l'emportent dans les vingt arrondissements de la capitale. Ce revers n'est pas catastrophique pour Lionel Jospin. Il ne fait qu'écorner l'image de « gagneur » qu'il est en train de se modeler. Pas de quoi gâcher l'été : il peut partir en vacances avec Élisabeth et les enfants.

Il file à Eygalières, dans les Bouches-du-Rhône, chez ses amis Richard et Christiane Moatti. C'est Pierre Schapira qui lui a présenté cet homme d'affaires chaleureux, d'une générosité toute méridionale. Dans sa somptueuse propriété, le Mas de l'Avocat, avec piscine et court de tennis, il reçoit régulièrement certains de ses camarades socialistes. Richard Moatti est membre du Comité directeur du PS depuis 1979. Proche de Georges Dayan, le meilleur ami de Mitterrand, il a commencé à militer dans le Gard quelques années auparavant. Né à Alger en 1941, jovial, toujours disponible pour les copains, Moatti accueille le premier secrétaire comme un frère. D'ailleurs, leurs mères ne portent-elles pas le même prénom : Mireille ? Il l'installe dans une dépendance de la propriété où Lionel et Élisabeth ont leur chambre réservée, la « Chambre verte ». Bertand Delanoë et Alain Davezac les rejoignent, ainsi que Michel Pezet, président du conseil régional Provence-Alpes-Côte d'Azur et premier secrétaire de la fédération des Bouches-du-Rhône. Celui que les Marseillais surnomment le « fils adoptif » de Gaston Defferre et d'Edmonde Charles-Roux est un homme politique fort courtisé par Paris. Logique : il est à la tête d'une des plus grosses fédérations PS de France avec celle du Nord : 14 000 adhérents déclarés, 601 mandats pour les congrès nationaux. Michel Pezet est chez les socialistes ce qu'on appelle un « faiseur de roi », comme l'était Gaston Defferre avant de lui céder les clés de la fédération en 1979.

Pezet possède une ferme à quelques kilomètres de chez son ami Richard Moatti, à Pertuis, où il invite Lionel Jospin et ses proches. Là, on évoque les municipales de mars, les pertes de grandes villes comme Nantes, Grenoble, Brest, Reims ; et forcément le cas de Marseille où Gaston Defferre, ministre de l'Intérieur et de la Décentralisation, a échappé de justesse à la guillotine. Il n'a gagné que d'un cheveu devant Jean-Claude Gaudin, surnommé sur le Vieux-Port « Lou Tambourinaïre ». Au lendemain de ces élections, Mitterrand a songé, l'espace de quelques jours, à changer de Premier ministre. Depuis, Pierre Mauroy gouverne avec cette épée de Damoclès au-dessus de la tête. On a cité le nom de Pierre Bérégovoy pour le remplacer. Dans ce climat d'incertitude, la gauche a le *blues*...

À Eygalières, Richard Moatti et ses convives abordent la préparation du congrès de Bourg-en-Bresse qui doit avoir lieu à la rentrée, en octobre. Avocat, fou de Mozart et de Bach, Michel Pezet a l'étoffe d'un ministre de la Culture. Fin, de petite taille, il impressionne par son érudition dans le domaine de l'opéra et en littérature anglaise. C'est surtout un « animal politique » formé à la dure loi du milieu marseillais. Contrairement aux apparences, tout le contraire d'un tendre. Entre Lionel Jospin et « le Petit », comme l'appelle Gaston qui n'a jamais eu d'enfant, une amitié est en train de naître. Certes, elle pèse plus de 600 mandats, mais elle n'en est pas moins authentique. Avec lui, Lionel rêve de bâtir un grand Parti socialiste sur le modèle du SPD allemand avec ses 850 000 adhérents : un parti de masse qui permettrait de gouverner sans les communistes. Un projet sur dix ans. Michel Pezet approuve : il n'a jamais été un farouche partisan du Programme commun. Il l'a même dit dès 1975 à Mitterrand qui, depuis lors, le soupçonne d'être rocardien !

Dans cette ambiance provençale, entre le chant des cigales et le vin rosé de Bandol, Pezet tombe sous le charme de Lionel Jospin. Il apprécie son ton franc, loyal, direct. Pour lui, pas de doute : avec celui-là, le temps du lyrisme échevelé, des discours fleuris de la SFIO est révolu. Lionel Jospin peut passer un été tranquille : il aura les voix de Marseille. Entre un match de tennis, une balade au marché de Saint-Rémy-de-Provence et une merguez-partie, il « bosse » – traduisez : il fait de la politique.

Au congrès de Bourg-en-Bresse, le 30 octobre 1983, le premier secrétaire du PS est réélu dans un fauteuil. Événement exceptionnel : les débats au sein de la commission des résolutions n'ont duré que neuf heures. Un record de brièveté. Dans la liturgie des congrès socialistes, la réunion de cette commission – au sein de laquelle s'affrontent les différentes motions, et où se marchandent les postes pour chaque courant – est la Grand'Messe. Cérémonie incantatoire, lieu de défoulement, on y règle des comptes personnels, on fait des interventions à la Fidel Castro, on coupe la « poire en douze ». Cette fois, l'« intérimaire » a imposé sa méthode, celle du cavalier ; pour gagner, il faut « galoper au centre de la piste, là où la terre est dure ». Les grincheux se plaignent : « Jospin a verrouillé le parti. Sa démocratie est celle du rouleau compresseur. » Ses amis exultent : ils ont un vrai leader, en route vers Matignon. La motion Jospin est adoptée à l'unanimité.

Dans la presse, on parle d'« OPA sur le parti[1] ». Fini, le Petit Chose. Le PS, c'est lui.

Dans un entretien-fleuve accordé aux journalistes du *Monde* Jean-Louis Andréani, Jean-Marie Colombani et

1. *Le Quotidien de Paris*, mardi 1er novembre 1983.

Philippe Labarde[1], le vainqueur de Bourg-en-Bresse dévoile ses ambitions et endosse le costume de Premier ministrable. Il précise ses positions sur le rôle de l'État, le libéralisme, la montée de l'individualisme, la nécessité d'un PS fort. Dans cette interview historique, il procède, mine de rien, à une sorte de Bad-Godesberg[2] à lui tout seul. À quarante-six ans, le « disciple » est convaincu que Mitterrand, à qui il n'a jamais fait défaut, va très vite l'appeler à Matignon. Ce n'est plus qu'une question de jours. À plusieurs reprises, le Président lui a laissé entendre que son heure était proche, qu'il fallait rajeunir le gouvernement. Qui, mieux que lui, pourrait prétendre à la succession de Pierre Mauroy ? Quand les journalistes du *Monde* l'interrogent sur l'idéologie socialiste ou ce qu'il en reste, il répond :

> « Ni Dieu dans le ciel de la morale, ni Marx dans le ciel des idées ne sont là pour rendre des arrêts contre nous. Sur la terre de la démocratie, seul le peuple s'exprime par l'élection. Il ne réprouve ni ne sanctifie. »

Amen !

1. *Le Monde*, 23 et 24 octobre 1983.
2. En 1959, au congrès de Bad-Godesberg, la social-démocratie allemande a rompu officiellement avec le marxisme.

CHAPITRE 18

Duel au Luxembourg

Il a l'allure placide des hommes que rien ne saurait déranger. La démarche ne varie pas : longue et fluide, presque féline. Jamais ses lèvres ne tressaillent. Jamais il ne s'emporte. Les événements glissent sur lui comme l'eau sur le rocher. Laurent Fabius a le flegme et l'assurance des jeunes gens bien nés. Pourtant, malgré ses costumes fil-à-fil, ses chemises à rayures roses, son *look* de financier de la City, il aimerait tellement faire peuple ! Aux militants socialistes qui voient en lui un clone de Giscard, voire une « taupe » de la droite, il clame qu'il a des goûts tout ce qu'il y a d'ordinaire. Il aime « aller au cinéma », « manger un morceau » avec les amis, blaguer, quoi. Il est simple, lisse comme une boule de billard. En réponse au questionnaire de Proust, son animal préféré est le moineau. Ses rivaux ne manquent jamais une occasion d'évoquer l'origine de sa fortune : en 1974, son père, André Fabius, antiquaire réputé et grand collectionneur parisien, vend à la National Tate Gallery le fameux tableau *Madeleine*, de Georges de La Tour, pour 10 millions de francs. À l'issue de la transaction, le père fait don de 2 millions à chacun de ses trois enfants, dont le plus jeune, Laurent, né le 20 août 1946. À vingt-huit ans, le fils d'antiquaire peut ainsi s'acheter un appartement de 155 mètres carrés, avec chambre de bonne, au sixième étage d'un immeuble de la place du Panthéon. Dans les réunions de section, quand on lui demande le métier de son père, il répond : « brocanteur ». Mais il ne trompe personne. Pour la plupart des lieutenants de François Mitterrand, Fabius navigue en socialisme sous pavillon de complaisance.

Pourtant, son parcours n'est pas si éloigné de celui de Lionel Jospin. Il a adhéré au PS en 1974 et, comme le premier secrétaire, il a été « aspiré » dans l'état-major de Mitterrand en quelques mois. La trajectoire de la « fusée Fabius » ? Normale Sup, agrégation de lettres modernes, École nationale d'administration, auditeur au Conseil d'État à vingt-six ans, chef, puis directeur de cabinet de François Mitterrand à vingt-huit, député à trente et un, ministre de l'Industrie à trente-quatre. Le premier de la classe est un sprinter. Grand spécialiste de la littérature française de la première moitié du XXe siècle, il connaît l'œuvre de Pierre Drieu La Rochelle sur le bout des doigts. De quoi ravir le Mitterrand dévoreur de livres, plus porté sur l'œuvre de Chardonne ou de Morand que sur celle de Sartre ou d'Aragon.

Entre les deux hommes, la relation dépasse largement le champ politique. François Mitterrand a de l'affection pour ce « fils indigne » du socialisme. Ne se revoit-il pas lui-même, vingt ans plus tôt, suspecté, jamais vraiment accepté par les gardiens du temple de la maison de Jaurès et de Léon Blum ? N'a-t-il pas été lui aussi un paria, un pestiféré de la SFIO ? En outre, Fabius agit à son égard comme un miroir : il le singe en tout, imite sa voix, ses mouvements de lèvres, ses haussements d'épaules, et jusqu'à sa manière ecclésiastique de ramener ses mains l'une sur l'autre. Fabius, pour Mitterrand, est comme une cure de jouvence, le vivant rappel de ses débuts. N'est-il pas, comme le jeune avocat charentais de jadis, un dandy moderne, amoureux des femmes, grand séducteur ? Le Tout-Paris se souvient de l'idylle de Fabius avec la comédienne Élisabeth Huppert, au début des années soixante-dix. Un de ses condisciples de l'ENA raconte à Bertrand Le Gendre et Edwy Plenel, dans *Le Monde* :

> « C'était un couple fitzgéraldien. Lui, un peu dandy, fantaisiste et dragueur. Elle, provocante en mini-jupe et manteau de fourrure. Entre eux, c'était sportif[1] ! »

Les premières années, Lionel Jospin observe l'ascension du jeune prodige sans méfiance. Entre eux une relation d'amitié se noue, précédée par celle de leurs deux femmes. Françoise Fabius et Élisabeth Jospin ont un point commun : elles exercent toutes deux la profession de psycho-sociologue. Françoise, militante socialiste, est plus tournée vers les sciences de la communication ; Élisabeth penche pour la psychanalyse. Ce sont de « bonnes copines ». Avant de connaître son mari, Françoise, née Castro, a travaillé plusieurs années à l'ISER[2], aux côtés de Jean Pronteau à qui elle voue une admiration sans bornes. Au fil des réunions, disciple du théoricien du PS, elle croise de plus en plus souvent Lionel Jospin au 7 *bis*, place du Palais-Bourbon, nouveau siège du parti, et apprécie en lui la « bête politique ». Elle en est même une « groupie », et ne le cache pas. Elle part en vacances avec les Jospin en Provence en

1. *Le Monde* du 26 octobre 1985.
2. Voir *supra*, p. 173.

1978, passe de nombreuses soirées pique-niques rue Servandoni, accompagnée d'Yves Lebas et d'Alain Chenal, les deux plus proches collaborateurs de Lionel. Elle fait alors partie du « clan ». Volubile, enthousiaste, passionnée, cette Méditerranéenne brune et toujours bronzée est tout le contraire d'Élisabeth, plus réservée, presque timide. Quand Laurent Fabius apparaît dans le paysage, à la fin des années soixante-dix, les deux couples dînent régulièrement et vont au cinéma ensemble. Ils n'habitent qu'à quelques centaines de mètres l'un de l'autre, près du jardin du Luxembourg.

Tout logiquement, Françoise Fabius a un nouveau favori en politique : son propre mari. C'est Mitterrand qui les a fait se rencontrer au parti : le Président prétend même avoir joué les entremetteurs. Il dira à ses proches, avec une fierté de parrain sicilien : « Celui-là, je l'ai bien marié, hein ? » Le patriarche de l'Élysée considère la famille Fabius comme sa propre couvée. Mais Lionel Jospin n'est pas inquiet : il est convaincu d'avoir plusieurs longueurs d'avance sur son cadet. Fabius ? Un caprice de « Tonton ». Pour le premier secrétaire du PS, Laurent Fabius a plus l'étoffe d'un grand commis de l'État que celle d'un homme politique. Il n'a pas le *cursus* : en d'autres termes, il n'a pas ferraillé dans les arrière-salles du PS pendant des années pour être crédible. Fabius le « fonctionnaire » ne constitue donc pas un danger.

> « La politique, précise-t-il aux journalistes Florence Muracciole et Gérard Leclerc, c'est ma langue maternelle, dont j'ai ensuite longuement, par la pratique, parfait la connaissance. Laurent Fabius, lui, l'a apprise comme une langue étrangère[1]... »

1. *Lionel Jospin. L'héritier rebelle*, *op. cit.*

Ce 8 juillet 1984, Lionel Jospin est à Latché, dans la bergerie landaise du Président. Il a été appelé en catastrophe pour un entretien ultrasecret. François Mitterrand est accompagné de son plus proche conseiller, Michel Charasse. La situation est sérieuse : le 24 juin dernier, une manifestation monstre de 2 millions de personnes, en faveur de l'école privée, a envahi Paris. Un raz de marée au parfum de « Mai 68 en négatif ». Le pouvoir se sent menacé. La droite a réussi à mobiliser comme jamais contre le projet de loi Savary, ministre de l'Éducation nationale. En lançant cette loi, Mitterrand n'a fait qu'appliquer le programme de 1981 sur lequel il a été élu. Parmi les fameuses 110 propositions énumérées durant sa campagne, la proposition 90 stipulait : « Un grand service public, unifié et laïque de l'Éducation nationale sera constitué. » Au départ, le calcul présidentiel est simple : il relance la proposition 90 pour allumer un contre-feu face au mécontentement suscité par la politique de rigueur décidée en 1983. Il s'agit de calmer la fureur de la gauche du PS contre le « virage à droite » du tandem Mauroy-Delors. En faisant des concessions aux laïques contre l'avis d'Alain Savary lui-même, Mitterrand croit bien faire. Mais le tacticien se prend les pieds dans le tapis : sa manœuvre est un fiasco absolu. Il lui faut sortir de ce piège au plus vite.

Pour Lionel Jospin, la confiance que lui accorde Mitterrand est un signe. Sa convocation à Latché a des arômes d'Annonciation. Le gouvernement Mauroy est à bout de souffle. Les rumeurs de démission du maire de Lille se font de plus en plus précises. Le Président a fait venir

Jospin pour l'informer de sa prochaine nomination, il en est sûr. Rien de plus logique : depuis le début de l'année, le premier secrétaire du PS, pourtant fils d'instituteur, a prévenu à plusieurs reprises François Mitterrand des dangers de la loi Savary. À Latché, il est donc convaincu que le choix du Président s'est porté sur lui. Voici ce qu'en dit Michel Charasse[1] :

> « Mitterrand m'entraîne dans une promenade en forêt. Il est très inquiet sur l'affaire de l'école. Nous élaborons l'idée du retrait du projet de loi et du référendum sur le référendum. Il me dit : “Je pars lundi en Israël et en Jordanie, je fais une escale au Caire où je dois déjeuner avec Moubarak. Venez me rejoindre pour préparer tout cela. Nous travaillerons dans l'avion du retour. Maintenant, Jospin va arriver. S'il est réceptif, on lui raconte. Sinon, on ne lui dit rien.” Jospin arrive, Mitterrand aborde la question de l'école en utilisant une image : “Quand on est encerclé, il faut faire une percée. On va perdre une partie des troupes, mais c'est la seule manière de s'en sortir.” Jospin est d'accord sur le principe. Alors Mitterrand lui raconte tout. Je me souviens de ce jour, c'était mon anniversaire. Le lendemain, 9 juillet, je travaille à l'Élysée sur le dossier, puis je pars au Caire. Au retour, Mitterrand annonce à Jean-Louis Bianco qu'il parlera au JT de 20 heures, le lendemain. Il faut préparer le studio. Et, surtout, l'allocution du Président. Nous nous installons alors dans le bureau de Jean-Claude Colliard avec Mitterrand et Jospin qui nous a rejoints par l'entrée arrière de l'Élysée. À la fin de cette séance de travail, Jospin s'éclipse discrètement. Pendant quatre jours, il est resté dans le secret du Président sans vendre la mèche... »

1. Entretien avec l'auteur.

Jospin à Matignon ? Durant ces journées de braise, le Président ne lui en souffle mot. Comme à son habitude, il joue à cache-cache. Pourtant, s'il veut donner de la gauche une image rajeunie, ouverte, pragmatique, Lionel Jospin n'est-il pas le mieux placé ? Depuis plusieurs mois, le jeune leader socialiste fait des efforts pour soigner son image. Il s'est attaché les services du publicitaire Claude Marti qui l'a un peu « relooké ». Il porte enfin des costumes bien taillés, qui ne donnent pas l'impression qu'il a les épaules tombantes ou les bras trop longs. Il s'est débarrassé de ses lunettes de prof de fac au profit de montures plus fines, pour mieux éclairer son visage. Il se met à sourire, il paraît moins crispé. Aux élections européennes de juin 1984 où il est tête de liste du PS, la presse a salué la naissance d'un nouveau Jospin, plus *cool*, plus ouvert. L'apparatchik cède la place à un « mec sympa ». Au cours de la campagne, on a même découvert un gentleman : au cours d'un débat télévisé l'opposant à Simone Veil, tête de liste de la droite, alors que celle-ci s'embrouillait dans la recherche de chiffres qu'elle avait égarés, Lionel Jospin l'a sauvée du désastre en relançant la conversation. Ce geste chevaleresque aura été loué par tous les observateurs. Le 17 juin au soir, malgré une très bonne campagne, Jospin n'obtient que 20,7 % des voix. Ni triomphe ni désastre. Ce score moyen l'a assez déçu, car il n'est pas la « locomotive » qu'il croyait être. Le nouveau député européen encaisse le coup mais sait que son heure viendra.

Quand, sur ordre de Mitterrand, Michel Charasse débarque tambour battant dans son bureau, à Bruxelles, le 16 juillet, il a déjà réfléchi à la composition du gouvernement qu'il va former. Charasse lui annonce alors la démission, le matin même, de Pierre Mauroy. Il faut trouver un nouveau Premier ministre dans l'après-midi. Le Président veut connaître son avis. Jospin s'exécute.

> « Pendant une heure, raconte Michel Charasse, il dresse devant moi la liste des possibles en présentant les avantages et les inconvénients des uns et des autres, sans jamais livrer son sentiment personnel. Il donnait des éléments d'appréciation au chef ; moi, je n'étais dans cette affaire qu'un facteur. J'ai pris des notes à toute allure, puis je suis reparti pour Paris. Ventre à terre, j'arrive dans le bureau du Président avec mon papier, réécrit à la main dans l'avion du retour. Mitterrand lit sans prononcer le moindre mot. Puis il lâche : "Bien, je vous remercie, j'ai choisi Fabius." »

Quand Jospin apprend la nouvelle, il est abasourdi. Le seul sur lequel il ait émis des réserves est sorti du chapeau du Président. Ainsi, selon l'Élysée, la modernité, la jeunesse, le nouveau souffle de la gauche, c'est Fabius ! Mitterrand a encore pris son monde à contre-pied. Le soir même de la nomination du « Premier ministre qu'il a donné à la France », le 17 juillet, le chef de l'État dîne avec Élisabeth et Robert Badinter et leur glisse d'un ton badin : « En nommant Laurent Fabius, j'ai surpris pas mal de monde, hein ? »

Ce genre de taquinerie florentine n'est pas du goût de tout le monde. Jospin est furieux. Il a le sentiment d'avoir été « baladé » par le Président. Tout comme Pierre Bérégovoy et Jacques Delors, autres prétendants à la succession de Pierre Mauroy. Mais ils ne sont pas les seuls : Roland Dumas et Édith Cresson montent au créneau pour mettre en garde le Président. La seconde ne mâche pas ses mots, comme de coutume : « Méfiez-vous de ce type, dit-elle à Mitterrand. C'est un technocrate qui fait carrière. Il se fout pas mal de vous. Il servira son intérêt, non le vôtre. » André Rousselet, ami intime de l'hôte de l'Élysée, le prévient à son tour : « C'est drôle, lui dit-il, comme les hauts responsables politiques ont une passion pour les Brutus[1]... »

Fabius le « traître », la « taupe » de la droite, se moque bien des rancœurs et des rancunes. Il est sur un petit nuage. *Libération* a beau titrer « Mitterrand Premier ministre », *Le Quotidien de Paris* barrer sa une d'un caustique « Mitterrand se nomme à Matignon », il savoure sans retenue ce succès qui ne le surprend pas. Il a toujours tout réussi. Le « premier de la classe » est à sa place : devant les autres. L'homme qui dit aimer les petits moineaux est désormais à la droite de « Dieu ». Sans les communistes, qui quittent le gouvernement. La mission que lui a confiée Mitterrand est simple : sauver les meubles de la gauche aux élections législatives de 1986, qui s'annoncent catastrophiques. À trente-huit ans, le plus jeune Premier ministre qu'ait connu la République doit s'attacher à moderniser le pays en douceur. Mitterrand lui suggère : « Conduisez le navire sans brutalité, mais restez ferme. On va essayer de nous enfermer sur le pont, tous les deux. Ne craignez pas de prendre votre autonomie... » Le chef de l'État se place déjà au-dessus de la mêlée dans la perspective d'une cohabitation quasi certaine avec la droite en 1986.

1. Entretien avec l'auteur.

Être autonome ? Laurent Fabius en rêve. À Matignon, il va pouvoir constituer une équipe tout entière dévouée à sa cause et à son projet : la préparation de l'élection présidentielle de 1988. Il est en position de force. Le 5 septembre, à l'émission politique de François-Henri de Virieu, « L'Heure de vérité », sur *Antenne 2*, il lâche la célèbre formule à propos de ses relations avec François Mitterrand : « Lui, c'est lui ; moi, c'est moi. » Ce meurtre du père en direct est un pur bonheur pour le microcosme. Pour Lionel Jospin, c'est une déclaration de guerre. Il comprend que le Premier ministre n'est plus le « pote du Luxembourg », le technocrate surdoué avec qui on partage une omelette en famille, mais le rival sorti de l'ombre. Pierre Mauroy l'a prévenu : « Fabius est prêt à tout. Derrière son sourire mielleux se cache une machine implacable. » Il est vrai que le maire de Lille déteste le nouvel occupant de Matignon. Une haine de classe épidermique qu'éprouve le petit-fils de bûcheron du Nord envers le fils de marchand d'art parisien. Au PS, tout le monde garde en mémoire l'algarade qui a opposé les deux hommes, quelques semaines avant le départ de Mauroy de l'hôtel Matignon. Alors ministre de l'Industrie, Laurent Fabius lui demande de faire intervenir les CRS contre les manifestants de la papeterie de La Chapelle-Darblay, en Seine-Maritime, dans sa circonscription. Goguenard, le maire de Lille lui rétorque :

« Commence d'abord par discuter avec les syndicats. Après, on verra.

– Tu ne peux pas laisser bafouer l'autorité de l'État ! » proteste le jeune ministre.

La réaction de Pierre Mauroy est fulgurante :

« Ce n'est pas un bourgeois prétentieux qui va me donner des leçons. Je n'ai pas été élu pour faire donner la police contre les travailleurs[1]. »

De son côté, Lionel Jospin enrage mais se contient. Il laisse le jeune chef du gouvernement imprimer son « nouveau style ». Il joue le jeu sans dévoiler ses sentiments. Dans la sphère privée, les relations entre épouses commencent à s'espacer. On ne dîne plus, on va de moins en moins ensemble au cinéma. Et même plus du tout. Françoise Fabius agace les Jospin : elle débarque à Matignon en 2 CV, pour faire peuple. Lionel Jospin se raidit face à ce « petit Giscard » qui a presque dix ans de moins que lui et qui prend la France pour les États-Unis. À ses amis du 18e arrondissement de Paris il lâche : « Il se prend pour Kennedy, ou quoi ? » Il n'a pas tout à fait tort. À Matignon, une cellule de communication – avec Jo Daniel, Jean-Gabriel Fredet[2] et Denis Pingaud – distille le nouveau message du Premier ministre : on y prophétise la mort prochaine des vieux partis politiques, le triomphe de la communication à l'américaine, l'avènement du marketing politique. Traduction sommaire : les hommes de parti sont des ringards ; les structures des organisations, obsolètes. À bas la politique, vive la pub !

Face à cette campagne, les hiérarques du PS bougonnent, renâclent, commencent à se plaindre auprès de Mitterrand. Lionel Jospin, lui, ne réagit pas. En quelques semaines, il a pourtant beaucoup subi : Fabius le néglige, Fabius le prend de haut, Fabius l'enferme dans un rôle de père fouettard

1. Cité dans *François Mitterrand, une vie,* de Franz-Olivier Giesbert, *op. cit.*

2. Jean-Gabriel Fredet est aujourd'hui rédacteur en chef du *Nouvel Observateur*.

socialiste, d'idéologue ennuyeux. À Matignon, on a tendance à l'oublier au moment des prises de décision. On se moque un peu de ce type démodé qui, pour survivre médiatiquement, en est réduit à chanter *Les Feuilles mortes* dans l'émission de Patrick Sébastien, « Carnaval ». On apprend même qu'il était prêt à se déguiser en Père Noël pour « plaire à l'opinion ».

Aux petits déjeuners du mardi, où il rencontre le Premier ministre et Jean-Louis Bianco, secrétaire général de l'Élysée, Lionel Jospin ne donne pourtant aucun signe de nervosité. Il ne se plaint pas, ce n'est pas le genre de la maison. À peine évoque-t-il les mauvais résultats de la gauche aux élections cantonales du 17 mars 1985 : elle a perdu d'un coup 245 sièges de conseillers et ne détient plus les présidences que de 26 départements, alors que la droite en contrôle désormais 69.

Pourquoi Jospin se mure-t-il ainsi dans le silence ? Il ne peut tout simplement pas attaquer de front Fabius, car ce dernier bénéficie d'une insolente cote de popularité. À Matignon, l'entourage du Premier ministre, grisé par l'air des cimes, ne perçoit pas le regard froid et lointain de celui que l'on soupçonne de bouder un peu, mais sûrement pas de préparer une riposte fulgurante.

Le 15 juin 1985, la foudre tombe : Lionel Jospin annonce à Paris qu'il annule une conférence de presse qu'il devait tenir ce jour-là en tant que premier secrétaire du PS. Quelques jours plus tard, le 21 juin, il présente sa démission au Comité directeur du parti, rue de Solférino. Ni coup de colère, ni poussée de fièvre : le leader socialiste a simplement attendu son heure pour frapper.

Pour bien comprendre ce coup de grisou, il convient de feuilleter à rebours le calendrier. Le 14 juin, Jospin prend connaissance d'un meeting organisé par Laurent Fabius et Gaston Defferre à la salle Valier, à Marseille. Au cours de cette réunion, le Premier ministre annonce candidement aux militants qu'il prendra la tête, en tant que chef de la majorité, de la campagne des élections législatives de 1986. En fait, cette déclaration est l'aboutissement de sourdes luttes intestines, ainsi que le révèle le chroniqueur politique de *Libération* Gilles Bresson[1]. Au lendemain de la débâcle des cantonales, Mitterrand est convaincu que, pour gagner en 1986, il lui faudra ressortir la carte du « Front républicain », celle de l'ouverture du PS à la « société civile », ce serpent de mer de la carte électorale. L'Union de la gauche est morte et enterrée.

Laurent Fabius est favorable à cette tactique. Son intérêt ? En cherchant de nouveaux partenaires au centre, elle réduit considérablement le rôle du PS, donc celui de Lionel Jospin. Or, depuis quelques semaines, en coulisse, ce dernier ne cache pas son opposition à cette ligne politique. Par différents canaux, l'homme de pouvoir qu'il est connaît parfaitement le plan de son rival du quartier du Panthéon : placer Pierre Bérégovoy à sa place rue de Solférino. Sa tête est mise à prix. L'opération doit avoir lieu en octobre, au congrès de Toulouse.

Dans ce jeu de dupes que sont les batailles d'appareil, la moindre faute est exploitée. À Marseille, Fabius commet une grossière erreur. Il se dévoile publiquement : son meeting est organisé non pas par le PS, mais par la cellule communication de Matignon sous le sigle fabiusien « Moderniser et Rassembler ». Pis : Laurent Fabius inaugure

1. *Libération*, samedi 22 et dimanche 23 juin 1985.

un hymne à sa gloire, *La Mélodie d'espoir*, inspiré d'une mélodie de Schubert, dont on prévoit la sortie en 45-tours avant l'été et qui pourrait servir dans le cadre d'une campagne présidentielle. Quand des militants locaux tentent benoîtement de déployer des banderoles du PS, on leur demande sans ménagements de les remiser dans leurs estafettes. Gaston Defferre est bien sûr dans la confidence ; Michel Pezet, son dauphin, patron de la fédération socialiste des Bouches-du-Rhône, n'a rien vu venir. Le lendemain matin à l'aube, Jospin lui téléphone :

« Michel, qu'est-ce que c'est que cette histoire de meeting sans le PS ? Qui a organisé cette mascarade ?

– C'est Gaston, je crois. Nous n'avons pas été associés, puisque Laurent est venu en tant que Premier ministre.

– Nous n'allons pas nous laisser humilier comme ça ! »

Lionel Jospin use du « nous », mais, à part soi, pense « je »...

Mardi 18 juin 1985, à l'Élysée : le petit déjeuner entre François Mitterrand, Lionel Jospin et Laurent Fabius est un modèle d'hypocrisie. Les masques sont de sortie. Le Président et le Premier ministre feignent la surprise, ne comprennent pas les états d'âme du premier secrétaire.

Mitterrand : – Mais enfin, les rôles ont pourtant été clairement distribués. Chacun a sa place dans le dispositif ; il n'a jamais été question de marginaliser le parti. Vous n'avez aucune inquiétude à avoir, voyons !

Fabius : – En tant que chef de la majorité, il est normal que je fasse campagne pour défendre l'action de mon gouvernement, il me semble. Dans ce cadre, le parti a toute sa place.

Jospin : – Nous ne gagnerons pas les élections sans avoir d'abord rassemblé ceux de notre camp. Et notre camp, c'est le PS, que je sache !

À la fin de la rencontre, Mitterrand ne tranche pas.

> « Il a un faible pour l'artiste, dit Roland Dumas, mais ne se résout jamais complètement à abandonner l'artisan. Entre le rapport quasi amoureux qu'il a avec Fabius et son lien politique à Jospin, il n'a jamais vraiment choisi. »

Finalement, quelques jours plus tard, le 26 juin, au cours d'un voyage dans la Nièvre, le Président donne raison, du bout des lèvres, à Lionel Jospin :

> « La majorité a une armature, c'est le Parti socialiste. Il revient donc aux responsables de ce parti de conduire la campagne qu'ils entendent mener à leur guise. »

L'épreuve de force a payé. Lionel Jospin a imposé son *leadership* en jouant un coup de poker plutôt risqué. Il aurait pu tout perdre. Le 28 juin, il rencontre Laurent Fabius au cours d'un long tête-à-tête. À la sortie, les deux rivaux sourient, charmeurs, apaisés. La hache de guerre a été enterrée. Au Comité directeur du PS, le 6 juillet, en l'absence de Laurent Fabius, « retenu à Strasbourg », le premier secrétaire peut respirer. Sa démission imminente ? Oubliée. Il peut lancer la campagne présidentielle comme il l'entend. Son candidat : Mitterrand. « Le meilleur présidentiable », dit-il au Comité directeur, comme un défi à tous ceux qui voudraient imiter Fabius le téméraire. Il l'a pour un temps écarté de sa route. À ses amis Lionel Jospin souligne, joyeux : « Les ministres passent, le parti reste… » Le gentil Jospin, le bon camarade, le parfait militant, le fidèle mitterrandiste s'est révélé un redoutable bretteur, un habile manœuvrier que les « petits marquis » des palais nationaux ont sous-estimé. Il a encore joué la carte Mitterrand pour mieux servir son propre dessein. Lionel Jospin est devenu aussi retors que son maître de l'Élysée. Mais François Mitterrand est-il encore son maître ?

CHAPITRE 19

Kostas et le saut de l'Ange

Depuis des années, ils en rêvaient. C'était même devenu une obsession. Comment quitter la « maison des fous » ? Comment expliquer à Pierre Lambert que le monde a changé, que la police stalinienne n'est plus à ses trousses, qu'il est le chef d'une guerre qui n'existe plus ? Impossible, bien sûr. On ne demande pas à un vieil homme de brûler la maison qu'il a construite pierre après pierre sa vie durant. Un jour on l'abandonne et on le laisse avec ses fantômes.

Ce jour fatal de mars 1986, dans un amphithéâtre de la Sorbonne, les conjurés, 250 délégués, un peu surpris par leur propre témérité, écoutent l'orateur, « Kostas », reprendre point par point les raisons de leur départ de l'OCI – devenue, depuis le début des années quatre-vingt, le PCI (Parti communiste internationaliste) – et de la création du mouvement Convergence socialiste. « Kostas », dont la véritable identité, on l'a vu, est Jean-Christophe Cambadelis, est le bras droit de Lambert. Il a connu une ascension fulgurante au sein de la « secte » lambertiste. Il est le dauphin incontestable, l'héritier. Mais ce legs ne l'intéresse plus. Fils d'un diamantaire grec à la réputation sulfureuse – l'homme était flambeur, noceur, patron de night-clubs aux États-Unis –, Kostas, originaire de l'île de Mytilène, a le sourire de Clark Gable et les dents d'un jeune alligator. C'est surtout un remarquable tacticien politique.

Le moment du « grand saut vers la social-démocratie » est venu, dit-il. Ce n'est ni un reniement ni une fuite, mais un « retour au réel ». Devant ses auditeurs déchirés et émus, il évoque la pérestroïka lancée en URSS par Mikhaïl Gorbatchev, et son corollaire, la disparition irréversible du système stalinien sous sa forme soviétique. L'ennemi séculaire, qui a justifié depuis un demi-siècle l'existence du trotskisme, est à l'agonie. Le capitalisme a changé de nature. En France, le Parti socialiste est devenu un grand parti social-démocrate ; il occupe désormais un rôle majeur sur l'échiquier politique. Il est donc temps de le rejoindre pour ne pas rester « dans la voiture-balai de l'Histoire ». Après tout, les lambertistes n'ont-ils pas, toutes ces dernières années, joué les porteurs d'eau du PS ? N'ont-ils pas servi de main-d'œuvre à bon marché aux notables de la rue de Solférino en faisant la claque dans leurs réunions, en collant leurs affiches, en prêtant des gardes du corps à certains ministres ? Et puis, aujourd'hui, dans un pays où l'on respire mieux, où le spectre d'un putsch militaire ne menace plus, dans cette France des radios libres, de l'abolition de la peine de mort, de la semaine de trente-neuf heures voulue par François Mitterrand, à quoi peut servir une organisation qui vit encore sur le mythe de la clandestinité et s'invente une Résistance de pacotille ?

Depuis que la gauche a accédé au pouvoir en 1981, les lambertistes sont nombreux, avec Jean-Christophe Cambadelis, à revisiter le dogme trotskiste. Qu'aurait fait l'idéologue russe s'il avait été au pouvoir dans les années trente ? N'aurait-il pas dérivé lui aussi vers un système totalitaire ? Quant au pouvoir personnel, il suffit de considérer le PCI pour comprendre comment il naît et se maintient : Lambert, grand pourfendeur du stalinisme, n'est-il pas devenu lui aussi un petit Staline ? Au Comité central, il étouffe tout débat. Malgré son allure modeste, son art de rouler ses cigarettes de tabac gris, son élocution traînante de Juif ashkénaze, comme Trotski, il n'a rien contre le culte de la personnalité quand il s'agit de se le voir appliquer à lui-même… Au seul Bureau politique, c'est-à-dire entre tout juste 10 personnes, on ose parfois émettre quelques divergences. Mais, quand l'interlocuteur insiste trop longtemps, il est brutalement exclu au terme d'un « procès » digne de ceux qui ont jalonné l'histoire intérieure du PCF : ainsi Stéphane Just, un des plus proches collaborateurs du chef, exclu en 1983, parce qu'il s'est opposé à l'idée de la création d'un grand parti de masse, le PT (Parti des travailleurs). Peu après son éviction pour une absurde affaire de trucage des chiffres de vente du journal *Informations ouvrières*, Pierre Lambert remise son projet de grand parti, comme si de rien n'était. Il coupe des têtes en fonction d'un seul et même critère : comme n'importe quel gourou de groupuscule néo-stalinien, la préservation de son petit pouvoir personnel.

Ainsi, toute une fraction de la génération issue de Mai 68, persuadée de l'imminence de la Révolution, s'est donnée corps et âme à l'OCI et à son chef de droit divin. Certains y ont laissé des plumes :

> « Plusieurs camarades, détruits mentalement, ont fini par se suicider, raconte Thierry Pontillon, fils de Marie-Jo et Robert Pontillon[1], militant de l'OCI de 1969 à 1978. On a un peu vite oublié le climat de terreur qui régnait là-dedans. On envoyait le service d'ordre casser la gueule aux récalcitrants. Moi, j'ai de la chance, j'en suis sorti en bon état. »

Dans un ouvrage consacré aux lambertistes, Henri Weber[2] va plus loin : il révèle la pratique des captations d'héritage qui y a cours comme dans n'importe quelle secte religieuse. Un exemple ? Boris Fraenkel, professeur en trotskisme de Lionel Jospin, a lui-même été victime des méthodes de l'OCI :

> « Quand ma mère est morte, se souvient-il, le rabbin de Grenoble m'a remis plus de deux cent mille francs en liquide de sa part. Dans les années soixante, c'était une belle somme. C'est ma femme, Denise, qui a remis l'argent à Lambert. Il m'a redonné de quoi payer mes dettes, puis il a placé le reste de l'argent dans des affaires – c'est ce qu'il m'a dit – pour m'en rendre une partie quand il aurait fructifié. Bien sûr, je n'ai jamais rien reçu par la suite. Je ne voulais plus avoir affaire avec ce type. Pour moi, il était devenu un "polit'gangster"... »

1. Aujourd'hui décédés, Marie-Jo et Robert Pontillon ont figuré parmi les plus proches collaborateurs de François Mitterrand dans les années soixante-dix.

2. *Qu'est-ce que l'AJS ?*, éditions Les Cahiers rouges. Sénateur proche de Laurent Fabius, Henri Weber a été un des principaux dirigeants de la Ligue communiste révolutionnaire, aux côtés d'Alain Krivine, avant de rejoindre le Parti socialiste, en 1986.

Qu'en pense l'intéressé ? Rien. Il ne communique pas avec la presse, émanation de l'ennemi de classe, surtout pour débattre de « rumeurs policières directement distillées par des traîtres à la cause ». Que pense-t-il du départ de Kostas et des siens ? Dans son entourage, on parle de désertions en rase campagne. Les « traîtres » sont allés au « casse-croûte ». Traduction : ceux de la génération « Cambadelis », avec des gens de qualité comme Benjamin Stora, Marc Rozenblat, Dominique Paganelli, Philippe Darriulat, entre autres, après avoir consacré près de dix ans de leur existence au PCI et à l'UNEF, ne peuvent se contenter de vivoter au sein d'un groupuscule ; ambitieux, trentenaires, ils cherchent « des postes » :

> « Pour comprendre l'opération Cambadelis, précise sous le sceau de l'anonymat un dirigeant de l'OCI, il faut savoir que ces jeunes gens étaient très courtisés par le PS depuis le début des années quatre-vingt. À cause du pouvoir qu'ils détenaient dans le mouvement étudiant et, par la même occasion, dans la MNEF, la riche mutuelle des étudiants. Ils ont été approchés par Pierre Mauroy et Roger Fajardie, dès 1979, pour rentrer chez les socialistes ; ensuite par Pierre Bérégovoy pour le compte de Mitterrand ; enfin par Mitterrand lui-même. Il a reçu Cambadelis en 1984 en tant que président de l'UNEF, mais tout le monde avait compris qu'il faisait de la retape ! »

Les conjurés de la Sorbonne ne seraient donc que d'infâmes arrivistes, des Rastignac, comme les a traités Pierre Lambert en personne ? Évidemment non. Leur histoire est plus complexe. En 1980, quand Cambadelis prend la présidence de l'UNEF, son but, avec d'autres élements comme Benjamin Stora, est de dépoussiérer la vieille maison lambertiste et d'en faire un grand parti, avec pour slogan : « Vers les dix mille adhérents ! » À travers l'UNEF, toute cette génération habituée au militantisme de masse gagne en autonomie, en ouverture d'esprit, et devient un vrai contre-pouvoir face aux permanents du 87 rue du Faubourg-Saint-Denis, siège du PCI. Mais comment évoluer au sein d'une organisation aux comportements à la limite de la paranoïa ? Pendant plus d'un an, les amis de Cambadelis se rencontrent clandestinement par groupe de deux ou trois, jamais plus, et décident de fomenter un putsch. Objectif : renverser Lambert, qui n'a aucune envie de créer un parti de masse ni de transformer son officine en modèle d'organisation démocratique. Comment déstabiliser « le Vieux » ? En créant une commission financière chargée d'examiner les dépenses d'une cellule ultrasecrète, dite « israélienne », qu'on soupçonne de dépenser beaucoup et qui est contrôlée directement par Lambert. Les amis de Cambadelis subodorent que le chef utilise cette structure pour ses faux frais…

L'affaire est grave : des militants s'intéressent au train de vie du patron. La commission, qui porte le doux nom de « la Hache », accumule les informations contre ce dernier. Mais le complot vient d'être éventé. Il faut donc agir vite. Avec Benjamin Stora et Marc Rozenblat, Jean-Christophe Cambadelis déclenche l'alerte rouge. Au cours de l'été 1986, plus de 400 militants quittent brutalement le PCI. Toute la cellule de Pierre Lambert déserte. Pour le vieux leader trotskiste, le coup est rude : comme un retour à la case départ. Ne reste autour de lui que la vieille garde, les « historiques » ou des permanents qui ne pourront jamais se recycler. Son fils putatif vient de le poignarder.

Raoul Dandieu,
grand-père maternel.

Georges et Elsa Jospin, grands-parents
avec leurs enfants Robert et Madeleine.

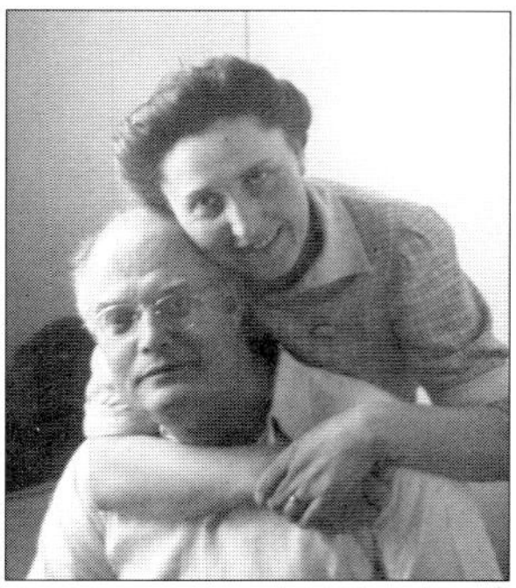

Robert et Mireille Jospin
en 1939.

Robert avec Émile Bauchet à Villers-sur-Mer,
et leurs épouses.

Robert et Mireille avec leurs amis Flourens,
à La Magistère, dans le Tarn et Garonne,
où la famille a vécu un an en 1939.

Lionel à deux ans avec,
à gauche, sa sœur Agnès.

Les photos de famille
nous ont été aimablement prêtées
par la famille et les amis de Lionel Jospin.

Lionel.

Lionel et Agnès.

À La Magistère, la famille au complet avec leurs amis.

Lionel (en haut à gauche),
Agnès (en haut à droite),
Olivier (en bas à gauche)
et Noëlle (en bas à droite),
à Meudon en 1946.

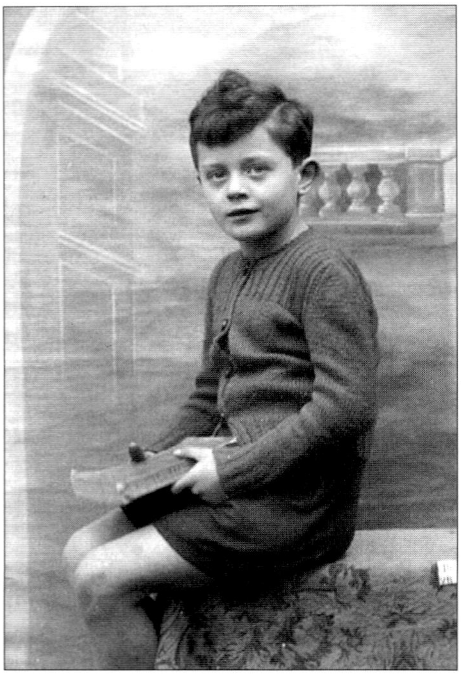

Lionel vers 1945.

Lionel et Agnès avec un ami
dans le bois de Meudon vers 1945.

Lionel avec Olivier et Agnès, l'été 1948.

Agnès, Noëlle et Lionel à Meudon.

Lionel déguisé en indien
à Villers-sur-Mer (en haut à gauche).

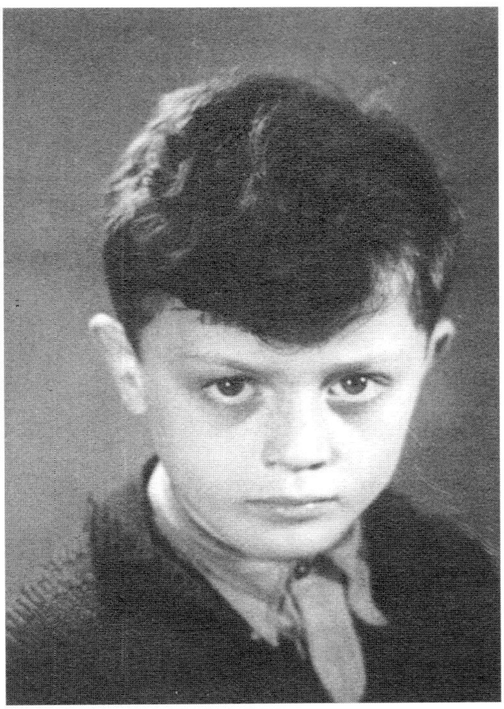

Lionel.

Les quatre enfants en 1945.

Lionel Jospin, numéro 9, ailier droit de l'équipe de basket de La Ferté-sous-Jouarre, en Seine-et-Marne.

En sortie avec l'équipe féminine de basket de La Ferté (à gauche).

(en bas à gauche)

La famille Jospin au cours d'un repas dominical à Chamigny, de gauche à droite : Lionel, Olivier, Agnès, Noëlle, Robert et Mireille.

Olivier et Lionel, à Chamigny.

Dans les bois de Chamigny.

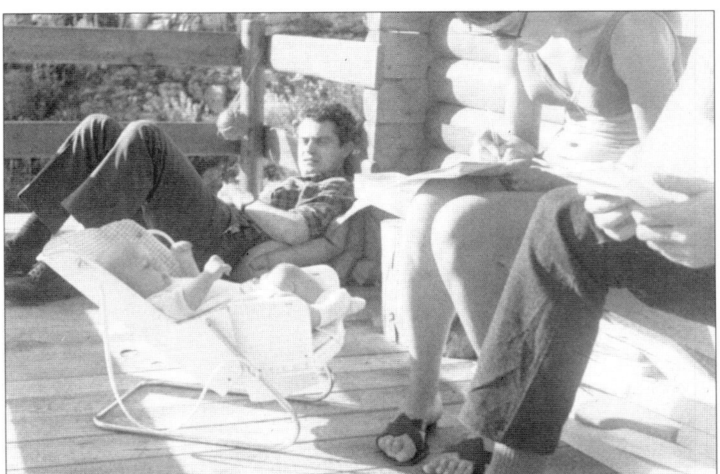

Lionel en vacances dans les Alpes avec sa sœur Agnès
accompagnée de sa fille.

Terminale à Janson-de-Sailly, troisième rang, deuxième à partir de la droite. À sa droite, Jacques Valier, son meilleur ami, qui deviendra professeur d'économie.

Mireille Jospin rend visite à Lionel, en Allemagne, au cours de son service militaire, dans la cavalerie blindée à Trèves.

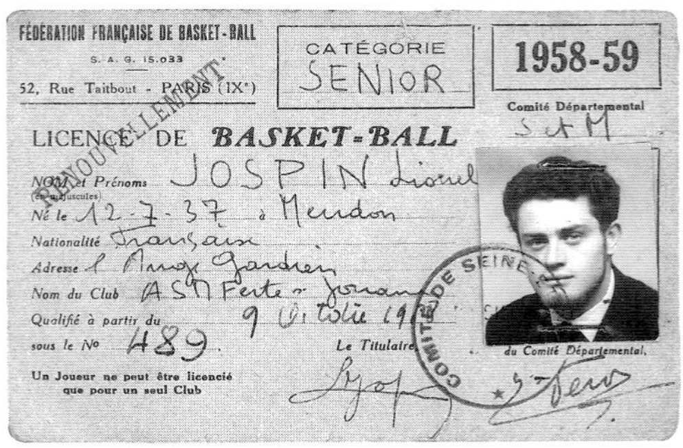

FÉDÉRATION FRANÇAISE DE BASKET-BALL
S. A. G. 15.033
52, Rue Taitbout - PARIS (IXe)

CATÉGORIE SENIOR

1958-59

Comité Départemental S et M

RENOUVELLEMENT

LICENCE DE BASKET-BALL

NOM et Prénoms (en majuscules) JOSPIN Lionel
Né le 12-7-37 à Meudon
Nationalité Français
Adresse 1 Ange Gardien
Nom du Club ASM Ferté-Jouarre
Qualifié à partir du 9 Octobre 19
sous le No 489
Le Titulaire
du Comité Départemental
Un Joueur ne peut être licencié que pour un seul Club

Licences de basket au club de La Ferté-sous-Jouarre.

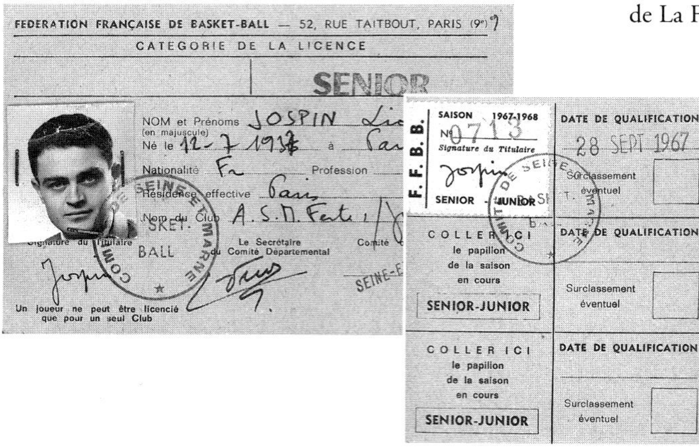

FEDERATION FRANÇAISE DE BASKET-BALL — 52, RUE TAITBOUT, PARIS (9e)
CATEGORIE DE LA LICENCE
SENIOR
NOM et Prénoms (en majuscule) JOSPIN Lio
Né le 12-7-1937 à Par
Nationalité Fr Profession
Résidence effective Paris
Nom du Club A.S.M. Ferté
Signature du Titulaire
Le Secrétaire du Comité Départemental
Comité
Un joueur ne peut être licencié que pour un seul Club

F. F. B. B.
SAISON 1967-1968
No 0713
Signature du Titulaire
SENIOR - JUNIOR
DATE DE QUALIFICATION 28 SEPT 1967
Surclassement éventuel
COLLER ICI le papillon de la saison en cours
SENIOR-JUNIOR
DATE DE QUALIFICATION
Surclassement éventuel
COLLER ICI le papillon de la saison en cours
SENIOR-JUNIOR
DATE DE QUALIFICATION
Surclassement éventuel

Robert Jospin, candidat SFIO,
du Front populaire
dans l'Indre en 1936.

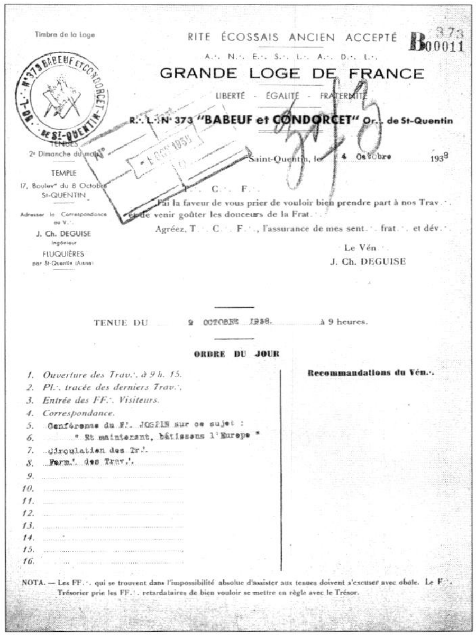

Timbre de la Loge

RITE ÉCOSSAIS ANCIEN ACCEPTÉ B 373 00011

A∴ N∴ E∴ S∴ L∴ A∴ D∴ L∴

GRANDE LOGE DE FRANCE

LIBERTÉ - ÉGALITÉ - FRATERNITÉ

R∴ L∴ N° 373 "BABEUF et CONDORCET" Or∴ de St-Quentin

TENUES
2e Dimanche du mois

TEMPLE
17, Boulev^d du 8 Octobre
St-QUENTIN

Adresser la Correspondance au V∴
J. Ch. DEGUISE
Ingénieur
FLUQUIÈRES
par St-Quentin (Aisne)

Saint-Quentin, le 4 Octobre 1938

T∴ C∴ F∴

J'ai la faveur de vous prier de vouloir bien prendre part à nos Trav∴ et de venir goûter les douceurs de la Frat∴

Agréez, T∴ C∴ F∴, l'assurance de mes sent∴ frat∴ et dév∴

Le Vén∴
J. Ch. DEGUISE

TENUE DU 9 OCTOBRE 1938. à 9 heures.

ORDRE DU JOUR

1. Ouverture des Trav∴ à 9 h. 15.
2. Pl∴ tracée des derniers Trav∴
3. Entrée des FF∴ Visiteurs.
4. Correspondance.
5. Conférence du F∴ JOSPIN sur ce sujet :
6. " Et maintenant, bâtissons l'Europe "
7. Circulation des Tr∴
8. Ferm∴ des Trav∴
9.
10.
11.
12.
13.
14.
15.
16.

Recommandations du Vén∴

NOTA. — Les FF∴ qui se trouvent dans l'impossibilité absolue d'assister aux tenues doivent s'excuser avec obole. Le F∴ Trésorier prie les FF∴ retardataires de bien vouloir se mettre en règle avec le Trésor.

Document d'archives de la Grande Loge
de France révélant l'adhésion de Robert Jospin
à la franc-maçonnerie, en 1938.

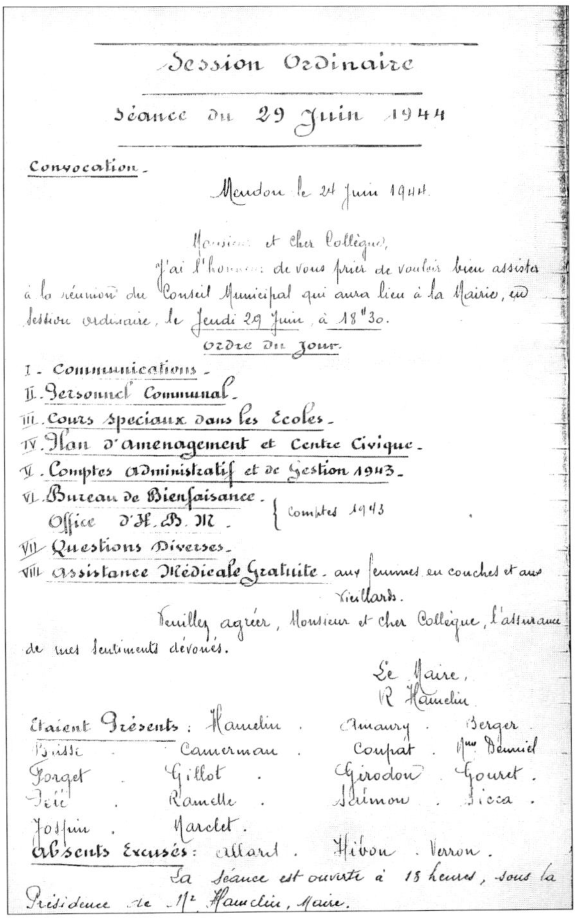

Session Ordinaire

séance du 29 Juin 1944

Convocation.

Meudon le 24 juin 1944.

Monsieur et Cher Collègue,

J'ai l'honneur de vous prier de vouloir bien assister à la réunion du Conseil Municipal qui aura lieu à la Mairie, en session ordinaire, le Jeudi 29 Juin, à 18h30.

Ordre du Jour.

I. Communications.
II. Personnel Communal.
III. Cours spéciaux dans les Écoles.
IV. Plan d'aménagement et Centre Civique.
V. Comptes Administratif et de Gestion 1943.
VI. Bureau de Bienfaisance. } Comptes 1943
Office d'H.B.M.
VII. Questions Diverses.
VIII. Assistance Médicale Gratuite aux femmes en couches et aux vieillards.

Veuillez agréer, Monsieur et cher Collègue, l'assurance de mes sentiments dévoués.

Le Maire,
R Hamelin

Étaient Présents : Hamelin. Amaury. Berger. Brisse. Camerman. Coupat. Mme Deniel. Forget. Gillot. Girodon. Gouret. Pèir. Ramelle. Saimon. Sicca. Jospin. Marclet.

Absents Excusés : Allard. Hibon. Verron.

La séance est ouverte à 18 heures, sous la Présidence de Mr Hamelin, Maire.

Compte rendu de la séance du conseil municipal de Meudon, sur lequel apparaît Robert Jospin, conseiller municipal nommé sur ordre du préfet de Vichy.

(Suite page suivante)

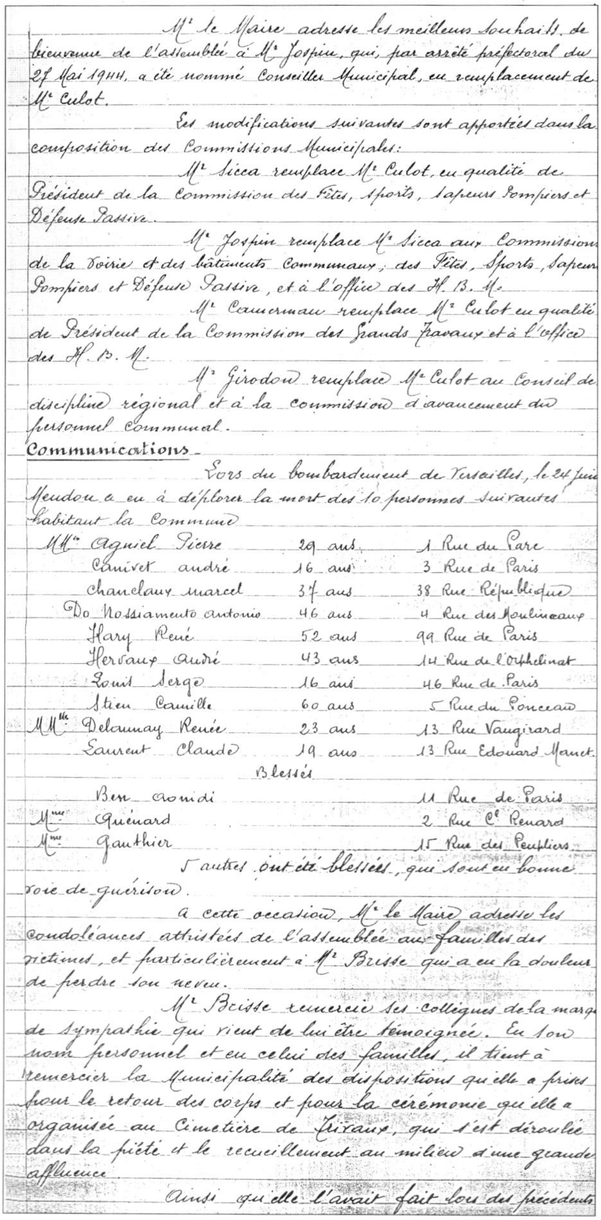

M^e le Maire adresse les meilleurs souhaits de bienvenue de l'assemblée à Me Jospin, qui, par arrêté préfectoral du 27 Mai 1944, a été nommé Conseiller Municipal, en remplacement de Me Culot.

Les modifications suivantes sont apportées dans la composition des Commissions Municipales :

Me Sicca remplace Me Culot, en qualité de Président de la Commission des Fêtes, Sports, Sapeurs Pompiers et Défense Passive.

Me Jospin remplace Me Sicca aux Commission de la Voirie et des bâtiments communaux, des Fêtes, Sports, Sapeur Pompiers et Défense Passive, et à l'office des H. B. M.

Me Camerman remplace Me Culot en qualité de Président de la Commission des Grands Travaux et à l'office des H. B. M.

Me Girodon remplace Me Culot au Conseil de discipline régional et à la commission d'avancement du personnel communal.

Communications.

Lors du bombardement de Versailles, le 24 juin Meudon a eu à déplorer la mort des 10 personnes suivantes habitant la Commune

MM^rs	Aguiel Pierre	29 ans	1 Rue du Parc
	Canivet André	16 ans	3 Rue de Paris
	Chanclaux Marcel	37 ans	38 Rue République
	Do Nossiamento Antonio	46 ans	4 Rue des Moulineaux
	Hary René	52 ans	99 Rue de Paris
	Hervaux André	43 ans	14 Rue de l'Orphelinat
	Louit Serge	16 ans	46 Rue de Paris
	Stien Camille	60 ans	5 Rue du Ponceau
MM^lles	Delaunay Renée	23 ans	13 Rue Vaugirard
	Laurent Claude	19 ans	13 Rue Edouard Manet

Blessés

	Ben Aouidi	11 Rue de Paris
Mme	Quénard	2 Rue C^l Renard
Mme	Gauthier	15 Rue des Peupliers

5 autres ont été blessés, qui sont en bonne voie de guérison.

A cette occasion, M^e le Maire adresse les condoléances attristées de l'assemblée aux familles des victimes, et particulièrement à Me Brisse qui a eu la douleur de perdre son neveu.

Me Brisse remercie ses collègues de la marq de sympathie qui vient de lui être témoignée. En son nom personnel et en celui des familles, il tient à remercier la Municipalité des dispositions qu'elle a prises pour le retour des corps et pour la cérémonie qu'elle a organisée au Cimetière de Trivaux, qui s'est déroulée dans la piété et le recueillement au milieu d'une grande affluence.

Ainsi qu'elle l'avait fait lors des précédents

Robert et Mireille Jospin, en vacances, dans leur caravane, *La Chamignole*.

Carte postale de Lionel Jospin envoyée à son instructeur trotskiste, Boris Fraenkel et à sa femme, Denise Salomon, au cours d'un voyage en Côte d'Ivoire, le 18 avril 1965. Ce document est en fait la seule trace matérielle du lien de Lionel Jospin avec l'OCI (Organisation communiste internationaliste), dirigée par Pierre Lambert.

Boris Fraenkel.

MASQUE AFRICAIN
AFRICAN MASK
3720 - Bamiléké
Bamiléké

cher B. et chère Denise
Ne trouvez-vous pas que ce masque évoque un peu les coqs portugais ? Il est vrai qu'on pourrait poursuivre l'analogie sur un plan plus vaste – l'exotisme a beau être une invention européenne sans contenu réel, il n'est pas sans charme de se livrer à son illusion – (avec un oeil en coin bien sûr) – Je me charge en sensations comme introduction à un certain topo – Amitiés Lionel

Editions HOA-QUI - Reprod. interdite

MEXICHROME

CÔTE D'IVOIRE
POSTES 25F
BONGO
BOOCERCUS EURYCEROS

Mme Denise Salomon
130 Bd Henri Barbusse
Montreuil s/ Seine
FRANCE

Lionel (vingt-sept ans) rencontre sa future femme (vingt-deux ans), Élisabeth Dannenmüller, étudiante en histoire. Il l'épousera en 1973.

Élisabeth Jospin à une fête de la rose à Saint-Gaudens, en Haute-Garonne, en août 1986.

Lionel Jospin et Élisabeth au cours d'une cérémonie officielle à l'Elysée, en juillet 1985.

François Mitterrand et Lionel Jospin à la fête du PS à Pantin, le 22 novembre 1977.
On reconnaît de gauche à droite : Claude Estier, Robert Pontillon, Georges Sarre, Michel Charzat, Paul Quilès et Edwige Avice.

Passation de pouvoir entre François Mitterrand et Lionel Jospin qui devient premier secrétaire, au congrès de Créteil du PS, le 24 janvier 1981.

Lionel Jospin et Georges Marchais à la sortie de l'émission *Les Dossiers de l'écran,* en 1980.

© Gamma/Daniel Simon.

Lionel Jospin et Claude Allègre,
à Port d'Albert (Landes)
le 16 septembre 1990.

© Gamma/Daniel Simon.

Lionel Jospin et Jean Glavany à Matignon,
le 14 novembre 2000.

© Gamma/Bassignac-Merillon-Simon-Reglain.

Sortie du premier conseil des ministres du gouvernement Jospin, le 5 juin 1997.

© Sipa Press/J. Witt-F. Stevens.

La cohabitation...

© Sipa Press/Eric Hadj.

© Gamma/Daniel Simon.

Lionel Jospin avec sa mère au musée Grévin, en 1997.

Lionel Jospin en « bon pasteur » :
ses ancêtres originaires de Belgique
étaient éleveurs de moutons.

La sœur de Lionel Jospin, Noëlle Châtelet,
entre Romy Schneider et Jean-Claude Brialy
dans le film *La Banquière,* de Francis Girod, en 1980.

Noëlle Châtelet.

Lionel Jospin joue au tennis
avec son fils Hugo
sur un court public (mai 2001).

Lionel Jospin, au cours d'une visite officielle en Afrique du Sud
avec Nelson Mandela à Johannesburg, le 2 juin 2001.

Il se recueille dans la prison
de Nelson Mandela, (2001).

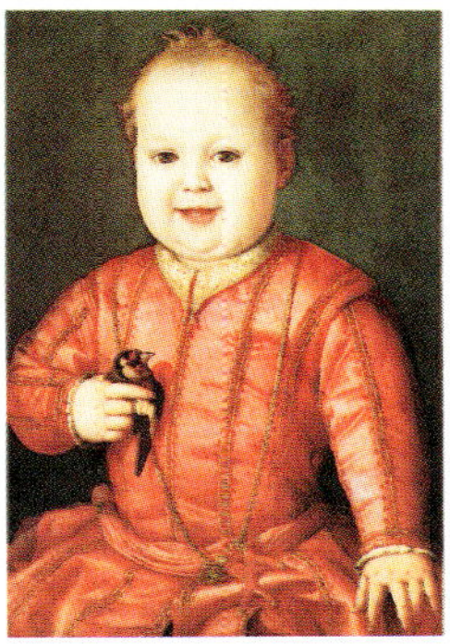

Au cours d'une visite au musée des Offices à Florence, en 1983, Lionel Jospin est resté
en arrêt devant deux tableaux qui symbolisent sa carrière : innocence de l'enfance et violence du pouvoir...
(*Le portrait de Garzia de Medicis* par Bronzino et *La Bataille de San Romano,* de Paolo Ucello.)

© Gamma/Merillon-Simon.

Sylviane et Daniel à l'hôtel Matignon,
le 4 juin 1997.

© Gamma/Merillon-Simon.

© Gamma/Merillon-Simon.

En vacances dans l'Île de Ré.

© Gamma/Benainou-Duclos.

Cérémonie d'ouverture
du 53e festival de Cannes,
le 5 octobre 2000.

Lambert est alors convaincu que l'opération a été manigancée avec l'aide de « Michel », autrement dit Lionel Jospin. L'OPA est par trop énorme. Ses indicateurs lui ont d'ailleurs fourni quelques informations intéressantes à propos de la réunion du Panthéon. Parmi elles, que la consigne aurait été donnée aux futurs adhérents au PS de ne jamais manifester la moindre sympathie pour Jospin, de ne pas se rendre à ses meetings, de ne pas donner la moindre prise à l'idée que cette arrivée massive de militants aguerris le servirait.

> « On nous a demandé d'être tout sauf jospinistes, se souvient un des participants. Car nous connaissions tous la rumeur du Jospin sous-marin trotskiste. Nous ne voulions pas que Lambert, rendu fou furieux par notre défection, utilise ses petits secrets pour saper la position de Jospin à la tête du PS. Ses ennemis auraient forcément utilisé cette opération contre lui. »

Officiellement, donc : Jospin, connais pas !...

Est-ce si sûr ? Une des premières personnes que Jean-Christophe Cambadelis rencontre secrètement au Parti socialiste est Lionel Jospin, à son domicile de la rue Servandoni, en présence de son épouse Élisabeth. Cette dernière, qui connaît parfaitement les liens de son mari avec les lambertistes, réagit au récit de leur visiteur et lui lance : « Tu vois, je te l'avais bien dit : ils sont pires que les autres ! » Vingt ans plus tôt, n'avait-elle pas prévenu Lionel contre les trotskistes qu'elle rangeait dans la même catégorie que les communistes néo-staliniens ? Scène capitale, bien sûr, pour comprendre le rôle que jouera plus tard Jean-Christophe Cambadelis aux côtés de Jospin.

À l'époque, en bon militant, Cambadelis en rend compte à ses amis au cours d'une réunion clandestine rue de Lancry, à Paris. Mais la mémoire des protagonistes de cette aventure reste flottante. Cambadelis jure que la rencontre a eu lieu bien après son adhésion au PS. D'autres assurent le contraire. Ce détail est-il si important ? Historiquement, sans aucun doute. Si la version de Jean-Christophe Cambadelis est exacte, elle accrédite l'idée que Lionel Jospin n'est plus trotskiste depuis belle lurette. Si elle est fausse, elle signifie que le premier secrétaire en personne a organisé l'entrée massive de militants trotskistes dans le PS pour s'y assurer un pouvoir sans partage. Dans l'un ou l'autre cas de figure, il n'y a pas faute morale, mais la révélation d'une incroyable opération politique. Du piratage de haut vol. Plusieurs éléments objectifs tendent malgré tout à accréditer la première version.

Quelques jours plus tard, Stora et Cambadelis sont reçus officiellement à l'Élysée. Objet de la rencontre organisée par Jean-Louis Bianco, devenu secrétaire général de la Présidence : que faire de ces dissidents trotskistes néo-socialistes ? La réunion a lieu dans le bureau de Bianco qui y a également convié Jean-Loup Salzman, spécialiste des questions de jeunesse au PS. Le Président les rejoint et engage la conversation. Il connaît parfaitement le dossier.

« Je regrette que vous vouliez entrer tout de suite au Parti socialiste. Il serait beaucoup plus judicieux de garder votre structure, suggère le chef de l'État. “Convergence socialiste”, c'est bien, c'est une bonne appellation. Vous seriez plus utiles comme partenaires, comme un “sas” pour la jeunesse, non ?

– Monsieur le Président, répond Jean-Christophe Cambadelis, nous sommes désolés, mais cette décision a été soumise à un vote. À une écrasante majorité, les militants ont opté pour l'adhésion.

– Bon, dans ce cas, il faut que vous vous rangiez derrière Lionel Jospin, poursuit le Président d'une voix gourmande. Et seulement derrière lui. Les autres vont vous faire le chant des sirènes. S'ils vous approchent, n'hésitez pas, venez me raconter ! »

Quelque peu surpris par le conseil du Président, Cambadelis acquiesce.

Plus tard, en quittant la pièce, le Président lâchera encore avec un sourire espiègle :

« Vous allez en mettre partout, hein ? »

En quelques minutes, le tout nouveau militant socialiste Jean-Christophe Cambadelis vient de recevoir une leçon de politique façon Mitterrand. Du Machiavel pur jus.

Qu'a bien pu vouloir leur dire le Président ? Pourquoi cet empressement à les faire coller à Jospin ? Et pourquoi ce petit clin d'œil, à la fin de l'entretien, comme pour leur dire : « Après tout, faites comme bon vous semble… » ?

Le jour même, dans l'après-midi, une délégation des lambertistes est reçue par Lionel Jospin à son bureau de la rue de Solférino. La rencontre est officielle, presque solennelle. Aux côtés du premier secrétaire, Bertrand Delanoë, Roger Fajardie et Véronique Neiertz. Côté transfuges lambertistes, c'est la cohue : ils sont tout excités à l'idée de rencontrer « Michel ». Combien de fois n'ont-ils pas évoqué la réussite spectaculaire du « sous-m' », comme ils disent, de celui qui fut, voilà quinze ans, en « mission périscopique » (autre expression lambertiste) ? Sont présents Bernard Murat, le metteur en scène de théâtre, Benjamin Stora, historien, Michel Broué, mathématicien, fils de Pierre Broué, biographe de Trotski, Dominique Paganelli, journaliste, Marc Rozenblat et Philippe Darriulat, dirigeants de l'UNEF-ID, Jean Grosset, syndicaliste FO, Jacques Dupont, militant CGT. L'accueil est plutôt distant. Le premier secrétaire du PS écoute avec attention les motifs qui ont poussé ses interlocuteurs à venir le rejoindre. Il a adopté un ton neutre, un tantinet professoral. À la fin de l'exposé dont il possède une copie écrite, il relève quelques fautes d'orthographe, tel un enseignant pète-sec, puis laisse tomber d'une voix blanche, saccadée : « Comment envisagez-vous votre quotidien, aujourd'hui ? Vous savez, le PS est une formation moins concentrée sur le militantisme, plus lâche avec la théorie, plus souple avec les dogmes. Mais ne vous faites aucune illusion : le parti est capable d'absorber cinq cents militants... » Traduisez : si vous venez pour tenter de prendre le parti, ne vous faites aucune illusion, c'est vous qui serez avalés !

Douchés, quelque peu vexés, les ex-lambertistes sont déçus. L'« ancien de la maison » n'exprime pas le moindre signe de sympathie envers ses « cousins ». Il les regarde de haut, presque comme des ennemis. À quoi joue-t-il ?

Quand Jean-Christophe Cambadelis retourne le voir, rue de Solférino, en tête à tête, pour discuter de sa propre nomination au Comité directeur du PS, juste avant le congrès de Lille, l'ex-camarade « Michel » le reçoit froidement, à la manière d'un commissaire politique. Jospin, il est vrai, est dans tous ses états, car fabiusiens et mauroyistes ont déjà tenté de soudoyer certains copains lambertistes. Roger Fajardie, pour le maire de Lille, et

Laurent Fabius lui-même font campagne pour Cambadelis. À peine entré au PS, « Kostas » a plongé dans la guerre des chefs. Jospin, en pétard, le prévient : « Il n'est pas anormal que tu sois candidat au Comité directeur, mais ce n'est ni l'Élysée, ni Fabius, ni Fajardie qui décident. C'est le parti, et lui seul ! Tu ne peux plus négocier avec moi au nom d'une entité politique qui n'existe plus. »

Ulcéré, Cambadelis tombe de haut. En quittant Lambert et ses vieux démons d'un autre temps, il lui semble se retrouver chez les paranos. Il a l'impression que le premier secrétaire a laissé une herse s'abattre entre eux deux.

Quelques jours plus tard, il reçoit un appel de Marie-France Lavarini destiné à le rassurer. En fait, lui dit-elle, Lionel Jospin a ce comportement étrange avec les gens qu'il aime, comme pour se préserver de ses propres épanchements.

« Il te prend très au sérieux politiquement, lui glisse la collaboratrice du premier secrétaire. C'est sa manière à lui de te dire qu'il ne doit pas y avoir de connivence entre vous… »

Au bout de quelques mois, le nouveau venu sera à même de comprendre les petites et grosses colères de Jospin. Elles sont toujours d'ordre politique.

CHAPITRE 20

Le syndrome de Basedow

Il n'a même pas eu le temps de s'asseoir. Le docteur Pierre Godeau, de l'hôpital de la Salpêtrière, l'a regardé et lui a assené le diagnostic sans l'ombre d'une hésitation : « C'est une hyperthyroïdie ! » Il aurait pourtant dû s'en douter. Sa grand-mère paternelle, son père, sa sœur Agnès ont été atteints par cette affection héréditaire. Il en connaît tous les symptômes et est capable de les déceler chez n'importe qui. Mais, étrangement, pas sur lui-même. En ce mois de février 1987, Lionel Jospin est rassuré : au moins, il sait.

Depuis quelques mois, il souffrait d'un mal lancinant qu'aucun médecin n'était capable d'identifier. Son ami et confident Claude Allègre, qui dirige le groupe des experts du PS, l'a envoyé en consultation chez quelques sommités. D'autres intimes ont fait de même. En vain. À la fin de l'année 1986, Lionel Jospin est convaincu qu'il est atteint d'un cancer. Il multiplie les examens et demande qu'on ne mette pas sa femme Élisabeth dans la confidence. Il a perdu une dizaine de kilos, son visage s'est émacié, ses muscles semblent diminuer de volume. Il croit même qu'il a le sida et fait les tests, ceux-ci s'avèrent négatifs. Il confie : « J'ai dit à Élisabeth que je faisais un régime draconien. Je ne veux pas que les enfants s'inquiètent. » Le premier secrétaire vit dans l'angoisse et doit donner le change autour de lui. Mais ses proches se rendent bien compte qu'il n'est plus le même. Il transpire à la moindre contrariété, s'emporte pour un détail, ses mains tremblent légèrement. Ils pressentent une dépression. Ce sabreur infatigable n'est-il pas sur le devant de la scène depuis plus de quinze ans ? Est-ce cette guerre avec Laurent Fabius qui l'a épuisé nerveusement ? Rue de Solférino, on se souvient des mémorables colères qui s'emparaient de lui, auparavant si contrôlé, si distant, contre le « chouchou » de Mitterrand. Les journalistes non plus ne sont pas épargnés. Ainsi François Bazin, collaborateur du *Nouvel Observateur*, sans doute le meilleur connaisseur du PS de la presse française, subit ses foudres pour avoir écrit, dans un article sur la querelle Fabius-Jospin intitulé « La guerre des fils de Dieu », qu'au fond la seule chose à séparer vraiment les deux hommes, c'est « le jardin du Luxembourg ». Rendu fou furieux par cette pique acérée et néanmoins assez juste, Jospin, se retrouvant face au journaliste au cours d'un voyage, est à deux doigts de se laisser aller à l'agression physique : « Je ne suis pas un bourgeois, moi ! hurle-t-il. Avec ma femme, nous avons vécu dans des studios, sur des matelas posés par terre. » Homme placide, François Bazin en reste coi. Quelle mouche a piqué le premier secrétaire pour se livrer en public à un pareil esclandre, au risque de révéler une face secrète de sa personnalité ? D'autres journalistes, comme Judith Perrignon, de *Libération*, font aussi les frais des sautes d'humeur du premier secrétaire pour une formule insignifiante ou un article trop bien informé. Dans son bureau de la rue de Solférino, face à la journaliste terrifiée, Jospin s'emporte, explose, pointe un index menaçant vers elle, tel Zeus en furie. Judith Perrignon sort de cet ouragan hallucinée.

Dans son entourage, on pense que « le patron a sérieusement besoin de repos ». Jean-Marie Cambacérès, son nouveau chef de cabinet, lui organise alors un voyage en Chine pour les vacances de fin d'année 1986. Un éloignement ne lui fera pas de mal. Pourquoi ne pas profiter de l'invitation du PC chinois pour le faire changer d'air ? Lionel Jospin est ravi : il a déjà effectué un périple en Chine avec François Mitterrand en 1983. Autre avantage : il va pouvoir passer un peu de temps avec Élisabeth, qui se plaint de plus en plus de ses absences. Elle voit dans le parti une maîtresse qui lui vole son homme. Elle le lui dit régulièrement, lui téléphone en pleine réunion du Bureau exécutif pour qu'il n'oublie pas d'acheter de l'eau minérale ou des biscottes avant de rentrer à la maison. Il arrive même parfois que les enfants Jospin viennent passer des après-midi au siège du parti comme à une garderie. C'est dur d'être des parents modernes !

Pour pimenter politiquement ce vol à destination de Pékin, on propose à Pierre Joxe et à son épouse d'accompagner le couple Jospin. En fait, Lionel a fort envie de se réconcilier avec l'ancien ministre de l'Intérieur de Laurent Fabius. Celui que l'on surnomme au PS « le Sabreur maussade » exerce encore une énorme influence au PS et auprès de l'Élysée. L'animal politique peut encore mordre. Pourquoi ne pas tenter de conclure avec lui un armistice ?

Ainsi, pour le Jour de l'An 1987, Lionel et Élisabeth Jospin se retrouvent avec Pierre et Valérie Joxe dans l'Empire du Milieu. Ils visitent Pékin, Canton, Shanghai, Siam, Haina, prennent leurs petits déjeuners en commun, comme de vieux amis, sous la conduite inquiète et empressée de Jean-Marie Cambacérès, lui-même grand connaisseur du pays. Avec ces deux hommes, il peut s'attendre à tout. Jospin dit de Joxe : « C'est le seul homme avec qui, à la sortie d'un déjeuner de réconciliation, je ressors plus fâché qu'avant d'y être entré. » Mais, contrairement à tous les pronostics, les deux « jumeaux » ne se chamaillent pas. Pierre Joxe côtoie un Jospin « maigre comme un clou », épuisé, désirant se coucher tôt. Il le sent préoccupé, lointain, mais plutôt chaleureux avec lui, comme si leurs querelles passées n'étaient plus pour lui qu'un lointain souvenir. Joxe est presque ému par cette métamorphose qui n'a rien de simulé.

Par contre, côté épouses, le climat est loin d'être au beau fixe. Élisabeth, qui travaille depuis un an comme chargée d'études à Temps publics, la société de Jacques Pilhan, conseiller en communication de François Mitterrand, prend ce voyage officiel très au sérieux. Elle ne manque pas une occasion de signifier aux Joxe que l'invité de marque est son mari, et lui seul. Au pays de Mao, les autorités privilégient toujours un chef de parti sur un ministre, quel qu'il soit. Mme Jospin, très vétilleuse sur les questions de protocole, est reçue comme la femme d'un chef d'État. L'ancienne gauchiste de Mai 68 a beaucoup changé : l'ordre ne lui fait plus peur. Elle semble même goûter avec une certaine délectation le cérémonial des palais, fussent-ils communistes. Les Joxe ? Des collaborateurs de seconde catégorie. Sans même s'en rendre compte, elle creuse ainsi un peu plus le fossé qui sépare les deux hommes. Jean-Marie Cambacérès en est catastrophé. Vingt ans après leur première rencontre dans les couloirs du Quai d'Orsay, Joxe et Jospin sont toujours les « meilleurs ennemis du monde ». Fabius va pouvoir conserver son lieutenant le plus féroce pour des histoires de ronds de serviette !...

De retour à Paris, Jospin déjeune rue de Solférino avec ses proches, Vaillant, Strauss-Kahn, Schapira. Surpris par la métamorphose de son patron, qu'il trouve irascible, nerveux, Pierre Schapira le questionne : « Dis donc, Lionel, la cuisine chinoise ne t'a pas plu ? Tu n'aurais pas mangé du chien, par hasard ? »

Hôpital américain à Neuilly. Lionel Jospin subit des examens approfondis au laboratoire de médecine nucléaire : analyses biologiques et scintigraphie thyroïdienne. Cet examen s'effectue dans un établissement spécialisé, car il consiste à injecter de l'iode radioactive pour pouvoir observer le fonctionnement de la thyroïde. Résultat : Lionel Jospin est bien atteint d'hyperthyroïdie, résultant d'une affection auto-immune, la maladie de Basedow. Son origine ? L'hérédité, bien sûr. Lionel se souvient des colères titanesques de son père, de ses brusques changements d'humeur, de sa violence parfois. Il revoit sa sœur contrainte à dix-neuf ans d'interrompre ses études d'infirmière, elle aussi affaiblie par ce mal dont on maîtrise encore difficilement les causes.

Généralement, la maladie de Basedow se déclenche à la suite d'un grand stress, d'un accident ou du décès d'un proche. Ce choc provoque la production d'anticorps qui attaquent la thyroïde, cette dernière diffusant alors trop d'hormones dans le sang. L'organisme se met en surrégime. Conséquences : grande sudation, pouls rapide, polyphagie (consommation excessive de nourriture), amaigrissement, exophtalmie (saillie des globes oculaires), fonte musculaire, troubles nerveux (hyperirritabilité, instabilité émotionnelle). Le diagnostic du docteur Godeau était exact. Lionel Jospin est bel et bien atteint du syndrome de Basedow. Le grand patron de l'unité d'endocrinologie de l'hôpital lui prescrit un traitement assez simple à base de Néo-mercazole, un médicament qui freine l'activité des hormones de la thyroïde. Éventuellement, le patient peut prendre un bêtabloquant comme l'Avlocardyl, ralentisseur de l'activité cardiaque.

En fait, le praticien explique au malade que son corps vient de lancer un signal d'alarme : il aimerait bien souffler un peu. Il devrait peut-être faire une pause, ou tout au moins ralentir son rythme de vie. Le premier secrétaire du PS n'a malheureusement pas le choix. Il est à la tête d'une machine qui ne s'arrête jamais. Comment ne pas être stressé quand on passe tout son temps à résister à la pression des événements et à celle des hommes ?

Le docteur Godeau le prévient : « D'accord, continuez, mais soignez-vous avec une extrême rigueur, et respectez scrupuleusement les dosages. Vous reviendrez me voir régulièrement pour qu'on surveille tout cela. »

Respecter les dosages ? À la moindre erreur, les symptômes peuvent resurgir, entraînant le risque d'une rechute encore plus violente. C'est Nicole Baldet, l'une de ses plus proches collaboratrices, qui surveillera les prises de médicaments. Responsabilité aussi lourde que celle du médecin soignant d'une équipe du Tour de France ! Son poulain devra toujours être en forme, et il va en avoir sacrément besoin…

Quand il entame son traitement, Lionel Jospin a quarante-neuf ans, un âge à partir duquel le temps ne s'étire plus à l'infini. Là, pour la première fois de sa vie, il a eu peur. Lui, le militant obsédé par l'action, les combats, les conquêtes, éprouve un vague sentiment de lassitude. Il est fatigué de gouverner ce parti turbulent, épuisé d'affronter ses luttes intestines et les jeux sans cesse plus complexes du locataire de l'Élysée. Depuis deux ans, il guerroie sabre au clair pour ne pas tomber sous les coups de boutoir de Laurent Fabius.

L'ancien Premier ministre a compris que, selon la formule d'Henri Emmanuelli, « on n'hérite pas d'un parti comme d'une Aston Martin ». Aussi se bat-il et montre-t-il les dents. Elles sont acérées. Même si sa relation à Mitterrand n'est plus aussi idyllique, Fabius, qui répète qu'il n'a jamais possédé d'Aston Martin, mais une Lancia, reste le favori. En pleine affaire Greenpeace (juillet 1985), ou au moment de la visite controversée du Président polonais, le général Jaruzelski (2 décembre de la même année), le dauphin toujours bien mis a certes un peu agacé Mitterrand, mais sans plus. La brouille n'a pas duré. Le Président, surpris par le « trouble » causé à son fils prodige par la réception officielle du général communiste, lui rétorque : « Si je ne devais recevoir que des parangons de vertu, j'aurais beaucoup de temps libre ! » C'est le genre de phrase qui met Lionel Jospin hors de lui. En 1987, il n'a plus envie d'être celui qui fait passer les messages du Président aux militants socialistes, les « bons » et les « mauvais ». L'avaleur de couleuvres a le spleen. Après les élections législatives de mars 1986 où le PS, à la surprise générale, réalise plutôt un bon score (près de 32 % des suffrages exprimés) et où lui-même est réélu député de Paris avec sept autres socialistes, pratiquement à égalité avec le RPR, il aimerait prendre quelques distances, laisser la bride sur le cou pendant quelques mois à ses lieutenants : Bertrand Delanoë, responsable des fédérations, ou Daniel Vaillant, voire Dominique Strauss-Kahn, secrétaire national aux études, qui a remplacé Jean Pronteau, décédé en 1983 d'une attaque cérébrale au cours d'une séance du Bureau exécutif du parti.

À l'enterrement de son ami, fait rare, Lionel Jospin a pleuré. La mort de ce « grand frère » ex-communiste laisse en lui un vide énorme. À Jean Pronteau il pouvait tout dire, confier ses doutes, ses projets, ouvrir un peu le livre de sa vie privée, aussi. Aujourd'hui, le confident a changé. Il est rond, vibrionnant, chaleureux, parfois péremptoire, mais toujours ouvert et drôle : Claude Allègre, professeur de géophysique du globe, habite non loin du domicile des Jospin, près du jardin du Luxembourg. Ce grand spécialiste de la croûte terrestre et du mouvement des océans n'est pas perdu au Parti socialiste : là aussi, il doit apprendre les courants, les petits et grands séismes ! Bavard impénitent, brillant causeur, il bluffe le premier secrétaire par son énergie de collégien. Originaire de Lozère, ce provincial a un bon sens paysan qui éblouit Jospin le cérébral. Depuis plusieurs années, les deux hommes jouent ensemble au tennis, dînent avec femmes et enfants. Avec Allègre, Jospin peut enfin s'ouvrir. C'est à lui qu'il confie sa peur de la « terrible maladie », ses nuits d'insomnie et ses soucis conjugaux. À lui encore qu'il parle de son envie de tout plaquer, d'arrêter de courir les fêtes de la Rose, le dimanche, quand sa femme voudrait simplement faire un « tour au parc ». Mais il y a la situation politique : la montée brutale du Front national qui, grâce au scrutin proportionnel, obtient 35 députés à l'Assemblée nationale. Jean-Marie Le Pen distille son venin dans les travées. Jacques Chirac, Premier ministre de la première cohabitation, se met à son tour à ne plus supporter les « odeurs » des immigrés. Comment prendre l'air quand il devient si nauséabond ?

CHAPITRE 21

Le fief improbable

C'est un village de rêve dans un décor bucolique et verdoyant : Cintegabelle, perché sur une colline au bord de l'Ariège, niché au cœur des terres cathares. Depuis la mairie, on peut contempler, au sud, la chaîne des pics pyrénéens qui gardent la plaine comme une armée immobile. Le ciel est d'un bleu limpide. Depuis les coteaux, le regard se perd sur les étendues de maïs et de blé dur. La commune est tout aussi riche d'Histoire. Ici les cathares ont résisté à l'envahisseur venu du Nord, Simon de Montfort, pour défendre leur liberté, les principes de tolérance et de respect de l'autre. À Cintegabelle on trouve des vestiges de cette époque ; ils rappellent que le village était au Moyen Âge un haut lieu sur la route du pastel, quand l'Ariège était encore navigable.

Cintegabelle : le nom claque comme un roulement de tambour et sent la France profonde. Un nom idoine pour Lionel Jospin qui peine depuis tant d'années à s'enraciner dans un fief électoral. Peut-être a-t-il trouvé là son point de chute ? La circonscription, située à une trentaine de kilomètres au sud de Toulouse, en Haute-Garonne, est facile d'accès depuis l'aéroport de Blagnac. Pour le premier secrétaire du PS, c'est l'occasion ou jamais. Ses adversaires ne passent-ils pas leur temps à lui flanquer les étiquettes d'apparatchik, d'intellectuel parisien, de planqué du suffrage universel ? Le Président lui-même, si attaché au terroir, lui en a fait reproche à plusieurs reprises : « En France, il faut des racines, lui a-t-il dit. Vous ne pouvez pas tenir longtemps en politique sans un lieu de repli, un refuge où vous pouvez, quand les temps deviennent difficiles, vous ressourcer, recharger les batteries. »

Au début de sa carrière politique, Lionel Jospin a préféré s'investir à Paris pour des raisons familiales, mais aussi parce qu'il est profondément un homme de la Seine, un banlieusard amoureux du bitume parisien. François Mitterrand le Charentais a besoin de fouler l'humus de la Nièvre pour se sentir en harmonie avec lui-même :

> « Il ne ratait jamais une occasion de se plonger dans sa circonscription, raconte Pierre Favier[1]. Parfois, il m'appelait le dimanche matin pour l'accompagner. Il partait seul, en train, dans la Nièvre. On sentait qu'il avait un besoin physique de retrouver la terre, mais aussi les gens. Dans sa circonscription, il connaissait l'histoire de tous les passages à niveau, par exemple, les employés de la SNCF qui y logeaient. C'était fascinant. Je connaissais suffisamment le personnage pour savoir qu'il ne me jouait pas la comédie. »

Lionel Jospin a-t-il l'âme d'un provincial ? Sa formation politique chez les trotskistes, son parcours au Quai d'Orsay, puis au Parti socialiste, lui ont plutôt donné le goût de l'infiniment grand, des équilibres géostratégiques. Il aime

1. Pierre Favier et Michel Martin-Roland, *La Décennie Mitterrand*, Le Seuil, 1990-1991, 2 vol.

planer au-dessus d'un planisphère. Dès qu'il aborde les questions internationales, son regard s'éclaire. Il se sent dans son élément. « Je me souviens d'un rapport qu'il avait fait en 1973 sur la politique de Nixon en Amérique du Sud après le coup d'État au Chili, raconte son ami Pierre Schapira. C'était époustouflant ! » Rien ne le prédispose donc à jouer les « laboureurs » de circonscription rurale. On murmure même, dans son entourage, que le terroir « lui porte sur les nerfs et l'ennuie très vite ». L'homme a besoin de voguer sur les hauteurs, pas de traîner ses bottes dans les champs de maïs. Mais, nécessité politique oblige, il lui faut forcer sa nature. Quitter Paris, d'où les chiraquiens peuvent l'évincer à tout moment. Mais est-il vraiment prêt ?

Du côté familial, ses enfants Hugo et Éva sont entrés dans l'adolescence. Ils sont plus autonomes. L'idée d'une nouvelle existence entre Paris et Toulouse ne les choque pas. Pour Élisabeth, pas question de s'installer sur les bords de la Garonne. Toute sa vie, son métier sont dans la capitale. Paris est son espace vital. Elle viendra de temps en temps pour le soutenir, mais elle ne jouera pas le rôle de la parfaite épouse. Qu'on ne compte pas sur elle pour être la « madone des meetings » !

Quand il débarque à Toulouse au cours de l'été 1986 pour prendre la tête de la liste socialiste à une législative partielle au scrutin proportionnel, le premier secrétaire du PS n'est pas accueilli à bras ouverts. Il dérange déjà. Il a pourtant frappé avant d'entrer. « Pour être accepté chez les socialistes toulousains, quel que soit votre rang dans la hiérarchie, mieux vaut mettre des patins... », précise un militant. Avec Jean Carassou, premier secrétaire fédéral, professeur de latin-grec au célèbre lycée Fermat, il organise prudemment, durant l'été, son « parachutage ». Objectif : atterrir en douceur pour ne pas froisser les susceptibilités des « barons » locaux et se faire, si possible, plébisciter par la base – la fameuse base si chère au militant Jospin !

Grâce au très diplomate Carassou, Lionel Jospin se pose sur la pointe des pieds place du Capitole. Mais, très vite, il commet des bourdes.

Un de ses plus fervents supporters, Jacques Lévy, avocat toulousain réputé, organise un dîner à son domicile pour le leader parisien, début septembre 1986, avec les principaux notables de la ville. Au menu : foie gras et vins de Fronton. À l'ordre du jour : qui es-tu, Lionel Jospin ? Parmi les convives, il y a le bâtonnier de l'Ordre des avocats, le président de l'université des sciences sociales et le président d'une des plus grosses sociétés d'HLM de l'agglomération toulousaine. Jacques Lévy et sa femme Catherine, productrice de télévision, sont aux petits soins. La conversation s'engage et, là, surprise : le premier secrétaire est muet, presque glacial ! C'est tout juste s'il répond aux questions qu'on lui pose. Le repas devient surréaliste : les invités regardent le plafond, on entend les mouches voler ; le bâtonnier, homme de verbe et plutôt bon enfant, tente quelques bons mots, évoque la situation politique locale. Sans effet. Il a en face de lui une statue. À la fin du repas, n'y tenant plus, le juriste toulousain fulmine et lance à Jospin : « Mais enfin, est-ce que vous pouvez nous expliquer ce que nous faisons là, monsieur ? » Sortant soudain de son hébétude, le premier secrétaire engage enfin la conversation. Au troisième verre de cognac, vers 1 heure du matin, il va mieux ; l'atmosphère s'est enfin détendue. Mais le mal est fait : la rumeur du Parisien qui se moque de Toulouse comme de sa première chemise court déjà la ville. Ses colporteurs ? Ceux qu'on surnomme les « papies-cassoulet », les hiérarques socialistes de la région, tous septuagénaires : Alex Raymond, président du conseil régional Midi-Pyrénées ; Léon Eeckhoutte, président du conseil général de Haute-Garonne ; Louis Lareng, député, fondateur du SAMU ; André Méric, sénateur.

Ces notables accrochés à leur fief réclament des certificats de « gasconnitude » à leur patron. Péniblement, le premier secrétaire rappelle à tout bout de champ que sa mère est originaire du Tarn-et-Garonne. Il commet là une petite erreur, pas tout à fait innocente : en fait, Mireille Jospin est née à Tonneins, dans le Lot-et-Garonne. Elle n'est donc pas originaire de Midi-Pyrénées, mais d'Aquitaine. D'où est née la confusion ? De la Seconde Guerre mondiale, quand la famille Jospin quitte Paris, en 1939, pour La Magistère, dans le Tarn-et-Garonne, où Lionel fait une année de classe maternelle. À Toulouse, on interprète ces petits arrangements avec l'Histoire comme des « ruses de Parisiens qui nous prennent pour des Indiens ».

Ils révèlent bien autre chose : Lionel Jospin a un problème de racines. D'où tient-il ses attaches ? De Saint-Quentin, dans l'Aisne, aux portes de la Belgique, où son père a vu le jour ? De Tonneins, fief protestant, hanté par le souvenir des martyrs des dragonnades, où sa mère est venue au monde, mais où il n'a pratiquement plus de famille ? De Meudon, la ville de Louis-Ferdinand Céline, où il a passé sa petite enfance, mais qui porte la tache sombre du passé de son père ? De Chamigny, en Seine-et-Marne, où la famille a vécu des années heureuses ?

Jospin n'éprouve pas ces états d'âme. Ce n'est pas un homme du passé. Il est délibérément plongé dans le présent, l'action. Ce qui l'intéresse essentiellement, pour reprendre une expression mitterrandienne, c'est « ici et maintenant ». « C'est un sauteur d'obstacles, explique Yves Lebas. Quand il est sur une haie, il ne donne jamais le sentiment de s'interroger sur la suivante. » Ses attaches seraient-elles donc exclusivement intellectuelles ? À Maurice Benassayag, conseiller de François Mitterrand, avec qui il discute des dangers d'émiettement du PS en petits fiefs locaux, clubs, associations, il lance, excédé : « J'en ai marre, de ces histoires de clubs, de réseaux. Moi, ma seule terre, c'est le socialisme ! » Il ne ment pas vraiment : n'est-il pas né sous le portrait de Jaurès, un soir d'été 1937 ?

À Toulouse, son adversaire politique, le maire de la ville, Dominique Baudis, ancien présentateur de journal télévisé sur *TF1* et sur *FR3*, député de Haute-Garonne, sait très bien, lui, d'où vient Jospin : du Nord. De ce pays lointain, noyé dans les brumes, au-dessus de la Loire et même encore plus haut. Le Nord, dans l'inconscient toulousain, c'est le monstre du Loch Ness. Avec une habileté rare, le locataire du Capitole distille son venin : « Tout cela a des relents de croisade », répète-t-il sur les ondes. L'allusion est à peine voilée : le maire de Toulouse compare Jospin à Simon de Montfort, le baron sanguinaire venu du Nord qui, au XIIIe siècle, a massacré les comtes de Toulouse, défenseurs de la civilisation cathare. À la mairie, on lance le slogan à destination des cafés-comptoirs du centre-ville : « Simon de Monfort, c'était le parachuté du Moyen Âge. Aujourd'hui, c'est Jospin ! » En coulisses, les « amis » socialistes tiennent à peu près le même langage.

Contre-attaque de l'envahisseur : il se met à porter le béret basque, il chante *Montagnes Pyrénées*, apprend quelques refrains en occitan. Il sillonne les marchés du département, de Saint-Gaudens à Revel en passant par Colomiers. Il écume les étables, dévore du magret de canard, croque le fromage de chèvre du Comminges, court les vestiaires des clubs de rugby. Il se donne sans compter. Le marathonien veut plaire aux Toulousains, mais tente trop un passage en force. Ses slogans de campagne sont calamiteux. Le premier, « Un homme, en vrai », met les Toulousains mal à l'aise. Que veut-il dire ? Qu'il nous fait l'honneur de venir en chair et en os sur les berges du canal du Midi ? Ou bien encore qu'ici, au pays du rugby, il n'y a pas de vrais hommes ?

L'autre slogan qui envahit les murs de la ville, « La gauche met le turbo », n'est pas mieux reçu. Personne n'a compris que Jospin allait enfin donner un coup d'accélérateur au PS local, en faire autre chose qu'un club de retraités ; en lisant « turbo » sur les affiches du premier secrétaire, les Toulousains ont pensé : « Jospin jamais là ! » Résultat : le 28 septembre 1986, Dominique Baudis l'emporte largement avec près de 46 % des suffrages exprimés contre un peu plus de 37 % à Lionel Jospin. Le leader du premier parti de France n'a pas mobilisé sur son nom. Il a modestement honoré son contrat : quatre députés socialistes sont élus : Jacques Roger-Machart, mauroyiste, Gérard Bapt, fabiusien, Pierre Ortet, CERES, et lui-même. Pas de quoi pavoiser sur une terre colorée à gauche.

Il faut pourtant rebondir. Lionel Jospin tire vite le bilan de son équipée sudiste. S'il veut un jour compter ici, il faut qu'il s'installe vraiment. Il loue d'abord un appartement derrière la place Jeanne-d'Arc, près de la gare Matabiau, puis déniche un joli pied-à-terre quai de la Daurade, sur les bords de la Garonne, un immeuble de brique rouge abrité de platanes centenaires, avec vue sur le fleuve. Il peut enfin convaincre qu'il se trouve là pour y rester.

Pourtant, le courant ne passe pas encore. Allez comprendre : les Toulousains le respectent mais ne l'aiment pas. Sans doute parce qu'il n'a pas encore la liste des rues et des monuments de la ville parfaitement en tête. Exemple : un jour, plusieurs mois après son installation, il croise un peintre britannique qui expose un fusain représentant la célèbre église des Jacobins. « Vous reconnaissez ? » lui demande l'artiste anglais. – Facile, répond Jospin, péremptoire. C'est la basilique Saint-Servain[1] ! » L'anecdote a couru comme une traînée de poudre et fait beaucoup rire.

Dans son bureau de l'hôtel de ville, Dominique Baudis se frotte les mains. Ses lieutenants n'ont même plus besoin de dire du mal du « Parigot » : il suffit de le laisser faire.

Ainsi, pour montrer son attachement à Toulouse, il accorde des entretiens à la presse dans son nouvel appartement, hors la présence de son épouse. Fier de lui, il annonce tout de go : « J'ai un frigidaire et même un fer à repasser. » Goguenards, les journalistes locaux lui demandent : « Avec la planche, aussi ? »

Bien plus tard, une nouvelle erreur de communication plombe un peu plus sa réputation d'homme de passage. Le 22 février 1988, il est l'invité de l'émission d'Anne Sinclair et Jean-Marie Colombani, « Questions à domicile », en direct de Toulouse. Stupeur du réalisateur : l'appartement

1. *Libération*, 22 novembre 1986.

paraît vide, inhabité. En catastrophe, des amis filent au magasin Ikea acheter meubles et bibelots. On demande aux techniciens de garder le secret. Évidemment, le lendemain, le stratagème est éventé. Et les Toulousains de ricaner devant tant de maladresse.

À la mairie, on boit du petit-lait. Jospin n'arrive décidément pas à se débarrasser de son parachute ! Le mot lui donne des boutons. Quand le publicitaire de BDDP, Damien Lechon, évoque devant lui son problème d'image, il pique une colère noire : « Je ne suis pas un *parachuté* ! Soyons clairs : si vous dites cela, nous arrêtons de travailler ensemble ! »

Comment lutter contre une évidence ? Jospin n'est pas toulousain. S'il veut conquérir la mairie, il lui faudra des années. Il commande un sondage : il n'a aucune chance ; Baudis est indétrônable. Paradoxe de cette ville si espagnole, remuante, musicale, ouverte, un brin anarchiste, où naquit Carlos Gardel et où vécut Jean Jaurès : elle aime la discrétion, la réserve, le quant-à-soi. Sur les bords du canal du Midi, il ne faut jamais dire qu'on « met le turbo ». Les Toulousains sont des pères peinards. Ils veulent vivre à leur rythme, languide et festif. Lionel Jospin n'a pas compris Toulouse, il n'a pas su la séduire. Peut-on rattraper un rendez-vous manqué avec une cité aussi fière ?

Certains le poussent à persévérer. Surtout parmi ses ennemis. Il faut qu'il soit candidat à la mairie en 1989. Pour le parti, pour Toulouse, il ne peut se dérober. Mais Lionel Jospin, prudent, sait qu'il doit s'interdire de prendre le moindre risque. Il ne s'en relèverait pas. Il dit : « Je ne vais pas donner la tête du premier secrétaire du Parti socialiste à un petit baron de province ! » Toulouse s'éloigne ? Il lui faut trouver un autre point de chute. Ce sera donc Cintegabelle, la 7e circonscription de Haute-Garonne, au sud du département, loin, le plus loin possible des « papies-cassoulet » et de l'arrogant Baudis. Là, au moins, il est sûr d'être élu. Un fief, c'est un havre de paix, pas une poudrière.

Aux élections législatives suivantes, il est élu dès le premier tour, le 5 juin 1988, député de Haute-Garonne avec 56,75 % des suffrages exprimés. Ses adversaires se moquent de cette victoire à la soviétique. « Ici, même une chèvre avec une pancarte socialiste se ferait élire au premier tour ! » lancent-ils, perfides.

Quelques mois plus tard, il devient conseiller général du canton. Là encore, il a dû croiser le fer pour être investi par les militants socialistes de sa section. Explication : la base a rechigné à adopter le « cador ». Curieusement, sa stature d'homme d'État impressionne et dérange les militants ruraux. Il a beau tout tenter pour leur être sympathique, ils ne veulent pas de lui. Il n'y est pour rien : il est trop grand, trop intelligent, trop inaccessible.

> « Au début, raconte Christian Brunet, maire de Cintegabelle, ce n'était pas la personne qui nous rebutait, mais plutôt le fait qu'il allait déranger notre train-train quotidien. C'est comme si on disait à un curé de campagne que le pape va vivre désormais plusieurs jours par semaine chez lui. Il chercherait une ruse pour qu'il aille ailleurs. Nous, c'était un peu ça. On se disait : pourquoi nous ? »

Pourquoi nous ? Cette question lancinante, les « historiques » du PS qui verrouillent la fédération depuis des décennies se la posent chaque jour. Ils conspirent, complotent, manigancent pour chasser l'intrus. D'autres que Jospin ont été victimes, dans l'histoire du PS, du

« nationalisme toulousain » : André Rousselet à la fin des années cinquante, puis André Savary au début des années soixante-dix. Ces ténors parisiens n'ont pas résisté longtemps à l'inertie fatale des « barons » socialistes locaux.

Dans ce climat d'arrière-salle de boxe, le ministre tient bon. Mais il commet une nouvelle faute : il néglige les élus qui sont disposés à l'aider dans son entreprise de rénovation de la fédération. Il s'entoure de gens nouveaux, à peine trentenaires, totalement étrangers à l'ancienne histoire toulousaine. Ils viennent du Tarn, comme Kader Arif, ou de l'Ariège, comme Michel Teychennes. Avec ses deux lieutenants enthousiastes, généreux, disponibles et surtout d'une fidélité absolue, le ministre de l'Éducation nationale forme une équipe dynamique, mais dépourvue d'expérience politique. En l'espace de quelques semaines, Lionel Jospin dilapide le peu de capital de sympathies qu'il avait su réunir. Jacques Roger-Machart, député proche de Pierre Mauroy, initiateur, avec Jean Carassou, de son « parachutage », regrette son attitude :

> « Nous étions nombreux à sauter au plafond quand il est arrivé. Nous allions enfin pouvoir dépoussiérer notre fédération, rénover nos sections. On avait un nouveau patron, brillant, pragmatique. Mais il a joué en solo ; il est arrivé avec Jacques Pilhan et n'a pas voulu connaître l'avis des locaux en matière de communication. Je n'ai pas compris, car il avait la réputation de jouer en équipe ; et là, il faisait l'inverse. Il nous a peut-être un peu pris pour des Zoulous… »

Cet isolement lui coûte cher. À l'instar des bourgeois de Calais, les « papies-cassoulet » vont offrir la fédération de Haute-Garonne à Laurent Fabius et à ses amis. Une livraison clés en main, inespérée pour le tout nouveau président de l'Assemblée nationale. Comment Lionel Jospin, attendu comme le Messie par de nombreux militants, en est-il arrivé là ? Sans doute dévoré par un agenda trop chargé, le ministre de l'Éducation n'a pas mesuré à quel point il était difficile d'être partout à la fois : à Toulouse, à Cintegabelle, à Paris, et surtout chez lui, à son domicile, rue Servandoni. Où le torchon brûle.

CHAPITRE 22

Les fantômes de Gaston

Cette fois, il marche sur l'eau ! Il irradie. François Mitterrand *for ever*, grand parmi les grands. Après Clemenceau, de Gaulle, il entre enfin dans l'histoire de France. Quand il est réélu président de la République contre Jacques Chirac avec 54 % des voix, le 8 mai 1988, l'hôte de l'Élysée joue les blasés, dit à ses proches : « Vraiment, quatorze ans, ce sera long… », mais personne n'est dupe. Il est en lévitation ! Durant toute la campagne électorale, il a surclassé son adversaire avec l'assurance bonhomme d'un propriétaire terrien que rien ne saurait déranger. La France ? Il la comprend par toutes ses fibres. Il la porte en lui et se sent par là dépositaire d'un bien éternel. Qui pourrait lui contester ce lien ?

Il n'a plus d'ennemis. Il est le patriarche, l'homme qui aura redonné à la gauche une légitimité historique. En outre, cette fois, il a toutes les cartes en main. Il a atomisé la droite et son chef, il a réduit le Parti communiste à la dimension d'un petit compagnon de route inoffensif, il a aussi affaibli le PS qui, sous l'impulsion de Lionel Jospin, semblait vouloir couper le cordon ombilical avec l'Élysée.

Ah, Lionel Jospin ! Celui-là, le fidèle à la nuque raide, le faux orthodoxe, il est prêt, quand cela l'arrange, à n'importe quelle extravagance ! Depuis plus de deux ans, il n'est plus le même. Il lui arrive même de se montrer imprudent. Comme le 14 mai 1987, au cours du Comité directeur du PS, quand, en pleine discussion sur la nécessaire solidarité entre le gouvernement et le parti, il a l'idée saugrenue de proposer aux socialistes que le premier secrétaire soit automatiquement Premier ministre. Une manière de s'autoproclamer candidat à Matignon. La ficelle est si grosse qu'elle passe pratiquement inaperçue. Quelle maladresse ! Mitterrand, lui, réagit tout de suite en ironisant sur cette lecture « baroque » de la Constitution de la Cinquième République. Le projet exhale des relents « léninistes », mais le Président pardonne. Ce garçon a une telle envie d'être chef du gouvernement qu'il lui arrive de « rêver à voix haute ».

Si au sein du PS cet étonnant faux pas du premier secrétaire a surpris, sans plus, le stratège de l'Élysée observe de près, quant à lui, la métamorphose de sa « créature ». L'élève obéissant multiplie en effet les actes d'indiscipline. Principal reproche du Président : l'amitié de Jospin pour Michel Pezet, patron de la fédération PS des Bouches-du-Rhône. Michel Pezet est le héros d'un drame shakespearien qui obsède Mitterrand. L'histoire mérite d'être contée.

Il était une fois, à Marseille, un leader socialiste vieillissant, Gaston Defferre, maître absolu du port, des savonneries, du milieu et de l'OM. Le 5 mai 1986, la malédiction s'abat sur la ville : à l'issue d'une réunion politique au cours de laquelle son dauphin, Michel Pezet, l'a mis en minorité, Gaston Defferre rentre chez lui humilié, meurtri. Le vieux cacique n'a pas supporté la défaite. Victime d'un malaise, il tombe et se fracasse le crâne contre le rebord d'une table basse. Il meurt seul dans son appartement près du Vieux-Port. L'enquête diligentée est formelle : c'est un accident. Mais à Paris, pour François Mitterrand, c'est un meurtre politique : Pezet, le parricide, a « tué » le vieux lion de la Canebière, l'ami indéfectible, celui qui, avec ses mandats de la fédération marseillaise, lui a offert le PS au congrès d'Épinay, en 1971. Un geste qu'il n'oublie pas. Lors de l'enterrement, Mitterrand jure de venger « Gaston »[1]. Il voue alors une haine inexpiable à ce Brutus si proche, on l'a vu, de Lionel Jospin. Jamais, décrète-t-il, Michel Pezet ne sera maire de Marseille. Il y veillera et emploiera toutes ses forces à le « détruire » politiquement.

On imagine la pièce jouée au palais des Papes d'Avignon avec Lionel Jospin dans le rôle de l'entremetteur. À plusieurs reprises, le premier secrétaire plaide en effet la cause de Michel Pezet, mais rien n'y fait. L'insistance de Jospin irrite même le Président. Avec des méthodes dignes d'un César romain, il impose un illustre inconnu, Robert Vigouroux, comme successeur de « Gaston » à la mairie. Ce Vigouroux n'a pas d'expérience politique, pas de compétences particulières pour gérer Marseille la turbulente ? Peu importe ! Le Président l'entoure de conseillers, lui fournit les meilleurs experts en communication, l'invite régulièrement à l'Élysée. Jean-Louis Bianco, Michel Charasse, Pierre Joxe, Jacques Pilhan

1. *Les Enfants de Gaston*, Serge Raffy, Lattès, 1989.

sont priés de veiller sur ce « régent » sorti de nulle part, que Mitterrand entoure de tous les soins. Dans sa cruelle et injuste vindicte, Mitterrand n'oublie pas les petits calculs politiques : en éliminant Michel Pezet, proche de Lionel Jospin, il favorise Laurent Fabius. Dans cette guerre des Montaigu et des Capulet, le premier secrétaire doit à tout prix sauver Pezet s'il veut lui-même survivre. Douloureux dilemme, car en protégeant son ami, il se place dans le camp des « traîtres ».

Mitterrand ne le lui pardonne pas. Il lui fait payer cette insoumission en l'éloignant de son état-major de campagne pour l'élection présidentielle. Vexé, Jospin se sent victime de nouveaux caprices du monarque. Mis hors jeu, le 12 avril 1988, en pleine campagne, il s'élance en direction de l'avenue Franco-Russe où se trouve le staff du candidat, saute sur le paletot de Pierre Bérégovoy, Henri Nallet et Christian Sautter. Il est déchaîné ! Pourquoi un tel coup de sang ? Il tempête contre le slogan « France unie » qui n'est pas – sacrilège ! – dans la ligne du parti. Il estime que Mitterrand prépare un nouveau coup de Jarnac : une alliance avec les centristes, dont lui-même ne veut absolument pas. Ce débat a été tranché lors du dernier congrès, à Lille, le 3 avril 1987 ; l'idée de Front républicain défendue par Fabius y a été enterrée. Et voilà que Mitterrand la ressort de son chapeau au mépris de toutes les règles de fonctionnement du Parti socialiste ! Au trio qu'il a sous la main, Lionel Jospin lance sur un ton de procureur :

« Quelle est votre légitimité pour que des gens de votre équipe puissent faire des déclarations qui engagent une ligne politique qui n'est pas celle du PS ? Comment fonctionne cette campagne ? Quelle est la place du parti ? »

Une heure plus tard, à l'Élysée, au cours d'un déjeuner avec le Président, il récidive et pose à nouveau la question. François Mitterrand fait le sourd. Toujours à veiller sur les dogmes, les doctrines, les principes, ce Jospin est décidément trop raide, trop sectaire. « Un pisse-froid », dit-on alors dans l'entourage du candidat Mitterrrand. Celui-ci, en pleine bataille contre Jacques Chirac, n'est pas en état d'écouter les jérémiades du patron du PS. À l'Élysée, on murmure que Jospin n'a pas de nerfs. C'est un bon puncheur : c'est vrai, il a osé affronter Jean-Marie Le Pen sur *RTL*, le 22 juin 1987 : il n'a pas terrassé l'ogre d'extrême droite, mais il a cogné comme un sourd et l'a battu aux points. Peu de dirigeants socialistes auraient relevé le gant. Mais, depuis quelque temps, il est vraiment trop nerveux. Notablement amaigri, il a les yeux exorbités. Les symptômes de son hyperthyroïdie sont flagrants.

Au lendemain de son sacre, François Mitterrand II doit désigner son nouveau Premier ministre. Il hésite d'abord entre Pierre Bérégovoy et Roland Dumas, ceux du cercle rapproché. Ils ont les compétences, les nerfs, mais sont presque trop proches du Président : plus tard, peut-être. Le premier aura l'Économie, le second les Affaires étrangères. Il pourrait aussi appeler Jospin, mais ce dernier a fait un tel forcing pour obtenir le poste qu'il s'est disqualifié lui-même. Matignon ne se donne pas comme une médaille de bonne conduite. À force de répéter qu'il a fait, durant sept ans, le « sale boulot », il a fini par indisposer le Président. En annonçant, le 22 février 1988, son intention de quitter la direction du PS, quoi qu'il arrive, après l'élection présidentielle, il a mis le chef de l'État dans l'embarras.

À son actif, il a parfaitement géré la « candidature virtuelle » de Mitterrand durant de longs mois – huit exactement – sans jamais cracher le morceau. Jospin a le sens de l'*omerta*. Il a joliment orchestré l'opération du « vrai-faux secret » qui a débuté le 14 juillet 1987 à Latché. Ce jour-là, Mitterrand a convoqué sa garde rapprochée : Roland Dumas, Pierre Joxe, Claude Estier, Louis Mermaz et Lionel Jospin. Il leur a confié : « Préparez-vous à l'hypothèse de ma candidature, mais si vous la laissez entendre, je vous démentirai… » Peu après, François Mitterrand a fait quelques pas seul avec Lionel Jospin. Le premier secrétaire l'a interpellé :

Jospin : – Nous devons réserver des salles dès aujourd'hui, préparer la logistique de la campagne que le parti démarrera début janvier. Et puis il y a un problème : nous avons besoin de maîtriser un planning très précis. Quand allez-vous annoncer votre candidature ?

Mitterrand : – À peu près à la mi-mars.

Jospin : – Cela veut dire que nous allons faire une campagne pendant huit mois sans candidat ? Avec Rocard qui est déjà en lice…

Mitterrand : – Rocard, j'en fais mon affaire !

Pauvre Rocard, embarqué dans un jeu où tous les dés sont pipés. Il joue les candidats intérimaires avec une constance de vaincu, sans jamais avoir été mis dans la confidence. Et François Mitterrand de jouer l'Arlésienne, de provoquer et concentrer, comme disent les communicants, « toujours plus de désir » sur sa personne : une activité qui le ravit ! Il a choisi la posture idéale : celle du chasseur en planque, dissimulé dans les sous-bois, attendant son heure. Le maire de Conflans-Sainte- Honorine, lui, reste à découvert, jouant involontairement le rôle de leurre. Alors, Rocard à Matignon, pourquoi pas ? Pourquoi pas l'ennemi héréditaire dont la nocivité n'est plus qu'un vestige du passé ? L'éternel rival, tout compte fait, constitue un formidable contrepoids. Grâce à lui et surtout contre lui, le vainqueur d'Épinay a toujours réalisé l'unité du PS et ainsi maintenu sa suprématie sur l'appareil. Dans sa munificence, le Président réélu serait presque tenté de lui dire merci. Il commence même à éprouver une forme de compassion à son égard. Il faut dire que, durant ces deux années de cohabitation, Mitterrand s'est découvert un nouvel ennemi autrement plus coriace : Jacques Chirac, son Premier ministre... Le 4 décembre 1987, il se décide à aviser Rocard qu'il sera candidat. Le leurre peut quitter la course. Il l'invite à déjeuner à l'Élysée et lui explique pourquoi il veut aller lui-même à la bataille. L'œil noir, la voix éraillée par la haine, le Président vise les chiraquiens : « Je veux qu'ils s'en aillent ! dit-il. Je veux les écraser moi-même ! »

Au bout du compte, Mitterrand choisit Rocard pour Matignon. Lionel Jospin est profondément déçu. Il n'est plus au centre de l'échiquier. Il n'est plus premier secrétaire. Le Président ne lui manifeste plus les mêmes signes de confiance. Sa réélection ? Il ne la doit qu'à lui-même, qu'à son génie politique. Le Parti socialiste et Lionel Jospin ? Ils n'existent que par lui. C'est ce que les conseillers de Mitterrand II commencent à murmurer à l'oreille du monarque : Jospin n'a rien à revendiquer. Il réclame le Quai d'Orsay, son corps d'origine ? Pas question de le lui céder. Il joue les maîtres d'école ? Il écopera d'un grand ministère de l'Enseignement. Dépité, amer, Lionel Jospin est reçu à l'Élysée. Il n'a obtenu ni Matignon ni les

Affaires étrangères ? Son rang dans le parti mérite au moins un titre de numéro deux du gouvernement. Mitterrand, royal, lui accorde le titre de premier ministre d'État du gouvernement Rocard, et lui glisse d'une voix de confesseur: « Rocard n'est là que pour six mois. Il fallait bien lever l'hypothèque. Après, c'est votre tour. Préparez-vous… »

Le premier ministre d'État sort de son entretien tout requinqué, persuadé qu'il n'est pas banni, comme d'aucuns le prétendent. La preuve : Mitterrand a placé son nouveau Premier ministre sous haute surveillance. Il a encerclé Rocard avec sa garde de fer à tous les postes clés : Bérégovoy à l'Économie, Roland Dumas aux Affaires étrangères, Pierre Joxe à l'Intérieur, Jack Lang à la Culture, Michel Delebarre aux Affaires sociales. Du grand art.

Le titulaire de Matignon est déjà muselé. En sursis. Est-ce le stress qui provoque chez Michel Rocard, le 15 juin 1988, en plein Conseil des ministres, une terrible crise de coliques néphrétiques ? Après la réunion, le Président, père protecteur, l'emmène dans ses appartements et l'installe dans son propre lit, puis, à son chevet, le réconforte d'une voix sucrée :

« Vous savez, la réussite d'un homme, ce n'est jamais sa réussite politique. Il y a tant d'autres choses dans la vie ! Sincèrement, je vous souhaite l'épanouissement personnel. C'est très important. »

Comme un enfant, Michel Rocard est raccompagné par un Mitterrand tout pétri de compassion. « Quand il fait le chat, qu'il ronronne et devient tout miel, rappelle Claude Estier, président du groupe socialiste au Sénat, il faut se méfier. Cela veut dire qu'il va mordre. »

Sous ses manières onctueuses de prélat romain, Mitterrand cache une fureur noire. Ce qu'il redoutait s'est produit. Il a été trahi, quelques jours plus tôt, sans le moindre scrupule. Le coup qu'il pressentait est venu de Marseille : de Michel Pezet, l'ami de Jospin. Son instinct politique ne l'avait pas trompé. Le 13 mai 1988, au cours d'une réunion au Sénat, salle Clemenceau, les membres du Comité directeur appartenant au courant AB (Mitterrand-Mauroy) ont désigné Pierre Mauroy comme nouveau patron du PS, contrairement aux vœux du Président qui avait ouvertement appelé à voter pour Laurent Fabius. Dans un climat de putsch, les comploteurs ont défié ouvertement Mitterrand. L'analyse du vote est limpide : Mauroy a été désigné par 63 voix contre 54 et 1 bulletin nul. Pourtant, les fabiusiens étaient persuadés de l'emporter. Laurent Fabius avait réussi à convaincre Michel Pezet de voter pour lui. Mais, dans le secret des urnes, le patron de la fédération de Marseille a changé d'avis et offert ses 6 voix au maire de Lille. Le camouflet est cinglant. Le « petit marquis de la Canebière», comme le surnomme Mitterrand, s'est à son tour vengé : cinq jours après sa réélection, l'autorité du Président est contestée.

Pour l'Élysée, ce complot est signé Jospin, le grand manipulateur qui veut toujours, depuis son ministère de la rue de Grenelle, contrôler l'appareil du parti. N'a-t-il pas fait placer aux postes stratégiques deux de ses fidèles : Henri Emmanuelli, l'impétueux député des Landes, en numéro deux du parti, et Daniel Vaillant aux fédérations ?

Dans cette opération de verrouillage, un homme apparaît de plus en plus dans l'ombre de Lionel Jospin : Jean-Christophe Cambadelis. On a beaucoup vu « le Grec » négocier avec Michel Pezet, le « parricide », durant les pauses. Jean Poperen, dirigeant historique, lâche cette sentence définitive à propos de la conjuration de la salle Clemenceau : « C'est la prise du pouvoir par les trotskistes ! » Ancien professeur d'histoire à Janson-de-Sailly, Poperen ne parle pas au hasard. Vieux routier des combats d'appareil, il a longtemps côtoyé et accueilli les trotskistes dans son organisation, Tribune communiste, vers la fin des années cinquante.

Lionel Jospin n'a pas relevé l'invective. Il a gagné une nouvelle manche contre Fabius. Mais, cette fois, il se retrouve seul. Il a humilié son « père », François Mitterrand. Il croit s'être émancipé ? Il va le payer au prix fort.

CHAPITRE 23

Néron et les fausses factures

Il a quitté Élisabeth après de longs mois de brouille et d'incompatibilités multiples. Il s'est installé en célibataire dans son appartement de fonction, rue de Grenelle, pour pouvoir se consacrer à plein temps à sa nouvelle tâche : préparer l'école des années 2000. Il a pris cette décision la mort dans l'âme. Les enfants, Hugo et Éva, sont des adolescents en âge de comprendre la séparation de leurs parents. Près de vingt-cinq ans de vie commune : un livre qui se referme. Il aurait préféré une rupture plus douce, plus harmonieuse ; en règle générale, elles n'existent que dans les manuels de psychologie. On y explique aux enfants que, si l'on ne s'entend plus, il est préférable de prendre des chemins différents, que tout vaut mieux que le mensonge.

C'est Claude Allègre, l'ami et le confident, qui fait le lien entre les « divorcés ». Il porte les messages, s'occupe des enfants. Il joue le rôle de l'oncle bienveillant, toujours disponible. Derrière ses coups de gueule, ses emportements, Allègre dissimule une affectivité à fleur de peau, un cœur gros comme ça.

Élisabeth, elle, s'oriente depuis quelques mois vers de nouvelles activités. Elle pratique la photographie et voyage beaucoup. Un de ses reportages sur le Brésil a été exposé à la Maison de l'Amérique latine, à Paris. Un autre est consacré à la vie quotidienne sur les bords de Loire, de la source à l'estuaire. Un jour, le cabinet de Lionel Jospin au ministère reçoit un appel de Côte d'Ivoire. L'ambassadeur de France prétend que la femme du ministre est à ses côtés, dans son bureau. Elle désire monter une petite expédition photographique dans le désert et réclame un hélicoptère. Faut-il lui procurer un appareil de l'armée ? Furibard, Jospin hurle un « non » catégorique.

Quelques jours plus tard, à son retour en France, Élisabeth est « convoquée » rue de Grenelle et se fait tancer comme une écolière. Les collaborateurs laissent passer l'orage et ne posent aucune question ; le ministre est déjà suffisamment en pétard à cause de Michel Rocard. À peine installé à Matignon, l'homme aux « mille idées » donne l'impression de vouloir être non seulement Premier ministre, mais aussi ministre de l'Éducation nationale. Fils d'un grand physicien, Rocard n'a jamais caché sa passion pour l'enseignement, mais il semble que cette inclination se soit transformée en obsession après ses premiers entretiens en tête à tête avec le Président.

François Mitterrand a des comptes à régler avec Jospin, le renégat. Pas question de lui faire le moindre cadeau. Il laisse entendre à Michel Rocard que le dossier de l'école est, comme toujours depuis Jules Ferry, une bombe à retardement. Il faut donc agir avec délicatesse :

« Jacques Chirac, souligne-t-il, a perdu pour ne pas avoir retiré suffisamment tôt son projet de réforme de l'Enseignement supérieur. Conséquence : il a subi une des plus dures grèves étudiantes de la décennie. Il y a eu la mort de Malik Oussékine. Et puis, rappelez-vous, monsieur le Premier ministre, nous avons nous-mêmes failli être chassés à cause de la loi Savary, hein ?… Il faut être prudent. Or Jospin, vous le savez, n'est pas très souple… et c'est un ministre novice… »

Traduction : tenez la bride au « petit nouveau » de la rue de Grenelle. Michel Rocard empiète donc en permanence sur les plates-bandes du ministre de l'Éducation. Mais Lionel Jospin, malgré sa culture protestante, n'est pas du genre à tendre l'autre joue quand on le gifle. Le 21 juin, il fait paraître à la une du *Monde* un article incendiaire intitulé « Gouverner mieux ». Un missile de gros calibre. Il y donne des leçons de gouvernance au « tout nouveau » Premier ministre. « C'était un coup de semonce, explique un collaborateur de Lionel Jospin, histoire de prévenir Rocard que Jospin n'était pas un jouvenceau et qu'il pouvait lui nuire… »

Dès les premières semaines, le nouveau gouvernement est transformé en champ de mines. Ulcéré, Michel Rocard convoque Jospin à Matignon. Il lui lance :

« Tu n'es plus ministre d'État ! Ce que tu as fait est intolérable. J'ai pris ma décision, je préviens Mitterrand ! »

Rouge de colère, Lionel Jospin lui répond sur le même ton :

« Dis-moi de quel droit tu viens sur mon territoire ! Peux-tu me dire quels sont tes domaines de compétence et quels sont les miens ? Tu ne me tiens au courant de rien. Je suis totalement court-circuité. Soyons clairs : si je ne suis plus ministre d'État, je démissionne et tu te fais un ennemi à vie ! »

Jean-Paul Huchon, directeur de cabinet de Michel Rocard, qui assiste à la scène, est pris de panique. Un mois à peine après la constitution du nouveau gouvernement, ces deux-là se chamaillent déjà comme des gosses. Il faut à tout prix calmer le jeu et éviter que l'Élysée n'en vienne à se mêler de cette histoire. Huchon téléphone à Claude Allègre qui a un statut de conseiller spécial au ministère de l'Éducation : il est le seul à pouvoir ramener Jospin à la raison. « J'ai cru qu'ils allaient en venir aux mains, se souvient Jean-Paul Huchon. J'ai sonné l'alerte générale. » Par chance, Allègre et lui s'entendent à merveille. Ils ont une faculté qui fait terriblement défaut à leurs patrons : l'humour. Ils ont aussi suffisamment de recul pour percevoir et décrypter ce qu'ils appellent les « flèches empoisonnées » lancées depuis le « Château ». Mitterrand, qu'on croyait devenu contemplatif après sa réélection, a repris du service…

Claude Allègre décrète donc un cessez-le-feu : un déjeuner est organisé sur-le-champ entre les deux hommes. Le climat ne s'améliore pas pour autant entre eux. Ils auraient pourtant tout intérêt à s'entendre, car à l'Élysée Mitterrand ne fera aucun cadeau : il attend la faute de l'un ou de l'autre. Chirac éliminé, Michel Rocard retrouve sa place de tête de Turc.

Une scène de la vie quotidienne à l'Élysée est révélatrice des sentiments qui habitent alors le Président. Lors de la première intervention télévisée du Premier ministre, François Mitterrand est installé à son bureau en compagnie de Maurice Benassayag. Il écoute, immobile, le chef de son gouvernement. Brusquement, il se tourne vers son collaborateur et lui dit :

« Benassayag, pouvez-vous noter la phrase que vient de prononcer Rocard, s'il vous plaît ? »

Le conseiller s'exécute. La phrase consiste dans une longue digression technocratique dans un sabir épouvantablement compliqué comme Rocard en use et abuse trop souvent. À la fin de l'intervention télévisée, le Président prend son stylo Montblanc, avec une lenteur toute théâtrale, et demande à Maurice Benassayag de lui relire le texte. Avec application, il couche la phrase par écrit, se lève, la relit en silence, et lâche en quittant la pièce : « Pauvre type ! … »

Au ministère de l'Éducation, Lionel Jospin travaille dur. Il se consacre jour et nuit à sa nouvelle fonction. Il croit à la vertu du travail, du mérite. Il répète, avec la conviction d'un ouvrier maçon : « Je fais mon boulot. » Pour contrer ceux qui rêvent de le voir échouer à son poste, il réagit en jouant les « bêtes de somme ». Tout l'inverse du Président à qui son éducation chez les pères maristes a forgé une âme de cynique à toute épreuve. Sceptique et fataliste, François Mitterrand ne croit ni au salut ni au mérite. Les empressements de Jospin à bien faire et à réclamer un bon point ne l'amusent même plus. Il nourrit trop de ressentiment à son encontre. Comme Rocard, il le place sous haute surveillance. À l'Élysée, ses conseillers pour les problèmes d'éducation sont fabiusiens. Au Parti socialiste, le secrétaire national à l'éducation n'est autre que Fabius. Au ministère du Budget, Jospin a pour interlocuteur Michel Charasse, le samouraï du Président, ami et partisan de Laurent Fabius. Du côté syndical, à la toute-puissante FEN (Fédération de l'Éducation nationale), on murmure que son secrétaire général, Yannick Simbron, a succombé aux sirènes fabiusiennes. Enfin, chez les lycéens, la toute récente Fédération indépendante et démocratique des lycéens, la FIDL, est sous le contrôle de Julien Dray, député de l'Essonne, ancien militant trotskiste devenu un « petit chouchou » du Président, et proche de Laurent Fabius. Comment ne pas se sentir un brin persécuté, dans un tel climat ?

Encerclé, pratiquement en « liberté surveillée », Lionel Jospin, pour desserrer l'étau, choisit la tactique du bélier. Il « fonce dans le tas ». Il est tout de même à la tête de la première entreprise de France avec 1 200 000 salariés et un budget de plus de 200 milliards de francs. Le chantier qu'il veut lancer ? D'abord, revaloriser de toute urgence les salaires enseignants. Pour obtenir des moyens, il brandit la menace d'un nouveau Mai 68, moins libertaire et plus revendicatif. Les enseignants sont sous-payés depuis trop longtemps ; il sera le ministre qui leur rendra leur dignité. Il doit agir vite. Il débloque 12 milliards de francs sur cinq ans, mais réclame toujours un peu plus. Dans le même temps, il crée les IUFM (instituts universitaires de formation des maîtres), lance le plan « Université 2000 », bouscule les syndicats tout en jouant la concertation permanente. Son équipe, sous la houlette d'Olivier Schrameck, directeur de cabinet, avec Pierre Moscovici, Pierre Schapira, Nicole Baldet, Marie Lavarini et, bien sûr, l'incontournable Claude Allègre, se dépense sans compter. Parmi les tâches les moins nobles, il faut batailler avec Michel Charasse que les conseillers de Jospin surnomment « Raspoutine ». Les réunions budgétaires avec l'« âme damnée de Mitterrand » sont épiques. On s'y injurie copieusement. Charasse est accusé d'orchestrer une campagne antiJospin. Dans le rôle d'Harpagon, le ministre du Budget reproche au ministre de l'Éducation d'être « trop dépensier », d'« arroser le sable », de favoriser outrageusement les enseignants au détriment des élèves et de la qualité de l'enseignement. Il parle de gabegie. Cet « apparatchik qui se prend pour un homme d'État » tire sur Jospin au lance-flammes. Pierre Moscovici, jeune énarque proche de Dominique Strauss-Kahn, fils du psycho-sociologue Serge Moscovici, est effaré par les méthodes de Charasse, ses excès, ses déclarations outrageantes. Un jour, n'y tenant plus, il quitte brutalement une réunion budgétaire. Il en a la nausée. Non, la politique n'a rien d'une partie de whist…

Jean-Paul Huchon en sait quelque chose. Bon vivant, pince-sans-rire, amoureux des bons mots, le très jovial directeur de cabinet du Premier ministre organise un soir un dîner à Matignon avec quelques amis. Lionel Jospin est à sa table ; un peu raide, il semble s'ennuyer. Pour détendre l'atmosphère, Huchon propose de raconter une blague de potache. Les convives, Michel Durafour et Pierre Arpaillange, opinent du chef. Jospin ne répond pas. Jean-Paul Huchon se lance avec gourmandise :

« C'est l'histoire d'un singe qui rencontre un lion dans la jungle. Le lion saute sur le singe et le sodomise. Le singe s'enfuit en courant, se cache partout où il peut, dans des grottes, dans des arbres, mais le lion parvient toujours à le retrouver. Après une longue traque, le singe se retrouve en plein désert, le lion toujours à ses trousses. Il se cache derrière un cactus, mais le lion en rut finit par le débusquer. Alors, en catastrophe, le singe prend *Le Monde*, se cache derrière et fait semblant de lire. Le lion lui demande s'il n'a pas vu passer un singe. Oui, répond le singe. Ah bon, poursuit le lion, l'info est déjà dans le journal ? »

Autour de la table, on rit de cet humour de corps de garde. Sauf Lionel Jospin. Le ministre de l'Éducation foudroie le conteur de son œil des mauvais jours. Il se lève sans un mot et s'en va. Pétrifié, Jean-Paul Huchon regarde ses voisins. Son hôte s'est-il senti visé par cette blague lourdaude ? Qu'a-t-il compris ? Qui était pour lui le singe, qui le lion ?

Marseille, début février 1989 : en pleine campagne pour les élections municipales de Marseille, Michel Pezet, candidat officiel du PS, apprend que son directeur de cabinet est en garde à vue à l'Évêché, siège de la PJ. On lui reproche d'avoir participé à un vaste trafic de fausses factures impliquant de nombreux élus du Sud-Est. Il a compris : on a résolu de l'abattre. Pour lui, il ne fait aucun doute que le coup vient de l'Élysée et de Pierre Joxe, ministre de l'Intérieur. François Mitterrand n'est pas homme à lâcher sa proie. Contre le PS lui-même, le Président a poussé le bon docteur Vigouroux – le « maire de pacotille », comme le surnomment les militants socialistes – à se représenter à l'hôtel de ville. Fait sans précédent : le Président soutient un candidat indépendant qui a été désavoué par les instances nationales du PS. Généralement, ce type d'affrontement a lieu en coulisses. Cette fois, Mitterrand ne se dissimule même plus. Il attaque à découvert. Son but ? Éliminer impitoyablement Pezet afin de récupérer la fédération frondeuse des Bouches-du-Rhône et l'amener à soutenir Fabius au prochain congrès, à Rennes en mars 1990.

En quelques jours, l'affaire des fausses factures de Marseille devient l'affaire Pezet. Le candidat officiel du PS mène campagne dans un climat empoisonné. Il est pratiquement oublié par le quotidien *Le Provençal*, à la botte de la veuve de Gaston Defferre, Edmonde Charles-Roux, qui lui voue une haine mortelle. Pezet le paria, le pestiféré, connaît quelques moments de réconfort : contre l'oukase présidentiel, Lionel Jospin l'invite à « L'Heure de vérité », à la télévision, le place aux premières loges, face aux caméras, et lui renouvelle, en direct, son amitié et son soutien. Le message à destination du Président vaut quasiment déclaration de guerre. Pierre Mauroy et plusieurs « éléphants » du parti le défendent eux aussi publiquement. En vain. Discrédité, Michel Pezet est balayé. Finalement, le chouchou de Mitterrand, Robert Vigouroux, qui, grâce à l'activisme mondain d'Edmonde Charles-Roux, bénéficie d'un soutien enthousiaste de l'intelligentsia parisienne, de Pierre Bergé à Bernard-Henri Lévy, est réélu maire de Marseille. La fédération socialiste rentre dans le rang et se rallie à Laurent Fabius. Mitterrand a eu sa revanche. Michel Pezet a beau hurler au complot politique, accuser Pierre Joxe, ministre de l'Intérieur, devenu le vieil ennemi de Jospin, d'avoir lui-même monté une opération policière contre lui, le mal est fait.

Mitterrand lui avait pourtant envoyé un émissaire, Louis Mermaz, pour tenter de trouver un arrangement : un poste de secrétaire d'État contre son retrait de la course à la mairie ; mais Michel Pezet n'en a pas voulu. C'est seulement après son refus que la foudre judiciaire s'est abattue sur lui. L'enquête, étonnamment orientée dans sa direction, visait également le bon Robert Vigouroux et Jean-Claude Gaudin. Curieusement, ceux-ci n'ont pas été inquiétés. Motif : *après* les élections, la justice a annulé toute une partie du dossier pour vice de forme. Pour tous les observateurs du monde judiciaire, il s'agit d'un enterrement de première classe.

Michel Pezet mis hors jeu, affaibli pour plusieurs années, est désormais inoffensif. Tout peut renter dans l'ordre. L'affaire devrait en rester là. Sauf qu'un petit grain de sable nommé Antoine Gaudino va bousculer ce scénario...

Inspecteur à la brigade financière de la PJ marseillaise, tout comme son collègue Alain Mayot, ce flic hors pair, teigneux et malicieux, n'aime pas qu'on le prenne pour un imbécile[1]. En enquêtant sur cette histoire de fausses factures marseillaises, il a mis la main sur une affaire bien plus énorme. Elle concerne le financement de l'ensemble du Parti socialiste, de ses élus et de ses campagnes électorales. Via la société Urba-Gracco, il met au jour tout un système de corruption, d'« argent noir » versé aux élus socialistes pour leurs campagnes par les plus grandes entreprises du bâtiment, dont la plus importante d'entre elles, la SAE, et sa filiale la Sormae. Il réunit des documents accablants sur le financement de la campagne présidentielle de François Mitterrand, en particulier au travers de la société Multiservices. Les informations recueillies par le policier et son collègue sont explosives : le Président n'a pas déclaré l'intégralité de ses comptes de campagne. Si la justice va jusqu'au bout, son élection pourrait tout bonnement être invalidée. La rumeur court les rédactions parisiennes : le chef de l'État a triché. Antoine Gaudino vient de déclencher une affaire d'État.

Michel Pezet avait prévenu Pierre Joxe : « Ce que tu fais est irresponsable ! En me tuant, tu ouvres la boîte de Pandore ! » Joxe lui jure qu'il n'est pour rien dans ses malheurs. Pezet n'en croit rien. Enragé, il menace :

1. Lire *L'Enquête impossible*, d'Antoine Gaudino, Albin Michel, 1990.

« Certains croient désherber, et ils mettent le feu à la forêt[1]… » L'avertissement est plus que sérieux : si l'instruction va à son terme, ce n'est pas seulement Mitterrand qui est en danger, mais la totalité des élus socialistes, députés, sénateurs, maires, conseillers généraux réunis. L'affaire Urba n'est pas un scandale, c'est une bombe atomique. À l'Élysée, l'ambiance est apocalyptique. « Il fallait à tout prix désamorcer cette histoire, se souvient un conseiller au ministère de la Justice. On ne pouvait pas finasser : il fallait tout bloquer ! »

Coïncidence ubuesque : le ministre de la Justice en exercice, Henri Nallet, a été le trésorier de la campagne de François Mitterrand ! Une incroyable course-poursuite s'engage alors entre le garde des Sceaux et l'intrépide Gaudino. Pendant que les cerveaux de la chancellerie peaufinent une riposte juridique, l'inspecteur marseillais découvre que l'activité de la Sormae est divisée en deux zones : Sud pour la région méditerranéenne, Nord pour un secteur situé autour de Lyon. On ne l'avait jamais mis sur cette piste. Sans doute sur ordre, ses supérieurs ont-ils fait en sorte qu'il se cantonne à Marseille ? Il file à Lyon et perquisitionne au siège de la Sormae-Nord. Là, bingo : il tombe sur des fausses factures concernant le département de la Nièvre. Plus précisément « un projet de circuit de formule 1, à Magny-Cours, soutenu par le pilote Guy Ligier, par le ministre des Finances Pierre Bérégovoy, maire de Nevers, et par le président de la République lui-même, raconte l'enquêteur marseillais. Nous relevons de savants calculs intitulés "Financement Béré". Cet aspect du dossier

1. *Le Nouvel Observateur*, 24 août 1989.

ne sera jamais vérifié[1] ». Et pour cause : Henri Nallet fait annuler en catastrophe l'intégralité de la procédure. Le coup n'est ni élégant, ni discret, mais il permet au PS d'échapper, pour un temps, à la déflagration.

« Mitterrand, en tuant Pezet, a failli nous mettre tous sur la paille », confie un lieutenant de Jospin. Cette affaire qui conduira tout de même à l'inculpation d'Henri Emmanuelli, trésorier du PS, débouchera sur la plus calamiteuse des lois d'amnistie. Emmanuelli, député des Landes, briscard de la politique, ira seul au front, la tête haute, et paiera la note « pour toute la famille ».

Désormais, à la direction du Parti socialiste, la haine se lit dans les regards. La guerre des clans n'a plus rien de politique. Certes, toutes les ambitions personnelles sont respectables. Mais Mitterrand l'apprenti sorcier est allé trop loin : il a bien failli incendier sa propre maison. Au PS, les caprices du Prince ont réveillé les pires rancœurs. Lionel Jospin, écœuré, s'éloigne déjà de ce Président à qui il doit tant, mais qui, au fil des mois, entouré de petits courtisans, se transforme en monarque arrogant et impitoyable. Devant lui, les échines se courbent de plus en plus bas, les flatteries lui font papillonner les yeux. Il ne réalise pas quel traumatisme représente l'affaire Urba pour les militants. Dans un accès d'amertume, Pezet, amateur d'opéra et de tragédie grecque, lance publiquement : « Mitterrand, c'est Néron ! » D'autres dirigeants socialistes le pensent tout bas. Dans un pareil climat, le prochain congrès sera forcément sanglant.

1. *Le Point*, 15 octobre 1990.

CHAPITRE 24

Hamlet chez les Bretons

« Si vous voulez survivre, il vous faut adopter une tactique toute simple : vous attrapez la queue du Minotaure et vous ne la lâchez plus. Vous risquez d'être éclaboussé de merde, mais vous êtes sûr de ne pas prendre de coup de cornes ! »

Conseiller en communication de François Mitterrand, Jacques Pilhan vient de rendre son verdict. Pour durer à Matignon, Michel Rocard n'a pas le choix : il doit tenir la queue du Minotaure Mitterrand ! Jouer l'huître, la sangsue, le pot de colle. Lier son destin à celui du locataire de l'Élysée. Ne pas laisser se creuser la moindre distance entre eux deux. Michel Rocard traduit en langage cycliste : « Il faut que je lui suce la roue. »

Interloqué, le Premier ministre écoute cet homme qui est devenu en quelques années l'un des oracles du microcosme politique français. Pilhan est avant tout un professionnel de la communication. Quand Michel Rocard lui a proposé de venir, rue de Varenne, lui prodiguer quelques conseils, il n'a pas hésité. Par jeu, par malice, et avec l'accord du Président, il fait la navette entre l'Élysée et Matignon. Un exercice de haute voltige, quand on connaît la rivalité entre les deux plus hauts personnages de l'État. Étonnant Jacques Pilhan ! Grand amateur de bordeaux – il est originaire de la ville –, il a une vision freudienne, mais également très inspirée des tragiques grecs, de la vie politique. Dans son cabinet-conseil du cours Albert-Ier, sur les rives de la Seine, à deux pas du pont de l'Alma, il reçoit avec, à ses côtés, son ami et collaborateur Jean-Luc Aubert, psychanalyste placide et silencieux qui lui sert de miroir. Les deux complices ont vu déferler le Tout-Paris politique. Ils décortiquent les ressorts psychologiques, les névroses, les inhibitions, les forces et faiblesses de ces « princes qui nous gouvernent ».

Pilhan est passionné par la relation Mitterrand-Rocard. Il est abasourdi par la candeur enfantine du Premier ministre face au « jésuite charentais ». Il faut donc le protéger à tout prix de ses épanchements de premier communiant face au « Père ». Pour veiller à la bonne application de ses recommandations, Jacques Pilhan a un complice dans la place, Jean-Paul Huchon, le directeur de cabinet du Premier ministre. Joyeux drille, amoureux des bons mots et autres calembours, cet énarque atypique, rond et gourmand, est hilare quand il évoque le « coup du Minotaure ». L'idée lui plaît. Il veille à ce que son patron respecte la tactique Pilhan qu'il traduit à sa manière par : « marquage à la culotte ».

Le résultat est là : deux ans après sa nomination à Matignon, Michel Rocard, contrairement à toutes les prévisions, est toujours en place. François Mitterrand ne lui donnait qu'« un an au grand maximum ». Surprise : Rocard est populaire, sa cote dans les sondages est excellente. Le « boy-scout de Conflans » n'a pas « explosé au premier coup de grisou ».

Autre point positif : au bout de quelques mois, d'exécrables, les relations qu'il entretenait avec Lionel Jospin, ministre de l'Éducation, se sont pacifiées. Claude Allègre et Jean-Paul Huchon, les deux compères, ont organisé régulièrement des dîners à quatre pour mieux faire connaissance.

> « Ils se méfiaient l'un de l'autre sans avoir jamais vraiment passé de temps ensemble, raconte Jean-Paul Huchon. Du coup, ils ont pu parler de leur scoutisme chez les protestants, de l'époque du PSU, quand ils étaient tous deux gauchistes, de leur jeunesse, quoi ![1]... »

Mais cette réconciliation n'a rien de nostalgique. En ce début d'année 1990, ils préparent conjointement un rendez-vous qui risque d'être musclé : le congrès de Rennes. L'enjeu est toujours le même : barrer la route à Laurent Fabius. Lionel Jospin est persuadé que le président de l'Assemblée nationale souffre d'un handicap insurmontable pour s'emparer de la direction du PS : la base militante ne l'aime pas. Fabius, c'est l'homme de la « gauche des châteaux », du « parti à l'américaine », qui veut transformer les « militants socialistes en majorettes McDonald's ». Il se trompe : pendant qu'il se débattait avec les syndicats enseignants, Fabius a labouré les fédérations socialistes, il s'est livré à un *lobbying* forcené, a invité des centaines d'élus à l'hôtel de Lassay, à l'Assemblée, il a joué la politique des petits fours et des petites tapes dans le dos. Depuis l'Élysée, François Mitterrand a employé toute son énergie à aider son favori. Il a beaucoup reçu, lui aussi. Et, finalement, le « socialisme hôtelier » de Fabius s'est révélé efficace.

1. Entretien avec l'auteur.

Le 5 mars 1990 en fin de journée, Lionel Jospin reçoit dans son bureau de la rue de Grenelle une estimation des résultats du vote des militants sur les sept motions qui leur seront soumises à Rennes. Stupeur : Laurent Fabius arriverait légèrement en tête, avec 30 % des voix, devant la motion Mauroy-Jospin, qui en obtiendrait 29 %. Cette victoire dans un mouchoir prend le ministre de l'Éducation au dépourvu. Il réagit violemment en distillant certaines confidences aux journalistes présents : « Fabius a triché, leur dit-il. Il a utilisé des méthodes de voyou ! C'est à la limite de la forfaiture ! » Qu'aurait donc commis son rival de si abominable ? Le ministre de l'Éducation évoque des subventions accordées en haut lieu – pense-t-il à l'Élysée ? – à des maires pour les inciter à voter Fabius, des chantages exercés sur des militants employés municipaux, des menaces proférées contre des secrétaires fédéraux. Un collaborateur de Lionel Jospin parle de « méthodes de mafieux ». À quelques jours de l'ouverture du congrès de Rennes, programmé pour les 16, 17 et 18 mars, le ton est donné. Les couteaux sont sur les tables.

Jospin le fidèle, le gardien du Temple, le « chien de berger de Mitterrand », n'a plus le moindre état d'âme. Il sait qu'il joue sa survie politique. Si Laurent Fabius s'empare du parti, il est condamné. À Toulouse, au cours d'une réunion fédérale, sur un ton de général en guerre, il déclare devant des militants médusés :

« Il n'y a plus de courant mitterrandiste. Commençons d'abord par rassembler ceux qui souhaitent maintenir l'authenticité d'un parti de militants ! »

Lionel Jospin vient de « tuer le père ». Il signe là officiellement sa rupture avec François Mitterrand. Même s'il s'en défend :

« Moi, j'ai réglé mes problèmes avec mon papa à l'âge de seize ans ! Après, je ne me suis jamais choisi de père. Ma relation avec Mitterrand n'a jamais été paternelle ou filiale. Je ne voulais pas être reconnu par lui comme fils ou comme héritier[1]. »

Il n'est ni le fils ni l'héritier, mais il entend garder les clés de la maison, ce parti qu'il a dirigé pendant tant d'années et que le monarque offre au « chérubin comme une voiture de sport » ! Même s'il se refuse à utiliser le mot, il est jaloux : il ne comprend pas la passion du vieil homme pour ce « marquis » qui, « si on le laissait faire, nous traiterait comme des larbins» ! Jospin vivant, le PS ne sera jamais un « pourvoyeur de gens de maison pour nouveaux riches » !

Dans la précipitation, il organise une contre-offensive. Puisque le mitterrandisme n'existe plus, il faut inventer une nouvelle majorité au sein du Parti socialiste. Sur les chapeaux de roues, il passe un accord avec Pierre Mauroy et Jean-Pierre Chevènement, eux aussi peu pressés d'abandonner le parti au président de l'Assemblée. Mais l'attelage paraît bien instable : politiquement, en effet, le maire de Lille et le député de Belfort ne sont pratiquement d'accord sur rien. Ni sur l'Europe, ni sur la Défense, ni sur la politique économique. Ils n'ont en commun que leur détestation du « chouchou du Vieux », et une certaine conception du militantisme. Pour eux, les militants ne sont pas de « simples pantins qui remuent des drapeaux les jours d'élection ». Tel est le leitmotiv ressassé en boucle aux

1. Entretien avec Gérard Leclerc et Florence Muracciole in *Lionel Jospin. L'héritier rebelle*, *op. cit.*

socialistes lassés par cette interminable guerre de succession.

À Rennes, les délégués au congrès observent, effarés, leur direction désemparée, privée de gouvernail, n'obéissant plus à aucune règle. Le PS est un gros bateau ivre. Un orchestre symphonique sans partition ni chef. À l'Élysée, François Mitterrand passe ses journées au téléphone. Ses émissaires, Roland Dumas, Édith Cresson, Christian Sautter et Michel Charasse, le tiennent informé des moindres soubresauts, des rumeurs de travées, des messes basses, des coups tordus. Le Président est « en manque ». Il aime humer l'air des salles enfiévrées des commissions. Au « Château », il s'ennuie. Quand il retourne à l'Élysée, il a coutume de dire : « Bon, je rentre à la niche… » Il n'a qu'une envie : être à Rennes au milieu des siens, à comploter, compter et recompter les mandats, repérer les hésitants, les veules, les tueurs, les mandarins, les roitelets de province, les jeunes loups, toute cette humanité concentrée et frémissante qui, désormais, lui échappe. Dans cette extraordinaire partie, Mitterrand, le montreur de marionnettes, paraît cette fois dépassé par les événements. La situation qu'il croyait contrôler est devenue insaisissable. Tout le monde ment à tout le monde. Pierre Mauroy, qui avait fait alliance avec Jospin, promet au Président de s'allier à Fabius pendant le congrès. Lionel Jospin promet à Mitterrand de ne pas s'allier à Rocard. Roland Dumas et Édith Cresson jurent fidélité au Président, mais se ravisent en débarquant à Rennes. « Quand nous sommes allés voir Jospin, se souvient Édith Cresson, nous lui avons dit : "Il faut tuer le Petit." » « Le Petit » ? Fabius.

En coulisses, à la commission des résolutions, la « cuisine de tous les marchandages », les dirigeants socialistes cherchent désespérément un compromis introuvable. Jean-Paul Huchon et Claude Allègre, qui s'entendent comme larrons en foire, sont à la manœuvre pour leurs patrons respectifs. Après deux nuits de palabres, une nouvelle alliance, peu à peu, se constitue, la pire de toutes pour François Mitterrand, et qui le met en fureur : un axe Rocard-Jospin ! Le Premier ministre et l'ancien premier secrétaire main dans la main pour terrasser l'hydre Fabius ! La mise à mort du « chouchou » n'est plus qu'une question d'heures. En apprenant la nouvelle, le Président est littéralement ivre de rage. Rocard lui avait pourtant promis de ne pas intervenir dans ce congrès ! Il n'en est pas moins descendu à Rennes, à l'hôtel Altéa, chambre 301. Là où logent Lionel Jospin et les autres dirigeants socialistes. Le Premier ministre est resté dans sa chambre durant tous les débats, en contact permanent avec Jean-Paul Huchon.

Le 16 mars, Pierre Mauroy, affolé, rencontre Rocard en tête à tête à l'hôtel Altéa. Le premier secrétaire le prévient : « Si tu t'allies à Jospin, tu franchis la ligne rouge : tu vas tout casser. Tu veux vraiment quitter Matignon ? » Rocard lui répond, hilare : « J'ai déjà fait mes valises[1] ! »

Au fil de ces tractations éprouvantes, Lionel Jospin, qui a pourtant donné son « feu vert » à l'opération Rocard, semble encore hésitant. Dans la nuit du vendredi 17 au samedi 18, vers 4 heures du matin, sans doute accablé par le stress, prostré, groggy, incapable de prononcer un mot, il est victime d'une crise d'hyperthyroïdie. Certains de ses interlocuteurs croient à un simple « coup de pompe », d'autres à une « ruse de Sioux ». Si le ministre de

1. Cité dans *La Haine tranquille*, de Robert Schneider, Le Seuil, 1993.

l'Éducation a craqué, c'est sans doute qu'il mesure déjà les dégâts psychologiques provoqués par ce coup d'État mal préparé. Dans la grande salle du congrès, les délégués vocifèrent, trépignent, écœurés, pour le plus grand bonheur des chaînes de télévision. Ils hurlent « Assez des magouilles ! », insultent certains dirigeants, crient « Béré aux chiottes ! », « Fabius au poteau ! », se moquent de Pierre Mauroy, pathétique maître de cérémonies.

> « Tout s'écroulait autour de moi, reconnaît lucidement l'ancien Premier ministre. Par la fenêtre, je regardais la lune ; elle seule me restait fidèle. »

Malgré le courroux de la base, malgré les pressions de l'Élysée, malgré les efforts désespérés de Pierre Mauroy pour sauver les apparences et présenter une majorité même de façade, pour la première fois dans l'histoire du Parti socialiste, un de ses congrès débouche sur le vide.

> « Il n'y avait ni motion de synthèse, ni majorité, ni secrétariat, ni Bureau, ni premier secrétaire. Rien ! raconte Claude Allègre[1]. Quand nous l'avons annoncé au congrès, on a eu droit à une bronca historique. Les militants ne comprenaient rien. Ils sifflaient. Quand Jospin parlait, les fabiusiens sifflaient, et vice versa ! »

La plongée aux Enfers ne fait que commencer.

Dans l'opinion, le congrès a des effets dévastateurs. Il révèle un PS devenu une machine totalement livrée aux ambitions personnelles d'une poignée d'hommes. Auparavant, ils avaient la décence de l'hypocrisie ; les

1. *Toute vérité est bonne à dire*, de Claude Allègre, Fayard-Robert Laffont, 2000.

petits arrangements pour les postes se concluaient dans l'ombre, à mi-voix. À Rennes, tout se joue à ciel ouvert, dans un brouhaha indescriptible. Rennes, catharsis sanglante et incontrôlée, marque le moment du « grand saut » des socialistes dans l'après-Mitterrand.

À la fin du congrès, dépité et honteux, Pierre Mauroy propose que la commission des résolutions se réunisse à Paris pour trouver un compromis, histoire de présenter à l'opinion une direction en état de marche. Dans la nuit du mardi suivant, un nouveau coup de théâtre se produit : Lionel Jospin, jusqu'alors à la tête des conjurés, annonce aux rocardiens qu'il fait marche arrière ; il ne fera pas alliance avec eux. Au tout dernier moment, il a flanché. Certains prétendent que, tiraillé par un sentiment de culpabilité à l'idée de trahir François Mitterrand, il aurait reculé à l'instant de « planter le couteau ». D'autres soutiennent qu'il n'a pas voulu mettre le PS à feu et à sang et qu'à l'ultime seconde le réflexe militant a prévalu. La vérité est ailleurs. À l'Élysée, encore. En fin d'après-midi, François Mitterrand a monté une « attaque-suicide ». Il a fait prévenir Lionel Jospin par François Hollande : s'il va jusqu'au bout de sa démarche, il provoquera une crise de régime. Est-il vraiment prêt à jouer les kamikazes ?

Si vous faites alliance avec Rocard, le prévient en substance le Président, si Fabius, qui contrôle le groupe parlementaire, est marginalisé, il y aura une crise entre le Premier ministre et sa majorité parlementaire. Dans cette hypothèse, je serai contraint de dissoudre l'Assemblée nationale.

Mitterrand bluffe-t-il ? Est-il prêt à aller à de telles extrémités ? La menace s'apparente dans la pratique à du chantage. Une dissolution dans une période politique aussi sombre serait catastrophique pour la gauche. Lionel Jospin n'a pas le choix : il doit renoncer. Pas question pour lui de « porter le chapeau » d'une déroute électorale. De nombreux députés jospinistes y perdraient leurs sièges. Encore une fois, Jospin réagit en défenseur du parti. Et de ses amis.

Dernier acte de cette tragi-comédie ? Pierre Mauroy est reconduit à la tête du PS. Mais plus rien ne sera jamais comme avant. Le parti d'Épinay est mort et enterré. François Mitterrand a vécu cette affaire comme un putsch fomenté contre sa personne. Une mise à mort politique. Quelque temps plus tard, il convoque Claude Allègre dans son bureau et déverse sur lui toute sa colère :

« Vous m'avez trahi, vous qui êtes de la famille, vous que j'aimais bien ! Vous avez monté cette alliance avec Rocard. Vous savez qui est ce monsieur ? Il est inculte, il est manœuvrier, il ne s'occupe pas des intérêts de la France. Jospin est un jean-foutre. Et vous, avec Emmanuelli, des têtes de cochon ! Et puis, au congrès, vous m'avez fait huer. Vous m'avez traité de Bourguiba, ce n'est pas gentil… »

Surpris par la virulence du ressentiment, Allègre n'en mène pas large. Il se défend tant bien que mal, jure qu'il n'a jamais prononcé le nom de Bourguiba. Mais il sait que Mitterrand, à travers lui, s'adresse à Lionel Jospin.

Désormais, leurs relations seront glaciales, techniques, protocolaires. Mitterrand n'en finira pas de solder les comptes de Rennes. Pendant des mois, il se passionne subitement pour les questions d'enseignement. Il critique ouvertement son ministre. Il lui reproche de jeter l'argent par les fenêtres. Le budget de l'Éducation nationale, sous l'impulsion de Jospin, a augmenté de 25% entre 1988 et 1991. Cette hausse vertigineuse concerne essentiellement les salaires des enseignants et ne répond pas, selon l'Élysée, au besoin urgent de réformer le système éducatif. Faux ! réplique Jospin, qui rappelle qu'on ne peut rénover l'éducation sans revaloriser le statut de ceux qui la dispensent. Le débat politique est classique : quand un maître auxiliaire ne gagne pas plus qu'une femme de ménage, quand un agrégé titulaire est deux fois moins bien payé qu'un publicitaire en début de carrière, il y a urgence à réduire ces écarts de revenus. Le grand débat sur l'école, son adaptation à la modernité, le problème du collège unique, la diversification des enseignements ? Il ne peut avoir lieu qu'avec des enseignants heureux et fiers d'exercer leur métier.

En bon politique, Lionel Jospin sait que les petites piques venues de l'Élysée visent à le déstabiliser. Depuis Rennes, ces attaques se font, d'ailleurs, plus fielleuses. On accuse le ministre de ne rien comprendre à la jeunesse. Une opération qui a tout d'un mini-complot est organisée contre lui à l'Élysée. Le 12 novembre 1990, François Mitterrand reçoit une délégation de lycéens conduite par Nasser Ramdan et Cécile Amar, deux dirigeants de la toute récente FIDL[1], alors qu'une manifestation de plus cent mille jeunes défile dans Paris. De graves affrontements ont lieu : pillages de magasins, voitures incendiées, rixes avec des casseurs. La FIDL, organisatrice de la journée de mobilisation, est sous la tutelle quasi officielle de Julien Dray, proche d'Isabelle

1. Fédération indépendante et démocratique des lycéens.

Thomas, conseillère du Président pour la jeunesse, tous deux farouchement fabiusiens.

Le même jour, peu auparavant, François Mitterrand a reçu Jack Lang, ministre de la Culture, qui rêve de créer un grand ministère de l'Intelligence regroupant son propre ministère et celui de l'Éducation. Lang est lui aussi un indéfectible supporter de Laurent Fabius. Mitterrand fait le point de la situation avec le maire de Blois. Il pourrait remplacer Lionel Jospin si la situation venait à dégénérer. Après Alain Savary en 1984, Alain Devaquet en 1988, Jospin pourrait lui aussi être « chassé par la rue ». Il a annoncé aux lycéens qu'il ne pouvait plus accorder de crédits supplémentaires, que le gouvernement avait déjà fait beaucoup ? Avec un toupet et une désinvolture stupéfiants, François Mitterrand, face aux représentants lycéens, contredit son ministre ; il assure qu'il comprend leurs revendications et débloquera une enveloppe de plusieurs milliards supplémentaires ! Désaveu cinglant du Président à son ministre.

Quand il apprend la farce que vient de lui jouer François Mitterrand, Jospin est à l'hôtel Matignon avec Claude Allègre ; il y assure l'intérim de Michel Rocard, en voyage au Japon. Installé dans le bureau de Jean-Paul Huchon, le Premier ministre intérimaire fulmine : « Je n'aime pas me faire baiser ! » prévient-il. Puis il fonce dans le bureau de la secrétaire de Michel Rocard et demande l'Élysée. Il obtient François Mitterrand. Huchon se souvient :

> « Je n'ai jamais vu ça. Il a littéralement passé une avoinée au Président. C'était très impressionnant. J'ai compris ce jour-là que cet homme n'aimait pas plier les genoux. »

Quelques minutes plus tard, le trio parvient à joindre Michel Rocard, de retour dans l'avion du GLAM, par téléphone satellitaire. Il lui révèle la « petite rouerie » du Président qui va coûter la bagatelle de 5 milliards de francs :

« Il y a 5 milliards de plus à lâcher. Ça va plomber le déficit budgétaire », explique Jean-Paul Huchon.

Réponse du Premier ministre, à dix kilomètres au-dessus du niveau de la mer :

« Oui, allez-y, plombez le déficit budgétaire ! Il faut qu'ils se le prennent dans le cul ! »

De retour rue de Grenelle, Lionel Jospin comprend que Mitterrand ne lui fera plus aucun cadeau. Quelques jours plus tard, il subit une autre petite humiliation. Il reçoit à nouveau les représentants lycéens au ministère. Mal à l'aise, il sait parfaitement que la délégation a été « briefée » par Julien Dray et Isabelle Thomas. Arrogants, sûrs de leur fait, ces gamins, se sentant sous la protection bienveillante de « Tonton », le considèrent presque comme un loufiat. Cette brimade mesquine de l'Élysée attise chez lui un sentiment qui ressemble de plus en plus à de la haine.

CHAPITRE 25

Mort d'un géant

Pas d'enterrement. Pas la moindre cérémonie. Aucune homélie. Il ne voulait rien. Il a offert son corps à la science, à l'hôpital de Garches. Avant de mourir, il en a longuement discuté avec Mireille. « Sans fleurs ni couronnes, s'il te plaît », lui a-t-il fait promettre. Robert Jospin est mort dans la journée du 8 mai 1990, d'un cancer de la gorge, à quatre-vingt-onze ans. Jusqu'au bout il a défendu ses idéaux pacifistes, mais sans jamais évoquer devant ses enfants ses « années noires ». Il n'a pas pu. Le tribun a protégé sa tribu. Il a continué à militer dans des organisations libertaires, il a rédigé des pamphlets antimilitaristes, signé dans *Le Libertaire*, milité contre la force de frappe nucléaire aux côtés de son meilleur ami, René Dumont. Avec Mireille, en 1981, il a adhéré à l'ADMD (Association pour le droit de mourir dans la dignité) pour en devenir un des dirigeants les plus écoutés. Quelques jours avant de s'éteindre, depuis son lit d'hôpital, il a fait parvenir un message en forme de testament aux militants de son organisation opposée à l'acharnement thérapeutique :

« Mon état de santé – bientôt quatre-vingt-onze ans – vient de s'aggraver. Forces déclinantes. En la "lampe du destin", l'huile se fait plus rare. Mort jusqu'ici lente, sans souffrance. J'en mesure l'incontestable privilège [...]. Si d'aventure mon état se faisait plus précaire, me laissant grabataire ou diminué – de quelque manière que ce soit –, je n'hésiterais pas, seul ou aidé, à y mettre fin. Voilà qui est clair. »

Dans une longue tirade, il poursuit, son dernier « discours » avec une lucidité et une force de conviction rares :

« À la naissance, j'étais un enfant normal paré de tous les charmes de la vie commençante. Certes, le temps en a réduit l'éclat. Pourquoi, si le destin nous est favorable, ne pas le conserver jusqu'au bout ?

D'abord pour moi-même, mais aussi pour ceux qui m'aiment ou qui m'entourent, afin qu'ils conservent de moi, hors des photographies conventionnelles plus ou moins factices, une image plus vraie, plus apaisante aussi : celle du vieux lutteur que j'ai été pour la Paix, pour l'Europe, axes essentiels de ma pensée et de mon effort.

Certes, la vie est belle par tout ce qu'elle nous offre de richesses – puissent-elles n'être pas compromises par la sottise ou par l'argent ! –, belle par les communications qu'elle nous permet, celles de la chair, plus encore celles de l'esprit. Je regretterai de la perdre, mais n'est-ce pas l'échéance commune ?

On sait mes origines religieuses protestantes. Je n'en suis que plus à l'aise pour répéter ces mots de l'épître à Timothée : "J'ai combattu le bon combat, j'ai achevé ma course, j'ai gardé ma foi", non celle qu'on vous impose, certitudes souvent figées, prison pour la pensée en marche

> incessante, mais celle qu'on se construit, non sans souffrance parfois. "Mon verre est petit, dit le poète, mais je bois dans mon verre."
>
> Ma foi en l'homme, bourgeon germinatif par excellence, par quoi tout se transforme et s'enrichit, évolue, en un mot.
>
> Amis, compagnons de lutte, je suis encore parmi vous. Pour combien de temps ? Les Parques en décideront !
>
> Mais aucune manifestation chirurgicale, aucun acharnement thérapeutique pour m'assurer une survie ridicule et sans objet. À l'hôpital où l'on me suit, note a été prise de ma volonté. »

Ce testament est un hymne enthousiaste à la vie. Jusqu'au bout, le vieux lion marque aussi son goût pour les effets d'estrade. Ce texte a été écrit pour être déclamé. L'amoureux des envolées lyriques n'a rien laissé d'autre à sa famille. Ni fortune ni terres. Il a gardé pour lui tout un pan de sa vie, comme de vieux documents qu'on soustrait au regard dans une malle de grenier. Il n'a conservé pour son ultime oraison que la face ensoleillée de son existence. Seule Mireille connaît l'autre, la face sombre, ignorée des enfants. Elle en est même la vestale vigilante. Elle protège l'image du père avec un dévouement et une fermeté de veuve sicilienne. Dans les années quatre-vingt, quand Robert est interviewé par l'historien Nicolas Offenstadt[1] pour ses travaux sur les mouvements pacifistes, Mireille est là, attentive et discrète. Elle veille au grain, surveille les débordements de son mari, interrompt la conversation quand l'entretien se fait trop précis…

1. Nicolas Offenstadt, *Les Fusillés de la Grande Guerre*, *op. cit.*

Quelques semaines après le décès de Robert Jospin, un hommage lui est rendu dans un film militant en 16 mm réalisé par Bernard Baissat pour l'Union pacifiste.

> « C'est le seul moment où nous avons pu nous retrouver pour saluer sa mémoire ensemble, souligne Olivier Jospin. Très tôt mes parents ont cessé d'avoir le culte des morts. Nous allions sur la tombe de nos grands-parents, à Pantin, quand nous étions mômes, mais, très vite, nous avons arrêté. »

Le film autour duquel la famille s'est réunie est émouvant. Les enfants y paraissent bien sages, face à ce géant qui occupe tout l'espace avec un plaisir non dissimulé. Lionel Jospin est interrogé par le réalisateur sur les relations qu'il entretient avec son père. Il s'exprime dans la plus parfaite langue de bois. Comment pourrait-il répondre qu'au fond il ne connaît pas vraiment ce père, qu'ils n'ont jamais vraiment pu ou su communiquer tous les deux, que Robert, narcissique et déroutant, ne laissait que peu d'espace aux autres ? Le pédagogue n'avait pas une grande capacité d'écoute ; mais il avait d'autres qualités : courage, intégrité, volonté. C'est sans doute tout ce qu'il a légué à son fils. Peut-être l'essentiel.

Sur les mystères de sa vie, lui, l'incorrigible bavard, a préféré se taire. Pour une fois, il a écouté Mireille. Comment raconter en effet l'histoire d'un fiasco, d'un formidable aveuglement qui a pesé, du fait de ce silence, sur l'histoire de la famille ? Peut-on échapper aux remous de la mémoire ? Il faudrait, pour cela, revenir aux années quarante, dans la France occupée. Pacifiste, socialiste, Robert Jospin est alors proche de Marcel Déat, président du

RNP (Rassemblement national populaire), parti de la gauche collaborationniste. Comme Déat, il n'aime pas le régime de Vichy, qu'il juge trop conservateur. Abonné à *L'Œuvre*, le quotidien du RNP, il rend visite de temps en temps à son ami Déat. Comme ce jeudi 21 novembre 1941, dans son bureau de l'Assemblée nationale. Dans son *Journal de guerre* aux allures d'agenda (du 20 juin 1940 au 27 juin 1944), conservé à la Bibliothèque nationale, le député note : « Robert Jospin vient me saisir de diverses questions. » La formule n'est pas anodine. Plusieurs centaines de noms sont cités dans ce document. Certains sont accompagnés d'explications, de précisions sur l'identité du visiteur. Pour Robert Jospin, le style est quasi administratif : il marque la froideur d'un rendez-vous avec un lieutenant, un proche collaborateur. Sympathisant du RNP, Robert Jospin va certes s'éloigner peu à peu de Marcel Déat qui, à la fin de la guerre, exhortera les jeunes Français à s'enrôler dans les *Waffen SS*. Au début de l'année 1944, Robert Jospin n'en accepte pas moins de faire partie du comité de parrainage de *Germinal*, l'hebdomadaire collaborationniste. Une affiche circule dans Paris, avec son nom imprimé. Mais voici qu'il change brusquement d'avis et se retire. Il en fait part à Claude Jamet, le rédacteur en chef. A-t-il appris que le journal était financé par les Allemands ? A-t-il été choqué en feuilletant le bimensuel publié par la même société qui édite *Germinal* : *Notre combat pour la nouvelle France socialiste*, dirigé par son ami André Chaumet et installé à la même adresse, 55, avenue des Champs-Élysées ? En janvier 1944, cette revue publie un numéro spécial intitulé « Invasion de l'Europe », véritable plaidoyer, photos à l'appui, en faveur de l'armée allemande, de son matériel militaire. *Notre combat* fait l'apologie de la puissance germanique, seule capable de défendre l'Europe, de Paris à Berlin, contre l'invasion étrangère, c'est-à-dire les forces alliées. Des officiers et des industriels allemands sont interviewés comme de braves notables. Fritz Sauckel, commissaire à la Main-d'Œuvre du Reich, appelle les Français à se mobiliser.

Voici donc des militants pacifistes ardents défenseurs du complexe militaro-industriel du IIIe Reich ! Plus tard, ils prétendront avoir agi pour empêcher la guerre, éviter un nouveau bain de sang. Mais, dans le même temps, ils partagent leurs bureaux avec ceux-là mêmes qui assassinent, pillent et organisent le génocide de tout un peuple.

Est-ce face à ces révélations, au début 1944, quand l'existence des camps de la mort n'est plus discutable, que Robert Jospin s'éloigne subitement de ses camarades pacifistes, ou bien est-ce mû par une prudence élémentaire ? À la différence de tous ses amis, ce sursaut lui permet, en tout cas, d'échapper à l'épuration. Mais pas à l'exclusion de la SFIO prononcée au congrès extraordinaire du 12 novembre 1944.

Robert Jospin aurait pu rentrer dans le rang, se faire tout petit. Mais non : il poursuit son combat pacifiste avec acharnement. Il milite en 1946 à la Ligue internationale des libertés humaines, dont l'objet, dans un souci de réconciliation nationale, est d'adoucir les sanctions frappant la plupart des collaborateurs. Là, il retrouve son ami Émile Bauchet avec qui il fonde une revue pacifiste, *La Voie de la paix*, en janvier 1951. Ce mensuel, dont le sous-titre est « Résistance à la guerre et à l'oppression », basé à Villers-sur-Mer, station balnéaire du Calvados, chez Émile Bauchet lui-même, se veut un lieu de rassemblement des pacifistes les plus radicaux. Il accueille tous ceux qui ont subi les foudres de l'épuration. Propriétaire d'une maisonnette à Villers-sur-Mer, Robert Jospin s'engage à fond dans ce projet. En février 1951, il signe l'éditorial dans lequel il implore les nations européennes de s'unir si elles ne veulent pas devenir le théâtre d'une Troisième Guerre mondiale. Dans le numéro 4, au mois d'avril, Félicien Challaye signe un article violemment hostile au procès de Nuremberg et propose, comme antidote, la lecture de l'ouvrage antisémite de Maurice Bardèche *Nuremberg ou la Terre promise*. Dans le même numéro, un étrange article intitulé « La Résistance est-elle tabou ? » prend la défense, sans la moindre retenue, de Paul Rassinier, père du révisionnisme français, modèle de Robert Faurisson.

Rassinier est un ami de Robert Jospin et d'Émile Bauchet. Ils se sont connus avant-guerre, à la SFIO et dans les mouvements pacifistes. Ancien résistant, déporté à Buchenwald puis à Dora, Paul Rassinier, après la Libération, a commencé à contester la réalité du génocide juif et des chambres à gaz[1]. Récupéré en Allemagne par tous les nostalgiques du nazisme, il est invité régulièrement outre-Rhin à prononcer des conférences. Pour les mouvements révisionnistes, Paul Rassinier est une aubaine : résistant et déporté, il conteste le génocide ! En France, son livre *Le Mensonge d'Ulysse*[2] provoque de violentes

1. Lire *Comment l'idée vint à M. Rassinier : Naissance du révisionnisme*, Florent Brayard, Fayard, 1996.

2. Éditions Librairie française, 58, rue Mazarine, Paris.

polémiques, il est l'objet de poursuites de la part de nombreuses associations de déportés. Pour porter secours à l'ami jugé injustement attaqué, *La Voie de la paix* emprunte, sans la moindre prudence, des sentiers bien tortueux. Ainsi, à l'occasion d'une comparution de Rassinier au Tribunal correctionnel de Paris, le journal pourfend « un procès qui n'honore ni ses auteurs, ni la France ».

> « Cette étude de la littérature concentrationnaire avait pour but à la fois de dégager la déportation du rocambolesque et le problème de la répression en général des fausses interprétations qui ont cours [...]. Nous savions déjà que, par la guerre, les libertés ne pouvaient être défendues ; on sait maintenant que les champions de la guerre, les résistants, appliquent les méthodes du fascisme pour briser la pensée libre.
>
> L'auteur du *Mensonge d'Ulysse* sait de quoi il parle, puisqu'il fut lui-même déporté. Nous n'avons pas, ici, à prendre parti sur le fond de la question, mais nous jugeons intolérables et déshonorantes de telles poursuites contre lesquelles nous nous élevons en assurant l'auteur de toute notre solidarité. Honte à ceux qui s'opposent à l'expression libre de la vérité ! »

La démonstration est aussi saisissante qu'accablante. Dans le numéro suivant, le journal crie victoire : les associations de déportés ont été déboutées, et une deuxième édition du « livre interdit » est en cours d'impression. L'article, titré « Échec aux étouffeurs de la pensée libre », invite le public à se procurer l'ouvrage de toute urgence. « On peut retenir son exemplaire chez son libraire ou chez l'auteur, 45, rue de Lyon, à Mâcon, CCP 724-98, franco 400 francs », peut-on lire dans l'organe du pacifisme.

Dans la foulée de cette campagne, Émile Bauchet et Robert Jospin proposent à Paul Rassinier de les rejoindre au sein de la rédaction. En mars 1957, il signe son premier éditorial, « Radiographie de l'information à sens unique », et devient la vedette de la revue. À la dernière page, on apprend qu'il entreprend une série de conférences dans dix villes françaises, organisées sous l'égide du journal. Pendant six ans, le « pape du révisionnisme » côtoie ainsi Émile Bauchet et Robert Jospin sans provoquer de leur part le moindre haussement de sourcils.

En 1961, en prévision du procès Eichmann, la revue fait à nouveau la promotion du livre de Rassinier afin de contrer les méchants « partisans de la guerre » – vieille rengaine qui vise sans les nommer les « Juifs guerriers[1] ». Enfin, dans l'édition du 15 avril 1961, le critique littéraire de la revue, Roger Pilou, recensant et encensant un nouvel ouvrage de l'« historien », *Ulysse trahi par les siens*, ne dissimule plus ses propres sentiments. Il écrit à propos des intentions profondes de l'auteur :

> « Autrement dit, il a essayé de faire comprendre que les Allemands ne devaient pas être unilatéralement chargés de tous les péchés capitaux, que les fours crématoires et les chambres à gaz n'ont pas eu, dans les camps, la place et l'importance qu'on veut bien leur attribuer [...]. Pourquoi faut-il que cette attitude d'historien probe irrite tant les milieux des déportés ? Pourquoi les intéressés poussent-ils des hurlements et crient-ils au scandale ? Serait-ce parce qu'ils sont démasqués et que la légende de martyrs qu'ils

1. Une campagne de ce type fut menée contre Léon Blum par certains socialistes pacifistes qui voyaient en lui un belliciste aux mains des marchands d'armes anglo-américains.

ont réussi à accréditer dans le public risque de se ternir ? Rendons un bel hommage à Paul Rassinier, à lui qui lutte à contre-courant pour “réformer” et rétablir la vérité quelque peu malmenée, et assurons-le de toute notre chaude sympathie. »

Et, pour signifier qu'il s'agit bien là d'un acte de soutien militant, le journal donne – ce qu'il ne fait pour aucun autre livre – les coordonnées de l'éditeur de l'« écrivain » et son numéro de CCP : 6354-19.

Robert Jospin a-t-il lui aussi, durant cette période, assuré Rassinier de sa « chaude sympathie » ? Jusqu'au début des années soixante, les thèses du personnage ne paraissent pas l'avoir dérangé. Mais, peu à peu, par prudence, ou peur du scandale, le père de Lionel Jospin s'éloigne de lui et de *La Voie de la paix*. Sans doute ne tient-il plus à apparaître dans une revue aussi « exposée ». Depuis 1955, Robert Jospin est un notable. Il dirige la fédération SFIO de Seine-et-Marne. Il va dîner chez le préfet, il trinque avec le président du conseil général. En 1955, il a été réintégré dans la vieille maison socialiste. Au 47e congrès, à Asnières, début juillet, la direction du parti a décidé de passer l'éponge sur les derniers « bannis » de l'après-guerre. Robert Jospin a bénéficié de la mansuétude de Guy Mollet. Qu'est devenu son dossier d'exclusion ? Il a été envoyé de la fédération de la Seine, où il avait été exclu, à celle de Seine-et-Marne. Hélas, quelques années plus tard, au cours d'un déménagement, les archives remontant aux années cinquante ont toutes été détruites « pour des raisons de place ». Classement vertical, précise-t-on au siège de la « fédé », à Melun.

Insensiblement, sans jamais renier publiquement ses convictions, Robert Jospin s'est donc détaché de Paul

Rassinier. Mais il n'a abordé ces questions ni dans le documentaire de Bernard Baissat ni avec les siens. Pourquoi ce « trou de mémoire » ? Comme tous les pacifistes épouvantés par l'ampleur des crimes qu'ils ont cautionnés, il n'a, semble-t-il, jamais osé regarder cette réalité en face. Les psychanalystes appellent ça du « refoulement ». Au début des années soixante, quand la presse commence à s'agiter autour des thèses révisionnistes, que les procès se multiplient, il tire sa révérence et laisse la revue se diviser sur le cas Rassinier, laquelle finit par l'exclure en 1963. Certains responsables de *La Voie de la paix* ont le sentiment d'avoir été abusés. Ils déclarent à la presse qu'ils ont accueilli une vipère en leur sein. Malheureusement, une lecture attentive des numéros de la revue montre strictement le contraire. Elle a soutenu explicitement les idées du révisionnisme. Après le départ de Rassinier, d'autres prennent d'ailleurs le relais.

L'épicier de Villers-sur-Mer, tout comme sa femme Valentine, que les enfants Jospin adorent, fait partie de la famille. À l'exemple de Robert, Émile Bauchet n'a jamais bâti de fortune ni recherché les honneurs ou la gloire. Il n'en persiste pas moins à défendre jusqu'au bout son ami Rassinier. Le 5 octobre 1964, au cours d'un procès retentissant, il témoigne même en sa faveur devant la 17e chambre correctionnelle, face aux plus hautes figures de la Résistance : Marie-Madeleine Fourcade, présidente du Comité d'action de la Résistance, Edmond Michelet, ancien ministre et membre du Conseil constitutionnel, Claude Bourdet, journaliste et homme politique, Jean-Pierre Bloch, ancien ministre, Louis Martin-Chauffier, écrivain et journaliste, membre de l'Institut.

Idéaliste forcené, apôtre pathétique de la paix, Robert Jospin a-t-il, pour sa part, livré quelques confidences ou aveux à ses enfants avant de mourir ? Officiellement, la famille ignorait tout du passé en pointillés du patriarche.

Dans les années soixante, Robert Jospin avait néanmoins un admirateur, un certain Pierre Bergé[1], responsable d'une autre revue pacifiste, *La Patrie mondiale*, qui hébergeait des partisans signataires : André Breton, Albert Camus, Raymond Queneau, Jean-Paul Sartre et Simone de Beauvoir. Le jeune Pierre Bergé passait souvent en première partie des meetings de Robert Jospin :

« J'ai beaucoup admiré cet homme à cette époque, reconnaît-il. C'était un tribun hors pair. Je n'étais pas d'accord avec certaines idées de *La Voie de la paix*, c'est vrai. Notre mouvement ne portait pas les stigmates de la guerre. »

Mme Bergé mère assistait de temps à autre aux réunions pacifistes avec Mireille Jospin. Mireille, gardienne de tous les secrets, vestale d'une tombe qui n'existe pas, de tous ces souvenirs enfouis. Dans les années cinquante, c'est elle qui a convaincu son mari d'aller passer un mois dans un kibboutz, entre Haïfa et Tel-Aviv. Le couple a participé aux travaux des champs, a parcouru le Néguev et découvert que les pionniers juifs partageaient les mêmes idéaux socialistes qu'eux, qu'ils n'étaient pas tous banquiers ni va-t-en-guerre. Ce voyage en forme de rédemption était rarement évoqué dans les discours-fleuves de fin de repas de Robert Jospin. Aujourd'hui, installée dans son deux-pièces de banlieue, au milieu d'un parc dont elle connaît tous les

1. Pierre Bergé est aujourd'hui Président directeur général d'Yves Saint Laurent.

arbres, Mireille Jospin est sans doute la seule à connaître toute la vérité sur le parcours complexe du père de Lionel. Quand elle parle de lui, elle fronce d'abord le sourcil, puis son visage s'éclaire et elle lâche avec indulgence : « Je l'ai vraiment beaucoup aimé. » Puis elle rit et part faire un tour, à plus de quatre-vingt-dix ans, à bord de sa Renault 5. « Ma voiture, c'est le seul endroit où je sens sa présence », murmure-t-elle, les yeux baignés de nostalgie. Les pacifistes aussi ont le droit de reposer en paix.

CHAPITRE 26

Amour à l'italienne

« Tu es au PS, t'as quel âge ? Tu fais quoi, t'es dans quelle section ? » Il a posé ses questions en rafale, comme un grand timide qui a préparé son affaire et qui, au moment fatidique, déballe tout dans le désordre. Amusée, Sylviane rit à gorge déployée. En définitive, ce Lionel Jospin n'est pas si terrible. Il est même plutôt rigolo. Ce grand gaillard à l'allure sportive, elle le voyait un peu comme une vedette de cinéma, un de ces spécimens médiatiques intouchables, une icône télévisuelle. Est-ce vraiment lui qui est là en face d'elle, simple militante socialiste parisienne ? Elle voudrait être sûre de ne pas rêver. Ils se frôlent. Elle a le cœur qui bat, mais n'en montre rien. Le premier secrétaire du Parti socialiste lui fait la conversation avec sérieux et application, comme à son habitude, aussi donne-t-elle le change.

Elle répond qu'elle est professeur de philosophie au lycée Carnot, à Paris. Elle milite dans le 17e arrondissement. Ils se renvoient quelques banalités de saison, devisent sur les programmes des festivals d'Avignon et d'Aix-en-Provence, du charme de Pertuis, de Lourmarin. Il a un sourire ravageur, le regard bleu métallique. Elle tombe sous le charme. Un vrai coup de foudre. Mais elle n'ose pas vraiment se l'avouer. Elle n'est pas libre et lui non plus…

La scène se déroule un soir d'été 1983 à Eygalières, dans les Bouches-du-Rhône, dans la maison de Sophie Agacinski, sa sœur, et de Jean-Marc Thibault. Les deux comédiens ont invité une foule d'amis à un méchoui géant pour célébrer leur mariage après vingt ans de vie commune. Jean-Marc Thibault, vieux militant socialiste, connaît bien Lionel Jospin. Ils ont un ami commun, Richard Moatti, propriétaire d'une somptueuse propriété dans la commune, chez qui est logé le dirigeant socialiste.

Après cette rencontre électrique, Sylviane le croise encore fortuitement au théâtre, chez des amis ou bien dans une réunion politique. Ni l'un ni l'autre n'ont l'âme ou le caractère à folâtrer. Le temps passe…

Cinq ans plus tard, en 1988, au cours d'un grand meeting, il l'aperçoit, traverse la foule et vient la saluer. Rien à voir avec les méthodes de François Mitterrand qui envoyait volontiers son chambellan François de Grossouvre proposer un rendez-vous galant à la dame qu'il avait « repérée » dans les travées. Avec Lionel Jospin, pas trace de machisme. Dans le brouhaha, sous les vivats, il lui propose en chuchotant, un peu gêné, le principe d'une rencontre.

Celle-ci sera très officielle. Au cours de l'été, Sylviane est en effet invitée rue de Grenelle, au ministère, pour discuter du statut et des salaires des enseignants du secondaire. Lionel Jospin est quelque peu intimidé. Elle est morte de trouille. Elle ne veut surtout pas dévoiler ses sentiments, car, depuis ce jour de l'été 1983 à Eygalières, elle est éprise de lui comme une collégienne. La spécialiste de Kierkegaard en tremble. Après tout, elle ne sait rien de lui, ou si peu : seulement qu'il vit une séparation difficile. Sans plus. Le ministre l'invite à déjeuner au restaurant l'Arpège, rue de Varenne. Il a emporté avec lui un dossier complet, préparé à son intention. Avant la rencontre, il a bûché rien que pour elle. Il connaît les grilles de salaires des professeurs de lycée sur le bout des doigts. Pendant tout le déjeuner, elle adopte une attitude froide, professionnelle. Elle lui fait part de quelques idées. Elle ne comprend pas pourquoi la philosophie n'est enseignée qu'en classe de terminale et non pas à partir de la sixième. Avec quelques collègues enseignants, elle a tenté des expériences de cours de philo dispensés aux plus jeunes. Après tout, pourquoi Socrate ou Aristote n'intéresseraient-ils pas les enfants ? Novatrice, Sylviane Agacinski a aussi mené des tentatives de cours « transversaux », faisant classe commune entre professeurs d'histoire et de philosophie.

Le ministre de l'Éducation écoute, bouche bée, cette jeune femme enthousiaste et si peu conformiste. Il émane d'elle une remarquable sérénité. Elle est belle, assurément, mais il y a en elle bien autre chose. De la douceur, aussi. Elle est féministe et féminine. Elle peut s'attarder sur le mythe de la caverne de Platon et glousser comme une gamine à la moindre plaisanterie. Dans la série des grandes dames de l'Histoire, elle est plus Milady que Calamity Jane. Elle aime les belles toilettes, la déco, a des passions marquées pour certains peintres modernes comme Klee ou Kandinsky. Elle est abonnée à la revue *Esprit*, mais aussi à *Elle*. Elle est intellectuelle, belle, plurielle et aussi un brin ficelle…

À la fin de ce déjeuner, ils se sont séparés la gorge nouée. Mais ni l'un ni l'autre n'ont laissé paraître leurs sentiments. Ils ont « travaillé ».

Quelques mois plus tard, Sylviane reçoit un appel du ministre de l'Éducation. Ouf, il a craqué ! Il aimerait la revoir. Folle de joie, elle joue encore un peu les indifférentes. Elle a décidé en somme de « le faire mariner ». Un rendez-vous ? Pourquoi pas, mais, en ce moment, elle est débordée... plus tard, peut-être. Il rappelle régulièrement, de plus en plus pressant, de plus en plus souvent. Elle ne peut plus nourrir de doutes : cet homme en pince sérieusement pour elle. Il est temps de dire « oui » avant qu'il ne se lasse.

Finalement, en avril 1989, elle cède. Lionel Jospin l'invite au théâtre. La pièce, *Voltaire's folies*, est épouvantable. C'est François Mitterrand qui lui en avait pourtant dit le plus grand bien. À l'issue du spectacle, ils piquent un fou rire : leur première sortie est un « bide » !

Au restaurant, ils parlent littérature, théâtre, philosophie. Sylviane, surprise, découvre l'autre Lionel Jospin, celui qui ne se dévoile que rarement : l'homme sensible, attentif, délicat, tolérant, passionné. Sous l'apparatchik, le gentil garçon. À la fin de la soirée, comme au cinéma, il propose de la raccompagner dans sa voiture avec chauffeur. Elle lui dit qu'elle n'aime pas trop les attributs du pouvoir et qu'elle préfère les taxis. Le ministre en est soufflé : cette femme n'est vraiment pas ordinaire. Il est « accro ».

Bien sûr, il la rappelle quelques semaines plus tard. Il a deux places pour l'*Arlequin* de Giorgio Strehler qui se joue au théâtre de l'Odéon. La pièce est en italien. Il ne l'a pas prévenue. Sylviane parle très mal la langue de Dante. Par chance, Lionel, lui, la maîtrise parfaitement. Durant toute la représentation, il lui murmure à l'oreille la traduction qui se perd parfois dans ses cheveux. Ce soir-là, entre deux chuchotements, ils échangent leur premier baiser. Tout émoustillés par ce cours « particulier » d'italien, ils filent dîner chez Lipp et se racontent mutuellement leur vie. L'heure est aux confidences. Lui est séparé, en instance de divorce. Et elle, où en est-elle ? Elle répond : « C'est une longue histoire… »

Il était une fois une petite fille née à Melun, en Seine-et-Marne. Ses grands-parents polonais ont quitté Potsdam en 1918 pour l'Ouest. Au cours du voyage, sa grand-mère a mis au monde un petit Henri Agacinski, le père de Sylviane. Les exilés débarquent dans le nord de la France, à Douai, où le grand-père est engagé comme mineur de fond. Éternellement reconnaissant à la France, pays d'accueil de tous les damnés de la terre, le grand-père Agacinski est farouchement républicain, laïque. Son fils Henri fait l'École des mines, à Douai. Devenu ingénieur, il sillonne la France et finit par s'installer avec sa femme et ses deux filles – Sylviane, l'aînée, et Sophie, la cadette – à Lyon. Sylviane fait ses études au lycée de jeunes filles Juliette-Récamier. Elle vit une adolescence heureuse, joue du piano, fait du ski, du patin à glace, et rêve de devenir comédienne. Au club de théâtre du lycée, en seconde, elle joue *À quoi rêvent les jeunes filles ?*, puis s'inscrit avec sa sœur Sophie au conservatoire de Lyon où elle prend des cours de diction et d'art dramatique. Les Agacinski's Sisters jouent aussi dans une troupe amateur, la Compagnie Jacques Bayer. Le metteur en scène, un lourdaud xénophobe, exhorte Sylviane à changer de nom si elle veut réussir dans le métier. Il l'affuble du pseudo d'artiste « Sylviane Chatel ».

Durant cette période, Sylviane et Sophie sont deux sœurs particulièrement proches. Elles n'ont qu'un an et demi d'écart. Sophie rêve de Paris, de cinéma. Mais les parents veulent qu'elle possède un « vrai métier ». La mort dans l'âme, elle prépare un secrétariat médical à la Croix-Rouge tout en étant speakerine à *FR3-Lyon*. Pour les travaux pratiques d'infirmière, Sylviane sert de cobaye à sa sœur. Elle subit placidement pansements, respiration artificielle, piqûres. L'apprentie comédienne joue la « femme blessée » dans la joie et la bonne humeur. Mais le grand jeu, c'est la piqûre de la pomme de terre ! Rien de mieux qu'une bonne patate pour travailler l'intraveineuse. Les deux sœurs surnomment ces petits moments très féminins : les séances « patates »...

Sylviane, elle, n'a plus très envie de brûler les planches. En classe de première, elle a eu une révélation. Au cours d'un exposé sur *L'Esprit des lois* de Montesquieu, elle a presque entendu des voix. Jeanne d'Arc au lycée Juliette-Récamier ? Il ne faut rien exagérer. Ce que découvre Sylviane ce jour-là, c'est le bonheur d'enseigner, art difficile dans lequel le plaisir de l'exposition de soi intervient comme au théâtre. Le professeur, impressionné par la qualité de sa prestation, la félicite chaudement et lui conseille de se consacrer pleinement à la philosophie. Elle sera donc enseignante et, si possible, professeur de philo. Elle s'inscrit à la faculté des lettres de Lyon et, coup de chance inespéré, dès la première année, elle a un professeur de philosophie nommé Gilles Deleuze.

Sa licence en poche, elle quitte Lyon en 1967 et monte à Paris. Elle veut vivre sa vie. Sa famille l'en dissuade. Elle s'en moque. Elle a vingt ans, elle a envie d'aventures, de rencontres, de voyages. Son compagnon, Jean-Noël Vuarnet, romancier, vient de publier au Seuil *La Fiancée posthume* et commence à fréquenter les jeunes écrivains parisiens en vogue comme Philippe Sollers ou Jean-Pierre Faye. Et l'enseignement ? Elle verra plus tard. Pour l'heure, curieuse de tout, elle aspire à tout découvrir. Elle décide de se lancer dans le journalisme. Un ami lui arrange un rendez-vous avec Roger Thérond, le grand patron de *Paris-Match*. Moustache légendaire, œil de lynx, regard ironique et chaleureux, Thérond l'accueille et propose à la jeune femme des reportages sur Paris. Sylviane devient journaliste à *Match*. Elle signe ainsi un portrait du peintre Georges Matthieu, une chronique sur les rats dans la capitale, un entretien avec Liza Minnelli, de nombreux « sujets de société » et une grande enquête sur la mort suspecte du poète Armand Robin dans un commissariat parisien. Grâce au journalisme, elle est comblée : elle croise des stars, des clochards, des princes, des galeux. Elle explore Paris, bûcher de toutes les vanités, de tous les délices. Elle aurait pu faire carrière dans la presse, suivre les traces de Françoise Giroud à *L'Express* ou de Josette Alia au *Nouvel Observateur*. Mais le destin en décide autrement.

Mai 68 surprend une France anesthésiée par dix ans de gaullisme patriarcal. L'atmosphère est furieusement rebelle. Roger Thérond, jugé trop indépendant par ses employeurs de la famille Boussac, est limogé. Par solidarité avec son « parrain », Sylviane s'en va et file sur les barricades. Ou plus exactement au siège de la Société des gens de lettres, à l'hôtel de Massa, tout près de l'Observatoire de Paris, où ses amis écrivains « font la révolution ». Parmi eux il y a Michel Butor, haute figure du Nouveau Roman, auteur du livre culte *La Modification*, prix Renaudot 1957. Pendant dix jours et dix nuits, Sylviane la rebelle occupe les lieux, dort sur place, dans des fauteuils ou à même le sol. Elle débat à l'infini sur le rôle de l'écrivain dans la société, sur la puissance de la psychanalyse comme moteur de la Révolution prolétarienne. Elle croise Philippe Sollers, maoïste tendance Francis Ponge, Élisabeth Roudinesco, psychanalyste althussérienne, Alain Jouffroy, l'ami de Jean-Luc Godard qui vient soutenir le prolétariat à Boulogne-Billancourt au volant de sa vieille Jaguar. Dans ce fabuleux maelström, elle fréquente la rédaction de la revue littéraire *Tel quel*, lit Trotski, Lacan, Barthes. Rarement l'activité intellectuelle aura été autour d'elle aussi bouillonnante et créative. Elle rencontre alors sa meilleure amie, la psychanalyste Catherine Millot, élève de Lacan, auteur quelques années plus tard d'un livre très remarqué, *Freud anti-pédagogue*[1]. Avec son amie, elle est conviée à toutes les fêtes de l'intelligentsia parisienne. Elles sont jeunes, jolies, brillantes. Elles passent des soirées à écouter Michel Foucault, Julia Kristeva, mais aussi à danser jusqu'à l'aube. Sylviane savoure chaque instant de ce mois si riche en émotions, de cette « parenthèse enchantée ».

Après l'ouragan et les rêves, retour à la dure réalité : il faut trouver du travail. Sans Roger Thérond à *Match*, elle oublie le journalisme. Elle passe son CAPES de philosophie pour revenir à ses premières amours, l'enseignement. Elle finit première à l'écrit, effectue son stage au lycée de Savigny-sur-Orge, et tombe sur un professeur de philosophie maoïste complètement fou : il a brûlé tous ses livres. Il ne jure que par la dictature du prolétariat, oblige ses élèves à s'exprimer par dazibaos et à vénérer Charles

1. Navarin, 1983.

Manson, gourou d'une secte anarcho-fasciste et surtout assassin de l'actrice Sharon Tate. Il s'agit de « forger les consciences de classe », dit-il à une classe peu réceptive. Sylviane se frotte les yeux : dans quel guêpier est-elle tombée ? Placidement, elle finit par calmer son directeur de stage qui accepte de réintroduire « un peu de métaphysique » dans ses cours. Lors de la visite de l'inspecteur d'académie, venu noter Sylviane, le professeur organise un décryptage collectif du *Petit Livre rouge* de Mao-tsé-toung.

Malgré cet incident de parcours assez loufoque, elle poursuit son chemin : reçue à l'agrégation de philosophie, elle devient « turbo-prof » à Saint-Omer, puis à Soissons. Dans le même temps, elle s'implique dans le Groupe de recherche sur l'enseignement philosophique dont les leaders sont Jacques Derrida, Sarah Kaufmann, Jean-Luc Nancy et Élisabeth de Fontenay. Le GREP sert d'agitateur d'idées et d'interlocuteur avec les pouvoirs publics, surtout avec le ministère de l'Éducation. Il revendique pour la philosophie une place bien plus importante dans les programmes. Sylviane participe également à des travaux regroupés sous le titre « Fantasmes des philosophes sur le féminin » – traduisez : la philosophie racontée par les hommes n'échappe pas, elle non plus, à un certain machisme…

C'est alors qu'elle tombe amoureuse de Jacques Derrida, le grand rival de Jacques Lacan. Les deux Jacques sont les stars de l'Université française des années soixante-dix. Derrida, à l'époque, c'est un Richard Gere en plus méditerranéen, bardé de diplômes. Il est beau, brillant, mais il est marié. Sylviane vit néanmoins une grande histoire d'amour dont elle sait qu'elle est sans issue. Elle assume.

Elle est une femme libre, moderne. Elle donne naissance en 1980 à Daniel, son fils. Comme dans la chanson de Jean-Jacques Goldman, « elle a fait un bébé toute seule ». Là encore, elle assume. L'amour se moque des règles communes.

... Voilà, Lionel Jospin sait tout d'elle. Sylviane lui a déroulé sa vie avec une franchise déroutante. Mais lui-même en a vu d'autres. N'est-il pas l'enfant d'une famille recomposée ? Peu importe le qu'en-dira-t-on. L'histoire de Sylviane est belle et pure. Il est preneur !

Début 1990, le couple décide de vivre ensemble. Lionel Jospin s'installe chez elle, rue de Berri, avec Daniel. Il garde le deux-pièces qu'il loue dans le 7e arrondissement, près du ministère, en attendant de trouver un appartement plus grand.

À cette époque, les collaborateurs du ministère, ceux de Toulouse, les copains du PS remarquent l'incroyable métamorphose du ministre. Il est resplendissant, décontracté, il a jeté aux orties sa raideur légendaire. Son plus proche lieutenant toulousain, Kader Arif, se pique pour être sûr de ne pas rêver : un soir, « le Frisé » l'invite dans son pied-à-terre, quai des Lombards, sur les bords de la Garonne, à partager en tête à tête une bouteille de haut-marbuzet. Comme ça, pour le plaisir : il veut trinquer « à la vie » ! Kader Arif le Beur, petit militant devenu homme de confiance, comprend vite : son patron est tombé amoureux. Mais sans exaltation ni fièvre. Il parait serein, détendu, heureux.

Sylviane a réussi un autre miracle : elle l'a réconcilié avec sa famille. Depuis plusieurs années, Lionel Jospin s'était éloigné des siens et ne les voyait pratiquement plus. Comme dans toutes les familles, pour de mauvaises raisons, des malentendus jamais réglés, des non-dits. Sylviane a pris le taureau par les cornes, a rencontré Mireille, la mère, puis Noëlle Châtelet, la sœur écrivain, enfin tous les autres. Et elle a ressoudé la tribu avec une délicatesse de duègne. Mireille Jospin dit d'elle : « Cette femme est une bénédiction, elle m'a rendu mon fils ! »

L'autre souci de Sylviane concerne évidemment les enfants. Ceux de Lionel, Hugo et Éva, ont respectivement dix-sept et quinze ans ; ils viennent dîner chaque semaine. Elle se transforme alors en maîtresse de maison, prépare d'énormes rôtis d'agneau avec des pommes sautées, se met en quatre pour que les « beaux-enfants » se sentent chez eux. Au début, Hugo et Éva ont du mal à comprendre la relation de leur père avec Daniel, le fils de Sylviane. Lionel Jospin ne le cache pas : il ressent un vrai amour filial pour cet enfant de dix ans qui n'a jamais connu son père. Il le présente partout comme son fils et jure que si Daniel, devenu adulte, souhaite qu'il l'adopte, il le fera.

Rue de Solférino, tout le monde le trouve dans une forme resplendissante, plus humain, moins protocolaire. Le Jospin parano, toujours sur le qui-vive, prêt à mordre au moindre mouvement ennemi, s'est volatilisé. Même pendant le calamiteux congrès de Rennes où les chefs se sont étripés en public, il avait l'air ailleurs. Certes, il souffrait d'une petite crise d'hyperthyroïdie, mais il y avait autre chose. Nul ne se rendait compte qu'en pleine tuerie, durant cette « nuit des Longs Couteaux » où il risquait de tout perdre, il lisait placidement les *Fragments d'un discours amoureux* de Roland Barthes.

CHAPITRE 27

Ascenseur pour l'échafaud

Les huissiers en sont encore tout retournés. Ils n'avaient jamais vu ça à l'Élysée : le Président saisi aux revers par un de ses ministres ! François Mitterrand quasiment collé au mur par Lionel Jospin !

Cette scène inouïe se déroule le 17 mai 1991, juste après la séance photo du tout nouveau gouvernement conduit par Édith Cresson. Qu'est-ce qui a bien pu mettre le ministre de l'Éducation nationale dans une pareille fureur, jusqu'à ne plus se contrôler et en venir presque à commettre l'irréparable ?

Certaines langues venimeuses prétendent mensongèrement qu'il a levé la main sur le président de la République. Faux ! Jospin est simplement sorti de ses gonds et a eu une conversation qu'on peut qualifier de « musclée » avec Mitterrand. Il venait d'apprendre que Claude Allègre, qu'il avait proposé pour être son secrétaire d'État aux Universités, avait été écarté par le chef de l'État au profit d'un fabiusien, Jacques Guyard. Personne ne l'en avait averti. C'est un camouflet grotesque, un caprice de vieux roi vieillissant. Encore une fois, Mitterrand règle ses comptes du congrès de

Rennes. Il humilie Jospin par simple esprit de vengeance. Hors de lui, le ministre de l'Éducation s'avance vers « Dieu » :

« Vous ne pouvez pas me faire ça !

– Je fais ce que je veux.

– Moi aussi !

– Débrouillez-vous avec le Premier ministre », conclut sèchement Mitterrand qui s'apprête à tourner les talons.

Jospin, qui ne veut pas en rester là, l'attrape par le col et le prévient :

« François Mitterrand, vous ne m'imposerez pas une chose pareille, tout Président que vous soyez ! »

Le chef de l'État s'écarte brusquement et s'éloigne en maugréant :

« Jamais personne ne m'a traité comme ça ! »

Abasourdis par la violence des rapports entre les deux hommes, les témoins de l'altercation n'en mènent pas large. Après pareil esclandre, Lionel Jospin ne peut qu'être « rayé de la carte » par le Président. Ses jours au gouvernement sont comptés. Le ministre s'attend désormais à être débarqué à tout moment.

Le 15 mai, il a assisté à l'éviction de Rocard. Il n'a guère apprécié la méthode : Mitterrand a congédié son Premier ministre comme un valet, sans prendre de gants, avec un souverain dédain. Cette dérive monarchique du mitterrandisme exaspère Lionel Jospin, persuadé que ce régime de courtisans va à sa perte et, surtout, risque de renvoyer la gauche dans l'opposition pendant des dizaines d'années. Dévoré par ses luttes de courants, le PS ne produit plus aucune idée, ne génère plus aucun débat. L'ancien premier secrétaire du parti sent confusément qu'il lui faut prendre un peu de champ ; qu'il doit sortir par le haut du bourbier de la guerre des clans. Or, le Président lui-même, pour rester maître absolu du jeu, attise le feu en permanence. Zeus, du haut de l'Olympe, aime à voir ses sujets s'entre-déchirer. Jospin prend alors sa décision. Durant l'été, avec la complicité de l'éditrice Monique Nemer, il rédige un livre-manifeste, *L'Invention du possible*[1], qui, pour la première fois, permet de mieux cerner sa pensée politique. Aurait-il donc une vision, un projet, des perspectives ? Il n'est donc pas cet apparatchik borné et tatillon que la presse a présenté ? Au cours du mois d'août, en villégiature en Corse à Lumio, village natal de Laetitia Casta, chez ses amis Anne et Serge Laski, il prend du recul et met sa pensée en ordre. Vingt ans après avoir adhéré au PS, il tire un bilan de son action. Il s'en prend sans ambiguïté à François Mitterrand :

> « Il est celui qui a conduit la renaissance du PS, il nous a amenés à la victoire, il est un Président respecté. Mais il a cessé d'agir comme notre leader politique direct. On lui prête des préférences, des distances à l'égard de tel ou tel au sein du Parti socialiste. Mais, surtout, il n'a plus voulu continuer à réunir, entraîner, rassembler le groupe d'hommes et de femmes qui ont dirigé avec lui le Parti socialiste de 1971 à 1981, et participé au succès de son premier septennat. Il les a laissés se diviser sans vouloir considérer que cela était dommageable. Il fut le rassembleur du Parti socialiste ; il a visiblement perdu le goût de l'être. Peut-être parce qu'il estime avoir fait assez. »

Pour la première fois, un dirigeant socialiste déclare officiellement ce que la grande majorité des militants

1. Flammarion, 1991.

pensent tout bas : après dix ans de pouvoir, Mitterrand n'incarne plus le Parti socialiste. C'est dit. Brutalement. Le monarque a trop joué avec sa Cour, ses chambellans, ses thuriféraires. Le Florentin s'est souvent emmêlé dans ses propres filets. Il faut donc désormais fonctionner sans lui, préparer dès aujourd'hui l'après-Mitterrand.

Pour ceux qui n'auraient pas compris, Lionel Jospin précise dans son livre : « Ce n'est pas simplement François Mitterrand qui a fait le PS, c'est aussi le Parti socialiste qui a fait François Mitterrand. »

Le 22 septembre, pour la première fois, le ministre de l'Éducation réunit sans plus se cacher, dans un « forum », son propre courant à Maisons-Alfort. Ce courant se dote d'un « Bureau exécutif », autrement dit d'un mini-gouvernement qui, outre Jospin lui-même, compte huit membres : quatre jospinistes (Dominique Strauss-Kahn et Pierre Moscovici, les économistes ; Henri Emmanuelli et Daniel Vaillant, les politiques), deux mauroyistes (Gérard Collomb, le Lyonnais ; Bernard Roman, l'homme du Nord) ; deux mermaziens : André Laignel et Claude Fleutiaux. Le porte-parole en est Pierre Moscovici. La troupe est en ordre de bataille.

En observant la manœuvre, les journalistes politiques s'interrogent : pour qui roule Lionel Jospin ? Dans *Le Figaro*, Judith Waintraub, qui suit le locataire de la rue de Grenelle depuis des années, propose une piste :

> « Un homme et un seul serait susceptible de donner à ce courant qui se réclame du mitterrandisme une dimension équivalant à celle des "écuries" Rocard et Fabius : c'est Jacques Delors. »

Et si Jospin lui préparait la voie ? Et s'il n'avait jamais fait autre chose ? Dans cette partie d'échecs où fous et cavaliers bougent et permutent au gré des circonstances, voire des humeurs des électeurs, il n'est jamais simple d'émettre des pronostics. Pourtant, dès ce jour-là, à Maisons-Alfort, Lionel Jospin est en piste pour l'élection présidentielle. Il a un corps de doctrine, son livre, une organisation et une stratégie : éloigner le PS de l'orbite mitterrandienne.

Quand, début janvier 1992, Pierre Mauroy, usé par plus de trois années à la tête du PS, annonce son départ et propose Laurent Fabius pour lui succéder, Lionel Jospin, contre toute attente, rend les armes. Il ne lutte même pas. Il vote Fabius avec tous ses amis. Il semble presque détaché, absent. Il sait pourtant parfaitement que le soudain ralliement de Mauroy à Fabius a été négocié à l'Élysée. Le scénario était signé. Pierre Mauroy s'est vu proposer par François Mitterrand le poste de président de l'Internationale socialiste contre un soutien au « Petit ». Mauroy le débonnaire a accepté avec soulagement. Il veut souffler un peu et oublier les odeurs de poudre de la rue de Solférino.

Pour parachever le « troc », Laurent Fabius négocie avec... Michel Rocard. Il lui a proposé la « botte », quelques mois auparavant. Le 21 janvier 1991, en pleine guerre du Golfe, au lendemain de l'attaque aérienne contre l'Irak de Saddam Hussein, au cours d'un dîner ultra-confidentiel, le premier a lancé en substance au second : « On est les meilleurs, tous les deux. On ne va pas continuer à se battre comme ça pendant des années. On a intérêt à s'unir. Ce que je te propose est tout simple : à toi la présidence de la République, à moi le parti ! » Méfiant, le

Premier ministre a réagi en dissertant longuement sur son parcours politique, ses engagements à la SFIO, au PSU, puis au PS. En conclusion, et en guise d'avertissement, comme pour rappeler au « Petit » qu'il n'était ni un bleu ni un enfant de chœur, il a déclaré à Fabius en le regardant droit dans les yeux : « Quand tu tues en politique, il faut le faire à l'arme blanche, tu comprends ? Et par-devant ! » Le « marché du siècle », selon l'expression de Franz-Olivier Giesbert[1], sera conclu un an plus tard, le 9 janvier 1992, au Comité directeur du PS. Enfin Mitterrand tient a revanche. Il a réussi à imposer son favori. Sur un champ de ruines…

Cinq jours plus tard, le juge Van Ruymbeck mène une perquisition rue de Solférino dans le cadre de l'enquête sur le financement occulte du PS. L'image de policiers transportant des cartons devant les grilles du siège du Parti socialiste fait des ravages dans l'opinion. L'affaire Urba, encore et toujours, mine le moral des militants. Lionel Jospin n'a alors qu'un souci : empêcher François Mitterrand d'entraîner le PS dans le précipice. Il faut sauter de la diligence avec armes et bagages. Pour cela, il doit absolument consolider ses positions en Midi-Pyrénées. Repartir au combat. Mais il est battu sans gloire aux élections régionales de mars, et sauve piteusement son siège de conseiller général dans le canton de Cintegabelle avec seulement 52 voix d'avance sur un inconnu. Quelques élus PS ont fait discrètement mais énergiquement campagne pour qu'il soit battu. Ils ont failli réussir. Aucun candidat socialiste n'avait jamais fait un aussi mauvais score dans un canton qui vote généralement à plus de 60 % à gauche. Jospin à la casse ? Ses fidèles voient là

1. *Op. cit.*

encore la main de l'Élysée. Mitterrand le vindicatif, le haineux, a décidé, dit-on, de faire rendre gorge à celui qui l'a humilié sur le perron de l'Élysée...

Affaibli politiquement, moralement touché par ces attaques, ce que craignait ou peut-être même souhaitait Lionel Jospin se produit le 2 avril : il ne figure pas dans le gouvernement de Pierre Bérégovoy. François Mitterrand a tranché et prononcé son exécution politique.

> « Aujourd'hui, avec le recul, analyse-t-il, j'ai le sentiment que le Président, en me mettant à l'écart de ce gouvernement, consciemment ou inconsciemment, m'a protégé[1]. »

A posteriori, on peut certes voir les choses ainsi... Mais, à l'époque, l'opération ressemble plutôt à une curée ! La Saint-Barthélemy des jospinistes peut commencer.

D'abord Daniel Vaillant, le proche d'entre les proches, le « pote du 18e », le grognard, le mameluk, mais surtout l'un des plus fins connaisseurs de la carte électorale. Mitterrand lui offre sur un plateau le ministère des Relations avec le Parlement afin de l'écarter de la direction du PS. But de l'opération : laisser la place à un fabiusien. Daniel Vaillant est en effet secrétaire national aux fédérations, poste stratégique pour contrôler l'appareil du parti. S'il s'en va, Jospin sera « carbonisé ». Le piège est grossier : après avoir consulté le conseiller général de Cintegabelle, Daniel Vaillant refuse.

Un autre proche de Lionel Jospin, Jean Glavany, est pressenti pour le même portefeuille. Avec l'assentiment de son chef de file, il accepte. Installé dans son ministère, Jean

1. Entretien avec l'auteur.

Glavany prend la mesure de la vendetta antiJospin : il reçoit une lettre comminatoire du fisc l'accusant d'avoir fraudé. Un petit mot manuscrit de Michel Charasse lui intime l'ordre de régulariser sa situation. Le coup lui paraît énorme ! Il n'en dort pas de la nuit, fait et refait ses comptes, découvre une légère erreur qui n'est pas de son fait, mais imputable au ministère de l'Intérieur, administration à laquelle il était rattaché, qui a omis de déclarer une somme de 60 000 francs. Rassuré, le nouveau ministre des Relations avec le Parlement attend à son bureau le responsable de la cellule fiscale de Michel Charasse. Ce dernier, glacial, à peine poli, prend note et s'en va. Effaré par le comportement de l'agent du fisc, Jean Glavany téléphone à Charasse :

« Je ne comprends pas ce genre de méthodes. Pourquoi ce brutal contrôle ?

– Ne t'inquiète pas. C'est l'usage, au Budget. Chaque nouveau ministre est contrôlé, par sécurité, pour éviter les scandales », répond l'homme lige du Président.

Rasséréné, Jean Glavany se remet au travail. Après tout, si c'est la règle… Et puis, l'Élysée n'est tout de même pas une forteresse ennemie. Il a été lui-même chef de cabinet du Président pendant tout le premier septennat. Il continue à fréquenter les collaborateurs de François Mitterrand en participant au « Château », le mercredi, à un déjeuner où se retrouvent les anciens et ceux qui sont encore dans la place. Certes, il y va de moins en moins souvent, car Michel Charasse, qui anime ces réunions d'amitié, se montre de plus en plus virulent envers Lionel Jospin. Il est suivi et applaudi par la plupart des participants, dont Jacques Attali. Les épithètes volent bas contre le fils indigne : « *loser* », « ringard », « connard », « Yoyo parpaillot »…

Intrigué tout de même par ce contrôle fiscal inopiné qu'il vit comme une menace, Glavany s'en ouvre à un ami. « Si tu as été contrôlé, Bernard Tapie l'a été aussi », insinue ce dernier. Bon sang, mais c'est bien sûr : Tapie, le tout nouveau ministre de la Ville, Tapie et ses jongleries bancaires, Tapie et ses milliards baladeurs, Tapie, l'homme qui déteste Jospin et le clame dans tous les dîners en ville, Tapie a forcément été contrôlé. Jean Glavany s'en enquiert par téléphone auprès de Pierre Bérégovoy. Le Premier ministre lui répond, patelin : « Aucun problème, j'ai fait vérifier par les services. » C'est un gros mensonge : il n'y a jamais eu de règle concernant un contrôle fiscal « préventif » visant les nouveaux ministres.

Jean Glavany ne le découvre qu'un peu plus tard. Profondément blessé, il écrit à Michel Charasse et lui demande de lui présenter ses excuses. Ce contrôle fiscal serait-il une pression ? Une mesure de rétorsion frappant un disciple de la nouvelle hérésie, le jospinisme ? Jean Glavany doit se contenter du silence, le ministre du Budget de François Mitterrand ne daigne même pas répondre à son ministre des Relations avec le Parlement.

Pourchassés, harcelés, méprisés, les proches de Jospin sont traités en parias. Au congrès de Bordeaux, le 12 juillet 1992, c'est tout juste si on les remarque. Henri Emmanuelli, président de l'Assemblée nationale, est ovationné : il vient d'être mis en examen dans l'affaire Urba en tant qu'ancien trésorier du PS. Jacques Delors est hué par les militants. Normal : il est, *de facto*, le nouveau concurrent de Michel Rocard et de Laurent Fabius à la présidentielle de 1995. Leurs partisans respectifs ont reçu des consignes. La claque est aux ordres. Mortifié, le président de la Commission européenne s'assied à côté de Lionel Jospin et l'interroge :

« Pourquoi ils me font ça ?

– Si tu veux être candidat, il faudra que tu te battes. Personne ne te fera de cadeau ! C'est ce qu'ils t'expliquent », lui répond son voisin désabusé.

Quand il recommandait aux siens de « prendre le large », de s'éloigner de la « zone rouge » dans laquelle voulait les entraîner François Mitterrand, il ne pensait pas que le destin allait à ce point lui donner raison. Désormais marginalisé au sein du PS, il assiste au nouveau combat des chefs, qui, cette fois, oppose Fabius à Rocard. Dans le rôle du « troisième homme », il a été remplacé par Jacques Delors, le chouchou des sondages. Les règles du jeu sont inchangées. Seule variante : Fabius s'est à son tour affranchi de la tutelle mitterrandienne.

Hors du ring, Lionel Jospin n'a plus qu'un objectif, pas si simple à atteindre : sauver sa peau. Quand, le 28 mars 1993, il apprend qu'il est largement battu aux législatives, dans sa circonscription de Cintegabelle, il est brisé. Durant cette campagne, se livrant à un porte-à-porte acharné, il a donné le meilleur de lui-même, voire sans doute un peu plus. Il a perçu un léger frémissement, il a eu la sensation qu'il était enfin aimé et adopté dans ce petit coin du Lauragais. Mais la vague nationale a tout balayé. Les socialistes sont laminés par la droite. Seuls cinquante députés PS sauvent ou conquièrent leur siège, dont Laurent Fabius et Jean Glavany qui réussit l'exploit, en pleine tourmente, d'être élu pour la première fois dans les Hautes-Pyrénées.

Jospin, le chef de bande, rentre à Paris. Il cherchait une autre voie, il se retrouve dans un cul-de-sac. « Aujourd'hui, dit-il, j'ai un problème personnel à régler. Cela n'a plus rien à voir avec les courants ni avec qui que ce soit. » Face à lui-même, il s'est mis à douter. Et si les Français ne l'aimaient pas ? Il a été de nouveau battu dans un fief de gauche où d'autres que lui l'auraient emporté. Son « parachute » ne s'est en définitive jamais ouvert. Certes, la situation nationale, catastrophique, ne l'a pas aidé. Après tout, il est responsable, comme les autres, de ce fiasco. La loi d'amnistie sur le financement des partis politiques, les « affaires » ont pesé lourd dans la balance. Mais il ne peut faire l'impasse sur son propre échec. Meurtri, replié sur lui-même, il annonce, le 3 avril 1993, à la direction du parti, tétanisée, qu'il abandonne tous ses mandats au sein du parti, à savoir ses postes au Bureau exécutif et au Comité directeur. Il n'est plus qu'un simple militant. Le modeste conseiller général d'un lointain canton perdu sur un piton dominant l'Ariège, une silencieuse et secrète citadelle qui lui a accordé une majorité de 52 voix, des voix qui valent de l'or. Mais cela, il ne le sait pas encore.

En avion, entre Toulouse et Paris, il confie à un journaliste : « Je peux me passer de la politique, croyez-moi. Je vais démarrer une nouvelle vie. » Où va-t-il ? Dans les Landes où il a loué une maison pour passer l'été avec Sylviane. À quatre kilomètres de Latché. Lionel Jospin ne rendra pas visite dans sa bergerie au Président, l'homme qui a fini par avoir sa tête. Chez les Jospin, on ne salue pas les bourreaux.

CHAPITRE 28

Ne me quittez pas…

À quoi joue-t-il ? Il part, il ne part pas ; il s'éloigne, revient. Il annonce qu'il va changer de vie, que la politique n'est plus son oxygène. Il veut voyager, courir le vaste monde en compagnie de Sylviane, écrire aussi, et puis lire *L'Équipe*, faire du sport. Pourtant, chaque fois, il réapparaît à l'improviste dans les réunions, penaud ou renfrogné, c'est selon. S'excusant : « Non, non, ne vous dérangez pas pour moi, je vais me mettre dans ce coin-là. » Il fait son Charles Trenet, n'en finit pas d'annoncer sa retraite tout en ne parvenant pas à quitter la scène. Tous les mercredis, les membres de son courant, ceux de Maisons-Alfort, se réunissent au Bistrot de Paris, chez Michel Oliver, rue de Lille. Ils sont généralement une dizaine autour de la table pour entretenir la flamme jospinienne. À l'automne 1993, le dernier carré des fidèles a du mal à suivre : Lionel est en plein doute métaphysique. Son divorce vient d'être officiellement prononcé, le 13 septembre. La procédure, douloureuse, aura duré plus de quatre ans. Il n'a rien gardé : il a laissé à sa première femme la maison d'Autouillet, dans les Yvelines, une modeste gentilhommière normande qu'ils avaient achetée au début des années quatre-vingt. Avec Sylviane, il nage dans le bonheur, part de plus en plus souvent en vacances, que ce soit à New York, chez son ami le sculpteur Alain Kirili, en Corse, chez Anne et Serge Laski, en Provence, chez Richard Moatti ou chez Sophie, la sœur de Sylviane. Il envisage de tout plaquer. Mais il attend une réponse qui ne vient pas.

En avril, après son départ de la direction du parti, il a pris rendez-vous avec Alain Juppé, ministre des Affaires étrangères de Jacques Chirac. Le tout nouveau locataire du Quai d'Orsay le reçoit courtoisement.

« J'ai réintégré mon administration d'origine, lui explique Lionel Jospin. Je suis aujourd'hui ministre plénipotentiaire. Je pourrais rester confiné dans un "placard", mais je n'en ai pas l'intention. J'ai pris du recul avec la politique. Je souhaite ne pas quitter Paris pour des raisons familiales. Je cherche un poste dans l'administration centrale.

– Vu votre stature politique, vous vous doutez, lui répond le ministre chiraquien, qu'il me sera difficile de vous proposer un poste de directeur à l'administration centrale. Mais je vous promets de chercher sérieusement. »

Quelques mois plus tard, Alain Juppé a trouvé. Le poste correspond exactement au profil de Lionel Jospin : responsable de la préparation du « sommet social » de Copenhague, sous l'égide de l'ONU, qui doit avoir lieu en 1995. Il devrait se déplacer à New York et dans la capitale danoise, mais resterait basé à Paris. Ce qui serait parfait : le père divorcé demeurerait près de ses enfants et le fils de Sylviane, Daniel, qui n'a que treize ans, n'aurait pas à changer de collège. Alain Juppé prend rendez-vous avec Édouard Balladur pour obtenir son feu vert.

« Il n'en est pas question ! objecte le Premier ministre. J'ai déjà suffisamment de problèmes avec ma majorité qui trouve que je suis trop indulgent avec les socialistes. Je ne peux me permettre de prendre un tel risque. Donc, c'est non ! »

En fait, Édouard Balladur a déjà promis le poste à son ami Yvon Chotard, ancien patron du CNPF. Vexé, désemparé, Lionel Jospin accuse le coup. Il aurait pu alors faire intervenir François Mitterrand. Mais, par orgueil, il n'en fait rien. Il n'ira pas lui procurer ce plaisir. « Je ne suis pas un toutou », marmonne-t-il dans sa barbe. Il ne relance pas non plus le Quai d'Orsay. « S'il m'avait demandé un poste d'ambassadeur à l'étranger, même en Europe, ç'aurait été beaucoup plus simple », reconnaît Alain Juppé. Aux amis Jospin le banni annonce qu'il est question pour lui d'un poste d'ambassadeur au Portugal ; d'autres encore évoquent Prague. Le bout du tunnel n'est plus très loin. Mais le croit-il vraiment ? Dans la position du guetteur solitaire, il ronge son frein dans l'inactivité. Et l'attente dure... Aussi, tous les mercredis, sur la pointe des pieds, vient-il au Bistrot de Paris retrouver sa bande. Certains jours il se fait combatif, semble reprendre du poil de la bête, critique la nouvelle alliance Rocard-Fabius, puis s'en désintéresse.

> « Parfois, dit l'un des participants à ces déjeuners du mercredi, on se demandait s'il avait compris que Rocard était premier secrétaire du PS et que Mitterrand s'était mis à ne plus supporter Fabius à cause de sa lune de miel avec lui. Il faut avouer qu'on était un peu largués... »

En fait, Lionel Jospin lutte avec un nouvel ennemi : la dépression nerveuse. Comme tous les hommes hyperactifs qui s'arrêtent brutalement, il a été touché par ce mal insidieux et dévastateur : la peur du vide. Pierre Bérégovoy en a été victime avant lui. Après l'échec des législatives de mars, persuadé qu'il était responsable de la débâcle socialiste à cause du malheureux « prêt » d'un million de francs que lui avait octroyé Roger-Patrice Pelat, l'ami milliardaire du Président, il s'est suicidé d'une balle dans la tête. Le coup de *blues* de l'ancien premier secrétaire n'est pas de même nature, mais il est bien réel. Aussi quand, à la fin de l'année, il annonce aux copains du Bistrot de Paris qu'il prend du « recul avec la politique » pour renouer avec son métier – « mon vrai métier » –, ils ne sont qu'à demi surpris. Il ajoute : « Continuez sans moi ; je ne sais pas si je pourrai encore être des vôtres. » Ont-ils alors peur qu'il en vienne à commettre l'irréparable ? « Franchement non, répond Jean-Christophe Cambadelis. Car, en même temps, il s'intéressait à nous d'une autre manière. »

Au cours de cette période « creuse », Jospin se fait plus humain et commence à se livrer un peu. À Jean Glavany il parle de son divorce. « Et toi, comment ça va chez toi ? lui demande-t-il. – Pas mal, avec des hauts et des bas, mais pas mal, répond le député des Hautes-Pyrénées. – Fais gaffe, lui lance Jospin. Fais gaffe : écoute bien ce que je te dis ! » Pour beaucoup, ces menues confidences, ces manifestations de fragilité lui redonnent de l'humanité. Le « bunker » aurait donc une âme ? Au cours d'un déjeuner chez Cambadelis, dans le 19e arrondissement, il se livre davantage. La femme de « Camba », Cécile, psychiatre, est enceinte. Jospin l'interroge sur la technique d'accouchement pour laquelle elle a opté, et annonce un débat sur la douleur des femmes. Il parle de sa mère, Mireille, avec vénération, louant son métier de sage-femme. Sa mère, dit-il, celle qui

« permet le passage », il la voit comme une héroïne des temps modernes, un personnage bien plus important que les autres. Avec un mélange de pudeur et de passion, il affirme que les sages-femmes exercent le plus beau métier du monde. Jospin-la tendresse a ouvert les vannes. C'est si rare que Jean-Christophe et Cécile Cambadelis en sont bouleversés. « Camba », le lieutenant, le porte-flingue, l'ex-trotskiste devenu grand tacticien du PS, a les yeux embués.

À Jean Glavany, au cours d'un déjeuner en tête à tête dans un restaurant du boulevard Saint-Germain, toujours à l'automne 1993, il fait quasiment subir une séance de psychanalyse, l'interrogeant sur ses origines, ses relations avec sa famille. Il se confie aussi. Pour la première fois, devant lui, il évoque ses doutes, ses interrogations sur le sens de l'action politique. « J'en suis ressorti avec le sentiment d'avoir vu un homme qui met tout à plat, pose tout sur la table et trie les choses avant de repartir sans savoir encore vers quel destin », se souvient Glavany.

Il hésite, n'en finit pas d'hésiter. Un jour, il envisage de solliciter une ambassade en Europe, pas trop loin de Paris : Rome ou Londres. Un autre, il pense reprendre le métier de professeur d'économie. Ses atermoiements agacent. Surtout Henri Emmanuelli : le président de l'Assemblée nationale est fatigué de travailler pour une ombre, un chef qui ne veut plus être chef tout en le restant un peu. Il ne supporte pas ses visites impromptues au Bistrot de Paris, sa modestie nouvelle, ses airs de garçon timide. L'impétueux député des Landes a fait le deuil de Jospin. Il aspire à reprendre en main le courant. Il a de nouvelles ambitions. L'affaire Urba, paradoxalement, l'a rendu populaire chez les militants. Alors, pourquoi pas lui ?

Au cours de l'hiver, dans sa ferme landaise, alors qu'il déjeune à la bonne franquette avec Jean Glavany et son ami Jean-Louis Carrère, élu de Mont-de-Marsan, un homme tape au carreau : c'est François Mitterrand. Il est venu à l'improviste, en voisin. Il se joint à la tablée. Très vite, on en vient à parler politique. Devant le Président, Henri Emmanuelli s'en prend violemment à Laurent Fabius. « Un vrai passage à tabac », se souvient l'un des convives. Mitterrand fait la moue, mais ne dit mot. Le dimanche suivant, il revient chez Emmanuelli et lui suggère : « Bien, vous n'aimez pas Fabius, mais pourquoi êtes-vous derrière Rocard et Huchon ? Pourquoi ne prenez-vous pas vous-même le parti ? » L'air de rien, le Président vient de se créer un nouveau joker : Emmanuelli le maudit, l'éternel lieutenant, le second couteau, premier secrétaire du PS ? L'onction mitterrandienne lui donne des ailes. Lionel Jospin, en pleine crise existentielle, n'a plus l'âme d'un chef de guerre ? Le mousquetaire gascon ira lui-même au combat.

Ils sont à Venise où ils passent le Nouvel An en amoureux. Venise, ville-lagune, cité du temps immobile, labyrinthe où viennent se perdre toutes les nostalgies, toutes les passions, Venise, la ville fétiche de François Mitterrand où le Président malade et vieillissant songea, un temps, à venir finir ses jours. Ils vont à la Fenice, traîner dans le quartier du ghetto, boire le chocolat chaud au café Florian, flâner dans l'île de la Giudecca. Ils ne se souviennent plus très bien comment ils ont pris leur décision : ils vont se marier. Pourquoi pas juste avant l'été ? Fin juin, par exemple. Quinquagénaires amoureux, libres comme l'air,

Sylviane et Lionel, émus comme des jeunes gens, se laissent bercer par le roulis des vaporettos.

Quand ils rentrent à Paris, rue du Regard, dans le 6e arrondissement, où ils se sont installés peu auparavant, Sylviane remarque que Lionel a beaucoup maigri : cinq ou six kilos, peut-être. L'ancien ministre de l'Éducation se sent de plus en plus fatigué. Il a cru que l'année éprouvante qu'il avait vécue avait glissé sur son organisme comme les gondoles sur l'eau du Grand Canal ? On ne sort pas indemne de tant de coups reçus — et donnés, aussi. Le stress a encore frappé comme en 1987, lors de son voyage en Chine. Il a réveillé l'hyperthyroïdie qui sommeille en lui. Le mal s'incruste. Au cours d'un meeting de soutien à Daniel Vaillant à l'occasion d'une législative partielle dans le 18e arrondissement, il devient livide, transpire à grosses gouttes, ouvre des yeux exorbités. Ramené chez lui par le chauffeur du candidat, il se love dans la voiture dans la position du fœtus, pour ne plus souffrir. Il croit que le malaise n'est que passager. Cette fois, l'affection le frappe plus durement. Le 18 janvier 1994, le professeur Godeau, l'endocrinologue qu'il consulte régulièrement, ordonne son hospitalisation immédiate. Il convient d'agir de toute urgence. La glande thyroïde en suractivité risque de provoquer une crise cardiaque, voire un accident cérébral. À l'Hôpital américain de Neuilly, on lui administre un traitement de choc à base d'iode radioactive. Pendant dix jours, il reste sous haute surveillance médicale. De tous ses amis, seul Claude Allègre est autorisé à lui rendre visite. Puis il se remet doucement. Il l'a échappé belle.

Quelques semaines plus tard, alors qu'il est en convalescence à son domicile, le professeur Godeau, irrité par l'imprudence de son patient, le tance vertement. Pourquoi a-t-il attendu si longtemps pour venir le voir ? S'il l'avait consulté plus tôt, les conséquences auraient été beaucoup moins graves ; il lui aurait évité une belle peur. Lionel Jospin n'a rien à répondre. Un petit sourire aux lèvres, il reconnaît son erreur. Mais elle lui a permis de renouer avec François Mitterrand.

Atteint lui-même d'un cancer de la prostate qu'il a caché au pays pendant plus de dix ans, le Président lui a rendu visite à deux reprises. Il lui a même envoyé un mot. Comme toujours quand un homme est à terre, que la maladie le foudroie, François Mitterrand accourt. Lui même souffre le martyre, mais il ne peut pas ne pas venir au chevet du fils rebelle qui n'est plus qu'un homme confronté à la douleur. C'est le Mitterrand Bon Samaritain, le visiteur empressé des hôpitaux et des cimetières. Jospin découvre un ami attentif, sensible, miséricordieux. Il est ému aux larmes. Lui qui s'est toujours efforcé de cacher ses sentiments envers le Président est *bouleversé* par ces retrouvailles avec « le Père ». Avec Mitterrand l'ambivalent, le lecteur de l'Ecclésiaste qui dit que « rien ne vaut rien », mais que « pour donner sens à la vie, il faut faire comme si tout valait tout ». Lionel Jospin ne s'est jamais résigné à ce pessimisme noir. Un jour, le chef de l'État lui a fait observer :

« Votre problème, c'est que vous n'avez pas la “double conscience”, celle qui vous permet de relativiser tous vos actes. Moi, j'appelle cela l'ironie vis-à-vis de soi-même. Soyez donc moins tendu, prenez la vie avec philosophie ! »

Élève turbulent et désobéissant, Lionel Jospin a fait un effort et a suivi en partie les conseils du maître : il a pris la vie… avec une philosophe ! Sa mère était sage-femme, il va épouser une femme sage.

Surprenant François Mitterrand qui, en quelques minutes, vient d'effacer près de dix années de fâcheries. Devant la mort annoncée, les rancœurs deviennent dérisoires. À son dernier médecin, Jean-Pierre Tarot, n'a-t-il pas un jour demandé :

« Docteur, comment me définiriez-vous ?

– Pour moi, vous êtes à la fois Machiavel, Don Corleone, Casanova et le Petit Prince.

– Bonne définition. Mais quels sont les pourcentages ?

– Ils varient selon les heures. »

Rue du Regard, quel Mitterrand le convalescent a-t-il rencontré : Machiavel ou le Petit Prince ? Les deux, sûrement. Car le Président, en dépit de l'évolution de son mal, qui gagne chaque jour du terrain, continue à se passionner pour la politique. Il vit une cohabitation plutôt paisible avec Édouard Balladur et peut donc se concentrer sur le seul sujet qui fasse resurgir son côté Don Corleone : Michel Rocard.

Le paysage politique a encore bougé. Lionel Jospin est au sol, affaibli par la maladie, son courant se déchire déjà entre les « emmanuellistes » et le groupe Strauss-Kahn-Moscovici. Laurent Fabius est en quarantaine, injustement impliqué dans le scandale du « sang contaminé ». Jean-Pierre Chevènement reste cantonné dans les marges. Seul Rocard surnage. À un an de l'élection présidentielle, il est « en situation ». Il dirige le parti, grignote des positions dans l'appareil. Le rocardisme n'est plus honteux, il est intégré dans la famille. La perspective de laisser « son » héritage au « boy-scout parpaillot » insupporte le Président. Il n'a toujours pas purgé sa haine envers son ancien Premier ministre. Au contraire. Elle le dope, redouble ses forces pour lutter contre les métastases. À Laurent Fabius qui a semblé opérer un rapprochement avec le maire de Conflans Mitterrand, hors de lui, hurle, le visage grimaçant : « Rocard ? C'est ça ! Vous voyez : zéro ! Double zéro ! » Il s'amuse à peine quand il cite la liste de ceux qu'il imagine pouvoir lui succéder : « 1er, Delors. 2e, Barre. 3e, Léotard. 4e, Giscard. 5e, Chirac. 6e, mon chien… 7e, Rocard ! »

Quand ce dernier annonce au congrès du Bourget, le 23 octobre 1993, qu'il est candidat à la tête de liste aux élections européennes de juin 1994, le Président se frotte les mains. Machiavel sort de l'ombre : Rocard prend ces élections comme rampe de lancement de sa future campagne présidentielle ? Il veut tenter un galop d'essai, un échauffement ? Il commet là une erreur de débutant. Il va la payer cher.

Lionel Jospin a d'emblée saisi la manœuvre. Au bout de ses deux mois de convalescence, il est rétabli. Il est même prêt à retourner au combat. Au cours d'un déjeuner chez Michel Rocard, rue de Varenne, il le prévient :

« Tu ne peux pas mener de front ta candidature aux européennes, à l'élection présidentielle, et tes fonctions de premier secrétaire. Il va te falloir chaque fois changer de registre. C'est du suicide ! »

Mais Michel Rocard n'en démord pas.

Quelque temps plus tard, Jospin revient à la charge, cette fois au cours d'un tête-à-tête :

« Tu risques de laisser beaucoup de plumes dans cette affaire, lui redit-il. Tu ne devrais pas te présenter. Le parti est au plus bas dans l'opinion, avec toutes les "affaires".

Préserve-toi pour la présidentielle. Moi, par contre, je peux prendre des coups, je ne suis pas en situation. »

L'ancien premier secrétaire joue les martyrs. Monter au feu en pleine déroute socialiste est plus que téméraire. Le régime mitterrandien est à bout de souffle. La mitterrandophobie a envahi les rédactions. De nombreux livres stigmatisent une fin de règne interminable et nauséabonde. On trouve de tout à la librairie « anti-Tonton » : un best-seller, *Mitterrand et les quarante voleurs*, de Jean Montaldo[1] ; un livre-enquête accablant pour le Président, *La Part d'ombre*, d'Edwy Plenel[2] ; un brillant témoignage romanesque, *Grand Amour*[3], d'Erik Orsenna, ancien conseiller à l'Élysée, prix Goncourt, etc. Dans ce climat déjà empoisonné, une nouvelle tragédie survient, lourde de sens : François de Grossouvre, vieil ami et confident de Mitterrand, tuteur de sa fille Mazarine, se suicide dans son bureau de l'Élysée. Acte de désespoir d'un homme malheureux, ne supportant pas la déchéance de la vieillesse ? Probable. Mais le lieu choisi pour se donner la mort fait l'effet d'un message adressé à l'opinion. La génération Mitterrand est ensevelie sous les « affaires ».

Pour autant, Rocard ne cède pas. Il a, croit-il, la baraka. N'incarne-t-il pas l'antimitterrandisme le plus pur ? N'a-t-il pas combattu depuis plus de vingt ans cet homme qui le hait ? Les Français n'ont pas oublié. Contre l'avis de Lionel Jospin, ses conseillers le poussent à y aller. Ils imaginent un triomphe.

1. Albin Michel, 1994.
2. Stock, 1992.
3. Seuil, 1993.

Pendant que Rocard, rue de Varenne, consulte les caciques du parti, à l'Élysée, le Président reçoit discrètement un homme qu'il surnomme le « missile anti-Rocard ». Bernard Tapie entre en scène. « Nanard le magnifique », bulldozer de la Canebière, va faire de sacrés dégâts.

CHAPITRE 29

Tapie et les fonds secrets

Avec voracité, indifférent à la gêne de ses convives, le Président mange avec les doigts ! François Mitterrand engloutit ses cailles grillées avec un bonheur non dissimulé. Jusque par ses manières, il délivre un message. En l'occurrence, ses invités doivent comprendre qu'avec eux il se sent dans la plus stricte intimité, en famille. En ce début du mois d'avril 1994, il les a conviés à une rencontre ultraconfidentielle dans son salon personnel de l'Élysée. Il y a là Jean-François Hory, président du Mouvement des radicaux de gauche, Jean-Michel Baylet, ancien ministre, tout-puissant PDG de *La Dépêche du Midi*, et Michel Crépeau, ex-ministre du Tourisme, député-maire de La Rochelle. Les trois dirigeants radicaux se dépêtrent péniblement avec leurs couverts ; ils n'osent imiter leur hôte. Au menu du déjeuner : le cas Tapie.

Le patron de l'OM brigue la tête de liste radicale aux élections européennes. Mitterrand s'y déclare plus que favorable. Il pense même qu'il peut être le « sauveur de la gauche ». Il a déjà rencontré à plusieurs reprises Jean-François Hory en tête à tête. Les deux hommes sont sur la même longueur d'onde : Tapie est un formidable mégaphone qui peut propulser « Radical », Petit Poucet de la gauche, vers les sommets.

Pour le Président, Tapie est avant tout un « missile anti-Rocard ». Il est déterminé : jamais il ne laissera la gauche en héritage à ce dernier. Et encore moins l'Élysée. Il est bien décidé à le torpiller, définitivement. Pour lancer la fusée Tapie, il lui faut absolument vaincre les réticences des caciques radicaux, peu enclins à livrer leur parti au « pilleur d'épaves », selon la formule de Michel Crépeau. Jean-Michel Baylet fait lui aussi de la résistance. Cible de plus d'une dizaine de juges, Tapie, le prince des « mis en examen », croule sous les « affaires ». Il y a bien sûr le scandale des pots-de-vin du match OM-Valenciennes ; la gestion douteuse de son bateau, le *Phocéa* ; les présumés détournements de fonds de Testu ; les démêlés avec le Crédit lyonnais, avec le fisc, et puis l'affaire Tranchant, les caisses noires de l'OM, les amitiés prêtées à l'ancien ministre de la Ville parmi le milieu marseillais… Même l'homme politique le plus déraisonnable changerait de trottoir s'il venait à croiser pareille bombe à retardement judiciaire ! François Mitterrand, lui, n'y voit pas malice :

« Messieurs, il est le seul à pouvoir toucher les couches populaires que le PS a perdues. Il sait parler aux banlieues : c'est un atout considérable. Ce n'est pas un simple problème électoral. Nous pouvons construire autour de vous, avec lui, une force nouvelle, une fédération radicale-socialiste qui deviendrait la première force de la gauche. Je vais me consacrer à cette tâche nouvelle. Je serai derrière vous, vous pouvez compter sur moi ! »

Prudent, Baylet évoque le problème du coût d'une campagne électorale. Avec Tapie qui va attirer les foules, il faudra organiser des meetings géants, louer des jets pour le *wonder boy*. Les radicaux n'ont pas les moyens.

« Ne vous inquiétez pas, rétorque le Président. Nous allons trouver une solution. »

Quelque temps plus tard, Jean-François Hory exulte : les comptes de campagne de son parti ont été alimentés par une enveloppe de 5 millions de francs provenant des fonds secrets de l'Élysée. L'histoire est à peine croyable : pour affaiblir son propre parti, le Président a puisé dans sa cagnotte « clandestine » ! Plusieurs témoins directs de ce hold-up politique confirmeront l'opération. Sans le moindre scrupule, Mitterrand sponsorise à sa manière la candidature Tapie !

Au même moment, rue de Varenne, Michel Rocard et Lionel Jospin s'organisent. Ce dernier a recouvré son énergie. Il peste contre Mitterrand qui savonne sans vergogne la planche à Rocard. Bien sûr, il ignore les menus arrangements financiers de l'Élysée en faveur du candidat Tapie.

Pour donner le change, le 30 avril, François Mitterrand jure devant la presse qu'il votera Rocard, qu'il est socialiste, qu'il le restera jusqu'à sa mort. Le lendemain 1er mai, il a organisé à Nevers une cérémonie pour l'anniversaire de la mort de Pierre Bérégovoy. Bernard Tapie y est invité. Le Président avait initialement prévu d'y adouber le député de Gardanne. Mais, pour couper court aux rumeurs, il charge Roland Dumas de tenir « Nanard » à distance.

Publiquement, donc, le chef de l'État soutient le candidat de son parti. Mais, en coulisses, il est à la manœuvre. Il concocte lui-même la liste « Radical », avec Michel Charasse, Maurice Benassayag et même Pierre Joxe, venu discrètement prêter main-forte. Le 25 mai, au pavillon Gabriel, c'est un Tapie au sommet de sa forme qui présente son programme européen. Plus fédéraliste que lui, tu meurs ! Résolument positionné « moderne », il est pour l'Europe des régions, l'Europe qui bouge. En faveur des banlieues, il sort de son chapeau une idée extravagante, mais d'une efficacité redoutable : il propose qu'on rende le chômage illégal pour les jeunes de moins de vingt-cinq ans. « Comme ça, ils ne feront pas de conneries dans les cages d'escalier ! » La ficelle est énorme, mais passe bien à l'écran et provoque un débat. Comme toujours, « Nanard » fait simple. Il « rentre dans le lard ».

Sa liste, ou plus exactement celle de l'Élysée, est un savant dosage de mitterrandistes, d'écologistes, de déçus du jospino-rocardisme. On y trouve Catherine Lalumière, Noël Mamère, André Sainjon, tous trois « recalés » de la liste Rocard, Pierre Pradier, cofondateur de Médecins du monde, Antoinette Fouque, psychanalyste et cofondatrice du MLF (Mouvement de libération des femmes). Un temps, le conseiller de François Mitterrand Maurice Benassayag est pressenti ; le Président souhaite la présence d'un fidèle dans la place pour être informé en permanence de « l'évolution des travaux ». Mais Benassayag préfère en définitive s'abstenir : Jospin et Rocard auraient immédiatement pointé du doigt la présence d'un homme de l'Élysée sur la liste Tapie pour hurler au complot.

Le 12 juin 1994, la guillotine s'abat sur Michel Rocard : il fait un peu plus de 14 % des voix, soit le plus mauvais score jamais atteint par un socialiste. Bernard Tapie dépasse les 12% ; le pirate a réussi son coup. Michel Rocard est « désintégré ». François Mitterrand exulte. La mise à mort n'est certes pas très noble. Elle est moralement discutable. Mais l'utilisation de fonds secrets de l'Élysée pour soutenir un milliardaire sans scrupule n'a rien d'illégal. En revanche, cela met en lumière la profonde dégradation des mœurs politiques dans ce pays.

Lionel Jospin est effondré. Ce Tapie, il ne l'aime pas et il ne l'a jamais aimé. Depuis que François Mitterrand l'a parachuté à Marseille, en 1989, pour le débarrasser de l'« épine Pezet », il sait que le patron de l'OM lui voue une haine tenace. Tapie, c'est l'anti-Jospin : jusque dans l'apparence, tout les oppose. « Nanard » est un sanguin, un intuitif. Peu de gens savent que, dans son adolescence, il fut un adepte de la dynamique de groupe, du « cri primal », et qu'il s'intéressa de près à l'œuvre de Georg Groddeck, fondateur de la médecine psychosomatique. Tapie est un loup solitaire, qui vit comme une bête traquée. Il n'a pas d'amis. « Yoyo » est un cérébral, un joueur d'échecs obsédé par la crainte de montrer la moindre fragilité. Il s'est cadenassé dans un personnage froid et calculateur. Il recommande en permanence à ses lieutenants : « Surtout, pas d'affects ! Ne mêlez pas d'affects à nos histoires ! » Mais, dans le même temps, il croit à la camaraderie, au groupe, à l'amitié politique. Pour lui, le PS n'est pas seulement un instrument de conquête et de contrôle du pouvoir, c'est aussi un lieu de rassemblement d'hommes et de femmes qui « se tiennent chaud ». Jospin est un mélange de Clausewitz et de François d'Assise.

Et si Tapie et Jospin n'étaient pas si différents ? Certes, le premier jongle avec les milliards, les banquiers, les joueurs de foot. Le second vérifie le moindre sou, déteste le luxe et l'esbroufe. Mais ils sont tous deux d'origine modeste, sportifs, bagarreurs, courageux. Ils sont les seuls à avoir osé affronter Jean-Marie Le Pen dans les médias. Ils ont un autre point commun, sans doute le plus fort : ils se sont construits contre leur père. Tapie ne parle jamais que de Raymonde, sa maman bien-aimée. Jospin s'illumine quand il évoque Mireille, sa mère chérie. Furieusement freudien ? Le complexe d'Œdipe n'épargne personne. Auteurs d'une biographie fouillée de « Nanard »[1], Valérie Lecasble et Airy Routier évoquent longuement cet aspect du personnage :

> « Bernard Tapie est bien trop intelligent pour n'avoir pas mesuré à quel point il a forgé sa personnalité en opposition à l'homme qui lui a donné son nom. »

Lionel Jospin n'a pas fait autre chose. Son père était partisan de Guy Mollet ? Il est antimolletiste. Son père était pacifiste ? Il est pour la dissuasion nucléaire. Son père haïssait Mitterrand au point de quitter la SFIO, en 1965, quand elle a soutenu la candidature du député de la Nièvre à l'élection présidentielle ? Il devient le plus obéissant des fils de Mitterrand. Quand ses collaborateurs évoquent son père, il fronce le sourcil et change de conversation. Lionel Jospin n'aime pas revenir sur l'histoire tortueuse du patriarche de Chamigny.

Tapie-Jospin ? Ils ne se parleront jamais. Trop de coups bas portés, trop de calomnies répandues.

Au lendemain des élections européennes, Lionel Jospin n'est même pas furieux contre le Président. Triste, désabusé, il s'attend à tout.

---

1. Valérie Lecasble et Airy Routier, *Le Flambeur*, Grasset, 1994.

Le 19 juin, dépité, il assiste à l'exécution politique de Michel Rocard. Au cours d'une convention nationale sinistre, la direction du PS choisit Henri Emmanuelli comme premier secrétaire. Jospin paraît absent, à l'écart des débats. Ses amis sont déboussolés. Que doivent-ils faire ? « Faites comme vous le sentez », leur dit-il, laconique. Entre Rocard le *loser* et Emmanuelli le flingueur, qui choisir ? Jospin s'abstient, ainsi qu'il l'a annoncé. Il sait pourtant parfaitement qu'Emmanuelli, son ancien lieutenant, l'a définitivement abandonné.

Ces derniers jours, il a beaucoup consulté. Surtout les deux ex-trotskistes de la gauche socialiste, Jean-Luc Mélenchon et Julien Dray, amis de Laurent Fabius, et Jean-François Hory, le président de « Radical » qui pèse désormais presque autant que le PS. Comme il le pressentait, le complot, piloté directement de l'Élysée, vise bien à créer à gauche une nouvelle force qui regrouperait les radicaux, la gauche socialiste, quelques fabiusiens, pour éliminer une bonne fois pour toutes le tandem Jospin-Rocard.

> « Les gens de la gauche socialiste avaient même infiltré des taupes chez nous, raconte Jean-François Hory. Ils voulaient peser sur notre mouvement. On les a vite débusqués… »

La figure de proue de cette « fédération » attrape-tout serait l'incontournable et inoxydable « Nanard », dernier favori du Prince. Grâce à lui, une nouvelle dynamique est déjà relancée à gauche. « Radical » a pratiquement triplé son nombre d'adhérents en quelques mois, passant de 5 000 à près de 15 000. De nombreux élus socialistes offrent leurs services au nouveau mouvement. La liste des « traîtres » circule. Dans ce climat de sauve-qui-peut, Tapie apparaît bien comme le sauveur possible de la gauche. On murmure même que Mitterrand lui aurait suggéré de se préparer pour 1995. Invraisemblable ! « Nanard », le joker de l'Élysée, pourrait ressortir indemne de son gymkhana judiciaire ? Pourquoi pas ? Mais pour cela, il faudrait qu'il bénéficie de la mansuétude de Matignon. Or les observateurs chuchotent qu'une candidature Tapie pourrait fort bien rendre service à Édouard Balladur. Le Premier ministre a tout intérêt à fragiliser le candidat PS, que ce soit Jacques Delors, Jack Lang ou un autre, et donc à aider Tapie à sortir de ses démêlés judiciaires. Comment ? En calmant le fisc, en suggérant au Crédit lyonnais de patienter quelque peu dans son désir de récupérer quelques milliards perdus. En poussant les députés de droite à ne pas voter la demande de levée de l'immunité parlementaire de Tapie réclamée par les juges de Valenciennes dans l'affaire du match truqué OM-VA.

C'est en tout cas le calcul que fait le patron de l'OM pour rêver encore un peu. Mais le 29 juin 1994, un magistrat, Éva Joly, le ramène brutalement à la réalité. Elle le fait cueillir à l'aube, à son domicile parisien, comme un vulgaire truand, par les policiers de la brigade financière, et le met en examen pour « abus de biens sociaux » dans la gestion du *Phocéa*. En caleçon et tee-shirt, Tapie refuse de s'habiller, traite les policiers de « fascistes ». Mais que font donc ses protecteurs à l'Élysée ? Ils ne l'ont même pas prévenu ! Comme toujours, il croit à une manipulation politique. Il ne comprend pas. Qui peut bien vouloir sa peau ? Bon sang, mais ce ne peut être que Lionel Jospin, encore lui ! Jospin qui aurait actionné le bras de la Justice pour l'éliminer. La preuve ? L'ancien ministre de l'Éducation connaît bien la présidente du tribunal de grande instance de Paris, Myriam Ezratty. Mieux, celle-ci serait la belle-sœur d'un de ses plus fidèles lieutenants, Claude Estier, président du groupe socialiste au Sénat. Avec un toupet inouï, Tapie téléphone à Estier :

« Jospin ne peut pas me faire un truc pareil ! Téléphone à ta belle-sœur et dis-lui de me lâcher. Franchement, vous allez plomber la gauche, avec vos conneries ! »

Claude Estier n'a pas le temps de préciser à Bernard Tapie que Myriam Ezratty n'est pas du tout sa belle-sœur.

> « J'ai même eu droit à la version que Myriam était ma propre sœur, se souvient-il. C'était censé être la preuve flagrante du complot Jospin. Or, je suis fils unique. Tout cela était grotesque et pathétique. »

Myriam Ezratty, en fait, est une cousine par alliance de Claude Estier. Mais la rumeur a couru, alimentée par « Nanard » le martyr. Le sénateur est abasourdi par les méthodes de l'homme d'affaires :

> « Ce garçon croyait qu'il suffisait d'un simple coup de fil pour mettre un juge à genoux ! »

Quelque temps plus tard, à Bruxelles, au Parlement européen, Bernard Tapie croise Pierre Moscovici, l'invite à monter dans sa voiture et le menace avec son vocabulaire fleuri :

« Je vous niquerai, je sais que, derrière tout ça, il y a Jospin. Ne vous en faites pas, j'aurai sa tête ! »

Cette idée ne le quitte plus. Chaque fois qu'un juge lui crée des ennuis, il y voit la main de Lionel et de ses

« tueurs ». Tous ses invités sur le *Phocéa* – hommes politiques, journalistes, vedettes du show-business... – ont droit au couplet antiJospin, c'est la règle. Une harangue bien sentie contre « le Frisé » le met en forme pour la journée. Tapie, comme Mitterrand, a besoin d'un ennemi à détester. C'est Lionel Jospin.

Celui-ci n'en a cure. Le 30 juin 1994, il épouse Sylviane. Daniel Vaillant, maire du 18e arrondissement, les unit à sa mairie, puis les « jeunes mariés » courent vers l'Institut du monde arabe où ils ont organisé une grande fête. Sur la terrasse qui domine la Seine et Notre-Dame, les familles Jospin et Agacinski sont là au grand complet. Tous les intimes également : Jacques Valier, Sid Ahmed Ghozali, Alain Kirili, Anne et Serge Laski. Aussi présents, ceux qu'on surnomme le « cercle des potes disparus », les derniers à rester groupés autour de l'ancien premier secrétaire : Vaillant, Schapira, Delanoë, Estier. Ceux qui se sont momentanément éloignés de lui – Emmanuelli, Glavany, Strauss-Kahn, Moscovici... – n'ont pas été oubliés. Le Président lui-même, malgré le lourd contentieux entre les deux hommes, a été invité à tout hasard. À la surprise générale, François Mitterrand débarque en plein milieu des convives. Les traits tirés, marqués par la maladie, il semble épuisé, mais il paraît heureux de se retrouver au sein de « la famille », aux côtés de ce fils qui ne veut jamais baisser la tête et qui s'apprête, à cinquante-sept ans, à faire un voyage de noces à Bali.

Installé à la table des mariés, Mitterrand converse longuement avec Sylviane, désormais Mme Jospin. Contre toute attente, il s'attarde jusqu'à 1 heure du matin. Le lendemain, au cours d'un déplacement en Bourgogne, à

Sully-sur-Loire, avec le journaliste Pierre Favier, il lui confie son étonnement :

« J'ai vu un homme heureux, monsieur Favier. Ça m'a fait plaisir. J'ai vu sa femme : ils sont en harmonie. »

Plus tard, au cours d'un déjeuner à Vézelay où il retrouve des amis, le Président réfléchit à haute voix sur ses successeurs possibles. Ses voisins de table citent Delors, Lang, Joxe. À la fin de la conversation, Mitterrand intervient de nouveau et surprend son monde :

« Vous avez oublié quelqu'un sur votre liste, chers amis. Il y a Jospin. J'étais à son mariage, hier. Cet homme est heureux. Pour mener le dur combat d'une élection présidentielle, c'est très important. L'équilibre est un facteur déterminant pour supporter les coups. »

Il y a tout juste quinze jours, François Mitterrand désignait Lionel Jospin comme son ennemi irréductible et voilà qu'aujourd'hui il l'encense : allez comprendre un homme aussi imprévisible, pour ne pas dire versatile !

À la rentrée, début septembre, Mitterrand invite Jospin à déjeuner en tête à tête à l'Élysée. C'est quasiment une réconciliation officielle. Le Président veut que tout le monde sache que le « sale gosse » est rentré en grâce. Au cours du repas, bienveillant, il évoque sa propre succession :

« J'ai parlé à Pierre Mauroy, dit-il, mais il ne le souhaite pas. Pierre Joxe pourrait être candidat, mais il voudra consulter des dizaines et des dizaines de gens avant de se décider. Je pense que Jacques Delors, malgré tout ce qu'on dit, se présentera. Je le soutiendrai. S'il n'y va pas, vous avez toutes vos chances, et, je vous en donne ma parole, je serai derrière vous. »

Lionel Jospin est donc à nouveau en selle. Il respire. Mais ce retour en grâce n'est qu'un feu de paille. Quelques jours après cette rencontre, la sortie du livre de Pierre Péan *Une jeunesse française*[1] provoque un véritable tremblement de terre dans la classe politique française. Preuves à l'appui, le journaliste révèle le passé vichyste du chef de l'État avant son ralliement à la Résistance, et publie une photo du jeune Mitterrand reçu par Pétain à Vichy. Confirmant les révélations de Pascale Froment dans son livre sur René Bousquet, paru chez Stock[2], Péan détaille les liens d'étroite et constante amitié qui unissaient l'ancien secrétaire général de la police de Vichy et le locataire de l'Élysée.

Pierre Moscovici est un des premiers jospinistes à réagir. D'un ton virulent, il demande des comptes au Président. Lionel Jospin lui emboîte le pas dans un style plus nuancé :

> « On voudrait rêver d'un itinéraire plus simple et plus clair pour celui qui fut le leader de la gauche française des années soixante-dix et quatre-vingt [...]. Ce que je ne peux comprendre, c'est le maintien, jusque dans les années quatre-vingt, des liens avec des personnages comme Bousquet, l'organisateur des grandes rafles juives[3]. »

À l'Élysée, François Mitterrand, diminué par une nouvelle intervention chirurgicale, se sentant comme un animal traqué, abandonné de tous, réagit avec férocité :

1. Fayard, 1994.
2. *René Bousquet*, nouvelle édition à paraître en octobre 2001, chez Fayard.
3. René Bousquet fut l'organisateur de la rafle du Vel'd'hiv des 16 et 17 juillet 1942, au cours de laquelle 12 844 Juifs « étrangers et apatrides » furent rassemblés pour être expédiés vers les camps de la mort.

« La situation ne se résumait pas à un combat entre les bons et les méchants, se défend-il. Les bons devenaient parfois méchants, et inversement. C'était une époque de ténèbres, vous comprenez. On était entre chien et loup[1]. »

Combien de fois François Mitterrand a-t-il répété à Lionel Jospin que la vie n'est ni blanche ni noire, mais grise, et que tout homme n'est pas fait d'une seule pièce ? Et lui, Jospin, est-il donc si pur pour donner des leçons à un vieil homme à l'agonie ? Qu'a-t-il fait à la mort de son père, ce militant socialiste exclu de la SFIO pour faits de Collaboration ? S'est-il penché sur son itinéraire ?

Le Président remâche sa rancune. Il ordonne une discrète enquête sur le passé de Robert Jospin, sur ses liens avec Marcel Déat et éventuellement Pierre Laval, pour toucher le fils, quarante ans après. Étonnante soif de vengeance chez un vieillard en fin de course ! Ladite enquête ne semble rien donner.

Un dossier référencé : « Série Ga, Robert Jospin. I 6 », classé dans les archives de la Préfecture de police au nom de Robert Jospin, dort, dans l'attente qu'un membre de la famille ou Lionel Jospin lui-même, ainsi que l'y autorise la loi du 17 juillet 1978 sur la communication des documents administratifs, demande à en connaître le contenu. Est-ce le dossier de l'enquête diligentée par l'Élysée, ou une autre investigation émanant d'un autre service ? Les fantômes de Vichy ont la vie dure…

1. Entretien avec Franz-Olivier Giesbert in *François Mitterrand, une vie*, *op. cit.*

CHAPITRE 30

C'est son destin

Bien avant l'été 1994, il connaît le secret. Avant tous les autres. L'information est fiable. Jospin l'a recueillie à la meilleure source. Elle vaut de l'or. C'est son ami Pascal Lamy qui l'a prévenu. Le tuyau est « béton » : Jacques Delors ne sera jamais candidat à l'élection présidentielle de 1995. Proche collaborateur du président de la Commission européenne, Lamy n'a aucun doute sur la question. Jacques Delors jouera sûrement la montre, se fera désirer, multipliera les entrechats devant l'obstacle, mais, au moment fatidique, il n'ira pas.

Comment Lamy en est-il si sûr ? Les raisons ne manquent pas. Elles sont d'abord d'ordre familial : la femme de Jacques Delors, Marie, lui a fait promettre de ne jamais prendre le départ de la course à l'Élysée. Elle aimerait passer avec lui une retraite paisible et n'a aucune envie de jouer les Présidentes. Jacques Delors est tout simplement tenu par ce serment. Il y a aussi des raisons personnelles : à plus de soixante-dix ans, Jacques Delors est fatigué. La perspective d'une campagne longue et harassante ne l'enchante guère. Il n'a jamais goûté les effets de tribune ni les joutes électorales. Ce n'est pas un homme de bruit et de fureur. Il préfère l'étude des dossiers. Enfin et surtout, il observe avec effarement la « fin de règne » de François Mitterrand, la fronde du parti contre le « monarque », les incessantes chamailleries des lieutenants, dont il a lui-même été parfois la cible. Dès la première embûche, tous ces flibustiers le trahiraient. Non, ce brouet ne l'attire pas. Et puis, il y aussi la peur de perdre : Édouard Balladur s'envole irrésistiblement dans les sondages. Pourquoi Jacques Delors irait-il ternir son image de leader européen dans un combat de coqs de village ?

Toutes ces données, Lionel Jospin les a intégrées. Il est lui aussi convaincu que Delors fera faux bond à la gauche. Pour l'anecdote, il a appris qu'au cours d'un déjeuner chez Dominique Strauss-Kahn et Anne Sinclair, en juin, le président de la Commission européenne, invité avec sa femme, a révélé une facette assez peu connue de sa personnalité : à la maison, il file doux ! Au cours du repas, Marie Delors a explosé quand on a abordé le sujet de l'élection présidentielle. Elle a alors foudroyé son mari du regard :

« Tu m'avais promis, tu t'en souviens ! Nous avions dit que nous n'en reparlerions plus ! »

Tout penaud, Jacques Delors ne répond pas et change *illico* de sujet.

Dès le lendemain de son mariage, requinqué par sa réconciliation avec François Mitterrand, Lionel Jospin se remet à espérer. Il n'est peut-être pas aussi « au fond du trou » qu'il le croyait ? L'histoire politique ne regorge-t-elle pas de complets retournements de situation, de résurrections inattendues ? « Tant qu'on a un souffle de vie, rien n'est jamais perdu », lui a dit un jour François Mitterrand. Il faut donc tenir, continuer d'exister. Ses amis socialistes l'ont exilé, marginalisé ? Il serre les dents comme un cycliste lâché dans l'ascension d'un col. Il reviendra, il le sent confusément. Son isolement sera même sa carte maîtresse. On l'a éloigné de toutes les responsabilités, on l'a trahi ? Il se positionne en homme seul, juché sur son Aventin. Pierre Moscovici, Dominique Strauss-Kahn et quelques « rénovateurs » de son courant lui proposent de le rejoindre ? Il décline leur offre. Au congrès de Liévin, il présentera une résolution en tant que simple militant de la section de Cintegabelle, en humble apôtre de ses convictions. Un retour à la base, une manière de rédemption.

Cette résolution, il la rédige à Eygalières au cours du mois d'août, chez Jean-Marc Thibault et Sophie Agacinski. Claude Allègre vient passer une journée pour « jeter un œil » sur la copie : « Je me souviens que, le jour de ma visite, il y avait un article de *Libération* qui titrait : "Jospin, c'est fini !" » Époque amère : il apprend que dans certaines réunions de la rue de Solférino, on se moque ouvertement de lui. Il est le *loser* : l'expression est de Jack Lang ; ou bien le « hibou » : allusion à sa maladie et à sa légère exophtalmie. D'autres le surnomment le « Pasteur Camembert », petite moquerie sur la métamorphose d'un ex-dur devenu « un peu mou ». Toutes ces menues bassesses lui reviennent aux oreilles. Il en est profondément affecté. À la différence de François Mitterrand, Jospin n'est pas un vrai cynique. Ce genre d'attaques qui glissent sur le Président comme l'eau sur les galets, lui les encaisse dans la douleur.

Le rendez-vous de Liévin, il le pressent, sera une étape décisive sur son chemin de croix. Il est déterminé à laisser une trace politique à ce congrès. Il a un message à faire passer : celui de la fin d'une époque. Sa résolution est une critique sévère et rigoureuse du second septennat de Mitterrand. Tout y passe : les compromissions, les amitiés douteuses, le style monarchique, la politique africaine si peu différente de celle des gaullistes, le fonctionnement du PS, etc. Jospin veut réveiller le parti. Il veut surtout que le président de la République ne soit plus un « descendant des rois de France ». Pour réduire ce caractère monarchique de la Cinquième République, il demande que les ministres nommés par le Président sur proposition du Premier ministre soient auparavant entendus par une commission parlementaire sur le modèle de la procédure en vigueur devant le Congrès américain. Ce contrôle parlementaire, même exercé à titre consultatif, réduirait notablement le pouvoir de l'Élysée. Le Président ne pourrait plus faire sa cuisine dans l'ombre.

Il propose également que le candidat socialiste à l'élection présidentielle soit désigné par les militants. C'est en soi une petite révolution. Elle n'est pas dénuée d'arrière-pensées : à la base, « Lionel » est de loin le dirigeant le plus populaire, celui qui a toujours défendu le parti contre vents et marées. Les militants n'ont pas oublié l'époque Fabius et Bérégovoy, quand la presse les traitait, eux, de ringards, d'archaïques, de dinosaures de la politique. Quand certains journaux, fascinés par le pseudo-modernisme de Bernard Tapie, insultaient les « ploucs du PS », ces vieilles badernes de Mauroy ou Jospin. Chaque coup essuyé par ces dirigeants à Paris laissait des traces profondes en province.

Les colleurs d'affiches de Lodève ou de Mont-de-Marsan n'aiment pas qu'on les méprise. Ce ressentiment d'hommes et de femmes sincères, consacrant tout leur temps libre à la défense de leurs idées, n'a pas été perçu par les mitterrandistes « purs et durs ». Si les militants votent, c'est sûr, Jack Lang, Laurent Fabius ou Pierre Joxe n'ont aucune chance. Daniel Vaillant, la « règle à calcul » de Jospin, prévient son chef :

« Il ne faut surtout pas que le Conseil national désigne le candidat, sinon tu es foutu ! »

Rue de Solférino, les prévisions du dernier carré des jospinistes n'inquiètent personne. Ce sont les rêveries d'une armée en déroute. Car, au sommet du parti, Henri Emmanuelli et ses proches – Jean Glavany, en particulier – ont tout verrouillé. Les deux ex-lieutenants de Jospin ne croient toujours pas à un retour de leur ancien chef. Pour eux, Jospin reste « l'homme qui veut changer de vie ». Il leur a dit avec tant de conviction que la politique l'intéressait moins. Sa volonté d'intervenir à Liévin ? Une simple manière de passer le temps avant de se trouver une autre activité. Jospin est en *stand by*. Il ne fait plus peur à personne.

Ils vont au-devant d'une formidable surprise. Début octobre, en pleine réunion de la commission des résolutions, rue de Solférino, le « préretraité » pique une de ses plus grosses colères. Volcanique, foudroyante, irrationnelle. La victime de son coup de sang : Jean Glavany. Il est suspecté par Jospin de l'enfoncer encore un peu plus en ne lui accordant que 15 places sur 231 au Conseil national. Lionel Jospin se rue littéralement sur lui :

« Mais pour qui vous prenez-vous, Henri et toi ? hurle-t-il. Je corresponds à quelque chose dans la gauche, j'ai été premier secrétaire du Parti ! Vous croyez que je suis fini ? Mais vous n'êtes rien, vous entendez ! Rien du tout ! Toi et Henri, je sais qui vous a faits. »

Réplique de Glavany, ancien joueur de rugby, rarement impressionné par les menaces physiques :

« Normalement, quand quelqu'un me parle de cette façon, je lui mets mon poing dans la gueule. Si je ne le fais pas, c'est que je continue à avoir de l'amitié et du respect pour toi, mais je ne te savais pas capable de tant de mépris ! »

Jean Glavany est saisi d'effroi devant l'éclat de haine qu'il a lu dans les yeux de Lionel Jospin. Même une grosse déprime ne saurait justifier une telle attitude. En fait, l'ancien ministre de l'Éducation vient tout simplement de reprendre du poil de la bête. Mais peu l'ont compris. Quand il pique un coup de sang, c'est sa manière à lui de respirer une grande bouffée avant de redémarrer.

Le 19 novembre, pour l'ouverture du congrès de Liévin, au pays des corons, sous une pluie battante, l'atmosphère est lugubre, crépusculaire. Il s'y est préparé comme à un baptême d'adulte, une communion solennelle. Il a tenu à être seul. À porter le fardeau de la chute éventuelle avec panache. S'il meurt, ce sera avec élégance. Sans rancœur. Pour la première fois dans un congrès, il ne pèse rien. Ni au centre ni à gauche des débats, il est ailleurs. Sylviane est là pour le soutenir ; attentive et discrète, elle sait combien cette « opération survie » est capitale pour son mari. Avec eux il y a Daniel Vaillant, Claude Estier, Pierre Schapira, Bertrand Delanoë, Nicole Baldet, Alain Geismar, Marie Lavarini, Claude Allègre. Comme des apôtres réunis devant le calvaire. Tous ont le sentiment de vivre le dénouement d'une histoire, la fin d'une partie et peut-être le début d'une autre. Lionel Jospin est nerveux, crispé. Jacques Delors, candidat virtuel du PS, n'est pas venu. Sa fille, Martine Aubry, est ovationnée à sa place. Quand lui-même doit-il passer ? L'idéal serait de monter à la tribune vers 15 ou 16 heures, quand les caméras de télévision tournent pour les journaux de 20 heures. Mais les nouveaux maîtres du PS n'ont pas l'intention de faire ce plaisir au *loser*. Quand Pierre Schapira vient à la commission du temps de parole négocier l'horaire de passage du militant de Cintegabelle, on le taquine, on le fait attendre. Jospin ? On verra plus tard. Pierre Schapira ne lâche pas prise. Une occasion se présente pour permettre à son champion de se glisser derrière le micro vers 16 heures, il lève la main et crie, comme à la corbeille : « Okay, Jospin, c'est bon pour 16 heures ! » Réaction des autres participants : on lui rit au nez. Claude Bartolone, qui dirige la commission, lui lance, goguenard : « Non, non, ce sera Fabius ! » Piteux, écœuré, Pierre Schapira n'obtient qu'un passage en fin de journée, quand les militants crèvent de faim et n'écoutent plus les orateurs.

Passé 19 h 30, les journalistes partis, dans un climat de désolation, Lionel Jospin monte à la tribune au milieu des ricanements et des chuchotements. Pendant son discours, la salle se vide progressivement. Il n'intéresse plus personne. Ce n'est pas encore l'île d'Elbe, mais il s'en approche. Le baroud d'honneur est un enterrement.

À la fin du congrès, avec Sylviane, la petite équipe de vaincus part dîner dans une poissonnerie de Lille. Aucun journaliste n'a suivi. On ne court pas derrière une ombre. Étrangement, l'ancien patron du PS ne semble pas abattu par la débâcle. Est-ce la présence de sa femme, la chaleur affectueuse de la poignée d'irréductibles qui partagent ce repas funèbre ? Ou bien la petite lueur qu'il entrevoit au bout du tunnel, celle de l'intuition politique ?

Son calcul est simple : si Delors n'y va pas, qui, à gauche, a suffisamment d'expérience, de pugnacité, d'autorité pour rassembler, mobiliser ? Lui, évidemment. N'a-t-il pas mené pendant plusieurs mois la campagne en trompe-l'œil de Mitterrand, en 1988, avant que celui-ci ne se déclare officiellement ? N'a-t-il pas dirigé d'une main ferme le PS pendant sept ans ? Et puis, ses deux seuls rivaux, ceux qu'il estime être de son calibre, Fabius et Rocard, sont hors jeu. Laurent Fabius vient d'être mis en examen dans l'affaire du « sang contaminé ». Michel Rocard, en préretraite, fait du planeur et du catamaran. Il ne s'est pas remis de son échec aux élections européennes et traverse même une passe difficile. À Jean-Paul Huchon il a avoué : « Je suis victime d'une grosse dépression. Je ne suis pas en état. »

Le lendemain, Pierre Mauroy l'invite à déjeuner. Il partage son analyse. Il ne croit pas à la candidature Delors. Le maire de Lille, à qui Mitterrand a proposé de se déclarer, n'est pas chaud. Il incite Lionel Jospin à le faire. Pierre Mauroy a un réflexe de militant : avec Jospin, le parti ne volera pas en éclats. Qu'il aille voir Mitterrand, le maire de Lille l'aidera. Son engagement à ses côtés – « Je vous soutiendrai, je parlerai au Président, préparez-vous, organisez vos amis ! » – est déterminant.

À la suite de cette rencontre, il sait que plus rien n'est impossible. Après l'effondrement, l'espoir. À l'Élysée, François Mitterrand l'écoute sans enthousiasme, mais ne ferme pas la porte :

« Après tout, si Delors n'y va pas, vous n'êtes pas le moins mal placé. »

Cette entrevue, Lionel Jospin n'en attendait pas grand-chose. Il a effectué une visite de courtoisie. Il a senti Mitterrand moins passionné par les problèmes de succession à gauche que par la guerre entre Chirac et Balladur. Le Président, ces derniers mois, a une nouvelle bête noire : le Premier ministre. Il ne supporte plus ses manières « hypocrites ». Chaque fois que Balladur lui prend la main, il a l'impression qu'il lui tâte le pouls. Édouard Balladur est persuadé que Mitterrand, rongé par la maladie, ne finira pas son second septennat. Cette éventualité d'une mort en plein mandat lui épargnerait une campagne électorale longue et pénible, exercice pour lequel il n'a ni goût ni talent. Mitterrand se met à le soupçonner de toutes les vilenies. Il trouve Jacques Chirac de plus en plus sympathique. Il ne respecte que les combattants, ceux qui prennent le pouvoir avec les dents. À ses yeux, Jospin fait partie de cette catégorie. Mais il ne croit pas à une victoire d'un candidat de la gauche. Par vanité (après moi le déluge…), mais aussi par lucidité politique : après quatorze ans de pouvoir mitterrandien, l'alternance est quasi inévitable.

Il ne se mêlera pas, ou très peu, des querelles de ses ouailles. Il rencontre tout de même le premier secrétaire du PS, Henri Emmanuelli, mais le cœur n'y est pas. François Mitterrand a l'âme défaitiste. Le député des Landes n'est pas radieux, lui non plus. Bernard Tapie étant inéligible, grillé par les « affaires », son projet de fédération avec les radicaux bat de l'aile. « Nanard » a tout de même eu le loisir de dire au patron du PS ce qu'il pense de son candidat, Jacques Delors :

« Écoute, Henri, c'est pas sérieux ! Toi, t'es là, t'attends Delors. T'es sur le billard, t'as le ventre ouvert et t'as un chirurgien qui te dit : “J'me tâte, je sais pas si je vais t'opérer.” Hé, mec, t'as intérêt à changer de toubib ! »

Quand, au soir du 10 décembre, Jacques Delors annonce sa non-candidature à l'émission « 7 sur 7 », sur *TF1*, chez Anne Sinclair, Lionel Jospin est tranquillement installé à son domicile de la rue du Regard, à Paris. Ce moment, il l'attendait depuis de longs mois. Il devrait bondir au plafond, remercier le président de la Commission européenne pour sa « désertion ». Au contraire, il enrage. Comme un supporter assistant à un match de foot, il n'apprécie pas les joueurs qui s'avouent vaincus avant même d'avoir bataillé. Or, c'est exactement ce que fait Jacques Delors devant la journaliste. Il n'ira pas au combat parce qu'il n'est pas sûr de gouverner comme il l'entend. Il voudrait jouer une partie à sa main, lisse et prévisible comme un rapport de la Commission de Bruxelles.

> « La question qui se posait à moi, précise l'ex-futur candidat, était de savoir si, dans l'hypothèse où je serais élu président de la République, j'aurais la possibilité et les moyens politiques de mener à bien les réformes indispensables. Après avoir longuement réfléchi et consulté, je suis arrivé à la conclusion que l'absence d'une majorité pour soutenir une telle politique [...] ne me permettrait pas de mettre mes solutions en œuvre. »

En entendant ces mots, Lionel Jospin manque d'exploser : « C'est une élection présidentielle, pas une partie de manille ! » Cet homme brillant, impitoyable négociateur, animateur rusé, conférencier infatigable, qui vient de déclarer forfait, n'est décidément pas fait du même bois que lui. Il lui manque le goût du combat. Pendant de longues semaines, il a entretenu le suspense avec des coquetteries de starlette. Même ses plus proches collaborateurs restaient dans le flou le plus complet. François Hollande, l'un des hommes les plus brillants de la nouvelle génération socialiste, deloriste de la première heure, se souvient des atermoiements de son favori :

> « J'étais convaincu qu'il n'irait pas, et, en même temps, avec la sortie de son livre-programme, *L'Unité de l'homme*[1], je finissais par penser que c'était une ruse, qu'il entretenait le suspense, un peu comme Mitterrand l'avait fait en 1988. J'étais, je peux l'avouer, complètement paumé. »

Le lendemain du retrait de Jacques Delors, Lionel Jospin, accompagné de Sylviane, est à l'École des beaux-arts où sa fille Éva est étudiante. Il vient contempler une exposition. François Hollande est là, lui aussi, avec, à ses côtés, son épouse, Ségolène Royal. L'ancien patron du PS, rayonnant, lance à Hollande :

« Ç'a dû être rude, pour vous, ce renoncement : c'est un coup dur, non ? »

Sous ses rondeurs patelines et ses sourires de prélat, François Hollande cache un caractère de fer. Il a compris que Lionel Jospin est déjà sur orbite et que rien ne l'arrêtera. Il sait aussi qu'il se mettra dans son sillage.

Lionel Jospin est lancé. Il annule ses vacances avec Sylviane sur le lac de Constance et entame une série de consultations, rue du Regard. Deux hommes jouent alors un rôle primordial : Claude Allègre et Daniel Vaillant. Le

1. Éditions Odile Jacob.

premier est chargé de constituer l'équipe de campagne. Il va récupérer les « orphelins du delorisme », comme François Hollande et quelques autres. Il rameute les hésitants : Martine Aubry, Élisabeth Guigou, Jean-Marc Ayrault. Avec sa faconde, son énergie tonitruante, il regonfle le moral des troupes. Daniel Vaillant, lui, fait du *lobbying* chez les militants de province. L'ancien secrétaire national aux fédérations, surnommé par les fabiusiens le « Béria du Frisé », utilise tous ses réseaux pour que la base appelle à la candidature Jospin. En quelques jours, il réussit un petit exploit : une majorité de secrétaires fédéraux et de maires de grandes villes de province appelle à soutenir le conseiller général de Cintegabelle. Le « socialisme des clochers » contre les « petits messieurs » de Paris. Un grand classique.

Le coup est redoutable. Le rouleau compresseur Jospin ne s'arrête plus. La direction du PS, déboussolée, tente d'endiguer la vague. Henri Emmanuelli consulte à son tour. Dans la précipitation, on pousse Pierre Joxe à se présenter. Mais le président de la Cour des comptes n'a aucune envie de retourner au feu :

« J'ai beaucoup donné, dit-il. La politique est un vampire qui vous dévore. Quand on part dans ce jeu, on n'est plus soi-même, on ne s'appartient plus. »

Joxe ne souhaite pas se retrouver encore une fois dans le rôle de « doublure » en face de lui. Jack Lang ? Il se pousse lui-même, comme à son habitude, mais sa cote chez les militants est au plus bas. On suggère à demi-mot une candidature Robert Badinter, mais, hormis parfois dans les prétoires, l'avocat n'a pas l'étoffe d'un cogneur. On pense aussi à Bernard Kouchner, mais le *French Doctor* relève de maladie ; il n'est pas en état. On évoque enfin Martine

Aubry : mais c'est trop tôt. Au Parti radical, on multiplie les réunions avec les fabiusiens et la gauche socialiste – Julien Dray et Jean-Luc Mélenchon – pour torpiller Jospin. Mais aucun autre nom ne paraît s'imposer. Reste Henri Emmanuelli : il est le seul à pouvoir saborder la candidature de l'ancien ministre de l'Éducation. Il a encore du poids dans l'appareil. Il espère obtenir le soutien de Jean-Pierre Chevènement. Mauvais calcul : l'ancien ministre de la Défense se range derrière Jospin. Le raz de marée devient inévitable.

Le 4 janvier 1995, Henri Emmanuelli, devant le Bureau national, écoute Lionel Jospin annoncer sa candidature à la candidature « si le parti le décide ». Il n'a aucun scénario de rechange. Il est pris de vitesse. Jospin vient de « planter un démarrage en plein col, remarque Gérard Le Gall, son conseiller pour les questions électorales. Il est sur le bon braquet. Plus personne ne pourra le rejoindre ». C'est vrai, derrière, le peloton des anti-Jospin est à la peine. On donne même dans la panique. Jack Lang fait un pas de deux, se présente, puis se retire une semaine plus tard en faveur d'Henri Emmanuelli qui, lui, s'est présenté le 18 janvier, le même jour qu'Édouard Balladur. Pauvre Emmanuelli, ballotté entre les uns et les autres, candidat de raccroc, changeant de stature au gré des humeurs et des calculs de Fabius, Tapie, Lang, Poperen – bref, tous ceux qui s'opposent à Jospin.

Même François Mitterrand paraît quelque peu dépassé par les événements. Le joueur d'échecs est dans le brouillard. Un jour il conseille à son voisin landais de laisser la place à Jack Lang, le lendemain il le pousse à revenir. Jusqu'au dernier moment, le Président intrigue contre

Lionel le renégat, mais n'a plus les cartes en main. Au fond, il ne connaît plus le PS. Dans son bunker élyséen, il ne perçoit pas le mouvement de fond qui soulève les militants : les « ploucs » du parti se rebellent contre la « gauche caviar » ! Le meilleur exemple de ce retournement de situation aussi brutal qu'inattendu ? À Toulouse, alors que les dirigeants fédéraux, Pierre Izard et Bertrand Auban, mènent une virulente campagne contre Jospin, avec menace de mesures de rétorsion contre les récalcitrants, la base de la Haute-Garonne vote, le vendredi 3 février, à plus de 67% en faveur du *has been* ! Le pied de nez est monumental.

Au niveau national, il en va de même : Lionel Jospin obtient 65,83 % des suffrages socialistes. Plus de 100 000 militants enthousiastes se sont rendus aux urnes devant les caméras de télévision. Non seulement Jospin triomphe, mais il administre une leçon de démocratie à la France entière. Cette victoire, il ne l'a pas volée. « Il a sauté à l'élastique au bord du gouffre et il est remonté », sourit Kader Arif, l'ami toulousain qui a toujours cru en son chef.

Tel est son destin. Le naufragé de Liévin est ressuscité. Il s'enlisait dans la boue ? Il grimpe dans les étoiles.

CHAPITRE 31

Le chevalier blanc

Sa voix imperceptiblement a changé. Plus mûre, plus rauque, elle s'est débarrassée de ses sonorités blanches. Comme si, en elle, la part d'enfance avait disparu. Il n'est plus le bon élève, le « petit prof », l'éternel lieutenant ; il est le candidat socialiste à l'élection présidentielle. Comme le fut François Mitterrand. Il est enfin à son tour dans le rôle qui fut celui du « Père ». En entrant dans le Panthéon des « grands » du socialisme, Lionel Jospin a perdu son timbre de voix, un peu strident, féminin, comme si, à cinquante-sept ans, il venait enfin de réaliser un rêve d'adolescent et était brutalement devenu adulte. Tous ses proches l'ont remarqué : son débit lui-même est moins saccadé, moins rageur. Il est presque devenu trop *cool*. Les « Guignols » de *Canal+* perçoivent, eux aussi, à leur manière cette métamorphose. La caricature est féroce : le gentil Lionel est un Forest Gump lâché dans la fosse aux lions de la course à l'Élysée, tout heureux d'être là, mais qui n'a rien à dire ; « Lou ravi » baigne dans la béatitude. Le trait est grossier, mais pas tout à fait faux. Encore ébouriffé par l'événement, le candidat socialiste plane sur un petit nuage rose, et en vient presque à oublier qu'il est en campagne. Le Jospin Terminator des guerres de courants de la rue de Solférino observe, enchanté et comme intimidé, son nouveau domaine.

Autour de lui, c'est l'euphorie. Discrète, pétulante, disponible, sa femme Sylviane offre une image de modernité et de fraîcheur qu'on ne lui connaissait pas. Elle humanise l'apparatchik. Sa famille aussi est très présente : sa mère, Mireille, bien sûr, mais aussi Noëlle Châtelet, la « frangine », sortie de son refuge d'écrivain pour « vivre ce moment à fond » et qui gère le comité de soutien. Ses enfants, Éva et Hugo, deviennent ses plus fervents supporters.

Après toutes ces années sombres, ces journées de pleine lumière l'éblouissent. Il a besoin d'un temps d'accommodation. Ainsi, au début de la campagne électorale, il paraît lent, peu inspiré, occupé à plancher sur un programme qu'il n'a pas eu le temps de mettre au point.

Il a constitué une équipe resserrée autour de Daniel Vaillant, directeur de campagne : Pierre Moscovici, Christian Sautter, Claude Allègre, Dominique Strauss-Kahn, Gérard Le Gall, Claude Estier, Bertrand Delanoë et Martine Aubry, laquelle, après avoir traîné les pieds, a fini par le rejoindre. Le Parti socialiste ? Au placard, puni pour l'avoir si mal traité, ces derniers mois. Henri Emmanuelli, le premier secrétaire, et Jean Glavany, le porte-parole, sont « tricards ». Julien Dray, le « pote à Tapie », le Machiavel au petit pied des grèves lycéennes qui devaient « pulvériser » le ministre de l'Éducation, est carrément mis au pilori : au cours du congrès extraordinaire du PS, le 5 février 1995, à la Mutualité, le député de l'Essonne, chargé de présenter la plate-forme électorale du PS, est humilié : il ne dispose que de sept minutes pour lire un texte de vingt-deux pages. Résultat : il débite les propositions du PS « au marteau-piqueur », sous les ricanements vengeurs des jospinistes. Le message est brutal : le parti n'aura pas son mot à dire. Lionel Jospin consultera, mais décidera seul. Selon la formule de François Bazin, du *Nouvel Observateur*, « le candidat ne veut voir qu'une tête : la sienne ».

Ainsi, à la première occasion, le gardien du temple de la rue de Solférino ne déploie plus les mêmes ardeurs à défendre l'appareil. Il largue même les amarres. Il a de bonnes raisons : rue de Solférino, les maîtres des lieux misent sur sa défaite avant même que la bataille n'ait commencé. Le scénario envisagé ? Lionel Jospin n'est qu'un mort en sursis. Après les déroutes électorales de 1993 et de 1994, il ne passera même pas l'épreuve du premier tour. Une fois étrillé par le couple infernal Chirac-Balladur, il finira dans les oubliettes de l'Histoire. Sombre prédiction !

Le calcul est révélé par Daniel Carton à la une du *Monde* du 12 avril. Le journaliste pratique un exercice rare dans le monde politique : il dévoile au grand jour la guerre secrète que se livrent les dirigeants socialistes alors que, sur le devant de la scène, ils jouent le grand rassemblement. Carton publie une note confidentielle de Jean Glavany à Henri Emmanuelli, dans laquelle le député des Hautes-Pyrénées évoque le dispositif à mettre en place au parti en cas de large défaite de Jospin. « C'est honteux ! se défend Glavany. Ce texte, coupé de son contexte, a été utilisé contre moi-même et contre Lionel Jospin ! » Traduction : l'opération est une manœuvre de la droite visant à déstabiliser le candidat socialiste. Mais dans l'état-major du candidat, nul n'est dupe. On n'ignore pas que certains élus socialistes traînent les pieds, que les mitterrandolâtres tenteront encore quelques coups bas.

Cette affaire Glavany, au lieu de l'abattre, galvanise Lionel Jospin et achève de le sortir de sa torpeur. À peine blessé par cette divulgation, « Lou ravi » met ses peintures de guerre. Il s'en prend violemment à Jacques Chirac, la « girouette », converti à la « fracture sociale », converti à l'Europe. Il lui faut un ennemi ? Il choisit Chirac. Malgré leur opposition, Lionel Jospin reconnaît au maire de Paris le statut de « bête politique ». Il n'ira pas se confronter à Édouard Balladur, le « candidat des banquiers et des notaires ». Mais comment intervenir dans la mêlée ?

La France entière, par médias interposés, suit la guerre fratricide des deux candidats du RPR comme un sitcom endiablé. Chaque jour apporte son lot de rebondissements. Il y a les « affaires » de l'Hôtel de Ville, les « turpitudes » de Charles Pasqua dans les Hauts-de-Seine, la « trahison » de Nicolas Sarkozy. On murmure même que le maire de Neuilly, ministre du Budget, a allumé le feu nucléaire contre son ancien patron en laissant le fisc s'intéresser de trop près aux « pots-de-vin » versés à la mairie de Paris. Comparées au cataclysme vécu chez les gaullistes, les petites misères de Jospin ne sont que de pâles bluettes. Il faut pourtant sortir à tout prix de ce statut de spectateur dans lequel Jospin se trouve enfermé.

> « Au début, se souvient Jean-Christophe Cambadelis, il était comme un type qui piaffe au bas du ring et qui regarde deux poids lourds en train de s'entre-massacrer. Il fallait qu'il trouve moyen de monter à son tour sur le ring. »

Son équipe de campagne a pour mission de « chercher » Chirac. Il faut le « droitiser » afin qu'il grignote les voix lepénistes dès le premier tour et devance ainsi Balladur. Bertrand Delanoë, responsable de la communication, invente le slogan « Jospin, c'est clair », par opposition aux louvoiements du maire de Paris. « Politiquement, Chirac, c'est le derviche tourneur ! » lance Claude Estier. On distribue des milliers de casquettes : « Jospin devant, l'autre pomme derrière ». Peu à peu, le ton de la campagne est trouvé. Il y a eu retard à l'allumage, mais la machine est lancée. « Jospin, c'est une Mercedes, confirme Pierre Moscovici. Il démarre beaucoup moins vite qu'une Ferrari, mais c'est plus solide. »

Peu à peu, les thèmes de campagne, encore inaudibles au mois de mars, commencent à avoir un écho. Le quinquennat, le non-cumul des mandats, l'indépendance de la Justice, un vrai débat sur la politique européenne, une taxe de 1 % sur les mouvements des capitaux spéculatifs, la réduction du temps de travail à trente-sept heures sans réduction de salaire : Lionel Jospin égrène ses projets aux quatre coins du pays. Les Français tendent l'oreille quand il lance :

> « Il faudra moins parler de chômage, et plus parler des chômeuses et des chômeurs. Il faudra moins parler d'exclusion, mais plus parler des pauvres. Il faudra nommer les choses par leur nom et parler des hommes et des femmes de ce pays. »

À l'Élysée, de plus en plus souvent alité, François Mitterrand surveille la campagne d'un œil distrait. Parvenu au crépuscule de sa vie, le Président reçoit Lionel Jospin le 3 avril. Il attend que son élève sollicite son soutien officiel.

Jospin, orgueilleux, n'en fait rien. Le chef de l'État délivre quelques conseils tactiques dans une ambiance plus que tiède. Le candidat l'écoute respectueusement et quitte les lieux sans émettre le moindre commentaire. Il ne veut pas d'un tuteur en fin de règne, fût-il celui à qui il doit tout. Les deux hommes sont chacun à un moment clé de leur vie. L'un a fini sa course, l'autre est à l'aube d'une nouvelle vie. Jospin n'était pas le candidat de Mitterrand. Pourquoi faudrait-il jouer maintenant la comédie des retrouvailles ?

Quelques jours plus tard, le 9 avril, au Parc floral de Vincennes, devant 6 000 élus socialistes plus ou moins gênés, il clarifie, une bonne fois pour toutes, ses relations avec François Mitterrand :

> « Pourquoi n'aurais-je pas, comme candidat à l'élection présidentielle, le droit d'inventaire ? Je suis fier de certaines conquêtes, mais il y en a d'autres qui me plaisent moins [...]. Ce bilan est bon quand nous sommes restés fidèles à nos valeurs. Il l'est moins quand nous nous en sommes éloignés. »

Pour ne pas trop effaroucher les mitterrandistes, il souligne que ce bilan, il le reprend à son compte, mais précise :

> « Il n'est pas le fait d'un seul homme, François Mitterrand. Quelles qu'en soient les lumières et les ombres, il est celui d'un mouvement collectif et le résultat d'une réalité collective. »

Et conclut sur un ton agacé : « Pourquoi me somme-t-on de le répudier ou de l'assumer en bloc ? » Le candidat socialiste est excédé par cette ombre présidentielle qu'il garde sur les talons.

Le « devoir d'inventaire » est une formule de Rosa Luxemburg. L'intellectuelle allemande l'a utilisée au début du siècle à propos de la Révolution française. En 1995, la même expression dans la bouche de l'ex-ministre de l'Éducation provoque un séisme dans le clan du Président. Danielle Mitterrand, Roger Hanin, Jack Lang, Pierre Bergé, Michel Charasse entonnent le couplet du « dernier coup de poignard ». Certains de ses proches implorent le Président de répliquer au « traître », mais Mitterrand n'a plus l'âme guerrière. Il est épuisé. Le 15 avril, depuis le fort de Brégançon où il se repose, il annonce du bout des lèvres, pour faire taire toutes les rumeurs, qu'il votera Jospin. Mais, en privé, il ne cache pas qu'il a un faible pour Jacques Chirac. Devant Franz-Olivier Giesbert, il se félicite même de la remontée du maire de Paris dans les sondages :

> « C'est bien la preuve que la politique est un métier et qu'il faut aller chercher les voix partout, jusque dans les petits bourgs. Il a fait comme moi, il s'est battu alors que plus personne ne croyait en lui, il a labouré la France, il l'a prise à bras-le-corps. Je voterai Jospin, mais je suis content pour Chirac[1]. »

Mitterrand n'a pas aidé Jospin, mais ce dernier n'en a pas eu besoin. Les Français lui ont fait la courte échelle : le 23 avril, il arrive en tête avec 23,24 % des voix, devant Jacques Chirac et Édouard Balladur. Sa stratégie de candidat modeste, proche des citoyens, a payé. « Lou ravi » est content.

Il affronte au deuxième tour un Jacques Chirac miraculé, sauvé des eaux par la médiocre prestation de Balladur. Le

1. *François Mitterrand, une vie, op. cit.*

Premier ministre n'a pas tenu la distance. Il n'est allé se frotter aux foules françaises que contraint et forcé. Les électeurs de droite l'ont perçu. « Sa Suffisance », comme le surnomme *Le Canard enchaîné*, n'aime pas patauger dans les chemins de campagne.

Dans le camp de Lionel Jospin, on pavoise. Jamais, dans leurs rêves les plus fous, ses partisans n'avaient envisagé un tel résultat. Ceux qui tablaient sur sa défaite, pour garder le pouvoir au sein du PS, sont sonnés. Henri Emmanuelli sait qu'il est désormais sur un siège éjectable. Les perspectives pour le deuxième tour ? « Jospin a gagné la bataille de la Marne, écrit Christophe Barbier dans *Le Point*. Il va lui falloir livrer un Verdun acharné[1]. »

Au siège du candidat, au 100 rue du Cherche-Midi, dans un loft qui a abrité auparavant la lingerie fine de Chantal Thomas, le staff de campagne élabore la stratégie du deuxième tour. Arithmétiquement, Jospin n'a aucune chance : la droite est largement majoritaire dans le pays. Il se heurte à un autre handicap, sans doute le plus lourd : les nouvelles générations n'ont connu que la gauche au pouvoir ; il y a un fort besoin d'alternance dans le pays. Comment, sans renier Mitterrand, représenter une force de renouveau ? Rue du Cherche-Midi, autour de Bertrand Delanoë, on forge le slogan « Le Président du vrai changement », qui fait hurler les mitterrandistes. Côté image, Jacques Séguéla pousse Jospin à jouer la carte Bill Clinton. Le Président américain joue du saxophone ? Lionel joue au basket. Clinton a une épouse brillante, moderne, incarnant la nouvelle femme américaine ? Sylviane Jospin est un modèle qui fait rêver les

1. *Le Point*, 29 avril 1995.

magazines féminins français. Bill se marre tout le temps ? Lionel peut s'y mettre lui aussi. N'a-t-il pas avoué à Claire Chazal, sur *TF1*, qu'il avait « fendu l'armure » ? On lui propose une « opération séduction » dans le plus pur style du marketing politique. Et, bien sûr, il refuse ! Il ne jouera pas l'« effet Clinton ». Jospin déteste qu'on l'enferme dans un rôle. À la moindre porte qui se ferme, il cherche une autre issue qui lui permettra d'échapper au piège. Il n'est ni Clinton, ni Kennedy, ni Tony Blair. Il ne va pas se mettre à rire à belles dents, comme son camarade britannique, pour gagner une élection. Il n'en fera qu'à sa tête.

Pendant un temps, il a péniblement participé à des *trainings* à Temps publics, la société de Jacques Pilhan, mais il a très vite arrêté. Dans cette réticence à suivre les gourous de la communication entre aussi une grande part de timidité. Il est atteint du syndrome de l'anti-Narcisse. La star socialiste n'aime pas se regarder dans une glace. Paradoxe : il est sûr de lui, parfois jusqu'à l'arrogance, mais ne supporte pas les miroirs. Pour ses conseillers en communication, c'est l'enfer. Il suit rarement leurs conseils et n'est pas très constant dans le contrôle de son *look*. Distrait, il lui arrive de se tromper de chemise ou de cravate, malgré les attentions de sa femme. Le 2 mai, à la maison de la Radio, pour sa confrontation télévisée avec Jacques Chirac, il s'aperçoit, dans sa loge, qu'il a pris une veste et un pantalon de deux costumes différents. L'espace de quelques minutes, Lionel Jospin, au bord de l'apoplexie, envisage même d'annuler sa participation. Il finit par rire de lui-même et engage le débat. Les 16 millions de téléspectateurs ne s'apercevront pas que le candidat socialiste est « fagoté comme l'as de pique ».

Ils assistent à une joute de pères tranquilles. Les deux candidats n'ont qu'un seul et même objectif, comme toujours en vue du deuxième tour de l'élection présidentielle : ne pas effrayer le centre. Être lisse, consensuel, tolérant, jamais agressif. Le duel des centurions verse dans la guimauve.

Heureusement, les deux hommes se retrouvent, le 6 mai, veille des élections, pour la finale du championnat de France de rugby, Toulouse-Castres. Là, au moins, il y a de la castagne ! Le rugby est aussi le sport préféré de François Mitterrand, sans doute parce que le combat y est âpre, violent, sans concession. À la fin des rencontres, les joueurs, meurtris, le visage barré d'ecchymoses, se tapent dans le dos, s'embrassent. Il n'y a plus d'ennemis, seulement des adversaires. Dans le jeu de la politique, le Président pense qu'il en va de même. Il n'a jamais compris pourquoi Lionel Jospin, ces dernières années, l'a tant haï. Pour le député de la Nièvre, toute vie politique est jalonnée de coups bas, de défections. Il n'y a pas à s'en émouvoir. Jospin n'a jamais pu se résoudre ni se plier à cette règle. Lui-même n'aurait-il donc jamais trahi ?

Le 7 mai 1995, à 20 heures, Jacques Chirac apparaît sur les écrans de télévision. Il est élu président de la République avec 52,7 % des voix. Lionel Jospin en obtient 47,3 %. « C'est une défaite d'avenir », commente Laurent Fabius avec élégance. Au siège de campagne, Lionel Jospin prononce une allocution typiquement mitterrandienne. Il remercie celles et ceux qui ont voté pour lui, mais aussi ses « concurrents, ceux que j'ai combattus parce que la démocratie ne va pas sans conflits, mais ce n'est pas pour autant la guerre ». Il appelle ensuite les Françaises et les Français à se rassembler autour de ses propositions. En toute modestie, il précise :

« Elles répondent aux problèmes que vous rencontrez et, en même temps, elles voient loin. Par leur cohérence, par les valeurs dont elles s'inspirent, elles permettront d'assurer au pays une prospérité partagée, et redonneront confiance à notre jeunesse. »

Le vaincu donne rendez-vous pour la prochaine grande échéance : les législatives de 1998. Il peut respirer. Ce qu'il a réussi n'est pas un mince exploit : il a remis la gauche à flot, l'a remobilisée, et a donné subrepticement un nouveau corps de doctrine au PS.

Pendant qu'il ferraillait sur la ligne de front, Jean-Christophe Cambadelis, à la faveur des réunions au nom ronflant d'« Assises de la transformation sociale », a engagé le débat idéologique avec les communistes de Robert Hue, les Verts de Dominique Voynet et Noël Mamère, les radicaux de Jean-Michel Baylet. Ces contacts réguliers ont apaisé le climat, déblayé le terrain pour gérer l'après-mitterrandisme.

Pour accomplir ce tour de force, Jospin a bénéficié d'un soutien sans faille : celui de la droite. Le parti de Jacques Chirac a implosé, déchiré entre balladuriens et partisans du maire de Paris. Les coups ont été terribles, parfois indignes. Jacques Chirac se retrouve à la tête d'une majorité au bord de la crise. Le Président est estampillé « Attention fragile ». À peine est-il élu qu'une bonne partie des députés gaullistes lui tournent le dos. L'ex-maire de Paris est dans une situation ubuesque : il est président de la République, il gouverne avec une majorité écrasante de députés à l'Assemblée nationale, il devrait logiquement envisager l'avenir en toute sérénité : or son propre parti, le RPR, est miné par d'irréductibles rivalités.

Lionel Jospin observe le combat des Horaces et des Curiaces qui a migré de la rue de Solférino vers la rue de Lille. Autres temps, autres mœurs. « La vie politique est ainsi faite, dit-il. Il y a des cycles incontournables. Le PS vient d'en terminer un. Il faut donc tourner la page. » Il se souvient que, quelques mois plus tôt, à Autouillet, la nuit du Jour de l'An, chez des amis, Michel et Odile Lançon, il hésitait encore, devant Anne et Serge Laski, à jouer les kamikazes. Sylviane lui avait dit alors : « Si tu es prêt à prendre encore des coups, si tu as la force et le désir d'aller jusqu'au bout, je t'accompagne... » Ensuite, les amis avaient partagé un chapon fin et bu un saint-émilion 1986, un premier grand cru classé, le Cheval blanc : à quelle promesse de victoire ? En sixième, Jospin rêvait d'être le général mexicain Zapata, le Robin des Bois du Rio Grande. Il sait qu'en politique il n'y a jamais de paix, seulement du répit...

CHAPITRE 32

Gaston Lagaffe à l'Élysée

Personne ne l'a vu pleurer. Ce n'est pas son genre. Chez les Jospin, on n'a pas le goût des lamentations, on meurt discrètement et on fait don de son corps à la science, sans oraison funèbre. Quand il apprend, le 8 janvier 1996 au petit jour, chez lui, rue du Regard, la mort de François Mitterrand, bouleversé par la nouvelle, il ne peut s'empêcher de verser quelques larmes. Mais, bien vite, il se reprend. Il doit contrôler ses émotions. Il n'entend pas déroger à cette règle à laquelle il se soumet depuis tant d'années : pas d'affect, surtout pas d'affect ! À 11 heures du matin, Lionel Jospin est rue de Solférino pour un ultime hommage. Son message est froid, sans étincelles, comme une copie de l'ENA. Il égrène la biographie du défunt avec application et rigueur, mais pas une fois il n'évoque le lien filial qui l'a personnellement uni à François Mitterrand. Pas une fois il ne se penche sur ses années d'apprentissage après son adhésion au PS en 1972, quand le premier secrétaire l'a pris sous son aile, comme un précepteur, et l'a choyé, protégé, guidé, formé aux impitoyables joutes de la politique. Combien de tête-à-tête au cours de leurs innombrables voyages, combien de stratagèmes partagés, de rires complices, de confidences ? Les Français n'en sauront rien. Jospin-la-pudeur rate la mort du « Père ». Il avait une dernière occasion de se rapprocher de lui. Il n'a pas su. Trop réservé, trop intègre, il s'est refusé à jouer la scène de la réconciliation *post mortem*. Le résultat est affligeant. Les deux familles Mitterrand – l'officielle, avec Danielle, Jean-Christophe et Gilbert, et l'officieuse, avec Anne Pingeot et Mazarine – sont effondrées. Ainsi, jusque sur son lit de mort, alors que la France entière pleure, Lionel Jospin « crache sur le Président » ? En quelques secondes, le capital de sympathie qu'il a acquis durant la campagne présidentielle est dilapidé. Décidément, cet homme ne fend l'armure que les jours impairs !

Le soir même, sur *TF1*, au journal de Patrick Poivre d'Arvor, Jacques Chirac, lui, ne rate pas l'occasion de parler au cœur des Français. Il fait même presque dans le culte de la personnalité. Il a rédigé son texte avec Jacques Pilhan, l'ancien conseiller en communication de François Mitterrand, qui travaille désormais pour lui. Un homme d'État parle d'un autre homme d'État. Il évoque la longue carrière du défunt, le « lien particulier » qui l'a uni à cet adversaire redoutable dont il fut le Premier ministre. Situation inouïe : c'est le rival qui valorise, et le fils qui « fusille ». Conséquence : Danielle Mitterrand n'invite pas Lionel Jospin à l'enterrement à Jarnac, où reposera le défunt Président. Elle choisit Fabius, le bon fils, qui, moins délicat, veut bien prendre l'héritage sans faire procéder à l'inventaire. Jospin fera le voyage de Jarnac quelques jours plus tard en compagnie de Claude Estier, dans la plus stricte intimité. Décidément, « le Frisé » a du mal à s'adapter à la société du spectacle ! Sa relation avec Mitterrand ? Elle ne regarde que lui. Il est désolé de ne pas plaire, mais il est comme ça. Il lui arrive de pleurer en cachette. Mais à l'extérieur, pour masquer son extrême sensibilité, il joue les matamores avec une maladresse de mammouth.

À l'intérieur, la lave est en fusion. Comment a-t-il pu commettre une telle bourde ? Depuis l'élection présidentielle, tout lui a souri. Il a opéré le grand chambardement du Parti socialiste dont il rêvait. Le 10 octobre, il s'est fait élire premier secrétaire par l'ensemble des militants – événement historique ! – avec un score de 98 %. Sa légitimité est désormais absolue. Aucun dirigeant socialiste, dans toute l'histoire du parti, n'a jamais bénéficié d'une telle marge de manœuvre. Il peut bâtir le secrétariat national du PS comme il l'entend et placer ses amis rénovateurs à tous les postes clés.

Comme Mitterrand au début des années soixante-dix, il veut en effet rajeunir les cadres, promouvoir la génération des « quadras », capable de coller à l'air du temps, aux idées nouvelles, à la société française telle qu'elle est en cette fin du XXe siècle. Il choisit Pierre Moscovici, qu'on surnomme déjà le « chouchou », au secrétariat national aux études. François Hollande devient porte-parole, Jean-Christophe Cambadelis prend les relations extérieures, Manuel Valls la communication, Élisabeth Guigou les questions sociales, Harlem Désir les problèmes de société. On retrouve l'inusable Daniel Vaillant en numéro deux, chargé de la coordination et des élections. Les caciques du parti ont disparu ou font de la figuration au Bureau national, surnommé le « cimetière des éléphants ». L'équipe Jospin est jeune, resserrée, et prépare tranquillement la prochaine étape : les élections législatives de 1998. Son calendrier est bien rempli : un trimestre pour remettre la machine socialiste en état de marche, un an pour peaufiner la doctrine, une autre année pour former les « quadras » aux batailles électorales. Il ne faut surtout pas se précipiter, mais, au contraire, donner l'image d'un PS responsable, serein, déterminé. Consigne du maître d'école Jospin : on ne gesticule pas dans les rangs !

Ce beau scénario ne résistera pas à l'épreuve des faits. Le premier secrétaire n'a pas prévu le dérapage du tandem Chirac-Juppé. En décembre 1995, le pays est paralysé par les grèves. Le plan Juppé sur la réforme de la Sécurité sociale ne passe pas. Trop raide, trop cassant, le Premier ministre est impopulaire. L'image du Chirac « social » de la campagne électorale a volé en éclats au bout de quelques semaines. L'opinion brutalement a basculé. Pourtant, Jospin ne bouge pas. Il ne se sent pas dans le bon tempo :

> « Je viens à peine de remonter le piano, confie-t-il. J'ai fait jouer les graves et les aigus ensemble. Qu'on nous laisse du temps pour refaire nos gammes ! [...] Pas question pour nous de vouloir accélérer le rythme ! »

L'ex-trotskiste n'est vraiment plus un révolutionnaire. Il pourrait provoquer l'avènement du Grand Soir ? En bon social-démocrate, il attend tranquillement l'échéance électorale. Dans le rôle de la tortue, le premier secrétaire agace. On grogne chez les ex-concurrents, Fabius et Emmanuelli, mais avec prudence. Officiellement, Jospin traînaille. En coulisses, il prépare déjà un gouvernement de choc. Si Jacques Chirac croit le prendre au dépourvu en prononçant une dissolution de l'Assemblée, il se trompe.

Dès la rentrée 1997, le premier secrétaire déterre la hache de guerre. Le Président ? Un paresseux. « Cet été, il a passé ses nuits à regarder les Jeux olympiques à la télévision. » Alain Juppé ? Ce n'est que le petit chef d'une « droite qui n'hésite pas à déployer des forces de police considérables pour chasser des femmes, des hommes et des enfants d'une église, mais qui laisse violer au grand jour la loi de la République et commettre en Corse assassinats, plastiquages, exactions en tout genre ».

Dans l'opinion, l'affaire de l'église Saint-Bernard a provoqué un certain traumatisme. Les Français ont vu au journal télévisé des CRS prendre d'assaut, à coups de hache, le lieu de culte où étaient venus se réfugier 200 sans-papiers maliens.

Sur cette question de l'immigration et de la régularisation des clandestins, le patron du PS se montre très circonspect. Il marche sur des œufs. Il n'a aucune envie de remettre en selle le Front national ni de faire plaisir aux organisations d'extrême gauche. Pas question de rejouer avec le feu comme le fit François Mitterrand en 1986, et de conduire un bataillon de députés d'extrême droite dans l'hémicycle. Selon Jospin, pour neutraliser Le Pen, il suffit de l'ignorer. Mais il arrive aussi que cette théorie prenne l'eau. Quand l'épouse du numéro 2 du Front national, Bruno Mégret, l'emporte aux élections municipales à Vitrolles, dans les Bouches-du-Rhône, devant un maire socialiste, les camarades du PS aimeraient qu'on leur explique mieux la « stratégie des bras croisés ». Des intellectuels, cinéastes, écrivains, scientifiques pétitionnent par centaines pour le retrait d'un article de projet de loi prévoyant que chaque Français hébergeant un étranger devra le déclarer aux autorités. « À qui devra-t-on les déclarer, à la Gestapo ? » ironisent les pétitionnaires qui voient dans ce projet de loi Debré un retour des fantômes pétainistes. Harcelé par les journalistes, François Hollande pousse Jospin à s'exprimer sur ces deux sujets brûlants. Mais le premier secrétaire n'y tient pas. Il est déjà en campagne électorale. Il n'a nulle intention de perdre les voix populaires.

> « Si tu choisis l'angélisme, le prévient Daniel Vaillant, maire du 18e arrondissement de Paris, tu vas au casse-pipe. Dans les quartiers difficiles, les discours des intellos humanistes ne passent pas. C'est injuste, mais c'est comme ça ! »

Pressé de toutes parts, convié à donner son point de vue, Lionel Jospin joue la montre :

> « Je n'aime pas réagir dans la précipitation, revendique-t-il, surtout sur des sujets d'actualité immédiate dont je ne maîtrise pas toutes les données. »

Ce genre d'explication fait rire sur les bancs de l'Assemblée nationale. Les « Guignols » de *Canal*+ inventent un nouveau « Yoyo », roi de l'euphémisme, en créant une rubrique à la manière du M. Cyclopède de Pierre Desproges : « La minute – nécessaire ? – de M. Jospin ». On y voit le leader socialiste enfiler des banalités consternantes.

Rien ne pourra le changer : quand il tente d'être cynique, il finit systématiquement dans le décor. Il ne sait pas être hypocrite. La preuve ? Le 8 mai 1997, pour le premier anniversaire de la mort de François Mitterrand, il lui rend un hommage appuyé, rue de Solférino, mais ne peut encore s'empêcher de lancer une vacherie :

« Certains l'aimaient au point de vouloir lui être fidèles en tout. D'autres, comme moi, l'estimaient assez pour pouvoir lui dire ce qu'ils n'approuvaient pas. »

Un an après la disparition du fondateur du PS, son fils et successeur a encore quelques comptes à régler avec lui. Mais on ne se débarrasse pas de l'ombre tutélaire d'un géant à coups de griffes. On l'oublie en douceur, en repartant vers de nouveaux combats.

Jacques Chirac lui en offre un, sur un plateau. Depuis le début de mars, la rumeur sur une possible dissolution prend de plus en plus de consistance. Convaincu que son gouvernement ne résistera pas à la vague d'impopularité qu'il traverse, le Président décide de précipiter le mouvement. Il veut provoquer des élections anticipées pour « sauver les meubles ». Encore une fois, Lionel Jospin est verni : le 17 avril 1997, veille de la déclaration de Jacques Chirac, il est l'invité d'Anne Sinclair à « 7 sur 7 », sur *TF1*. Il a donc la main et ne va pas se priver d'en profiter. Jean Glavany, qui a beaucoup à se faire pardonner depuis son ralliement à Henri Emmanuelli en 1994, a une idée de génie, simple comme bonjour : quelques heures avant l'intervention du « patron » du PS, il demande à une de ses collaboratrices d'effectuer une recherche sur Internet en cliquant deux mots : « Chirac » et « dissolution ». Bingo ! Glavany récupère une petite phrase prononcée par le Président en juillet 1996, dans laquelle il affirme qu'il ne saurait y avoir dissolution « pour convenance personnelle, mais seulement en cas de crise politique majeure ». Traduction : quelques mois après avoir dit une chose, Jacques Chirac s'apprête à dire tout le contraire. La

« girouette » est prise en flagrant délit. Lionel Jospin fonce dans la brèche. Chez Anne Sinclair, il s'interroge : à quoi joue donc ce Président qui veut se débarrasser d'une majorité qui le soutient et qui annonce au peuple qu'il reprendra le même Premier ministre pour appliquer la même politique ? Cette loufoquerie plonge l'électorat dans un océan de perplexité. Que veut au juste Jacques Chirac ? Il s'ennuie ? Il n'aime pas gouverner, il préfère des élections permanentes ? Même le plus tortueux docteur ès sciences politiques se perd en conjectures.

En cette année 1997, la droite est maîtresse du pays. Elle contrôle absolument tous les pouvoirs : Sénat, Assemblée nationale, conseils régionaux, conseils généraux, grandes villes. Elle n'a donc apparemment aucun souci à se faire, aucune raison de modifier quoi que ce soit dans le paysage politique. Alors, pourquoi ce grand plongeon dans l'inconnu ? Chirac vient d'inventer un nouveau jeu : « le mystère de la dissolution ». Jospin, lui, tourne un *remake* de l'Union de la gauche avec les Verts, les radicaux-socialistes, les communistes et le Mouvement des citoyens de Jean-Pierre Chevènement. Mais les mots ont changé. Il convient désormais de dire « contrat d'orientation » ou « pôle moteur ». Maître d'œuvre de ce large rassemblement qui donnera la « gauche plurielle » : Jean-Christophe Cambadelis.

Lionel Jospin, de son côté, cogne sur Alain Juppé, sur sa politique « fade, timorée et réactionnaire », et sur les capacités de Jacques Chirac à gouverner le pays :

> « Je m'interroge toujours sur sa psychologie, ironise-t-il. Sa victoire étant tellement inespérée, je me demande si, pour lui, l'essentiel n'est pas d'ores et déjà accompli. »

Autrement dit, le premier secrétaire du PS traite Jacques Chirac de « roi fainéant ». Il voulait un trône ? Il l'a. L'attaque est rude. Durant trente-cinq jours, Jospin pilonne l'Élysée sans états d'âme.

> « C'est un castagneur, observe son ami Pierre Schapira. Il aime à rentrer dans le lard. À de nombreuses reprises, dans les échauffourées au cours des meetings, si on le laissait faire, il irait au contact pour donner sa part. Il aime ça. »

Ainsi l'homme du Nord, froid et distant, a aussi la fougue du mousquetaire. Par sa mère, originaire du Lot-et-Garonne, n'a-t-il pas dans les veines du sang gascon ? Gamin, il lisait frénétiquement les aventures de d'Artagnan. Confronté à Chirac, qui n'est jamais aussi bon que dès l'instant où il a le dos au mur, Lionel Jospin cherche à le faire sortir de sa retraite élyséenne. « Il est dans son abri, dit-il à ses collaborateurs. Il faut l'en déloger et l'empêcher de tirer. » Faut-il sauver le soldat Chirac ?

> « Oui, répond le Premier secrétaire. Si nous gagnons, nous mènerons une cohabitation raisonnable. Il n'est pas question de toucher à la fonction présidentielle. »

Jacques Chirac a eu chaud : il aurait pu tomber au front. Le 1er juin 1997, Lionel Jospin est réélu député de la septième circonscription de Haute-Garonne. La gauche est à nouveau majoritaire, avec 320 députés, à l'Assemblée nationale. Pour la première fois depuis 1971, elle a gagné sans François Mitterrand. Cette victoire, Jospin ne la doit qu'à lui-même. Il a définitivement chassé le spectre qui le hantait.

Définitivement ? Au soir de sa victoire à Cintegabelle, radieux, il répète aux militants : « Quelle histoire ! Quelle histoire ! » La même petite phrase qu'avait prononcée François Mitterrand au soir de sa propre élection, à Château-Chinon, le 10 mai 1981. Mitterrand qui, en décembre 1994, en pleine déroute de la gauche, avait déjeuné, à Liévin, avec quelques amis, dont Lionel Jospin. Le vieil homme épuisé, rendu chauve par la chimiothérapie, les traits presque transparents tant il avait maigri, avait dit au Jospin abandonné de tous à quel point la vie est plus belle que tous les congrès, que toutes les victoires :

> « Regardez ce ciel, comme il est gris, avait murmuré le Président ; mais rendez-vous compte de la chance que nous avons de pouvoir vivre ce jour. Pour découvrir que ce gris est beau, comme ce gris du ciel est beau, oui, nous avons la chance de vivre ce jour… »

CHAPITRE 33

Monsieur X ne répond plus

Ce jour-là, il comprend qu'il faut qu'il disparaisse. Pour tous il est devenu l'encombrant, le fâcheux, l'importun. Le 29 avril 1995, quand Richard Moatti quitte le QG de campagne de Lionel Jospin, rue Vaugirard, entre les deux tours de l'élection présidentielle, il est décontenancé : son ami n'a même pas daigné le recevoir. Pas un mot, pas un geste. Ses conseillers lui ont poliment suggéré de ne plus chercher à rencontrer le candidat, et même de prendre ses distances avec lui.

Richard Moatti n'insiste pas ; il sait ce qu'il lui reste à faire. Il va lui falloir sortir du jeu, se faire oublier. Il sait qu'au PS personne ne le défendra. Il est seul. La faute à qui ? Aux juges, encore eux !

Il y a quelques jours, le magistrat rennais Renaud Van Ruymbeke, l'homme qui a instruit l'affaire Urba, l'a fait interroger par la PJ dans le cadre d'une enquête sur des commissions versées par la société GEC-Alsthom à un mystérieux « monsieur X », collecteur de fonds pour le PS. L'affaire est un classique : une somme de 7,5 millions de francs a été versée par les dirigeants de GEC-Alsthom, en

1989 et 1990, pour un pseudo-marché de locomotives avec les Pays-Bas, sur deux comptes panaméens, Urban Consulting et Henley Commercial SA. Après quelques heures de garde à vue, les responsables de la société française avouent que cet argent était destiné aux caisses noires du PS. L'ayant droit de ces comptes, le mystérieux « monsieur X », n'est autre que Richard Moatti, dirigeant socialiste, membre du Comité directeur et de la commission de contrôle et des finances du PS de 1979 à 1994. Et, surtout, proche parmi les proches de Lionel Jospin.

L'homme d'Eygalières, en Provence, le Juif pied-noir né à Alger en 1941, a commencé comme docker à Marseille avant de monter une entreprise de construction. Il a ensuite fait fortune dans l'immobilier avant de se lancer en politique. Moatti est l'ordonnateur des vacances heureuses au mas de l'Avocat où le ministre de l'Éducation venait se détendre avec femme et enfants, mais recevait aussi, grâce à la chaleureuse hospitalité de Richard et de sa femme Christiane, hommes politiques et journalistes qui comptent. Évaluée à 25 millions de francs, la propriété, avec piscine et tennis, fait rêver tous ses visiteurs. Mais, depuis quelques mois, Richard s'y rend de moins en moins souvent. Au tout début de l'enquête du juge Van Ruymbeke, il s'est prudemment installé à Genève, le temps que cette histoire se dégonfle.

Il est persuadé qu'il ne risque pas grand-chose. Sa défense lui paraît cohérente ; il a eu le temps d'expliquer au magistrat que les 7,5 millions n'ont jamais été versés au PS, mais à des intermédiaires chinois dans le cadre de l'obtention, par des entreprises françaises – GEC-Alsthom, Framatome, EDF et le groupe de BTP Campenon-

Bernard –, du marché de la centrale nucléaire chinoise de Daya Bay, en 1986. Le secret professionnel lui interdit, bien sûr, de citer les noms de ces intermédiaires chinois. Et comment les retrouver derrière la Grande Muraille ? Le financement du Parti socialiste ? Non, ce n'est pas son rayon. Après avoir fait fortune dans l'immobilier, Richard Moatti s'est spécialisé dans le conseil aux grandes entreprises internationales. Bien sûr, il est un proche de Lionel Jospin, mais aussi de Georges Dayan, le meilleur ami de François Mitterrand, qui est venu lui aussi passer des vacances dans sa propriété. Bien sûr, il a soutenu le conseiller général de Cintegabelle durant sa « traversée du désert », en 1993-1994, quand il était abandonné de tous. Il a mis à sa disposition un appartement à Paris, rue Royer-Collard, en guise de permanence, quelques mois à peine. Il l'a aidé à trouver un pied-à-terre à Toulouse. Il était présent dans son ombre durant la campagne des élections européennes, en 1992. C'est lui qui a dégotté la maison d'Autouillet, dans les Yvelines, mais il n'a pas participé à son achat, ni par un emprunt ni par un don. À chaque moment important de la carrière de Lionel, il a été à ses côtés. Et voilà qu'il devient un pestiféré !

Car une autre « affaire » lui tombe dessus. Une nouvelle histoire de financement occulte du PS. Cette fois, le scandale paraît inévitable. Il démarre dans les Pyrénées-Atlantiques, à Saint-Pierre-d'Irube, banlieue chic de Bayonne. Le conseiller général du canton, un notable socialiste, criblé de dettes, interdit bancaire, est pourchassé par ses créanciers. Pour leur échapper, dans la panique, il a l'idée saugrenue d'aller raconter au parquet de Pau qu'il est racketté depuis des années par l'ETA. Et c'est la catastrophe ! Ouverture d'une information. Épluchage de ses comptes bancaires. Découverte d'un système de « cavalerie » ubuesque : en trois ans, le petit notable local a fait circuler, sur plus de 60 comptes à son nom, plus de 140 millions de francs. L'affaire, au départ, est strictement locale. 9 chefs d'entreprise de la région ont prêté de l'argent à l'élu socialiste pour qu'il alimente sa « cavalerie ». Parmi eux, le PDG d'une affaire de poissons surgelés, un marchand d'espadrilles, un concessionnaire Renault, voire encore un patron de société d'ustensiles en inox. Nous sommes à mille lieues de la muraille de Chine ! Et pourtant...

Le roi de la cavalerie et des gros mensonges à la Justice n'est pas n'importe qui. Il s'appelle Jean-Pierre Destrade, a été député PS des Pyrénées-Atlantiques de 1981 à 1988, porte-parole du parti, militant actif du courant Jospin. À Paris, rue de Solférino, on suit avec effroi les mésaventures judiciaires de l'élu basque. Dans l'entourage de Lionel Jospin on apprend que le magistrat palois Jean-Louis Lecué a mis au jour un vaste réseau de financement occulte du PS par les grandes entreprises françaises de distribution Auchan, Promodès, Continent, Rallye, Euromarché et Carrefour. Quand il est arrêté, le 6 janvier 1995, les socialistes sont en pleine bataille pour la désignation du candidat socialiste à l'élection présidentielle ; la lutte fait rage entre Henri Emmanuelli et Lionel Jospin, ses deux patrons politiques. S'il parle, le PS va se retrouver en pleine tourmente, comme dans l'affaire Urba. Jean-Pierre Destrade se tait. Il reste en prison durant huit mois. Puis, sentant qu'on l'a totalement oublié rue de Solférino, vers la fin de l'été, le 27 août, il décide de tout dire au juge en échange de sa remise en liberté. Oui, il a collecté, sous le contrôle du trésorier du parti, Henri Emmanuelli, des fonds destinés au financement du PS et des radicaux de gauche. Oui, il a été choisi par le parti pour ce « job » parce qu'il avait été membre de la Commission nationale d'urbanisme commercial (CNUC), instance qui rendait des avis au ministre du Commerce sur les projets des grandes surfaces soumis à autorisation. Il connaissait ainsi personnellement la plupart des promoteurs et des dirigeants de la grande distribution. Un carnet d'adresses qui valait de l'or et qui lui a permis de bâtir un vaste réseau de corruption à l'échelle nationale. Oui, les sommes ainsi drainées tournaient autour de 33 millions de francs. Où sont-elles parties ? Sur des comptes à l'étranger, au Luxembourg et à Panama. « Non, ajoute-t-il en substance, pour ce qui concerne Carrefour, je n'ai jamais travaillé directement avec eux, monsieur le juge. Le dossier était entre les mains de Richard Moatti. C'était un domaine réservé. Je pense que Richard Moatti remplissait le même rôle que je remplissais auprès des autres enseignes… »

En d'autres termes, Richard Moatti serait un collecteur d'argent sale. Ce que craignait par-dessus tout Lionel Jospin s'est produit le 27 octobre 1995 dans le bureau du juge Lecué, à Pau : Jean-Pierre Destrade a « balancé » l'homme d'Eygalières. Si Richard Moatti est incarcéré, ce sera terrible pour Jospin, tout nouveau « patron » du PS, mais aussi pour la gauche tout entière. Jospin, le « chevalier blanc », le ressuscité, sera inévitablement éclaboussé. Comment justifier auprès des militants le « droit d'inventaire » revendiqué sur les années Mitterrand, les proclamations de transparence, d'intégrité quand deux de ses plus proches collaborateurs se retrouvent impliqués dans une mini-affaire Urba ? Où est la différence ? En quoi Lionel Jospin lave-t-il plus blanc ?

Par chance, le dossier inquiète aussi l'Élysée. Car les enquêteurs de la PJ de Bordeaux, au cours de leurs nombreuses perquisitions chez les grands de la distribution, ont récupéré des documents prouvant que le système profitait aussi aux partis de droite, RPR et DL. En haut lieu, on laisse entendre que, désormais, dans l'affaire Destrade, il est urgent de ne rien faire. On propose une mutation au juge Lecué, on laisse dormir le dossier. On nomme un nouveau juge qui aura besoin de nombreux mois pour bien maîtriser le dossier. L'enterrement de première classe est programmé !

Hélas, les juges ne sont plus ce qu'ils étaient. Ils sont jeunes, teigneux, peu respectueux des calendriers électoraux. À Pau, celui qui est censé se perdre dans les méandres d'une affaire trop grosse pour lui s'appelle Thierry Pons. Il n'a pas froid aux yeux. Le 28 septembre 1998, il ordonne une perquisition au siège du PS, rue de Solférino !

À cette date, Lionel Jospin vit une époque de rêve. Depuis plus d'un an qu'il est installé à Matignon, il a fait découvrir aux Français une autre manière de gouverner, moins crispée, moins protocolaire, plus moderne. Il a mis en place un gouvernement resserré, cohérent, rajeuni, efficace, surnommé la *Dream Team* par une presse en extase : Martine Aubry aux Affaires sociales, Dominique Strauss-Kahn à Bercy, Élisabeth Guigou à la Justice, Jean-Pierre Chevènement à l'Intérieur, Claude Allègre à l'Éducation, Pierre Moscovici aux Affaires européennes. Même les communistes – Jean-Claude Gayssot aux Transports et Marie-Georges Buffet à la Jeunesse et aux Sports – ne font plus peur. L'opinion les trouve même plutôt sympathiques.

À la tête du Parti socialiste, le Premier ministre a judicieusement proposé le poste à François Hollande, l'ancien animateur des « transcourants », groupe deloriste. Choix habile : Hollande, qui n'a jamais été jospiniste, a la carrure pour occuper le poste et est sans doute appelé dans l'avenir à de hautes fonctions. À Pierre Moscovici et Jean-Christophe Cambadelis qui hurlaient contre cette nomination, Jospin a répondu : « Ne cherchez pas des raisons compliquées à sa nomination. Je l'ai choisi parce que c'est le meilleur d'entre vous ! » Brillant, excellent tribun, bourré d'humour, c'est aussi un négociateur de talent. À la tête du PS, il a pour mission de pacifier l'appareil et de le « décontaminer » des anciennes guerres de courants. « Je suis un agent d'ambiance », dit-il avec ironie. Dans les faits, le nouveau premier secrétaire réussit la mission qui lui est confiée : le PS est redevenu une machine à produire des idées tout en étant au gouvernement. Un nouveau porte-parole est désigné : un professeur de philosophie, Vincent Peillon, au style décontracté et séduisant. Le PS a pris un coup de jeune. Tous ceux qui pouvaient rappeler à l'opinion l'époque Mitterrand ont été écartés. Grâce à Jospin et à son équipe, le pays a enfin une allure moderne, l'air de vivre avec son temps.

En plus, cet homme fait ce qu'il a dit ! Les trente-cinq heures au 1er janvier 2000 pour les entreprises de plus de dix salariés ? Il l'annonce le 10 octobre 1997 au patronat médusé. Jean Gandois, président du CNPF, démissionne et se fait remplacer par le très conservateur baron Ernest-Antoine Seillière. Les emplois-jeunes ? Martine Aubry, ministre de l'Emploi et des Affaires sociales, engage un vaste chantier qui bouleverse les comportements dans l'administration. Le gouvernement, fait nouveau, ne triche pas avec la réalité. Le monde a changé, la sécurité de l'emploi ne sera jamais plus comme avant ; la mobilité, chère à Raymond Barre, vilipendée par la gauche dans les années soixante-dix, est devenue une donnée incontournable, acceptée par les socialistes. Cette révolution de velours, Jospin la conduit d'une main de fer, mais dans un climat de dialogue tous azimuts.

À l'étranger, on salue la performance. Le très réputé magazine londonien *The Economist* loue le pragmatisme du Premier ministre français qui n'a pas peur de privatiser. Pour échapper aux dogmes de l'orthodoxie, il ne dit plus « privatisation », mais « alliance stratégique internationale ». Jospin « libère » en cascade le capital de France Télécom, du GAN, des AGF, de la banque Hervet et surtout de l'Aérospatiale qui va pouvoir opérer, sous la houlette habile et enjouée du ministre de l'Économie, Dominique Strauss-Kahn, le « mariage du siècle » avec Matra, le groupe de Jean-Luc Lagardère, lequel s'alliera dans la foulée avec l'allemand DASA pour constituer EADS, troisième groupe mondial de l'aéronautique. C'est certainement une des plus grandes opérations industrielles de ce dernier quart de siècle.

À l'Élysée, Jacques Chirac ne peut que féliciter ce Premier ministre si efficace, qui réussit là où Alain Juppé avait échoué. Certes, il bénéficie de la reprise de la croissance internationale, de l'euphorie des marchés américains, de la folie boursière autour d'Internet, mais il y a aussi, à Matignon, un homme d'État qui fait des choix. En quelques années, il parvient à inverser la courbe du chômage : plus d'un million de demandeurs d'emploi en moins entre mai 1997 et mars 2001. Durant la même période, la France a créé plus d'un million et demi d'emplois nouveaux.

… Et un petit juge palois se mêlerait d'enrayer cette belle mécanique, de mettre le pays sens dessus dessous pour une vulgaire histoire de pots-de-vin?

Quand il débarque au siège du PS, Thierry Pons est escorté d'une dizaine de policiers bordelais. François Hollande, maître de maison, le reçoit courtoisement.

« Nous n'avons rien à cacher, dit-il au magistrat. Faites votre travail, nous sommes à votre entière disposition. »

L'amabilité du premier secrétaire surprend le magistrat, lequel repart avec plusieurs cartons de documents. Mais, bizarrement, l'événement ne passionne pas les foules. Ni la presse ni la télévision n'accordent beaucoup d'intérêt à cette descente de police rue de Solférino. Il est vrai que la visite d'un juge au siège d'un parti politique ne surprend plus personne. Une manière de routine pour les médias, avides de sensations plus fortes.

Mais Thierry Pons ne travaille pas pour les journaux télévisés de 20 heures. Un mois plus tard, il poursuit inlassablement sa tâche : il met l'infortuné Henri Emmanuelli en examen pour « complicité et recel d'abus de biens sociaux, trafic d'influence et recel de trafic d'influence ». L'ex-trésorier du PS, ancien ministre du Budget de François Mitterrand, ancien premier secrétaire, ancien bouc émissaire dans l'affaire Urba, en a ras-le-bol de se retrouver toujours en première ligne des scandales judiciaires de son parti ! Il est fatigué de protéger les autres dirigeants socialistes qui, au-dessus de lui, ne savent rien, n'ont rien vu, rien entendu. Pourtant, il continue de jouer les boucliers, il nie avoir été l'instigateur ou le bénéficiaire des mauvaises actions de ce « pauvre Destrade, qui a pété les plombs ». Richard Moatti ? Bien sûr, il le connaît, mais il n'a jamais eu affaire à lui personnellement ; il n'a jamais entendu parler de lui comme étant l'intermédiaire du PS avec la société Carrefour. Non, franchement, cette histoire, elle n'existe que dans la tête de « ce pauvre Destrade ».

Mais le petit juge palois est opiniâtre. Il cherche à interroger Richard Moatti. Or ce dernier vit entre Londres, où il a plusieurs adresses, Genève, où on a du mal à le « loger », et Israël, où on ne sait rien. Il ne remet pratiquement plus jamais les pieds à Eygalières.

Au début de l'année 2000, le magistrat est néanmoins informé que Moatti vient discrètement en France négocier la vente d'une résidence de 22 appartements qu'il possède à Saint-Rémy-de-Provence. L'homme a besoin d'argent. Cueilli par la police au Mas de l'Avocat, il est aussitôt conduit au commissariat d'Avignon et placé en garde à vue. Interrogé par les policiers du SRPJ de Bordeaux, Richard Moatti maintient qu'il n'a rien à voir avec le financement du PS, qu'il est consultant auprès du groupe Carrefour, mais pour des opérations de *lobbying* au niveau international. Il n'y a là rien d'illégal.

Le juge, lui, est convaincu du contraire, mais il lui manque une preuve décisive. Or, pour l'heure, il n'a contre Moatti que le témoignage de Destrade. Celui que ses camarades socialistes qualifient d'homme « un peu dérangé » n'est pas si fragile qu'on tente de le faire accroire. Il a mis le juge Pons sur une nouvelle piste : celle d'une filière de versements de commissions destinées au PS sur des comptes situés « au Luxembourg et à Panama ». Or, ce tuyau du conseiller général de Saint-Pierre-d'Irube n'est pas percé. Au contraire : il se révèle capital pour la suite de l'enquête. Le magistrat retrouve trace d'un versement d'une commission de 3,4 millions de francs par l'intermédiaire d'une société-écran luxembourgeoise, la SARL Agesi, à la Barclays Bank de Londres, sur des comptes bancaires appartenant à deux sociétés, l'une panaméenne, l'autre irlandaise. Coïncidence : cette filière ressemble curieusement à celle qu'avait utilisée Richard Moatti pour payer les intermédiaires chinois dans l'affaire de la construction de la centrale de Daya Baya, quelques années plus tôt.

Tel Sherlock Holmes, Thierry Pons est tout émoustillé par sa trouvaille. Il rencontre le juge Van Ruymbeke avec qui il échange des informations. Et si les comptes alimentés par Auchan et GEC-Alsthom à la Barclays Bank, dont les numéros d'identification sont voisins, avaient le même titulaire : Richard Moatti ? Et si, en consultant les comptes bancaires de ces sociétés, on retrouvait des traces de commissions versées par le groupe Carrefour ? Cela signifierait que Jean-Pierre Destrade n'a pas menti et que l'homme qui gère l'« argent noir » du PS sur des comptes situés à l'étranger n'est autre que Richard Moatti. Pour en être sûr, il faut que la Barclays Bank accepte de répondre au juge de Pau. Or, les autorités britanniques traînent les pieds. Finalement, elles envoient un courrier au magistrat en 1999. Les banquiers anglais sont navrés : « Les sociétés recherchées ont été dissoutes, et les archives de la banque détruites. » Il ne reste donc plus rien pour identifier le mystérieux titulaire des comptes. Ce n'est pas tout à fait de l'obstruction à l'action de la Justice, mais cela y ressemble fort. Ulcéré par l'attitude des Anglais, Thierry Pons est bien décidé à ne pas abandonner la partie. Il ne désespère pas de lever le voile sur cette affaire on ne peut plus brûlante. Il sait qu'il travaille sur un volcan et qu'à Paris on le surveille de près.

On dit qu'à l'Élysée, en période de tangage de la cohabitation entre Jacques Chirac et Lionel Jospin, le Président, lui-même cerné par les « affaires » de la mairie de Paris, et pas encore par celle du financement de ses vacances sur fonds secrets, enrage contre le Premier ministre et remâche le nom de Moatti avec une colère glaçante. Mais comment faire resurgir un fantôme ? À l'Élysée, quelques conseillers attendent désespérément que le juge Pons boucle son dossier et trouve la « bombe » qui pourrait atteindre Jospin. Cette « bombe » circule entre Londres, Genève et Tel-Aviv. Elle porte une casquette à carreaux, de petites lunettes à la John Lennon, une barbe poivre et sel et des vestes de *gentleman farmer*. Dans son exil, Richard Moatti doit sans doute songer aux années de bonheur à Eygalières, quand Lionel Jospin n'était pas encore candidat à la présidence de la République, qu'ils passaient de longues soirées à évoquer la monarchie mitterrandienne et ses dérives après d'impitoyables parties de tennis. Moatti l'affectif, le vieux copain perdu de vue entre les fuseaux horaires, exilé pour « amitié encombrante ». Moatti dont la mère se prénomme Mireille, comme celle de son « ami » de Matignon. Une Mireille qu'il vénère lui aussi au point d'avoir fait baptiser une place de Saint-Rémy-de-Provence « place Mireille-Moatti ». Richard au cœur tendre, pied-noir chaleureux et bon vivant, docker devenu milliardaire, fuit la presse. Devenu « Monsieur X », il ne vient plus en France et s'est mis aux abonnés absents.

CHAPITRE 34

Le cas DSK

Ils recommencent. C'est vraiment plus fort qu'eux ! Pourtant, Lionel Jospin le leur avait bien dit : « Il ne faut plus jamais se retrouver dans la situation du congrès de Rennes, ce serait suicidaire ! » Tous avaient promis, la main sur le cœur. Les courants ? Terminé. Les écuries présidentielles ? Aux oubliettes. À bas les coups bas ! Mais, très vite, le monde réel, celui des ambitions humaines, des jalousies, des petites et grandes mesquineries, a repris le dessus. Les socialistes ressortent comme au bon vieux temps dagues et fleurets.

En cet automne 1998, il faut pourtant « jouer groupé », comme le dit Jospin, car la cohabitation avec Jacques Chirac se tend de jour en jour. Jusqu'à présent, malgré quelques accrocs, Lionel Jospin et François Hollande ont réussi à contenir toutes les rancœurs au sein du PS. Mais là, c'est l'explosion. Avant l'été, Claude Allègre vient prévenir le Premier ministre :

> « Pierre Joxe est venu me voir. Il m'a dit que le rapport de la Cour des comptes sur la gestion de la MNEF touche pas mal de jospinistes, dont DSK. Il est très ennuyé… »

Jospin n'est pas vraiment surpris par l'affaire de la MNEF. Depuis des mois, avec Olivier Schrameck, son directeur de cabinet, il surveille l'évolution de la lutte d'influence que se livrent Jean-Pierre Davant, président de la Mutualité française, et Olivier Spithakis, directeur général de la MNEF. Il savait que le scandale allait éclater, mais jamais il n'avait entendu citer à ce propos le nom de DSK. Un des meilleurs amis de François Hollande, camarade de promotion de l'ENA, rapporteur à la Cour des comptes, a tenu régulièrement le premier secrétaire au courant des moindres soubresauts de l'affaire.

Claude Allègre ajoute que Pierre Joxe, président de la Cour des comptes, ne peut intervenir dans ce dossier, car « le procureur qui instruit le dossier est un proche de Nicolas Sarkozy ». Le message est clair : la grenade est dégoupillée ; nul ne pourra étouffer le scandale. Lionel Jospin demande alors à son ami Allègre : « Tu es sûr que Joxe est très ennuyé ? »

Claude Allègre lève les bras au ciel.

Pierre Joxe, encore lui ! Pour Lionel Jospin, « le temps des *snipers* » est revenu. Son « double » vient de se venger : en 1997, il était persuadé d'être choisi pour occuper le ministère de la Justice. Son équipe était fin prête. Et puis, au tout dernier moment, Lionel Jospin lui a annoncé qu'il avait choisi Élisabeth Guigou :

« Pierre, j'ai besoin de têtes nouvelles au gouvernement. Il faut provoquer un "effet jeune", lui a dit le Premier ministre. Je ne peux pas te prendre dans mon équipe. »

Pierre Joxe s'est alors senti humilié. Il avait espéré que sa nomination signerait une « paix des braves » entre Jospin et lui, après tant d'années de conflit.

Rue de Solférino, on croit aussi à une manœuvre « façon Joxe ». Le scénario diabolique de l'ancien député de Saône-et-Loire ? L'affaire de la MNEF va torpiller tous les jospinistes qui contrôlent la fédération socialiste de Paris : Jean-Marie Le Guen, Jean-Christophe Cambadelis, Dominique Strauss-Kahn. Elle va déstabiliser le gouvernement et mettre au jour tout un système de corruption : emplois fictifs, fausses factures, caisses noires, détournements de fonds, train de vie somptuaire de certains dirigeants… Pour l'image de Jospin, c'est un petit Pearl Harbor. Si DSK est impliqué, ce sera plus grave.

Ce dernier, candidat potentiel des socialistes parisiens à la mairie, caracole dans les sondages d'opinion. Magic Strauss-Kahn a le vent en poupe. À l'étranger, on loue son pragmatisme, son art de passer de l'anglais à l'allemand en pleine conversation, son humour ravageur, son charme, sa faconde et même sa désinvolture. DSK est l'enfant gâté du gouvernement Jospin. Il contribue aussi à son image de marque. Dans la galaxie du Premier ministre, il joue le rôle du dilettante. Brillant, souple, enjoué, il envoûte même les grands capitaines d'industrie qui lui pardonneraient presque d'être l'instigateur de la semaine de trente-cinq heures.

> « Quand on sort d'un rendez-vous avec Fabius et qu'on a obtenu les trois quarts de ce qu'on voulait, on boude, raconte un patron. Quand on sort de chez DSK avec seulement le quart, on est heureux… »

L'homme redonnerait confiance à une armée de neurasthéniques. Avec un tel palmarès, il fait forcément des envieux. Nombreux sont ceux qui ne comprennent pas son attachement à Lionel Jospin, ce père-la-raideur à qui il obéit au doigt et à l'œil. Pour beaucoup, cette relation relève de l'énigme. Lionel Jospin a même été le témoin de DSK à son mariage avec la journaliste Anne Sinclair. Alors, qui peut bien vouloir abattre ce pilier du gouvernement Jospin ?

« Cette histoire de complot est absurde, se défend Pierre Joxe. Il faut arrêter avec les élucubrations ! » Malgré ces démentis outragés, les jospinistes sont convaincus qu'il existe bel et bien un complot anti-DSK. Son origine ? Joxe veut la mairie de Paris en 2001, pas moins.

Explication : l'ancien ministre de l'Intérieur de François Mitterrand, aujourd'hui à la tête de la Cour des comptes, aurait, dit-on au PS, de nouvelles ambitions. Depuis plusieurs semaines, il reçoit beaucoup dans son bureau de la rue Cambon. Essentiellement les socialistes de la fédération de Paris. Il ne cache pas à ses interlocuteurs son intérêt grandissant pour la capitale et ses habitants. Il connaît le dossier sur le bout des doigts : n'a-t-il pas déjà été le candidat malheureux du PS en 1989 ? Finir sa carrière à l'Hôtel de Ville, à deux pas de son appartement de l'île de la Cité, serait somme toute honorable. À ses visiteurs surpris il répond : « Je ne finirai pas ma carrière dans ses murs en robe d'hermine. » Mais comment devenir le candidat socialiste à la mairie de Paris alors que la fédération est totalement aux mains des proches de Jospin, la fameuse « bande du 18e arrondissement » : Delanoë, Vaillant, Estier, Schapira d'un côté, et les « rénovateurs » – DSK, Le Guen, Cambadelis – de l'autre ? Un bon scandale pourrait contribuer à « déblayer le terrain ».

À Matignon et au PS, on n'est pas loin de verser dans la paranoïa. On envisage aussi une vengeance de Martine Aubry contre DSK avec qui elle entretient des relations orageuses. Ou encore d'Élisabeth Guigou, la ministre de la Justice, qui ne supporte que modérément son collègue de Bercy. Ou, enfin, une sombre conjuration de Jean Glavany et d'Henri Emmanuelli. Leur faute : ils dînent régulièrement à la brasserie Chez Marty, dans le 13e arrondissement, avec leur ami Jean-Pierre Davant, l'ennemi juré d'Olivier Spithakis.

Cette ambiance délétère rappelle par trop l'affaire Urba à Lionel Jospin. Il faut à tout prix éviter les débordements publics. L'affaire doit rester au stade du fait divers. Pas simple, avec un ministre en ligne de mire ! Il convoque Dominique Strauss-Kahn et lui demande de s'expliquer. En bon soldat, DSK expose sa version dans les moindres détails : entre janvier 1995 et février 1997, il a servi d'intermédiaire entre la MNEF et le groupe Vivendi en tant qu'avocat d'affaires. L'opération s'est inscrite dans le cadre de la diversification des activités de la mutuelle étudiante, qui cherchait un partenaire de poids. Par une de ses filiales, la Société nouvelle d'investissement et de gestion (SNIG), la compagnie de Jean-Marie Messier a apporté 21 millions de francs en entrant dans le capital de la holding de la MNEF, Raspail Participation et Développement. À cette occasion, DSK a touché un peu plus de 600 000 francs. Conseil ou action de *lobbying* ? *A priori*, pas de quoi guillotiner un ministre des Finances. D'autant moins que cette stratégie de privatisation engagée par Olivier Spithakis a été encouragée par Lionel Jospin lui-même à l'époque de son plan « Université 2000 », entre 1988 et 1992, quand il était ministre de l'Éducation.

Ce plan visait à bouleverser le paysage universitaire et à engager résolument une vaste politique de décentralisation.

Il multipliait les IUT dans les villes de province ; il fallait donc créer des activités et des services liés à ces nouvelles implantations. L'objectif était de contourner les puissants syndicats enseignants pour réformer enfin le système de l'enseignement supérieur paralysé par des décennies de jacobinisme. L'État n'ayant pas les moyens de cette politique, il fallait trouver des investisseurs privés, les attirer à l'Université. Telle était la mission de la MNEF.

Lionel Jospin n'est donc pas étranger à la politique de la Mutuelle. Claude Allègre non plus. Quand il s'installe rue de Grenelle en 1997, celui-ci a les meilleures relations du monde avec Olivier Spithakis, ce *wonder boy* du mutualisme. Dans un entretien accordé à Marie-France Etchegoin pour *Le Nouvel Observateur*[1], ce dernier précise ses relations avec le gouvernement :

> « Je suis encouragé par les pouvoirs publics. Au cours de ces années, la population étudiante explose. L'État, sous la gauche comme sous la droite, ne peut pas tout faire. Il est bien content de nous trouver. En novembre 1997, le ministre de l'Éducation, Claude Allègre, nous félicitait encore chaudement… »

Ainsi, l'affaire DSK ne peut absolument pas se résumer à un simple fait divers. Elle s'inscrit au cœur d'une politique, celle de la MNEF, contrôlée par les amis de Lionel Jospin. Les juges soupçonnent l'organisme étudiant d'alimenter le PS en argent occulte à travers une nébuleuse de sociétés, dont l'imprimerie Efic dirigée par un certain Bruno Pelletier, retrouvé au Togo par les policiers. Celui-ci jure qu'en rentrant au pays, il va faire des révélations explosives

1. *Le Nouvel Observateur*, 30 septembre 1999.

sur « les politiques ». À peine a-t-il posé le pied sur le sol français qu'il ne se souvient plus de rien. Les fausses factures de sa comptabilité ? C'était pour son « profit personnel ». Le mutisme de l'imprimeur venu d'Afrique empêche les juges d'aller plus loin. Explorée à fond, cette piste risquerait de provoquer de gros dégâts. Sans doute une nouvelle affaire Urba, mais, cette fois, au cœur de la Jospinie, nouvelle terre de la Morale et de la Transparence. Heureusement, quelqu'un fait diversion et occupe les médias à temps plein : DSK.

Il est le client idéal. Populaire, marié à une star de la télévision, il est beaucoup plus intéressant que ces dizaines de faux facturiers grisâtres, margoulins de l'ombre, intermédiaires troubles qui gravitent dans la galaxie de la MNEF. Fou d'Internet et d'informatique, grand voyageur, il lui arrive de sillonner les États-Unis en caravane avec Anne Sinclair, comme un hippie : DSK est un héros de *sitcom*. Quand, le 14 octobre 1999, Philippe Plantagenest, directeur de cabinet d'Olivier Spithakis, raconte aux juges que les courriers justifiant les prestations de DSK dans le dossier Vivendi sont antidatés et qu'ils ont servi à justifier une activité « peu consistante », le jeu change de nature. Le ministre ne peut plus échapper à la mise en examen pour « faux et usage de faux ».

DSK a donc accepté de signer des documents attestant en l'espèce une activité d'avocat et non pas de consultant. Car un consultant n'a pas à apporter la preuve de la réalité de ses conseils. Pourquoi donc avoir pris de tels risques ? Quelle différence peut-il y avoir au demeurant entre un avocat qui vend son savoir-faire et un lobbyiste qui vend son carnet d'adresses ? Dans les deux cas, en quoi la Justice peut-elle poursuivre ? N'importe quel avocat pénaliste sait qu'il n'y a là aucun risque, que le ministre n'a commis aucune infraction. Mais, dans la panique, DSK veut se protéger. Il en fait trop. Il n'a pas voulu apparaître comme un homme qui gagne des millions rien qu'en claquant des doigts. Quand Lionel Jospin apprend la bévue de son ami, il lance : « Je ne comprends pas que quelqu'un de si intelligent puisse commettre une pareille bêtise ! » Cette fois, le Premier ministre, qui, jusqu'alors, a défendu son ministre de l'Économie, est obligé de le lâcher. DSK en convient lui-même : il va partir pour une « faute de débutant ». Pour lui prouver son amitié, Lionel Jospin l'invite à la Lanterne, la résidence du Premier ministre : en forêt de Rambouillet, avec sa femme Anne Sinclair. Sylviane est présente à ce déjeuner chaleureux et sans manières, « entre copains ». DSK glisse à Jospin : « Je suis un con, je suis un vrai con ! » Il démissionne le 2 novembre, laissant de gros regrets et surtout l'impression d'un gâchis colossal.

DSK, le chouchou des médias et des patrons, vient d'affronter sa première épreuve. Il paraît qu'en politique les grands destins naissent ainsi dans la douleur. Pour réussir au sommet, il faut avoir, dit-on, la peau épaisse et tannée d'un rhinocéros. DSK se forme le cuir. Il laisse au Premier ministre un formidable bilan. Jamais les Français n'ont eu autant confiance en l'avenir, le chômage continue de régresser, les patrons n'ont plus peur de la gauche. DSK en donnait une idée souriante et malicieuse. Il reviendra, Lionel Jospin le lui promet. En attendant, le Premier ministre, pour lui prouver son amitié, désigne à son poste Christian Sautter, son secrétaire d'État au Budget, en manière d'intérim.

DSK laisse aussi derrière lui le dossier « ultrasensible » de la MNEF. En sortant du jeu, il a éloigné les caméras, mais pas les juges. En octobre 2000, quarante personnes ont été mises en examen dans différents volets de l'affaire, ainsi que des associations, en tant que personnes morales, comme SOS-Racisme, l'UNEF-ID, les fédérations CFDT de la protection sociale et FO des employés et cadres. Jean-Marie Le Guen et Jean-Christophe Cambadelis le sont, eux aussi, et subissent à leur tour leur ordalie.

La politique pardonne rarement les faux pas. Lionel Jospin connaît la règle. Il l'applique bientôt sans états d'âme à son ami de quarante ans, Claude Allègre, qu'il débarque sans ménagements du ministère de l'Éducation, le 27 mars 2000. Malgré la tendresse fraternelle qui unit les deux hommes, rien ne peut faire oublier que le vieux pote d'Antony s'est mis lui-même dans le rouge. Trop exalté, trop sanguin, il a multiplié les déclarations à l'emporte-pièce contre les syndicats enseignants qui ont fini par ne plus manifester que pour sa seule démission. Certaines sections syndicales ont même créé des sites Internet antiAllègre, une première dans l'Histoire. Grand spécialiste de l'écorce terrestre, le directeur de l'Institut de géophysique du globe de Jussieu, pour qui Lionel Jospin s'est fâché définitivement avec Mitterrand, n'a pas su contrôler les séismes qu'il provoquait. Il est tombé à son tour. Lionel Jospin n'a pas d'amis en politique, il n'a que des partenaires. Blessé comme un majordome renvoyé sans sommations, Claude Allègre n'en finit pas de se plaindre de son « faux frère » de Matignon :

> « Il m'a planté un couteau dans le dos. Il suffisait qu'il tienne bon quelques semaines de plus, et ma réforme passait. Il a cédé à la rue ! »

Quand Jean Glavany (avec qui Jospin s'est réconcilié après la lecture de son livre, *Mitterrand, Jospin et nous*[1], dans lequel le ministre de l'Agriculture règle ses comptes avec lui sur le « devoir d'inventaire » du mitterrandisme) lui demande comment il a pu rester si longtemps aveugle aux « capacités » de ministre d'Allègre, Lionel Jospin rétorque : « Je me suis trompé, j'ai cru qu'avec moi il avait appris à se contrôler. » Toujours le contrôle... Glavany lui fait remarquer qu'il lui arriverait donc de se tromper sur ses amis. Pourquoi Mitterrand ne bénéficierait-il pas alors du même droit ? « Ce n'est pas pareil », répond Jospin.

Mitterrand avait des comportements si déroutants, pense-t-il. Un jour, au cours d'une rencontre avec Pierre Favier, grand connaisseur du chef de l'État, Lionel Jospin lui glisse :

« Franchement, je n'arrive pas à comprendre pourquoi il allait voir cette Elizabeth Teissier... Sincèrement, tout cela m'échappe. Vous avez une idée, vous ?

– Je crois qu'il allait la voir parce qu'elle était belle, lui répond, sarcastique, le journaliste.

– Vous continuez à voir Danielle ? Si vous la croisez, dites-lui que mes relations avec son mari ne sont pas celles qu'on a racontées. Je lui voue toujours un immense respect. »

En perdant ses deux proches amis au gouvernement, DSK, puis Claude Allègre, Lionel Jospin se sentirait-il un peu seul ?

1. Grasset, 1998.

CHAPITRE 35

Le bonjour du « Che »

Pas une fois il n'en a parlé. Pas une fois, malgré sa tristesse et sa rage, Lionel Jospin n'a révélé que Claude Érignac n'était pas un préfet comme les autres. Personne n'a su, au cours de l'enquête, que cet homme élégant et courtois, assassiné le 6 février 1998 alors qu'il se rendait à un concert d'œuvres d'Hector Berlioz au théâtre municipal d'Ajaccio, avait été son voisin de chambrée à la cité universitaire d'Antony, en 1958. Pendant un an, les deux hommes ont partagé les mêmes toilettes, la même douche, ont pris leurs petits déjeuners ensemble. Ils étaient alors tous deux militants de l'UNEF, se côtoyaient quotidiennement à Sciences Po. Claude Érignac jouait au tennis et avait l'allure d'un play-boy des beaux quartiers. Il n'a pas fait l'ENA, comme le futur Premier ministre, et leurs routes se sont alors séparées.

> « Je me souviens très bien de Claude Érignac, dit Lionel Jospin. Nous étions cothurnes. Nous avions une relation forte, très solide, mais il n'était pas du cercle de mes amis intimes[1]. »

1. Entretien avec l'auteur.

Le soir du 6 février 1998, l'hôte de Matignon n'a donc pas seulement perdu un préfet, mais un témoin de sa jeunesse. Cette information est primordiale si l'on veut comprendre l'affaire Bonnet, celle de la paillote de Chez Francis, et jusqu'à la démission du ministre de l'Intérieur, Jean-Pierre Chevènement. Touché personnellement par la mort du préfet, Lionel Jospin s'implique lui-même dans ce dossier. Il ne laissera pas le crime impuni. Officiellement, il n'évoquera pas ses liens personnels avec la victime : cela pourrait perturber le climat de l'enquête policière, déjà lourd et tendu, car jamais aucun préfet de la République n'a été assassiné en France depuis 1945. Il sera en revanche intransigeant et déterminé. L'État de droit ne sera pas piétiné. Dans son entourage à Matignon, on sent que le chef de gouvernement veut des résultats.

On met alors en place une cellule spéciale. Olivier Schrameck, le directeur de cabinet, convoque Alain Christnacht, en charge du dossier politique de la Corse, et Clotilde Valter, responsable des problèmes de police. Le message du bras droit du Premier ministre est limpide : Matignon doit contrôler de bout en bout l'enquête. Il faut se méfier de l'Intérieur – non pas, bien sûr, de Jean-Pierre Chevènement, mais de son entourage. La Place Beauvau serait restée sous le contrôle des réseaux de Charles Pasqua, mais aussi de Pierre Joxe, les deux anciens locataires du lieu. Il faut se méfier.

Alain Chrisnacht et Clotilde Valter se frottent les mains. Ils n'ont jamais été de chauds partisans de la nomination de Jean-Pierre Chevènement au ministère de l'Intérieur : « pas assez fiable pour un poste aussi vital ». Ils y voyaient plutôt Daniel Vaillant, l'homme de confiance de Jospin, moins brillant mais qui aurait su faire le ménage dans les hautes sphères policières. À un poste aussi exposé, « il vaut mieux un chien de garde ». Jospin, en politique, en a décidé autrement.

À la suite de cette réunion de travail avec leur patron Olivier Schrameck, les deux conseillers de Matignon se sentent pousser des ailes. Cette fois, ils vont pouvoir agir. Ils ont dans leur collimateur plusieurs personnalités chargées de l'enquête : les juges Jean-Louis Bruguière et Laurence Le Vert, et le policier Roger Marion, chef de la Division nationale antiterroriste, tous les trois soupçonnés d'être des proches de Pasqua. Il faut absolument les court-circuiter, voire les écarter de l'enquête. Comment faire ? En s'appuyant sur le travail d'un autre magistrat, le juge Thiel, qui enquête sur un attentat commis à Pietrosella, le 6 septembre 1997, contre une caserne de gendarmerie. Ce jour-là, les terroristes avaient dérobé l'arme qui allait tuer Claude Érignac, un pistolet Beretta. Pour retrouver les assassins, il faut donc creuser la piste Pietrosella. Et accorder le maximum de moyens au juge Thiel qui, lui, travaille avec des gendarmes, et non pas avec des hommes de la PJ suspectés d'être infiltrés par les nationalistes corses. Telle est la consigne donnée au préfet Bernard Bonnet.

En apprenant ce petit jeu des conseillers de Lionel Jospin, Jean-Pierre Chevènement pousse une grosse colère. « Ils vont foutre tout en l'air, avec leur parano à dix sous ! » hurle le ministre qui décide de ne rien lâcher et de défendre ses hommes. À ses yeux, il faut à tout prix éviter une nouvelle guerre des polices, et jouer la transparence entre la rue de Varenne et la place Beauvau. En catastrophe, pour donner satisfaction au ministre, on met en place un système de fax crypté entre le préfet Bonnet et Roger Marion afin que les deux hommes échangent toutes les informations recueillies.

Le 2 septembre 1998, Jean-Pierre Chevènement sombre dans le coma à la suite d'un accident opératoire à l'hôpital du Val-de-Grâce. Sera-t-il un jour capable de revenir place Beauvau ? Beaucoup en doutent. À Matignon, Clotilde Valter en profite pour reprendre le dossier en main. Elle téléphone quotidiennement au préfet Bonnet qui, avec des moyens considérables (création d'un pool financier, soutien de la DGSE, intervention d'une troupe de choc, le fameux GPS – Groupe de pelotons de sécurité), se lance dans une extravagante enquête parallèle. Il rencontre lui-même des indicateurs qu'il reçoit au palais Lantivy, siège de la préfecture d'Ajaccio, sans en informer les enquêteurs. Il se croit invulnérable, protégé par le tout-puissant cabinet du Premier ministre qu'il croise d'ailleurs de temps à autre lors de ses visites parisiennes dans le bureau d'Olivier Schrameck. Peu à peu, grisé par les attentions empressées des conseillers de Jospin, il bascule dans la mégalomanie. Il est l'homme qui va faire plier les Corses coûte que coûte !

Quand il obtient des informations ultraconfidentielles sur l'identité des assassins du préfet Érignac, Bernard Bonnet se rend directement à Matignon, chez Olivier Schrameck. Ce dernier découvre que l'un des suspects, Yvan Colonna, est le propre fils de Jean-Hugues Colonna, ancien député socialiste des Alpes-Maritimes qui a été – c'est un comble ! – conseiller dans les cabinets de Pierre Joxe et de Philippe Marchand au ministère de l'Intérieur ! Abasourdi par la nouvelle, Olivier Schrameck envoie immédiatement le préfet déposer chez le procureur de Paris.

On entre alors dans un imbroglio digne d'un roman d'espionnage. Que faire d'une telle information ? Si le préfet Bonnet témoigne officiellement, cela prouvera qu'il menait une enquête parallèle sur ordre de Matignon, donc dans une légalité discutable, et la vieille histoire du lien personnel entre Érignac et le Premier ministre sortira forcément. Politiquement, ce serait catastrophique. Comment éviter le piège ?

D'abord, pour se couvrir juridiquement, Bonnet ira trouver le procureur de Paris, Jean-Pierre Dintilhac, mais en toute discrétion. Ensuite, Dintilhac n'informera le juge Bruguière qu'oralement, sans lui fournir l'identité de sa source. Comme s'il divulguait un tuyau à son collègue antiterroriste, sans plus.

Dans un premier temps, le juge ne prend pas au sérieux cette « confidence ». En plein climat de « guerre des polices », il se demande même si on ne veut pas l'envoyer sur une fausse piste.

Nous sommes le 10 décembre 1998. Les instigateurs de l'assassinat du préfet Érignac ne seront arrêtés que le 21 mai 1999, soit cinq mois plus tard. Cinq mois d'errance et d'erreurs...

L'absence de Jean-Pierre Chevènement, luttant au Val-de-Grâce entre la vie et la mort, est déterminante. Quand il revient à son poste, en février 1999, il est halluciné par ce qu'il entend. Son directeur de cabinet, Patrice Bergougnoux, lui-même suspecté par Clotilde Valter et Alain Christnacht d'être un homme de Pierre Joxe, l'ennemi de trente ans de Lionel Jospin, raconte dans le détail les loufoqueries concoctées rue de Varenne. « Ils sont complètement paranos ! » s'exclame le revenant. Le ministre de l'Intérieur téléphone, en rage, au

Premier ministre. Celui-ci, tout au bonheur de retrouver un ministre qui est devenu la coqueluche des médias et de l'opinion, reconnaît volontiers les errements de son cabinet. Il donne tort à Clotilde Valter et assure Jean-Pierre Chevènement, le miraculé, de son soutien total.

« Qui décide, lui lance encore Chevènement, les petits technocrates des cabinets ou les politiques ? »

Après cette franche explication, on s'accorde pour calmer les esprits et ne plus penser qu'à l'enquête. Chevènement convoque Bonnet dans son bureau et lui passe un savon mémorable. Le patron des préfets, c'est lui, le ministre de l'Intérieur, et non pas une « petite bureaucrate » de la rue de Varenne. Que Bonnet laisse la police républicaine travailler, et qu'il se concentre sur sa mission prioritaire : rétablir l'État de droit en Corse. Bonnet comprend que le « Che » est bel et bien revenu. Signe révélateur du retournement jospinien en faveur de Chevènement, celui-ci a même obtenu que l'enquête de Pietrosella soit confiée aux hommes du commissaire Marion. « Il m'a beaucoup manqué », confie le Premier ministre aux journalistes avec des accents affectueux qu'on ne lui connaissait pas. Sans doute s'ennuyait-il sans ce vieux compagnon qui a partagé avec lui quarante ans de combats politiques. Que pèse l'avis d'un technicien de Matignon face à l'expérience de ce « claqueur de portes » ? Autre motif de la tendre sollicitude de Jospin envers le caïman de Belfort : comme toujours, la politique. En occupant le secteur gauche du paysage politique, Chevènement permet à Jospin de se placer dans la seule position qu'il affectionne : celle d'arbitre.

Tout paraît alors rentrer dans l'ordre. Les policiers enquêtent, le préfet administre. Bonnet a quitté son costume d'inspecteur Columbo. Jusqu'au 19 avril 1999, date de l'épisode rocambolesque de l'incendie de la paillote Chez Francis. La France entière se bidonne : des gendarmes du GPS ont mis le feu à une gargote en bord de plage ! Certes, elle a été construite, comme des dizaines d'autres, sans aucune autorisation. Jean-Pierre Chevènement est consterné : Bonnet est-il l'instigateur de l'opération ? Les auteurs de l'attentat l'assurent. Malgré ces éléments troublants, à l'instar de Jospin, il décide tout de même de soutenir le préfet. À l'Assemblée nationale, il fait face pour « protéger le représentant de l'État » contre une cabale qui a pu être montée par des nationalistes corses afin de le déstabiliser et lui faire quitter l'île. Le Premier ministre, lui, lance cette formule qui fera date : « Ce n'est pas une affaire d'État, c'est une affaire de l'État. » En d'autres termes, Lionel Jospin reconnaît qu'il y a bien eu dysfonctionnement dans l'affaire Érignac. Il donne quitus à son ami. Clotilde Valter est désormais priée de regarder ailleurs.

Cette fois, les policiers vont pouvoir travailler plus sereinement. Résultat : le 21 mai, sept des instigateurs de l'assassinat du préfet Érignac sont arrêtés, à l'exception du meurtrier présumé, Yvan Colonna. Chevènement peut exulter : il a apporté sur un plateau une « bouée de sauvetage » à Lionel Jospin qui commençait à être sérieusement chahuté par l'opposition à l'Assemblée. La noyade n'était pas loin, observée avec gourmandise depuis l'Élysée par Jacques Chirac. Sa carrure d'homme d'État était même mise en cause : on lui reprochait d'être prisonnier de ses conseillers, timoré, hésitant. Le chef de guerre paraissait flottant, embourbé à son tour dans le piège corse. Le coup de filet réalisé par l'équipe de Roger Marion lui fait sortir la tête hors de l'eau.

Mais Lionel Jospin est ébranlé. Il a senti souffler de très près le vent du scandale. Chevènement l'a pour ainsi dire « sauvé ». Or il n'aime pas ça. Il n'a jamais aimé « devoir » à qui que ce soit.

> « On a tout de suite senti un changement d'attitude de Jospin à l'égard de Chevènement, se souvient un proche du ministre de l'Intérieur. Après les déclarations d'amour, de complicité affectueuse, il s'est à nouveau raidi et a marqué ses distances, comme si la nouvelle popularité de Jean-Pierre lui faisait de l'ombre. »

Complètement rétabli, guilleret, voire primesautier, le « Che » agace en effet de plus en plus, au Conseil des ministres. Il se met à intervenir sur tout, sans souci de la préséance, comme si sa « résurrection » lui conférait un nouveau statut. L'homme qui est passé « de l'autre côté du miroir » prend des postures de Grand Commandeur. Sur la Corse, il se montre de plus en plus autoritaire, assuré de sa position, déterminé à appliquer une politique de « fermeté républicaine ». Est-ce par réaction, alors qu'il avait toujours été proche de Chevènement sur ce dossier, que Lionel Jospin se remet alors à écouter ses conseillers, partisans d'une solution à la « calédonienne » ?

Début juillet 2000, le ministre de l'Intérieur apprend qu'Alain Christnacht vient de produire un document sur la Corse dans lequel il propose aux nationalistes trois solutions pour le statut de l'île. Un : elle bénéficie d'une « compétence législative décisive », comme les territoires d'outre-mer. Deux : elle jouit d'une « compétence législative encadrée par l'État ». Trois : elle bénéficie d'une « compétence réglementaire d'application ». À la lecture de cette note, Jean-Pierre Chevènement fulmine. Le 4 juillet, il est reçu en tête à tête à Matignon par Lionel Jospin. La conversation est rude :

« Je ne veux plus travailler avec Christnacht, lance le ministre. Ce ne sont pas les conseillers qui décident de la politique de la France. Je n'ai jamais vu ça, sauf peut-être avec Balladur. C'est au gouvernement de prendre sa décision, en toute collégialité ! »

À ces mots, Jospin enrage. Chevènement vient de lui rappeler sa « propre méthode de gouvernement », celle de ses débuts à Matignon, quand il évoquait l'esprit d'équipe, la liberté de parole, la nouvelle manière de faire de la politique, l'époque bénie de la *Dream Team* avec DSK et Claude Allègre.

Il est encore plus furieux quand, le 6 juillet, la majorité des ministres – au premier rang desquels Jean Glavany (Agriculture), Martine Aubry (Emploi) et Jean-Claude Gayssot (Transports) – donne raison à Chevènement en Conseil. Un des intervenants rapporte l'anecdote dans *Libération* :

> « Jospin arbitre, à regret, vert de rage, en notre faveur. La plupart d'entre nous nous sommes exprimés contre la dévolution d'un quelconque pouvoir législatif à la Corse[1]. »

Jospin le démocrate, l'homme de dialogue, est mis en minorité dans son propre gouvernement. À ses conseillers il répète :

1. *Libération*, vendredi 13 juillet 2001.

« La politique du gouvernement, c'est moi qui la détermine, et personne d'autre ! »

Après ce succès personnel, le ministre de l'Intérieur part en vacances naviguer au large des côtes norvégiennes pour fêter son anniversaire de mariage. Là, il apprend, effaré, que Jospin a négocié dans son dos, le 10 juillet, avec les élus corses sur une ligne politique que les ministres avaient désavouée. Une dépêche de l'AFP annonce le même jour à 20 h 11 :

> « Le gouvernement a proposé aux élus de leur accorder un pouvoir législatif partagé et encadré à titre expérimental. »

En d'autres termes, Olivier Schrameck et Alain Christnacht ont « retourné » leur patron, contre l'avis des ministres. Par pur autoritarisme, Jospin a choisi la « technostructure contre les politiques ». Cette facette de la personnalité du Premier ministre inquiète de nombreux socialistes. Jusqu'où peut-il aller pour rester maître de toutes les situations ?

Chevènement, assommé par la nouvelle, tente désespérément de joindre le chef du gouvernement, qui ne daigne pas lui répondre. Il suit une étape du Tour de France, plus particulièrement la performance d'un homme qu'il admire, la champion américain Armstrong, surnommé « Terminator »...

Le président du Mouvement des citoyens a compris qu'il est censé avoir commis un crime de lèse-majesté : il a sapé l'autorité de Jospin devant tous les ministres réunis. La partie de bras de fer devient inévitable. Le 18 juillet, au Conseil, comme il l'a fait maintes fois durant sa longue carrière, Lionel Jospin menace de démissionner si les membres du gouvernement ne se plient pas à son choix ;

puis il fixe Chevènement et lui dit : « Je ne troquerai pas ma politique contre un homme. » Autour de la table, les ministres baissent les yeux. Il y a de l'affrontement dans l'air. Ils sont désormais persuadés que Jospin ne cédera pas. Ils ont tous reçu un coup de téléphone de lui au cours des journées précédentes. D'un ton menaçant, autoritaire, il a dit en substance à chacun : « Si vous voulez Chevènement comme Premier ministre en 2002, c'est votre droit. » Face à un tel chantage, tous obtempéreront et reviendront un à un sur leur position initiale. « Ils se sont couchés, ce n'était pas beau à voir », conclut Jean-Pierre Chevènement.

Ce jour-là, comme le racontent certains de ses proches à Matignon, Jospin a décidé de « se débarrasser de son ministre de l'Intérieur » vraiment trop encombrant. Mais il faut surtout ne pas choquer l'opinion populaire, et donc amener l'insolent à démissionner. Comme il en va dans certaines entreprises, Lionel Jospin fait donc du « harcèlement moral » contre le « Che ». Le 20 juillet, il engage officiellement les négociations avec les élus corses. Le 28, il convoque le ministre de l'Intérieur à la résidence de la Lanterne, à Versailles. La conversation est orageuse mais fuyante. Les deux hommes restent inflexibles.

Au retour des vacances – Lionel à l'île de Ré, Jean-Pierre à Belle-Île –, ils se revoient encore au cours d'un long tête-à-tête. Le Premier ministre reste flou, joue la montre, ne pousse pas son vis-à-vis à démissionner, mais le pense si fort que celui-ci décide de s'en aller. La mort dans l'âme, il annonce sa démission le 29 août. Il a un sentiment de profond gâchis. Il quitte un gouvernement de gauche pour la troisième fois. Mais là, on l'a pratiquement poussé dehors.

La lune de miel entre Jospin et lui aura été de courte durée. Les deux hommes ne pouvaient probablement pas s'entendre. L'un possède ce que Mitterrand appelait la « double conscience », c'est-à-dire une certaine ironie exercée sur soi et les autres aussi bien que sur le cours des choses. L'autre ne l'a pas. En quittant le gouvernement, Chevènement lâche une citation perfide :

« Selon Nietzsche, l'esprit de l'homme, d'abord dromadaire, devient lion, puis enfant. Chez l'énarchiste, il reste éternellement fixé au stade du dromadaire. »

La pique vise à l'évidence Olivier Schrameck et Alain Christnacht, les deux représentants de cette énarchie[1] qu'il exècre, qui ont eu sa peau. Cette énarchie dont il est pourtant issu : promotion Stendhal, 1963, comme le camarade Jospin dont il prétend se souvenir très peu à cette époque.

Il ne le dira pas à haute voix, mais Jean-Pierre Chevènement estime avoir été « licencié ». L'autoritarisme du Premier ministre l'a glacé. Depuis, il a lancé une expression qui fait fureur au PS : « Jospin est *schrameckisé.* » La formule court sur toutes les lèvres des députés socialistes. Le « Che » est un pince-sans-rire. Il a précisé à quelques amis :

« Dans *schrameckisé*, il y a “schtroumpf” et “carbonisé”. Amusant, non ? »

1. Qu'il dénonça dans les années soixante avec ses amis Alain Gomez et Didier Motchane dans un pamphlet publié sous ce titre.

CHAPITRE 36

Le complexe de Pinocchio

À soixante-quatre ans, il a tiré la langue comme un enfant surpris les doigts dans le pot de confiture, il s'est mis à rire, puis a repris son discours. Trop tard : son lapsus passera sur toutes les télévisions le soir même. Au lieu de dire « travailliste », il a prononcé le mot « trotskiste » devant un parterre socialiste hilare réuni au CNIT, à la Défense, le 9 juin 2001. *Trotskiste !* Horreur : le mot refoulé depuis tant d'années, enseveli sous les gravats du mitterrandisme, est ressorti à l'improviste comme un oiseau de sa cage. Pendant une poignée de secondes, Lionel Jospin a laissé parler son inconscient au cours d'une réunion du PS. Le refoulé a pris l'air. Lui-même en est presque soulagé. Il observe la salle : goguenards, d'humeur badine, les camarades s'amusent. Pendant plus de six ans, leur chef leur a menti ? Le 11 avril 1995, il a répondu à Gérard Courtois, journaliste au *Monde*, qu'il n'avait jamais été trotskiste et qu'on le confondait sûrement avec son frère ? Ils ne lui en veulent pas trop. Ils lui pardonnent cette « bêtise ». Après tout, cette ombre au tableau lui rend un peu d'humanité. Le « pasteur rigoriste » aurait lui aussi ses petites faiblesses. Mais pourquoi a-t-il aussi longtemps joué les Pinocchio ?

Pendant six ans, il a tenu bon sous l'accumulation de témoignages, de plus en plus convaincants, de plus en plus précis. Yvan Berrebi, Patrick Diérich, Pascal Collard, tous les membres de sa cellule de militant révolutionnaire de la rue Saint-Blaise, sortaient de l'ombre et le désignaient comme « Michel », leur chef. Sans rancune, sans calcul, simplement pour dire la vérité. Il a persisté à nier, à démentir rageusement. Ses amis ont commencé à douter. Et s'il avait été réellement une « taupe » ? On l'a exhorté à parler, à cesser cette comédie absurde. Jusque dans son plus proche entourage familial qui lui répétait : « Après tout, ce n'est pas un si gros mensonge. Tu as traîné tes guêtres dans un groupuscule un peu musclé ? Jacques Chirac lisait bien *L'Humanité*. Où est le mal ? » Mais Jospin n'a pas cédé. Il a attendu d'être acculé pour réagir. Le jour de la publication d'une longue enquête sur son passé trotskiste, parue dans *Le Monde* du 6 juin 2001, il sort enfin de son étrange mutisme. Son nez commençait à être démesurément long.

Quand il prend la parole devant les députés qui l'interrogent, l'après-midi, sur l'article du quotidien, il paraît détendu, serein. Il reconnaît enfin l'évidence :

> « Il est vrai que, dans les années soixante, j'ai marqué de l'intérêt pour les idées trotskistes et que j'ai noué des relations avec l'une des formations de ce mouvement. Il s'agit là d'un itinéraire personnel, intellectuel et politique, dont je n'ai en rien – si c'est le mot qui convient ! – à rougir [...]. Je veux rappeler que, dans cette période très idéologique, le Parti communiste n'était pas ce qu'il est, et le nouveau Parti socialiste n'était pas encore formé. Je n'ai donc, par rapport à cette pensée, ces

engagements qui ont relevé de rencontres intellectuelles, de conversations privées, à formuler ni regrets ni excuses. »

Le Premier ministre ne bat pas sa coulpe. Pour ce qui le concerne, il n'a jamais été un adepte de la repentance. Mais il est enfin délivré de son secret. La confession a tout de même du bon, même pour un athée.

Alors, pourquoi a-t-il tant attendu ? Pour cacher l'accord secret qui l'a lié à Mitterrand ? Pour ne pas décevoir les militants socialistes à qui il a tant parlé de « transparence » ? Pour protéger d'anciens « camarades » qui ont tout simplement envie qu'on les laisse en paix avec leur passé ? Ou bien encore pour éloigner les projecteurs de l'histoire de l'OCI et de ses liaisons dangereuses avec la CIA ? Ce dernier élément ne serait pas le bienvenu dans le CV d'un candidat à l'Élysée.

Pourtant, cette histoire qui a tant défrayé la chronique n'était qu'un secret de polichinelle. Le 23 mai 1982, *Le Monde-Dimanche*, dans une enquête signée par Liliane Delwasse et intitulée « L'extrême gauche aux enfers », révèle la double appartenance de Lionel Jospin au PS et à l'OCI sans susciter la moindre réaction de ce dernier. La journaliste a obtenu cette information au cours d'un déjeuner avec l'un de ses jeunes confrères du journal, Edwy Plenel[1], spécialiste des questions d'éducation. Ce dernier, ancien rédacteur en chef de *Rouge*, organe de la Ligue communiste révolutionnaire, rivale trotskiste de l'OCI, connaît parfaitement le cercle des enfants et petits-enfants de Léon. Son information est jugée suffisamment fiable par le quotidien de « référence » pour être publiée. Curieusement,

1. Aujourd'hui directeur de la rédaction du *Monde*.

ni l'Élysée ni la rue de Solférino n'émettent le moindre commentaire. Pas plus que l'opposition, encore sous le choc de sa défaite de mai 1981. Ni Jacques Chirac, occupé alors à reconstruire laborieusement une force politique pour la reconquête du pouvoir.

En privé, le Président Chirac appelle désormais Lionel Jospin « Pinocchio ». Chaque mercredi matin, il l'observe au cours de leur tête-à-tête d'avant le Conseil des ministres. Tel un greffier scrupuleux, le Premier ministre note toute la teneur de leurs conversations. C'est vrai depuis le début de la cohabitation. Jacques Chirac sait donc que son interlocuteur lui concocte un « journal de bord » de son cru.

Depuis le début de l'été 2001, leurs relations sont devenues exécrables. Après la cohabitation douce des trois premières années (1997-2000), les poignards resurgissent inévitablement, à l'approche de la compétition présidentielle de 2002. Fini, l'heureux temps où le Président, au cours d'un voyage en Inde, se faisait piquer, dans l'avion présidentiel, son pot de rillettes – « les meilleures de France, fabriquées par un charcutier corrézien de Levallois-Perret » – par Claude Allègre et Dominique Strauss-Kahn, ses deux ministres facétieux et fines gueules, à qui il lançait : « Merde, vous m'avez mangé mon pot ! » Au cours d'un autre voyage, n'a-t-il pas sermonné DSK, parti sans chandail : « Vous n'êtes pas habillé, vous allez prendre froid ! Si vous voulez, je peux vous prêter mon Damart. Il est propre, je ne l'ai porté qu'une fois ! »

Ces attitudes présidentielles « à la bonne franquette » agacent profondément Lionel Jospin. Ce côté bon enfant, « sympa », ne lui fait pas oublier qui est Jacques Chirac :

l'homme qui a « trahi » Giscard en 1981 au profit de François Mitterrand, lequel, en 1995, entre les deux tours de l'élection présidentielle, aurait fait dire par Michel Charasse au maire de Paris : « Je ne vous veux aucun mal. » Traduction en langage politique : « Je ferai voter pour vous. » Certains proches du vieux Président, comme Pierre Bergé ou Frédéric Mitterrand, n'ont-ils d'ailleurs pas alors appelé ouvertement à voter Chirac, cependant que Roger Hanin, beau-frère de Mitterrand, choisissait quant à lui de soutenir le candidat communiste, Robert Hue, au premier tour ? Dans les deux cas, il fallait faire battre Jospin.

Le Premier ministre n'a pas oublié ce croche-pied. Cette fois, dans la dernière ligne droite, il ne fera aucun cadeau. Il sait qu'à l'Élysée une petite cellule antiJospin a été constituée sous l'égide de Dominique de Villepin. Son but : déterrer le maximum d'« affaires » susceptibles de déstabiliser le rival du Président. Celle du trotskisme ?

> « Nous n'avons rien à faire, dit-on dans l'entourage de Chirac. Il suffit de laisser la presse travailler. Nous avons une arme solide : il a menti là-dessus, il peut donc mentir sur tout. »

À Matignon, l'existence de cette cellule ne surprend pas :

> « Ce sont toujours les mêmes méthodes de voyous, dit un des collaborateurs de Lionel Jospin. Nous n'entrerons pas dans ce jeu. Nous attaquerons politiquement. Si Chirac est plombé par les dossiers judiciaires, nous ne nous en mêlerons pas… »

Par contre, les ministres sont priés d'aller au combat et de sortir les bazookas. Le 14 juillet, après l'intervention télévisée de Jacques Chirac face à Élise Lucet *(FR3)*,

Béatrice Schönberg *(France 2)* et Patrick Poivre d'Arvor *(TF1)*, au cours de laquelle le Président a violemment critiqué le gouvernement, Jean Glavany, ministre de l'Agriculture, riposte à l'artillerie lourde. Contraint de s'expliquer sur une série de voyages d'agrément qu'il avait effectués avec sa famille et réglé, selon ses dires, avec l'argent des fonds secrets de l'Élysée, Chirac a déployé un rideau de fumée en fustigeant l'immobilisme de Jospin. Glavany accuse le Président « d'outrance, d'exagération, de manipulation et de mensonge [...]. Tout le monde savait qu'il avait un culot monstre, mais là, il a dépassé les bornes ! ».

La cohabitation n'est plus qu'un vain mot. La campagne électorale a commencé. Bien trop tôt, marmonne Lionel Jospin. Charles Pasqua intervient à son tour dans cette bataille de chiffonniers. Il conseille carrément à Chirac de partir :

> « Si le président de la République considère que le gouvernement est aussi mauvais, qu'il met en cause l'intérêt national et qu'il ne fait rien, il devrait prendre des mesures, dissoudre et revenir devant les Français. »

Lionel Jospin aurait bien sûr préféré poursuivre la partie en appliquant le scénario qu'il avait prévu : enfermer Chirac dans son rôle de « roi fainéant » et continuer d'occuper le terrain de l'action et de la réforme dans un climat émollient, sans violences. Camper l'homme du XXIe siècle, de la France moderne, d'Internet, d'une République plus jeune, plus performante, face à l'homme du salon de l'Agriculture, de la France des notaires et des châteaux. Mais les « affaires » à répétition précipitent les deux hommes sur le ring avant même que le gong du premier round n'ait sonné.

Dans l'équipe Chirac, on conseille au Président d'agacer l'adversaire, de lui planter des banderilles, de le faire passer pour un homme qui ne contrôle pas ses nerfs. En coulisses, on distille des informations sur sa maladie, l'hyperthyroïdie, qui « pourrait bien expliquer ses violentes colères ». Face à « l'excité », Chirac paraîtra d'autant plus calme, posé, maître de lui. Cette petite ruse est éventée par Matignon. Les conseillers de Jospin savent que Chirac a fait appel à Jean-Luc Aubert, collaborateur de Jacques Pilhan pour la campagne de Mitterrand en 1988. L'objectif de l'Élysée est bien connu : « Ils vont faire avec Jospin ce que Tonton avait fait avec Chirac en 1988 : le laisser s'épuiser dans son boulot de Premier ministre pour arriver sur les genoux en 2002. »

Question cocasse : Jospin a-t-il l'intention d'être chiraquisé par un Chirac devenu mitterrandien ? Évidemment, ce jeu de rôles ne sera pas respecté. Sur les conseils de plusieurs de ses ministres, mais aussi et surtout de François Hollande, premier secrétaire du PS, le chef du gouvernement s'apprête à prendre du recul. Il veut se donner du champ, de la hauteur, rencontrer des intellectuels, des scientifiques, des philosophes, des sociologues, mais aussi les Français. Il a fini par écouter ceux qui lui reprochaient de s'être… « schrameckisé » ! À commencer par Olivier Schrameck, son directeur de cabinet, homme placide, mesuré, grand amateur d'opéra (avec un faible pour Richard Strauss), qui pense de même. Matignon est une machine infernale, productrice de stress. Peu d'hommes peuvent y tenir aussi longtemps sans y laisser leurs forces. Or Lionel Jospin a réussi l'exploit de rester aux commandes du bolide pendant près de cinq ans. En privé, il ne cache plus son impatience. Il bout littéralement : il veut « se faire Chirac ». Il ne le laissera pas devenir Mitterrand à sa place. Étrange début de match sur lequel plane encore l'ombre du monarque défunt. Ce père politique, adversaire ou allié, qui les a tous deux fascinés. Entre le fils maudit et l'ennemi préféré, qui « Dieu » aurait-il choisi ?

ÉPILOGUE

Le 15 novembre 1994, Lionel Jospin déjeune à l'Élysée. Mitterrand l'a invité pour un étonnant tête-à-tête. Sur l'agenda du Président, on a noté : « Déjeuner Jospin. Thème : la vie. »

Quelques jours plus tôt, le 10 novembre, l'hebdomadaire *Paris-Match* a révélé aux Français le visage d'une jeune fille de vingt ans, Mazarine Pingeot, fille naturelle de François Mitterrand. Roger Thérond, le directeur du magazine, laisse entendre que le tabou de la double vie du Président a été levé avec l'accord tacite de l'Élysée. Ce jour-là, le chef de l'État voudrait en parler avec son ancien ministre de l'Éducation. Et seulement de cela : entre les deux hommes, il ne sera question ni de René Bousquet ni d'échéances politiques. Seulement de la sphère privée, de cette zone préservée dont ils n'ont jamais évoqué ensemble le moindre détail.

L'un et l'autre sont, on l'a vu, de grands timides. Cela fait plus de vingt ans qu'ils se côtoient. Or, Mitterrand a subitement le sentiment de ne rien savoir de ce dauphin ombrageux. Il souhaite évoquer par exemple le second mariage de Jospin :

« Vous savez, dit le Président, j'ai été très heureux de vous voir en harmonie avec vous-même, lors de votre mariage. Moi, je n'ai jamais osé aller au bout de mes choix. C'est sans doute un problème de génération. Mais peut-être aussi une question de lieu. Du côté de Jarnac, un dicton prétend qu'"un vrai Charentais ne divorce pas". Nous aurions pu le faire, Danielle et moi. Elle-même n'y était pas opposée. C'est moi qui n'y tenais pas, et pas seulement pour des raisons politiques. Mais vous, vous avez fait ce choix. Comment fait-on pour couper les ponts comme vous l'avez fait ? Moi, je n'arrive pas à me résoudre à quitter quelqu'un. J'ai toujours des regrets.

– Je trouve que votre histoire d'amour, votre relation avec votre fille Mazarine est quelque chose de très beau, répond Lionel Jospin. Il n'y a rien à regretter, c'est tout simplement une belle histoire. »

Les deux hommes poursuivent la conversation sur le divorce, la douleur inhérente à la perte de l'autre, la beauté des femmes, le désir en fuite, la solitude. Le Président évoque Mazarine à qui il a enfin donné son nom après toutes ces années de secret. Bouleversé, Lionel Jospin, à la fois incrédule et heureux, écoute le long monologue. François Mitterrand ne s'adresse pas à l'homme politique : il reçoit un fils. Pour la première fois en vingt ans, à sa manière, complexe, sinueuse, il lui dit qu'il l'aime. Il lui ouvre son cœur. Ce jour-là, Don Corleone laisse place au Petit Prince. Ce moment de vérité ne se reproduira plus. Mitterrand met cet instant d'« égarement » sur le compte de la maladie. Le cancer rend parfois sentimental. Dès le lendemain il va chouchouter Jacques Chirac, afin que rien ne soit jamais simple.

Lionel Jospin, lui, n'a pas oublié ces minutes où il a retrouvé le Mitterrand affectueux, paternel, des premières années, celui du congrès de Grenoble en 1973, qui avait propulsé dans les hautes sphères un jeune trotskiste au destin improbable.

Près de trente ans plus tard, il se retrouve dans la même ville à la place du père. Il a gagné. Après des années de combat acharné, il tient enfin la « Maison ». Il n'est plus le fils maudit ni le « bâtard de Dieu », il est l'héritier officiel, celui qui s'est emparé du patrimoine à la force du poignet. Submergé par l'émotion, devant les délégués socialistes abasourdis, Lionel Jospin, au milieu de son discours, lève les yeux au ciel et dit :

> « S'il nous regarde, s'il pouvait nous regarder, il se dirait peut-être que ceux qui, avec moi, ont finalement réussi à reconstruire une force socialiste, à rétablir sous une forme élargie et rénovée l'Union de la gauche [...], ceux qui ont essayé de donner du crédit à l'idée socialiste qui, elle, n'avait pas perdu sa vertu [...] ; que ceux qui, depuis trois ans et demi, s'efforcent de bâtir [...]. Alors, je me dis, s'il est là, là où il est, qui essaie d'être fidèle au message qu'il a porté ? Qui sert le mieux l'idée socialiste et peut-être même une certaine fidélité mitterrandiste que ceux qui ont été capables de reconstruire ? »

Il a parlé au « Père ». Au plus haut des cieux. Il ne lui a pas posé la question fatale : au terme de l'inventaire, l'Élysée fait-il partie de l'héritage ?

Remerciements

Durant plus d'une dizaine d'heures, Lionel Jospin a accepté de répondre à mes questions qui l'ont parfois quelque peu dérouté, mais il l'a fait avec un esprit d'ouverture et une patience dont je le remercie ici sincèrement. Il a accepté le principe d'une biographie « à ciel ouvert », que j'ai tenté d'élaborer le plus loyalement possible. Toutes les informations que j'ai pu recueillir ont été soumises à lui ou à sa famille. Sans doute dois-je remercier tout particulièrement Mireille Jospin qui a supporté le feu de mes questions avec une rare placidité, malgré son grand âge, mais aussi ses enfants, Agnès, Noëlle et Olivier, qui n'ont pas craint de regarder certaines périodes du passé familial avec franchise et lucidité.

Je remercie les miens qui m'ont supporté pendant ces longs mois de plongée en « jospinie », Lisa, Judith, Marion, mais aussi Michèle, Dominique, Geneviève, Jean-Pierre, Dan, Marie-Laure, Jean, Fernando, Franz, Joël, et Claude Durand, mon éditeur, qui m'a apporté aide et réconfort dans les moments difficiles.

Enfin, tous ceux qui m'ont consacré un peu de leur temps et m'ont permis de soulever un coin du voile du « mystère Jospin » ont droit à mes plus sincères remerciements :

Sylviane Agacinski, Claude Allègre, Kader Arif, Richard Artz, Jacques Attali, Bernard Baissat, Nicole Baldet, Danièle Barènes (épouse Méru), Jean-Michel Baylet, François Bazin, Maurice Benassayag, Pierre Bénichou, Yvan Berrebi, Pierre Bergé, Mathilde Bertolier, Jean-Louis Bianco, Jean-Pierre Biondi, Édith Boccara, Christophe Bourseiller, Pierre Broué, Jean-Marie Bröhm, Jean-Christophe Cambadelis, Philippe Campinchi, Jean Carassou, Laurent Carenzo, Daniel Carton, Françoise Castro, Maurice Caveing, Jacqueline Chabridon, Michel Charasse, Noëlle Châtelet, Jean-Pierre Chevènement, Jean-Martin Cohen-Solal, Gaby Cohn-Bendit, Jean-Marie Colombani, Marc Colombi, Édith Cresson, Jean-Loup Dabadie, Jo Daniel, Corinne Dannenmüller, Philippe Darriulat, Alain Davezac, Paulette Decraene, Liliane Delwasse, Patrick Diérich, Christiane Dufour, Alain Dugrand, Roland Dumas, Claude Estier, Laurent Fabius, Pierre Favier, Mathilde Ferrer, Jacques Flourens, Lef Forster, Danièle Frager, Boris Fraenkel, Max Gallo, Franz-Olivier Giesbert, Jean Glavany, Gérard Gouzes, Sid Ahmed Ghozali, Jean-Claude Guillebaud, François Hollande, Jean-François Hory, Jean-Paul Huchon, Dominique Jamet, Denis Jeambar, Agnès Jospin-Volvey, Hélène Jospin, Éva Jospin, Mireille Jospin, Daniel Jospin, Dina Jospin (épouse Roquefort), Maurice Jospin (dit « Mowgli »), Olivier Jospin, Pierre Joxe, Alain Juppé, Francis Lacassin, Gilbert Laval, Anne et Serge Laski, Marie-France Lavarini, Yves

Lebas, Brigitte Lech, Damien Lechon, Denis Lefebvre, Gérard Le Gall, Patrick Lemasle, Émile Leroy, Claude Lemonnier, Jacques et Catherine Lévy, Olivier Lyon-Caen, Noël Mamère, Jean-Jacques Marie, Gilles Martinet, Jacques Massey, Gilles Ménage, Patrick Menucci, Dominique Merchez, Fabienne Mercier-Deluze, Thierry Messan, Eugénie Michel, Myriam Michel, Richard Milkoff, Catherine Millot, Jean-Christophe Mitterrand, Gilbert Mitterrand, Jeanine Millard, Pierre Mollier, Aquilino Morelle, Gilles Morin, Pierre Moscovici, Serge Moscovici, Étienne Mougeotte, Florence Muracciole, Catherine Nay, Monique Nemer, Nicolas Offenstadt, Erik Orsenna, Pierre Péan, Chantal Perès, Judith Perrignon, Guy Perrimont, Michel Pezet, Thierry Pontillon, François Rebsamen, Michel Rocard, Jacques Roger-Machart, Jean Roquefort, André Rousselet, Marc Rozenblat, Denise Salomon, Alice Saunier-Seïté, Pierre Schapira, Élisabeth Schemla, Daniel Schlienger, Robert Schneider, Anne-Sylvie Schneider, Olivier Schrameck, Jacques Simon, Anne Sinclair, Philippe Sollers, Benjamin Stora, Dominique Strauss-Kahn, Dominique Taddei, Francis Terquem, Jean-Marc Thibault, Guy Vadepied, Jacques Valier, Manuel Valls, Albert Varier, Marylin Vigouroux, Judith Waintraub, Henri Weber.

Bibliographie

Sylviane AGACINSKI, *Volume*, Galilée, 1992.

–, *Critique de l'égocentrisme*, Galilée, 1996.

Claude ALLÈGRE, *Toute vérité est bonne à dire*, Fayard-Robert Laffont, 2000.

Jacques ATTALI, *Verbatim I. 1981-1986*, Fayard, 1993 ; *Verbatim II. 1986-1988*, Fayard, 1995 ; *Verbatim III.* 1988-1991, Fayard, 1995.

Christophe BARBIER, *Les Derniers Jours de François Mitterrand*, Grasset, 1997.

Marc-Olivier BARUCH, *Servir l'État français : l'administration en France de 1940 à 1944*, Fayard, 1997.

Jean BAUBÉROT et Valentine ZUBER, *La Haine oubliée*, Albin Michel, 2000.

Jean-Pierre BIONDI, *La Mêlée des pacifistes*, Maisonneuve et Larose, 2000.

Édith BOCCARA, *Mitterrand en toutes lettres*, Belfond, 1995.

Christophe BOURSEILLER, *Cet étrange monsieur Blondel*, Bartillat, 1997.

Pierre BROUÉ, *Trotsky*, Fayard, 1988.

Jean-Christophe CAMBADELIS, *Le Chuchotement de la vérité*, Plon, 2000.

–, *L'Avenir de la gauche plurielle*, Plon, 1999.

Philippe CAMPINCHI, *Les Lambertistes*, Balland, 2000.

Jean-Marie COLOMBANI, *De la France en général et de ses dirigeants en particulier*, Plon, 1996.

Georgette ELGEY, *Histoire de la IVe République*, Fayard, 1997.

Laurent FABIUS, *Les Blessures de la vérité*, Flammarion, 1995.

Pierre FAVIER et Michel MARTIN-ROLLAND, *La Décennie Mitterrand*, Le Seuil, 1990-1991, 2 vol.

Antoine GAUDINO, *L'Enquête impossible*, Albin Michel, 1990.

Franz-Olivier GIESBERT, *François Mitterrand. Une vie*, Seuil, 1997.

Jean GLAVANY, *Mitterrand, Jospin et nous*, Grasset, 1998.

Hervé HAMON et Patrick ROTMAN, *Génération*, t. 1 : *Les années de rêve*, Seuil, 1987.

Lionel JOSPIN, *L'Invention du possible*, Flammarion, 1991.

Valérie LECASBLE et Airy ROUTIER, *Le Flambeur. La vraie vie de Bernard Tapie*, Grasset, 1994.

Louis LECOIN, *Le Cours d'une vie*, Louis Lecoin, 1965.

Denis LEFÈBVRE, *Guy Mollet, le mal aimé*, Plon, 1992.

Herbert LOTTMAN, *L'Épuration, 1943-1953*, Fayard, 1986.

Aquilino MORELLE, *La Défaite de la Santé publique*, Flammarion, 1996.

Florence MURACCIOLE et Gérard LECLERC, *Lionel Jospin. L'héritier rebelle*, Lattès, 1996.

–, *Jospin. L'énigme du conquérant*, Lattès, 2001.

Nicolas OFFENSTADT, *Les Fusillés de la Grande Guerre*, Odile Jacob, 1999.

Erik ORSENNA, *Grand Amour*, Seuil, 1993.

Denis PINGAUD, *La Gauche de la gauche*, Seuil, 2000.

Edwy PLENEL, *La Part d'ombre*, Stock, 1992.

Jean-Baptiste PRUVOT, *Journal d'un pasteur protestant au XIXe siècle*, Presses universitaires du Septentrion, 1997.

Serge RAFFY, *Les Enfants de Gaston*, Lattès, 1989.

Robert SCHNEIDER, *La Haine tranquille*, Seuil, 1993.

Habib THIAM, *Par devoir et par amitié*, Éd. du Rocher, 2001.

Table

Avant-propos ... 9
PROLOGUE. Le contrat ... 11

1. Une histoire de concierge ... 15
2. Scandale au temple ... 23
3. Le secret ... 33
4. Sale chenapan ! ... 47
5. Le bonheur à Chamigny ... 55
6. Un marxiste à scooter ... 63
7. Sid, Mohamed, Habib et les autres ... 73
8. Le sous-marin vert ... 87
9. Lettre d'Afrique ... 97
10. *Love story* au quartier Latin ... 109
11. Léon, Michel, Olivier et les lancers-francs ... 123
12. Le chef de rayon ... 135
13. Profession idéologue ... 147
14. La saga d'Abraham Lincoln ... 157
15. *Battling* Lionel ... 167

16. L'ami américain 177
17. La stratégie du cavalier 189
18. Duel au Luxembourg 199
19. Kostas et le saut de l'Ange 215
20. Le syndrome de Basedow 227
21. Le fief improbable 237
22. Les fantômes de Gaston 249
23. Néron et les fausses factures 259
24. Hamlet chez les Bretons 271
25. Mort d'un géant 285
26. Amour à l'italienne 299
27. Ascenseur pour l'échafaud 311
28. Ne me quittez pas… 323
29. Tapie et les fonds secrets 335
30. C'est son destin 349
31. Le chevalier blanc 363
32. Gaston Lagaffe à l'Élysée 375
33. Monsieur X ne répond plus 385
34. Le cas DSK 397
35. Le bonjour du « Che » 407
36. Le complexe de Pinocchio 419

ÉPILOGUE 427
Remerciements 431
Bibliographie 435

Impression réalisée sur CAMERON par
BRODARD ET TAUPIN
La Flèche

pour le compte des Éditions Fayard
en août 2001

Imprimé en France
Dépôt légal : septembre 2001
N° d'édition : 15135 – N° d'impression : 9005
35-57-1124-01/3
ISBN : 2-213-60924-1